Heilbronner Reihe Tourismuswirtschaft

Herausgegeben von Prof. Dr. Ralf Bochert

Prof. Dr. Jerzy Jaworski
Prof. Stefan Luppold
Prof. Dr. Ines Behn-Künzel
MA, Dipl.-Bw. (FH) Silke Hörsch-Tadić

Informationstechnologie im Tourismus

uni-edition

Bibliografische Information der Deutschen Bibliothek
Die Deutsche Bibliothek verzeichnet diese Publikation in der Deutschen Nationalbibliografie;
detaillierte bibliografische Daten sind im Internet über http://dnb.ddb.de abrufbar.
Autoren: Jerzy Jaworski, Stefan Luppold, Ines Behn-Künzel, Silke Hörsch-Tadić
Herausgeber: Ralf Bochert
Informationstechnologie im Tourismus
Jerzy Jaworski, Stefan Luppold, Ines Behn-Künzel, Silke Hörsch-Tadić – Berlin: uni-edition, 2010
ISBN 978-3-942171-09-0

Informationen über den Verlag und das aktuelle Buchangebot finden Sie im Internet unter
www.uni-edition.de

Gedruckt auf holz- und säurefreiem Papier, 100% chlorfrei gebleicht.

© uni-edition GmbH, Berlin
Zehrensdorfer Str. 11, D – 12277 Berlin

Die Verwertung der Texte und Bilder, auch auszugsweise, ist ohne Zustimmung des Verlags
urheberrechtswidrig und strafbar. Dies gilt auch für Vervielfältigungen, Übersetzungen,
Mikroverfilmung und für die Verarbeitung mit elektronischen Systemen.

Herstellung: SDL – Digitaler Buchdruck, Berlin
Printed in Germany
ISBN 978-3-942171-09-0

Vorwort

Die Inhalte dieses Buches sind im Laufe mehrerer Jahre im Zuge der Vorbereitungen für die Vorlesungen im Fach Informationstechnologie im Tourismus an der Hochschule Heilbronn entstanden. Seit 1992 werden in diese Vorlesungen auch die Praktiker, die Mitarbeiter der Softwarehäuser aus Deutschland eingeladen. Sie präsentieren den Studierenden nicht nur die Programme für alle Segmente des Tourismus, sondern unterhalten sich mit ihnen auch über die Art und Weise der Zusammenarbeit zwischen den Softwarefirmen (als Dienstleistungsanbieter) und den touristischen Unternehmen (als Kunden der Softwarefirmen). Viel wird dabei über die aktuellen Entwicklungen und Probleme des IT-Einsatzes im Tourismus aus erster Hand berichtet.

Da alle Vorträge der Softwareunternehmen, die im Laufe dieser Jahre in Heilbronn gehalten wurden, protokolliert wurden, entstand ein riesiger Datenbestand an Informationen zum Thema „IT im Tourismus". Dieser wurde im Laufe der Jahre 2008 - 2010 redaktionell bearbeitet und liegt jetzt in Form dieses Lehrbuches vor. Für die Überlassung zahlreicher Materialien, Ideen und Folieninhalte durch die vielen Softwarehäuser möchten sich die Autoren herzlich bedanken.

Die Autoren haben sich bemüht, Inhalte dieses Buches nach bestem Wissen und Gewissen objektiv darzustellen, bzw. die Informationen der Softwarehäuser objektiv zu verarbeiten und weiterzugeben. Hier und da kann es trotzdem vorkommen, dass die Inhalte des Buches kontrovers dargestellt sind, bzw. verbesserungswürdig erscheinen. In solchen Fällen bitten die Autoren die Leser um Kontakt. Vorschläge, Korrekturen und ergänzende Anregungen werden dankbar entgegen genommen.

Heilbronn, im April 2010

Jerzy Jaworski
Stefan Luppold
Ines Behn-Künzel
Silke Hörsch-Tadic

Inhaltsübersicht

1. Einführung	9
2. Computerreservierungssysteme	51
3. Informationstechnologie in den jeweiligen Tourismussegmenten	111
3.1 Allgemeine Anforderungen	111
3.2 IT in der Reisewirtschaft	120
3.3 IT in der Hotellerie	150
3.4 IT im Incoming	166
3.5 IT in der MICE-Industrie und in Kultureinrichtungen	187
4. Das Projekt: IT-Einführung in einem touristischen Unternehmen	229
5. Schlusswort	265
6. Literaturempfehlungen	266

1. Einführung

> **Kapitel: Einführung**
>
> 1. Einführung
>
> ✓ **Warum IT im Tourismus?**
>
> ✓ **Softwaresuche und Auswahlkriterien**
>
> ✓ **Technische Aspekte**
>
> ✓ Software-Anbieter / Marktüberblick
>
> ✓ Probleme des IT-Einsatzes
>
> IT im Tourismus © Jaworski / Luppold / Behn-Künzel / Hörsch-Tadić   Folie 1 – 2

In diesem Kapitel wird die Bedeutung der Informationstechnologie in allen Segmenten der Tourismuswirtschaft erläutert. Es werden dabei die wichtigsten Aufgaben der jeweiligen touristischen Unternehmen besprochen, bei denen eine Unterstützung seitens der IT-Programme besonders große Bedeutung hat. Danach folgt die Auflistung der Informationsquellen, die bei der Suche nach IT-Lösungen für die Tourismusbranche behilflich sein können.

Eine Argumentenbilanz (Für und Gegen) über den IT-Einsatz wird danach vorgestellt und schließlich werden einige technische Aspekte (Hardware, Software, Standardsoftware, Branchensoftware, Datenbank, Client/Server System, Hosting) erläutert.

Dem folgt ein grober Marktüberblick über die branchenspezifische Software für alle Segmente des Tourismus, die Eigenschaften typischer Softwarefirmen und schließlich eine kurze Darstellung der Kriterien, die man bei der Auswahl der Programme berücksichtigen sollte.

Die Auflistung der Probleme, die der IT-Einsatz den touristischen Unternehmen bereiten kann, rundet dieses Kapitel ab.

Tourismus und Informationstechnologie

Situation:

Große Diskrepanz in der IT-Ausstattung in allen Teilsegmenten des Tourismus

- in Reisebüros
- bei den Reiseveranstaltern
- in den Tourismusstellen
- in Hotels, im Kurhaus
- im Bürgerhaus, in der Stadthalle
- im Kongresshaus, beim PCO

Was soll eigentlich der Computer in meinem Büro tun?

1. Einführung

IT im Tourismus © Jaworski / Luppold / Behn-Künzel / Hörsch-Tadić   Folie 1 – 3

Die große Diskrepanz zwischen einerseits der fortschrittlichen, IT-gestützten Organisation der Arbeitsabläufe bei vielen Reiseveranstaltern und Reisemittlern und andererseits der zeitaufwendigen, manuellen Abwicklung derselben Aufgaben in nach wie vor vielen anderen Reisebüros bzw. Tourismusstellen macht die Bedeutung des vorliegenden Themas für die Touristikbranche bewusst.

Viele innovative Touristikunternehmen nutzen heute die Möglichkeiten des IT-Einsatzes. Es gibt aber auch genug Unternehmen in dieser Branche, die dies für nicht nötig erachten. Ein weiterer Grund für die geringe Nutzung von IT-Systemen ist bei den verantwortlichen Mitarbeitern zu sehen, die immer noch ein erhebliches Informationsdefizit in Bezug auf Möglichkeiten und Chancen des IT-Einsatzes aufweisen.

Als weitere Ursachen sind z.B. Unsicherheiten in Blickrichtung auf die Rentabilität und eine fehlende Übersicht über das bestehende Marktangebot zu nennen. Nicht zuletzt ist die Schwerfälligkeit des Entscheidungsprozesses bei Investitionen aller Art zu erwähnen (besonders bei den größeren Unternehmen). Sie ist aber allgemein bekannt. Es geht letztendlich um das Geld, um die Ausgaben.

Einführung

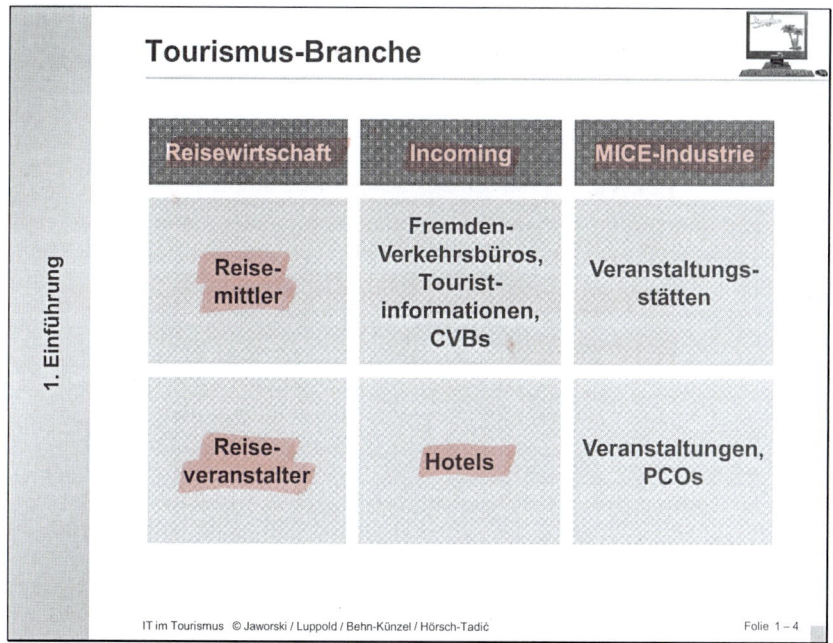

Die Tourismusbranche ist sehr stark segmentiert. Die touristischen Unternehmen einzelner Segmente haben sehr unterschiedliche Anforderungen bezüglich des IT-Einsatzes, sowohl wenn es sich um die Funktionen der branchenspezifischen Software als auch wenn es sich um die Hardwareausstattung und Kommunikationslandschaft handelt.

Wie kann man überhaupt die Anforderungen eines Reisebüros, eines Reisemittlers mit den Anforderungen eines Hotelunternehmens oder eines Kongresszentrums vergleichen? Auch innerhalb der Segmente gibt es unterschiedliche Unternehmensarten, die an die IT-Technologie spezifische Anforderungen stellen.

Es ist also nicht möglich, eine Aussage über eine optimale, allgemein gültige IT-Ausstattung für die Tourismusbranche zu treffen. In jedem Bereich des Tourismus sind segmentspezifische Anforderungen zu definieren. Jedes der Tourismus-Segmente muss von den anderen getrennt behandelt werden.

Aufgaben der Reisemittler

1. Einführung

- Information und Beratung
- Verkauf (Vermittlung) von Reiseleistungen
- Veranstalterverwaltung
- Verkauf von Zusatzleistungen (z. B. Versicherungen)
- Reservierung
- Eigenveranstaltungen
- Buchhaltung
- Marketing und Managementfunktionen

<small>IT im Tourismus © Jaworski / Luppold / Behn-Künzel / Hörsch-Tadić   Folie 1 – 5</small>

Auf dem Tourismusmarkt lassen sich diverse Arten von Reisemittlern unterscheiden, die jeweils spezielle Anforderungen an die IT stellen:

- Voll-Reisebüro (klassisches Reisebüro)
- Touristik-Reisebüro
- Mehrbereichs-Reisebüro
- Spezial-Reisebüro
- Buchungsstelle
- Firmen-Reisebüros / Firmendienste
- Reisestelle (Implant)
- Last-Minute-Reisebüros (Billigflug-Reisebüros)
- Incoming-Reisebüros bzw. –Agenturen
- Elektronische Reisebüros
- Reiseberater im „mobilen Dienst"

Die Reisemittler können dabei sowohl als Haupterwerbs- als auch Nebenerwerbsmittler tätig sein. Während o.g. Reisebürosparten der ersten Kategorie angehören, zählen zur zweiten Kategorie z.B. Vereine, Fremdenverkehrsämter/Touristinformationen, Buchclubs oder Versandhäuser, die Reisen als Nebengeschäft vermitteln und ggf. auch veranstalten. Eine weitere Unterscheidung der am Markt tätigen Reisemittler lässt sich anhand des Grades deren wirtschaftlichen und rechtlichen Selbständigkeit vornehmen: eigenständige Reisemittler (sog. Einzelbüros; veranstalterunabhängig), Kooperationsbüros (z.B. BEST-Reisebürokooperation), veranstalter-/konzerneigene Reisebüros (z.B. TUI Reise-Center) sowie Reisebüroketten und Franchiseunternehmen (z.B. Lufthansa City Center und Flugbörse).

Das Vermittlungsgeschäft der Reisemittler umfasst 5 Bereiche:

- **Touristik** (v.a. Vermittlung von Pauschalreisen)
- **Firmendienst / Business Travel** (Buchung aller möglichen Reiseleistungen von Bahnfahrkarten über Flugtickets und Mietwagen bis hin zum Hotel)
- **IATA** (lizenzierter Verkauf von Linienflugscheinen an Privatreisende)
- **DB** (lizenzierter Verkauf von Bahnfahrkarten und Zugreservierungen für Privatreisende)
- **DER-Lizenz** (Verkauf von Fährtickets und Hotelgutscheinen)

Basierend auf diesen Vermittlungsgeschäftsbereichen unterscheidet man bspw.

- Touristikreisebüro ohne IATA und DB
- Touristikreisebüro mit IATA und DB
- Geschäftsreisebüro mit IATA und DB und Touristikangebot
- Geschäftsreisebüro mit IATA und DB ohne Touristikangebot.

Der Markt der Softwareanbieter für die Reisemittler berücksichtigt diese verschiedenen Arten von Reisebüros. Für jede Art der Reisemittler gibt es genug Alternativen auf dem Softwaremarkt. Jedes Reisebüro kann somit mehrere passende Programme finden, die es einsetzen kann.

IT ist nicht ein Zweck für sich, es ist nur ein Werkzeug, das dem Menschen in seinem alltäglichen Leben helfen sollte. Man muss sich daher zunächst darüber im Klaren sein, welche Aufgaben in welchem Tourismussegment anliegen. Erst im zweiten Schritt kann man sich Gedanken machen, auf welche Art und Weise der Computer bei möglichst allen Tätigkeiten Unterstützung leisten könnte.

Typische Positionierung einer Touristinformation entweder an einem Verkehrsknoten oder am Bahnhof.

Aufgaben einer Touristinformation

Beispiel Heidelberg

- Persönliche und telefonische Beratung
- Veranstaltungsinformation, Programmvorschläge für den HD-Besuch
- Online-Kartenvorverkauf
- Verkauf von HD-Souvenirs, der HeidelbergCard
- Verkauf von Fahrkarten, Kurkarten
- Zimmervermittlung, Reservierung von Hotelzimmern
- Online-Reservierungssystem
- Vermittlung von Pauschalarrangements
- Gästeführungen z.B. für Reisegruppen
- Organisation von Fachseminaren

Bei der Ermittlung der in einer Tourismusinformation durchzuführenden Aufgaben wird man feststellen, dass es kein allgemein geltendes Spektrum der Tätigkeiten gibt; in jeder Stadt, jeder Gemeinde findet man spezifische Arbeitsbereiche. Der Versuch einer Standardisierung ergibt bspw. folgendes Bild (siehe Folien 5-6).

Das Front Office ist die Anlaufstelle für Informationssuchende, denn hier werden Informationen über die Stadt und Veranstaltungen gegeben und zusätzlich verschiedene Marketingartikel von der jeweiligen Stadt verkauft. In einem Front Office wird eine Registrierkasse oder eine PC-Kasse für alle Transaktionen genutzt. Eine Registrierkasse ist mit verschiedenen Tasten ausgestattet, die mit Kategorien wie z.B. Easy Ticket, Souvenir, Freizeitführer oder verschiedenen Veranstaltungen belegt sind. So muss nur der Betrag eingegeben und die richtige Kategorie ausgesucht werden. Die PC-Kasse verwendet das gleiche System. Ein Mitarbeiter gibt den Betrag über die Tastatur ein und wählt mit der Maus die Kategorie aus. Auf der Abrechnung erscheint jede einzelne Buchung mit Kategorie sowie die Summe einer Kategorie, was für die Abrechnung der Eintrittskarten und anderer Dienstleistungen wichtig ist.

Einführung

Aufgaben einer Touristinformation

Beispiel Heidelberg

o Adressverwaltung/Mailings
o Außen- und Innenmarketing, Messen
o Medien
o Internet, Newsletter
o Veranstaltungskalender
o Dienst- und Urlaubsplanung
o Prospekt- und Lagerverwaltung
o Statistiken
o Abrechnungen

IT im Tourismus © Jaworski / Luppold / Behn-Künzel / Hörsch-Tadić   Folie 1 – 8

Ergänzend zu den auf der vorherigen Folie aufgelisteten Aufgaben kommen noch folgende dazu:

Adressverwaltung/Mailings: Adressdaten werden gespeichert und sortiert, um bei Bedarf hauptsächlich Prospekte, aber auch Briefe oder Emails, an alle oder einzelne Gruppen versenden zu können.

Marketing: Tourismusorte müssen ähnlich einem Produkt vermarktet werden. Für das Marketing sind die Touristeninformationsbüros zuständig.

Innenmarketing: Durch Innenmarketing sollen alle, die am Tourismus beteiligt sind, zu einer Gemeinschaft vereint und das Ziel Kundenorientierung und damit Kundenbindung erreicht werden.

Messen: Zu Marketing zählen z.B. Auftritte und Besuche bei Touristikmessen. Durch einen Stand kann auf die Destination aufmerksam gemacht und Informationsmaterial verteilt werden.

Medien: Fremdenverkehrsorte nutzen Plakate und Anzeigen um den Ort bekannter zu machen oder ihn wieder ins Gedächtnis der Urlauber zu rufen. Das Touristeninformationsbüro kann den Plakatentwurf in Eigenregie erstellen oder vergibt den Auftrag an eine externe Agentur.

Internet: Durch das Internet kann sich die Destination mit vielen Bildern und Informationen darstellen. Auf gut gestalteten Internetpräsenzen finden Urlauber und Informationssuchende (fast) alle Informationen, die sie benötigen.

Newsletter: Viele Websites bieten die Möglichkeit einen Newsletter per Email zu abonnieren – so auch die touristischen Sites. Mancherorts gibt es zudem einen Newsletter, der per Post oder der in Zusammenarbeit mit der Stadt verschickt wird.

Veranstaltungskalender: Die Veranstaltungen, die in einer Stadt stattfinden, ziehen Touristen an und vermitteln einen Eindruck über die Destination. Um über Veranstaltungen informieren zu können, gibt es den Veranstaltungskalender. Er kann als Broschüre und/oder im Internet bestehen.

Dienst- und Urlaubsplanung: Der Büroleiter erstellt den Dienstplan nach Absprache mit den Mitarbeitern in einer Tabelle und hängt ihn ausgedruckt auf.

Prospekt- und Lagerverwaltung: damit stets ausreichend Informations- bzw. Büromaterial vorhanden ist.

Statistiken: Sollte die Prospektverwaltung auf Statistiken beruhen, ist die Anzahl der Anfragen pro Jahr eine wichtige Größe. Zu den Anfragen werden Erfahrungswerte über den Prospektbedarf für Leistungsträger und Messen addiert und jährlich eine bestimmte Anzahl von Prospekten in Auftrag gegeben.

Abrechnung: Obliegt die Verwaltung des Touristeninformationszentrums der Gemeinde, unterliegt es der Kameralistik, d.h. das Büro betreibt vorbereitende Buchführung und weist Posten einer Haushaltsstelle zu.

Aufgaben eines Reiseveranstalters

- Reiseteilleistungen erstellen (Einkaufsleistungen bündeln + Marge = Verkaufsleistung)
- Reiseverkauf
- Reiseabwicklung
- Zubringerplanung
- Auswertungen
- Direktwerbung
- Statistiken
- Kostenrechnung

Das Tourismussegment „Reiseveranstalter" ist auch sehr stark verzweigt. Somit sind auch die Anforderungen der Reiseveranstalter sehr unterschiedlich, je nach dem, um was für einen Veranstalter es sich handelt. Ein Fernreiseveranstalter stellt andere Anforderungen an die IT als ein lokaler Busreiseveranstalter. Ein Studienreiseanbieter hat wiederum andere Anforderungen als ein Spezialreiseveranstalter, z.B. ein Anbieter von Golf-Reisen.
Generell lässt sich nur sagen, dass die Anforderungen eines Reiseveranstalters an die IT deutlich komplexer sind als die Anforderungen eines Reisemittlers. Kein Wunder also, dass die Branchenlösungen für die Reiseveranstalter um ein Mehrfaches teurer sind als die Reisebüroprogramme. Auch die Einführung der Programme ist sehr komplex und dauert oft mehrere Jahre lang.

Das wiederum führt dazu, dass die Reiseveranstalter sich sehr schwer tun, eine vorhandene IT-Landschaft durch eine neue zu ersetzen, auch wenn die vorhandene Lösung nicht zufriedenstellend funktioniert.

Aufgaben eines Hotels

- Reservierung von Hotelzimmern
- Bearbeitung von Gästeanfragen
- Rezeption: Check-In / Check-Out / Gastservice
- Rechnungserstellung
- FIBU / Personalverwaltung
- Housekeeping
- Warenwirtschaft
- Marketing
- Küche (Bar, Bankett, Restaurant)
- Organisation und Durchführung von Veranstaltungen

IT im Tourismus © Jaworski / Luppold / Behn-Künzel / Hörsch-Tadić Folie 1 – 10

Hotels, die ihr Unternehmen mit branchenüblichen EDV-Programmen ausstatten möchten, stehen vor der Qual der Wahl. Der Markt wird von verschiedenen Anbietern bestimmt, die Programme unterscheiden sich aber auf den ersten Blick nicht gravierend. Jedoch ist dies auf den zweiten Blick nicht mehr der Fall, denn die Lösungen sind so unterschiedlich wie die einzelnen Häuser. Zum einen kommen immer mehr kleinere, kostengünstigere und einfacher zu bedienende Systeme auf den Markt. Zum anderen werden die Programme durch die Vernetzung bislang voneinander getrennter Funktionen noch komplexer und leistungsfähiger.

Die richtige Entscheidung beim Kauf einer Hotelsoftware zu treffen, erfordert sehr viel Zeit. Diese steht jedoch einem Hotelier meist nicht zur Verfügung. Er ist mit einem Anbieter-Dschungel konfrontiert. Die Überkomplexität der Programme sorgt für immer mehr Verwirrung.

Jeder Hotelier stellt unterschiedliche Anforderungen an ein IT-System, dadurch entstehen beim Einsatz einer Hotelsoftware verschiedene Zielsetzungen. Durch die Erstellung eines Leistungsprofils der angebotenen EDV-Programme in der Hotellerie kann die Wahl des richtigen Programms vereinfacht werden. Das Ziel eines Hotels, das Software einsetzt, liegt im Bestreben bestehende operative Abläufe zu vereinfachen und zu rationalisieren. Die Unterschiede der einzelnen Anforderungen an eine Hotelsoftware liegen im Detail.

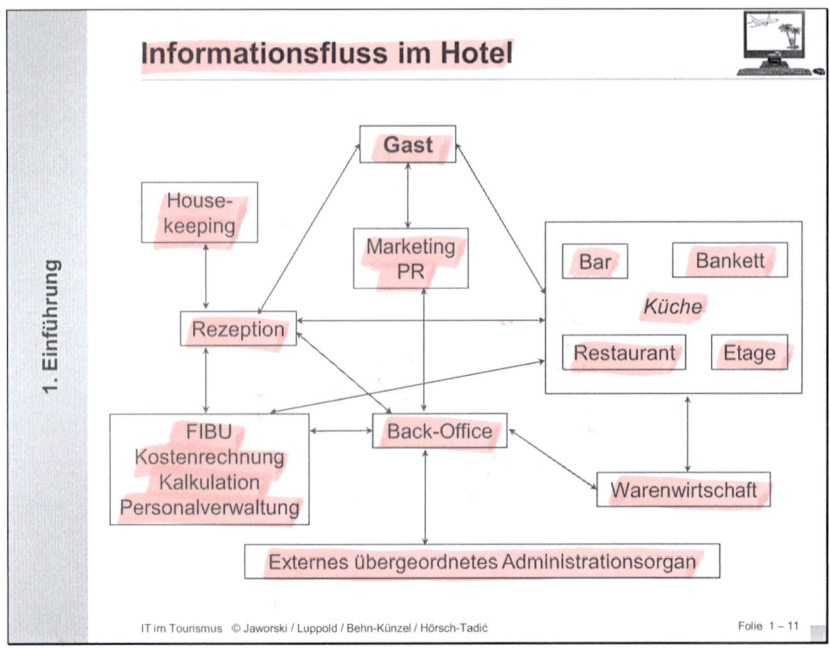

Eine Software im Hotel ist meistens netzwerkfähig. Das entspricht auch den Anforderungen der Hotelbetriebe. Schließlich arbeiten in einem Hotel gleichzeitig mehrere Mitarbeiter mit ein und demselben Programm und bedienen gleichzeitig dieselben Hotelgäste. Es müssen also mehrere Computerarbeitsplätze in einem Hotel eingerichtet werden, die auf ein und dasselbe Programm und auf einen und denselben Gästedatenbestand zugreifen können.

Die verschiedensten Arbeitsabläufe wie Stammdatenverwaltung, Reservierung, Check-In, Check-Out, Rechnungserstellung usw. können durch den Einsatz von Software beschleunigt werden.
Durch weniger Wartezeit bei den einzelnen Arbeitsabläufen kann der Gästeservice verbessert werden. Ohne Technik kann heute kaum noch ein Hotel betrieben werden und somit ist die Erwartungshaltung der Gäste in Bezug auf technische Standards größer als je zuvor.

Eine weitere Anforderung an eine Hotelsoftware ist die Flexibilität des eingesetzten Programms. Deshalb bieten die meisten Dienstleister ihr Programm in modularer Form an. Das bedeutet, dass der Hotelier die Module, nach seinen Bedürfnissen, einzeln oder in Kombination käuflich erwerben und/oder einsetzen kann.

Einführung

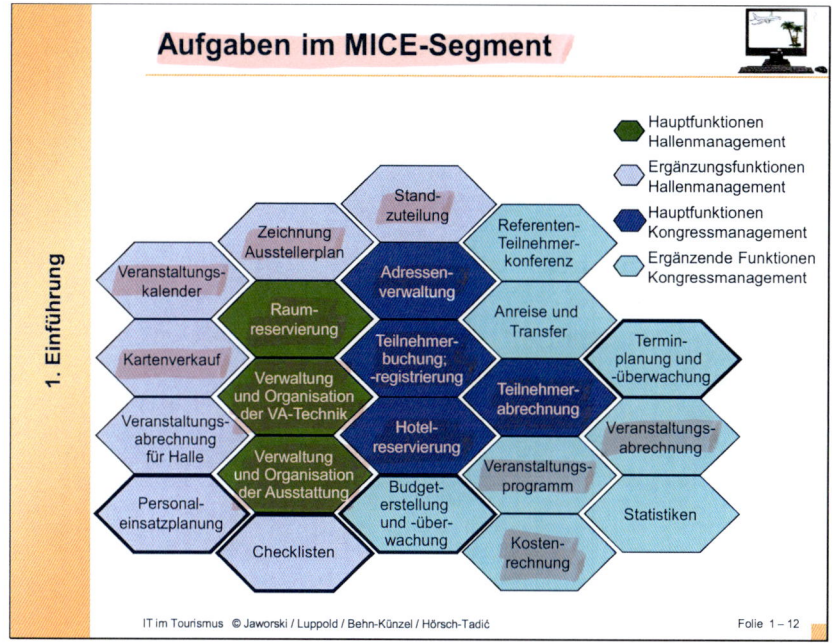

Im MICE-Bereich, dem Bereich des Geschäftstourismus sind sehr unterschiedliche Unternehmen und Organisationen tätig. Hier sind relativ kleine Einrichtungen wie Bürgerhäuser zu finden, aber auch größere Kulturzentren, Kongresshäuser und schließlich auch Messeunternehmen.
Eine Stadthalle, die die Räume vor allem nur vermietet, braucht ein IT-Programm, das die Hauptfunktionen des Hallenmanagements abdeckt. Werden in der Halle auch Ausstellungen und kleine Messen veranstaltet, braucht das Unternehmen dazu Ergänzungsfunktionen des Hallenmanagements.

Werden in einem Kultur- bzw. Kongresszentrum Konferenzen und Kongresse durchgeführt, benötigt ein solches Unternehmen noch dazu die Hauptfunktionen des Kongressmanagements. Werden schließlich in einem Kongresszentrum alle Dienstleistungen für die Abwicklung eines Kongresses angeboten, braucht ein solches Unternehmen außerdem die ergänzenden Funktionen des Kongressmanagements.

Die stark umrandeten Felder repräsentieren Planungs- und Überwachungsfunktionen.
Die IT-Ausstattung eines Kongresszentrums, einer Messegesellschaft ist sehr komplex und sehr teuer.

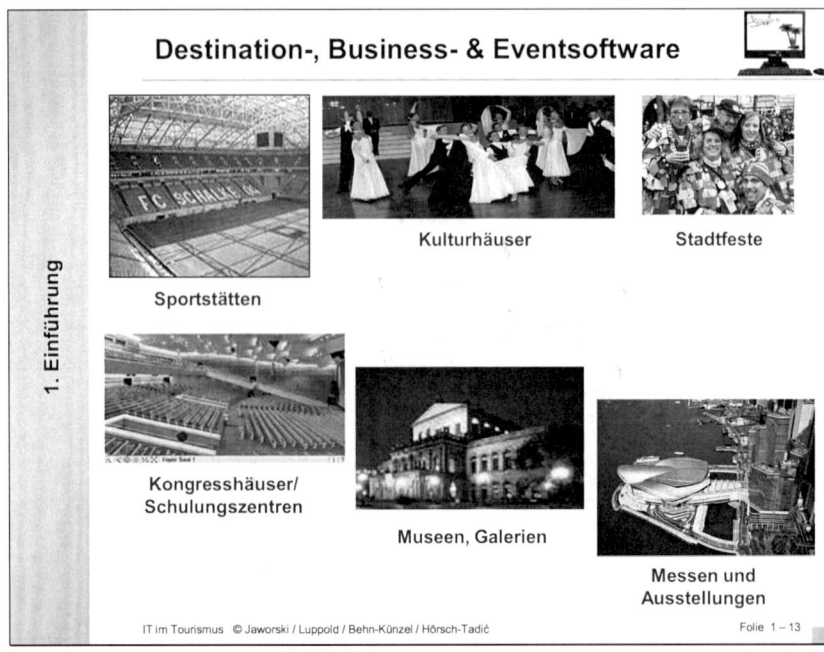

Software-Lösungen für spezifische Branchen oder Märkte sind im Allgemeinen auf bestimmte Aufgabenstellungen, Anforderungen von Personengruppen dieser Bereiche oder beides ausgerichtet. Sie unterstützen dabei die spezifischen Prozesse über alle Managementbereiche (Marketing, Controlling etc.) hinweg und sind meist sowohl nach innen (z.b. Statistik) als auch nach außen (z.b. Webshop) gerichtet.

Messen und Ausstellungen erfordern umfangreiche Informations- und Koordinationsfunktionen, die auf Aussteller und Besucher gerichtet sind. Der gesamte Prozess einer Messeveranstaltung kann dabei von spezifischer Software unterstützend begleitet werden.

Bei Destination liegt der Fokus auf Gästen, denen Leistungen wie Übernachtungen oder ein ergänzendes Rahmenprogramm angeboten werden. Hauptanwender sind dabei Verkehrsvereine und Kongressbüros.

Veranstaltungsstätten – Kongresszentren, Bürgerhäuser und andere – bauen ihre Prozesse um den Leistungsbestandteil "Raum" und benötigen Software beispielsweise, um Belegungen optimal steuern und damit die Gesamtauslastung sichern zu können.

Tagungs- und Kongressveranstalter, wie etwa große Verbände oder PCO's (Professional Congress Organizers) richten ihre Organisation auf Teilnehmer und Referenten aus; auch hier kann spezielle Software den Anwendern als Toolprozess begleitend Hilfestellung bieten.

Schließlich sind es auch die weiteren Dienstleister der Veranstaltungswirtschaft, die als Messebauer, Caterer oder Bühnenbauer - dann mit dem jeweils ganz spezifisch definierten Anforderungsprofil - in ihrer Branche Software anwenden.

Einsatz von Branchensoftware

Ist der Einsatz von Branchensoftware in unserem Unternehmen sinnvoll?

- Sind wir nicht viel zu klein für eine Softwarelösung?
- Lohnt sich der Einsatz für uns oder bringt eine Software etwa noch mehr Arbeit?
- Können alle Mitarbeiter, Familienmitglieder und Aushilfen so ein Programm bedienen?
- Lassen sich unsere Vorstellungen bzgl. IT mit unserem Budget vereinbaren?
- Es gibt sehr viele Anbieter, aber welcher ist der richtige Partner für uns?

IT im Tourismus © Jaworski / Luppold / Behn-Künzel / Hörsch-Tadić — Folie 1 – 14

Die Fragen auf der Folie können wie folgt beantwortet werden.

Frage 1: Es gibt nur wenige Segmente des Tourismus, wo kleine und kleinste Unternehmen behaupten können, ohne IT gut arbeiten zu können. In mehreren Segmenten des Tourismus ist die Frage falsch gestellt. Es geht nicht um klein bzw. zu klein sondern um die Existenzfrage: auch das kleinste Reisebüro kann es sich nicht leisten, ohne eine IT-Lösung (vor allem ohne eine Online-Buchung-Anwendung) wirtschaftlich zu arbeiten.

Frage 2: Auch wenn diese Behauptung (mehr Arbeit durch IT-Lösung) sehr komisch klingt, ist sie wahr. Zumindest in der Anfangsphase, in der Einführungsphase, wird die IT-Lösung von den Mitarbeitern viel abverlangen, sie werden mehr arbeiten müssen. Erst mit der Zeit wird das Arbeiten mit der IT-Lösung wirtschaftliche Effekte bringen und die Akzeptanz bei den Anwendern finden.

Frage 3: Die Mitarbeiter des touristischen Unternehmens verfügen über unterschiedliche IT-Vorkenntnisse und sind nicht immer gegenüber dem „Teufelswerk Computer" positiv eingestellt. Der Erfolg des Arbeitens mit dem Computer hängt sehr stark nicht nur von dem Können sondern auch von dem Wollen (von der Mitarbeitermotivation) ab. Die Mitarbeiterbetreuung ist deshalb in allen Phasen des Projektes „IT-Einführung" enorm wichtig.

Frage 4: Die Verantwortlichen in den touristischen Unternehmen haben oft wenig Erfahrung und somit auch kaum Vorstellungen über die Kostenhöhe einer IT-Einführung. Die branchenspezifische Software ist teuer, die damit verbundenen Dienstleistungen auch. So kommt es oft vor, dass die IT-Einführung sehr schnell im fünfstelligen (bzw. sechsstelligen) Kostenbereich liegt.

Frage 5: Auf der nächsten Folie werden die wichtigsten Quellen über die branchenspezifischen IT-Lösungen vorgestellt.

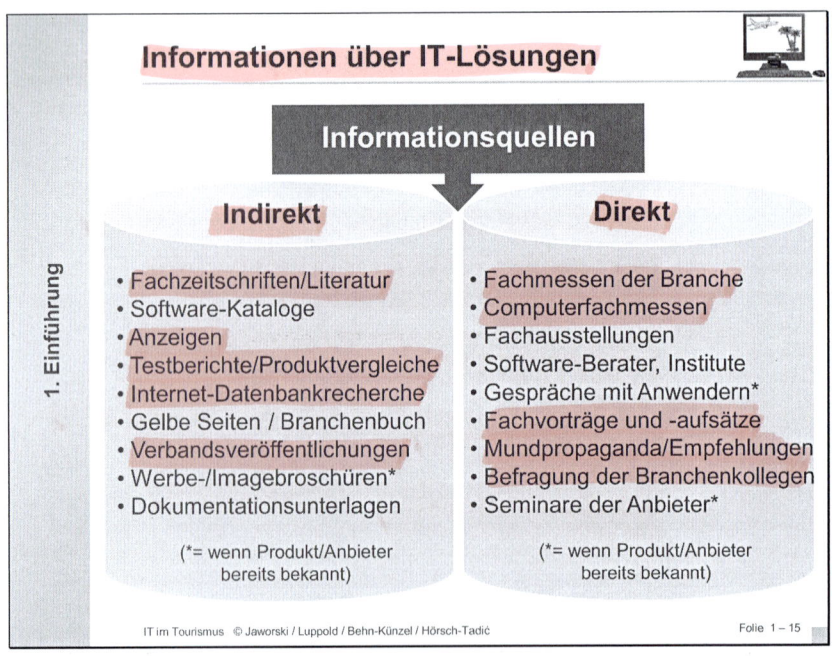

Die beste Lösung ist es, eine optimale Zusammenstellung aus der branchenübergreifenden Standardsoftware und der branchenspezifischen Standardsoftware zu schaffen. In den meisten Fällen wird die Standardsoftware an den jeweiligen Anwender angepasst (Customization).

Viele Anwender tun sich sehr schwer, an die richtigen Informationen über die sich auf dem Markt befindlichen Programme zu gelangen. Üblicherweise stehen zwei Arten von Informationsquellen zur Verfügung: die Indirekten und die Direkten. Die Recherche auf dem Softwaremarkt gestaltet sich für den Anwender zumeist mühselig, kostspielig und zeitaufwendig. Trotz des bevorstehenden Arbeitsaufwandes sollte man bei dieser Phase größte Sorgfalt walten lassen.

Der indirekte Weg, um an Informationen zu gelangen, ist die Recherche von Veröffentlichungen, z.B. Branchenbüchern und branchentypischen Fachzeitschriften - dort sind üblicherweise sowohl Inserate als auch Beiträge von Anwendern, Fallbeispiele oder Testberichte über Einführungsprojekte zu finden. Einen ersten Marktüberblick liefern gegebenenfalls die Branchenverbände. Diese Informationsquellen eignen sich vor allem bei der Vorauswahl der Software.

Der direkte Weg, um sich Informationsquellen zu erschließen, ist der Besuch spezifischer Fachmessen oder Vorträge. Ein erster Einstieg, bereits verbunden mit "Referenz-Qualitäten", kann durch Gespräche mit Branchenexperten oder Fachkollegen erfolgen.
Die direkten Informationsquellen sollten bei der Feinauswahl hinzugezogen werden, um sich gezielt Informationen über die in Frage kommenden Anbieter zu beschaffen.

Einsatz von Branchensoftware

Häufig genannte Gründe gegen den Einsatz branchenspezifischer Software

- Die branchenspezifische Software ist für uns zu teuer.
- Die Programme sind zu kompliziert.
- Wir sind ein Familienbetrieb und die „ältere Generation" ist ganz einfach gegen „Teufelswerk Computer".
- Bei uns wechselt ständig das (Aushilfs-)Personal.
- Wir haben niemanden, der sich mit Computern auskennt.
- Unsere Rezeption ist nicht immer besetzt.
- Wir haben nicht die Zeit, uns nur mit dem PC zu beschäftigen.
- Mit einer branchenspezifischer Software sind wir weniger „flexibel".

IT im Tourismus © Jaworski / Luppold / Behn-Künzel / Hörsch-Tadić Folie 1 – 16

Die genannten Gründe können wie folgt kommentiert werden:

Grund 1: Ja, es ist richtig, dass die branchenspezifische Software sehr teuer ist. Dies hängt aber damit zusammen, dass die Tourismusbranche nicht groß ist, es gibt nicht zu viele potentielle Programmkäufer. Die Entwicklungskosten werden also von einer nur relativ geringen Zahl der Anwender getragen. Ein Softwarehaus, dass für touristische Unternehmen Programme entwickelt hat durchschnittlich nur wenige hundert Anwender, die die Entwicklungskosten in Höhe von mehreren Hunderttausenden Euro bis zu einigen Millionen Euro tragen müssen.

Grund 2: Ja, die Programme sind sehr kompliziert, da sie meistens alle Geschäftsprozesse des touristischen Unternehmens unterstützen und abbilden. Die Programme sind also umfangreich, oft komfortabel, was zu Folge hat, dass sie auch komplex sind. Eine effiziente Bedienung des Programms setzt eine umfangreiche Programmschulung voraus.

Grund 3 bis 8: Diesen Aussagen ist es sehr schwierig entgegen zu argumentieren. Sie zeugen von Unsicherheit der zukünftigen Anwender und von einer gewissen Angst, sich mit einer neuen IT-Lösung neue, bis jetzt nicht vorhandene Probleme an Land zu schaffen. Die Ängste und Vorbehalte auszuräumen ist hier nicht leicht. Eine positive Einstellung zu der IT-Landschaft und zu der allgemeinen Technologieentwicklung müsste den Entscheidungsträgern eingehaucht werden. Vielleicht hilft hier die Aussage von Antoine de Saint-Exupéry: „die Technik entwickelt sich immer vom Primitiven über das Komplizierte zum Einfachen".

Einsatz von Branchensoftware

*Gründe **für** den Einsatz branchenspezifischer Software*

- Schneller Überblick über Reisen, freie Zimmer, Kunden, Veranstaltungsräume ...
- Buchungen und Reservierungen per Ausdruck, Fax oder Email
- Sofortige Bearbeitung von Prospektanfragen
- Verwaltung von Kunden- und Lieferantenadressen
- Erstellung der Weihnachts- und Geburtstagspost
- Rechnungsausdruck für Gäste und Kunden „auf Knopfdruck" - auch bei Sonderwünschen
- Fortlaufende Rechnungsnummern
- Unterstützung durch Arbeitslisten, z.B. Wiedervorlage, ToDo-Listen, Anreisen, Abreisen, Reservierungsstatus, Umsätze ...
- Produktivitätssteigerung

IT im Tourismus © Jaworski / Luppold / Behn-Künzel / Hörsch-Tadić   Folie 1 – 17

Viel einfacher ist es, die Gründe, die FÜR den IT-Einsatz sprechen, auszubauen. Alle, die sich noch daran erinnern, wie man früher zig Mal am Tag eine Reisebuchungsbestätigung auf der Schreibmaschine geschrieben hat (und sich dabei mehrere male vertippt hat) werden dem Computer sehr dankbar sein, dass diese Arbeit heutzutage nicht mehr vorkommt. Alle Standardbriefe, Bestellungen, Rechnungen werden automatisch generiert und auch versendet. Der Weg zur Post bzw. zur Bank wird auch per Computer „erledigt".
Die Hotelgäste und Reisebürokunden werden sorgfältiger und umfassender betreut, der Computer vergisst nichts, nicht einmal den Geburtstag unserer Kunden. Eine ordentliche, computergestützte Vorgangsverwaltung im Reisebüro lässt die dortigen Mitarbeiter geordneter arbeiten und die tägliche Hektik minimieren.

Einführung

Auswahl von Branchensoftware

Was bei der Auswahl der Software beachtet werden sollte (1)

- Welche Leistungen bekommt man zu welchem Preis?
- Benötigt man alle angebotenen Leistungen tatsächlich im täglichen Betrieb oder bezahlt man vieles, das gar nicht eingesetzt werden kann?
- Ist die angebotene Software auf die Betriebsart und Betriebsgröße zugeschnitten?
- Wie viel muss man bzw. will man zusätzlich zum Kauf der Soft- und Hardware in Installation und Schulung investieren?

IT im Tourismus © Jaworski / Luppold / Behn-Künzel / Hörsch-Tadić   Folie 1 – 18

Der Markt der branchenspezifischen Software ist bei allen Tourismus-Segmenten genauso vielfältig wie ihre Unternehmen. Es gibt nämlich diverse Reisebüros mit unterschiedlicher Größe, Rechtsform und Kooperationszugehörigkeit, mit unterschiedlichem Umsatz und Leistungsspektrum. Für alle findet man auf dem Markt passende IT-Lösungen. Man sollte nicht das größte (und vermutlich das teuerste) Programm aussuchen und kaufen, sondern das Passendste.

So gibt es sehr gute, sehr umfangreiche Programme für die Hotellerie, aber auch einfache Programme, die nur die Grundgeschäftsvorgänge eines kleinen Hotels abbilden können. Jedes Unternehmen also kann ein passendes Programm für das eigene Unternehmen finden und braucht nicht eine überdimensionierte Lösung zu kaufen (und zu bezahlen), von der es nur einen Bruch an vorhandenen Funktionen im Alltagsleben nutzen können wird.

Der Preis für das branchenspezifische Programm stellt nur einen Bruchteil der Gesamtausgaben bei der IT-Einführung dar. Dazu kommen noch die Hardwarekosten und vor allem die Dienstleistungen, wie die Projektabwicklung mit allen dazu benötigten Phasen, wie u.a.: Situationsanalyse, Bedarfsanalyse, Marktrecherche, Programmauswahl, Installation, Einführung und Schulung.

Auswahl von Branchensoftware

Was bei der Auswahl der Software beachtet werden sollte (2)

- Wie hoch sind die laufenden Kosten?
- Kann man mit dem Software-Anbieter wachsen?
- Wohin orientiert sich der Anbieter, d.h. welche Zielgruppe spricht das Unternehmen jetzt und in der Zukunft an?
- Passt der Softwareanbieter in Größe, Struktur und Firmenphilosophie zu unserem Betrieb?

Egal ob die Argumente für oder gegen die Anschaffung einer Software überzeugend sind; der Einsatz von Branchensoftware ist in

1. den Hotelbetrieben ab einer gewissen Größe notwendig, bei allen aber empfehlenswert
2. den Reisebüros unabdingbar, schon der Reservierung wegen
3. den Reiseveranstaltern unbedingt notwendig, der Arbeitskomplexität wegen und der Menge der Daten wegen.
4. den Fremdenverkehrsämtern ab einer gewissen Größe notwendig, bei allen aber empfehlenswert
5. den Kongresshäusern ab einer gewissen Größe notwendig.

Einführung

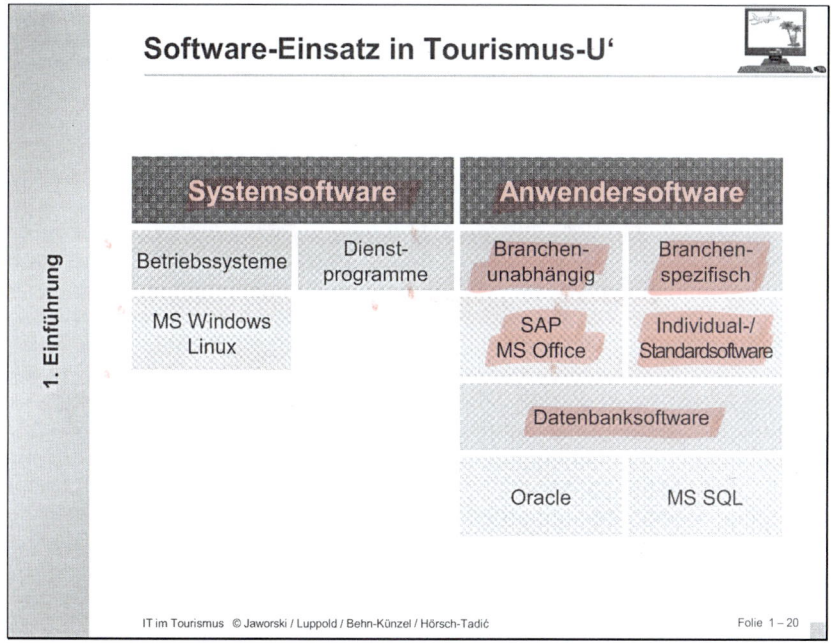

Der Begriff „Software" gehört heutzutage zum alltäglichen Sprachgebrauch und seine Bedeutung ist den meisten hinreichend bekannt. Dennoch kann es bei der Vielfalt von Softwarearten zu enormen Verständigungsproblemen kommen, weil eine genaue Spezifizierung der Softwareart oft nicht klar ist.

Unter Software werden im Wesentlichen Programme verstanden, die in Form von Anweisungen für die Verarbeitung von Daten sorgen und somit die Nutzung der Hardware (Rechner, Tastatur, Drucker etc.) überhaupt erst ermöglichen. Software ist demnach der nicht greifbare Bestandteil eines IT-Systems und stellt die Schnittstelle zwischen Mensch und Maschine dar.

Man kann Software generell nach zwei Hauptgruppen unterscheiden: zum einen nach der Nähe zur Hardware in Systemsoftware und zum anderen nach der Nähe zum Anwender in Anwendungssoftware.

Anwendungsprogramme dienen im Gegensatz zur Systemsoftware der Lösung von spezifischen Problemen und Arbeitsaufgaben des Anwenders. Entsprechend der Absicht der Softwareanbieter, ob das Produkt einmalig an einen einzigen Anwender oder mehrfach an mehrere Anwender verkauft wird, unterscheidet man zwischen Standardsoftware und Individualsoftware.

Software-Einsatz in Tourismus-U'

Anwendersoftware

Branchenübergreifend:
- Adressdatenbank
- Textverarbeitung
- Kalkulation
- Grafik - CAD
- Buchhaltung
- Kommunikation
- Dokumentenmanagement
- Weitere Anwendungen

Branchenspezifisch:
- Individualsoftware
- Standardsoftware
- ganzheitlich integriert
- Workflow-orientiert

IT im Tourismus © Jaworski / Luppold / Behn-Künzel / Hörsch-Tadić   Folie 1 – 21

Entscheidet sich der Anwender für den Fremdbezug der Software, so kann er entweder auf branchenübergreifende Standardsoftware oder/und branchenspezifische Software zurückgreifen. Branchenspezifische Software subsumiert dabei all jene Anwendungsprogramme, die für typische Branchen entwickelt wurden und die wesentlichen Arbeiten dieser Branche abdecken. Unter der Eigenentwicklung versteht man i.d.R. die individuelle Programmierung durch ein Softwarehaus oder eigene IT-Abteilung.

Als branchenübergreifende Software bezeichnet man Software, die in vielen Branchen und Betrieben für gleichartige Anwendungen eingesetzt werden kann. Sie ist meistens auf bestimmte Funktionen zugeschnitten (Textverarbeitung, Tabellenkalkulation, Datenbankverwaltung, Grafik, Desktop Publishing, Finanzbuchhaltung, Adressverwaltung, ...).

Einführung

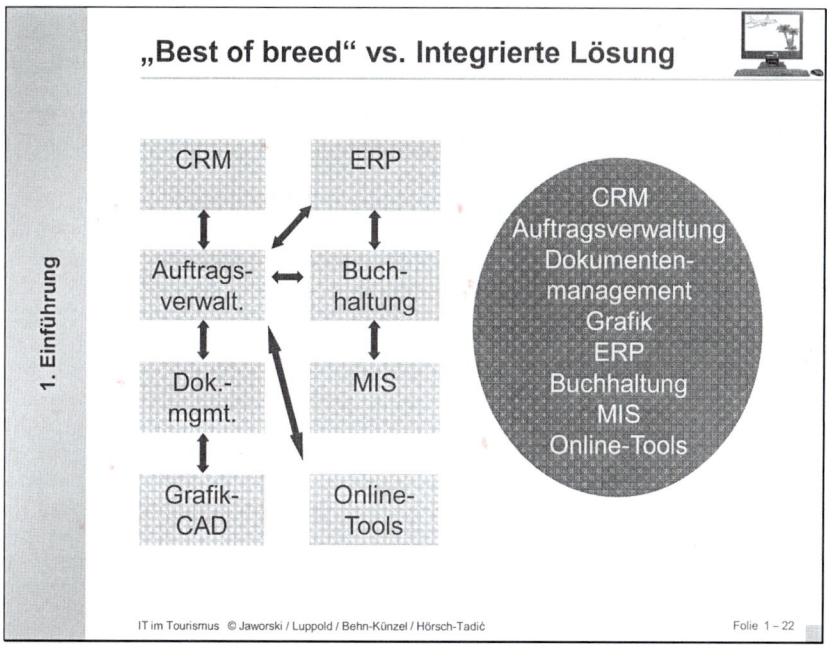

Der Markt für branchenübergreifende Software ist groß. Für jeden Teilbereich, sei es Customer Relationship Management oder Buchhaltung, werden unterschiedliche Lösungen angeboten. Ein Ansatz beim Kauf von Software kann dabei sein, sich die jeweils optimal auf die Bedürfnisse des Unternehmens zugeschnittenen einzelnen Softwareprodukte auszuwählen und einzusetzen. Der so genannte "Best of Breed"-Ansatz greift auf die einzelnen Aufgabenbereiche, auf das jeweils beste am Markt zur Verfügung stehende Tool zurück, einzelne Anwendungen werden miteinander kombiniert. Der Nachteil dabei ist, dass die jeweiligen Produkte nicht untereinander „kommunizieren" können, d. h. es findet keine Datenübertragung statt. Da Datenaustausch von beispielsweise Adressdaten aber unerlässlich ist, müssen Schnittstellen, die zum Teil recht komplex und aufwendig sein können, programmiert werden. Ein anderer Ansatz, der eher branchenspezifischen Softwareanbieter ist es, alle relevanten Teilbereiche in einem System zu integrieren. Der Vorteil hierbei ist, dass die Daten problemlos ausgetauscht bzw. den jeweiligen Geschäftsbereichen zur Verfügung gestellt werden können. Ein Nachteil von integrierten Lösungen ist oft, dass sie recht komplex sind und dass die Funktionsbreite der einzelnen Teilbereiche nicht an die der Einzellösung heranreicht.

Dennoch: auch bei integrierten Lösungen ist die Einbindung zusätzlicher Standard-Anwendungen unvermeidbar, beispielsweise um die Kommunikation (Email) oder den Schriftverkehr (Textverarbeitung) mit bereits vorhandener "State-of-the-Art"-Software auf hohem Niveau zu ergänzen. Ein integrierter Text-Editor kann nicht so leistungsfähig sein wie "Word" von Microsoft!

Software-Einsatz in Tourismus-U'

Anwendersoftware

Individualsoftware
- Deckt die genauen Anforderungen ab
- Weiterentwicklung selbst gesteuert
- Hohe Kosten
- Know-how im Haus
- Hoher Personalaufwand

Standardsoftware
- Nicht alle Funktionen vorhanden
- Abhängigkeit vom Hersteller
- Geringere Kosten
- Kosten genauer zu kalkulieren
- Schnell einsetzbar
- Bessere Softwarequalität
- Geringerer Personalaufwand

1. Einführung

IT im Tourismus © Jaworski / Luppold / Behn-Künzel / Hörsch-Tadić   Folie 1 – 23

Es kann zwischen Individual- und Standardsoftware unterschieden werden. Eine Individualsoftware wird ausschließlich für einen Auftraggeber programmiert und deckt die genauen Anforderungen des Unternehmens ab. Die Vorteile sind, dass die Weiterentwicklung selbst gesteuert werden kann, falls neue Funktionalitäten benötigt werden und das Know-how im Unternehmen verfügbar ist. Standardsoftware hingegen wird von vielen Unternehmen genutzt, die mehr oder weniger ähnliche Anforderungen haben. Meist sind nicht alle gewünschten Funktionen vorhanden. Wünscht das Unternehmen zusätzliche Funktionen, muss dies mit dem Softwareanbieter verhandelt werden und mit dem Release-Zyklus des Anbieters abgeglichen werden. Vorteile einer Standardlösung sind mittel- und langfristig gesehen, geringere Kosten und eine genauere Kalkulierbarkeit der Kosten. Des Weiteren ist die Software schnell einsetzbar und von besserer Qualität, da viele Anwender mit dem Produkt arbeiten und durch Feedback an einer stetigen Optimierung der Software mitwirken. Eine individuelle Softwarelösung ist nur dann zu vertreten, wenn sie historisch gewachsen ist. Heutzutage, wo eine Fülle von fertigen Programmen auf dem Softwaremarkt existiert, ist es nicht ratsam, einen sehr arbeitsaufwendigen und kostspieligen Einzellösungsweg anzustreben.

Es liegt auf der Hand, dass Individualsoftware die Spezifika besser abdecken kann als dies (Brachen-)Standardsoftware kann. Dennoch muss hinterfragt werden, wie groß der Unterschied ist und welche wirtschaftlichen Effekte damit verbunden sind. Die Analyse wird zeigen, dass den oft nur marginalen Vorteilen größere Risiken gegenüber stehen, wie etwa die Abhängigkeit vom Software-Partner oder der erhebliche Mehraufwand bei der Weiterentwicklung eines individuellen Systems.

Hinzu kommt, dass für eine Branche verfügbare Standard-Systeme über umfangreiche Anpassungsmöglichkeiten verfügen, die teilweise eine sehr weit gehende Individualisierung ermöglichen. So werden die Vorteile einer Standardsoftware genutzt, bei gleichzeitiger Anpassung an das eigene Unternehmen.

Customizing

Möglichkeit zur programmtechnischen Anpassung von Standardsoftware an individuelle Anforderungen und Spezifikationen des Unternehmens (Kunden)

- Einstellung der Bildschirmmasken
- Ausblenden nicht benötigter Funktionen
- Sprachanpassungen
- Realisierung von Schnittstellen zu anderen Programmen
- Gestaltung von Papier- und elektronischen Ausgaben
- Reports

Um den individuellen Anforderungen der Kunden gerecht zu werden, bieten viele Anbieter von branchenspezifischer Standardsoftware programmtechnische Anpassungen an. Hierunter versteht man z. B. die Einstellung von Bildschirmmasken oder das Ausblenden nicht benötigter Funktionen. Bei der Implementierung der Software werden die meisten branchenspezifischen Programme an die Spezifika des Unternehmens angepasst. Dabei werden mehrere Parameter des Unternehmens in das Programm als Standardwerte eingegeben: die Adressen des Unternehmens und deren Filialen, die Daten der Mitarbeiter und deren Zugriffsrechte, die Steuersätze und vieles Ähnliches mehr. Dabei wird auch entschieden, welche Module des Programms installiert werden und welche nicht und wie sie miteinander arbeiten sollen. So entsteht eine individuelle Zusammenstellung des Standardprogramms, so dass der Anwender das Gefühl hat, eine individuelle Softwarelösung zu nutzen. Eine weitere mögliche Anpassung ist die Realisierung von Schnittstellen zu anderen Programmen wie z. B. Buchhaltungssoftware und die Gestaltung von Dokumenten und elektronischen Ausgaben.

Branchenspezifische Lösung ein Muss?

Muss eine branchenspezifische Lösung unbedingt eingesetzt werden?

	TEXT	TBK	GRA	DB	DTP
Gäste-/Kundenverwaltung					
Front-Office-Bereich	X			X	
Back-Office-Bereich	X	X	X	X	X
Org. der Veranstaltung					
Eigenveranstaltung	X	X		X	
Fremdveranstaltung	X	X	X	X	X
Ausstellungen	X	X		X	X
Wettbewerbe	X	X		X	
Messeteilnahme	X	X		X	

1. Einführung

IT im Tourismus © Jaworski / Luppold / Behn-Künzel / Hörsch-Tadić

Die Tabelle auf Folie 25-26 stellt am Beispiel von Bad Mergentheim dar, in welchen Bereichen branchenübergreifende Software eingesetzt werden kann. Dies bedeutet jedoch nicht, dass der Einsatz obligatorisch ist. Inwieweit die entsprechende Software gerade in diesem Bereich genutzt werden sollte, hängt vom Aufgabenvolumen und der Häufigkeit ihrer Durchführung ab. Der ausschlaggebende Faktor ist aber die interne Arbeitsaufteilung und Arbeitsorganisation.

Abkürzungen:

TEXT = Textverarbeitungsprogramm
TBK = Tabellenkalkulationsprogramm
GRA = Graphikprogramm
DB = Datenbankanwendung
DTP = Desktop publishing Programm

Branchenspezifische Lösung ein Muss?

Muss eine branchenspezifische Lösung unbedingt eingesetzt werden?

	TEXT	TBK	GRA	DB	DTP
Marketingaufgaben	X	X	X	X	X
Haushalts-/Finanzwesen	X	X			
Personalwesen	X			X	
Planungsaufgaben	X	X		X	
IT und int. Organisation	X			X	

IT im Tourismus © Jaworski / Luppold / Behn-Künzel / Hörsch-Tadić

Die gerade besprochenen Softwarebereiche sollen natürlich sehr sorgfältig ausgewählt werden. Eines darf dabei nicht vergessen werden: die Zusammenstellung. Die Softwarepakete als Komponente einer Bürokommunikation müssen auch miteinander abgestimmt werden, um spätere sog. Kompatibilitätsproblemen aus dem Wege zu gehen. Es muss gewährleistet werden, dass z.B. die Werte aus der Tabellenkalkulation ohne weiteres in das Graphikprogramm eingelesen werden können, oder bei der Erstellung eines Serienbriefes die Adressen der Kunden aus der Datenbankverwaltung geholt werden können, ohne sie nochmals eintippen zu müssen.

Traditionelle Software vs. SaaS

Traditionelle Software	Software as a Service
Hohe Einstiegskosten	Niedrige Einstiegskosten
Niedrigere laufende Kosten	Höhere laufende Kosten
Hohes Risiko für Entscheider	Geringes Risiko für Entscheider
Service als Teil des Angebots	Service steht an 1. Stelle
Beim Kunden installiert	Im Rechenzentrum installiert
1-2 Versionen/Jahr	3-4 Versionen/Jahr
Buy it, you'll like it	Try it, you'll buy it

1. Einführung

IT im Tourismus © Jaworski / Luppold / Behn-Künzel / Hörsch-Tadić

Hinter traditioneller Software steht, dass sich das touristische Unternehmen für einen Anbieter entscheidet und mit diesem einen Lizenzvertrag über die Nutzung der Software abschließt. Die Software wird vom Unternehmen hierbei gekauft und auf den Servern des Unternehmens installiert. Die Mitarbeiter können auf ihren Arbeitsplätzen darauf zugreifen. Diese Form der Software-Nutzung ist für die Entscheider mit einem hohen Risiko verbunden, da die Einstiegskosten (=Kauf der Software) hoch sind.

Einführung

Hosting und SaaS

Clients (Win 98, 2000, XP; Mac)

Non-Encrypted OR Encrypted

Application Server

Database Server

Citrix Secure Gateway
ASP Entry Page
Web sites

Citrix Secure Access Manager

Citrix Servers

IT im Tourismus © Jaworski / Luppold / Behn-Künzel / Hörsch-Tadić   Folie 1 – 28

1. Einführung

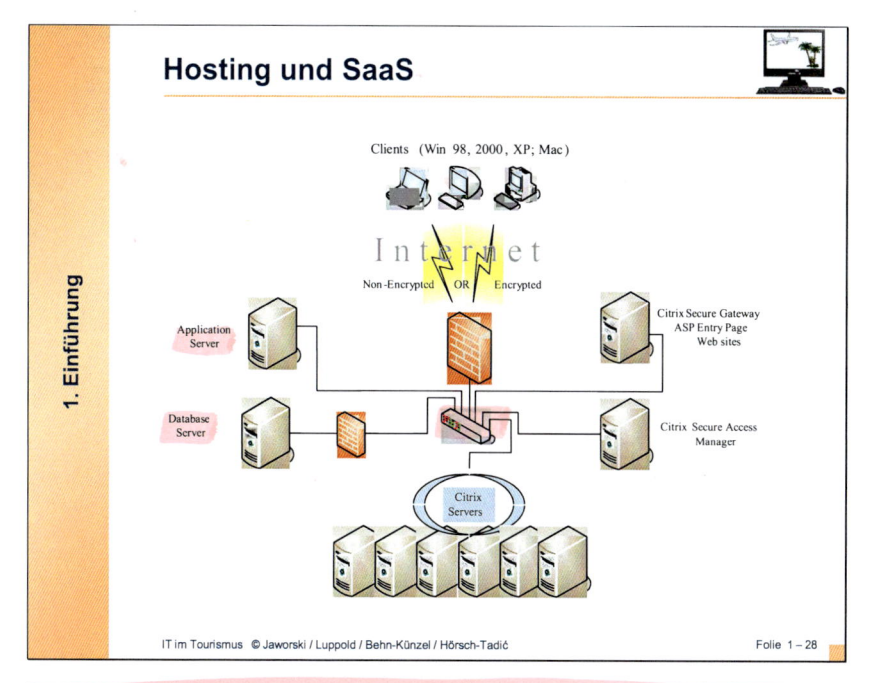

SaaS (Software as a Service) stellt die gesamte Infrastruktur bereit, die zur Ausführung von Anwendungen über das Internet benötigt wird. Die Bereitstellung erfolgt wie bei einem Versorgungsbetrieb für Strom oder Wasser. Die Benutzer brauchen nur "den Hahn zu öffnen" und das Benötigte zu entnehmen, ohne sich über die Komplexität im Hintergrund Gedanken machen zu müssen. Und wie bei den Versorgungsbetrieben basiert auch SaaS auf einem Mess- oder Abonnementmodell, so dass die Benutzer nur für das bezahlen, was sie auch wirklich in Anspruch genommen haben. Aufgrund der niedrigen Einstiegskosten ist das Risiko für Entscheider bei dieser Variante eher gering.

Aspekte des Hostings

1. Einführung

- **Investition** – Keine zusätzlichen Investitionen in die technische Infrastruktur.
- **Fernzugriff** – Zugang auf die Daten von zu Hause aus, beim Kunden bzw. Interessenten vor Ort.
- **Sicherheit** – Teilnahme an Systemschutz des Hosting Providers.
- **Datensicherung** – Die Daten werden gesichert.
- **Neueste Technologie** – Neueste technische Infrastruktur des Rechenzentrums.
- **Fachkompetenz** – Know-How der Systemadministratoren des Providers.

Die Hosting- oder SaaS(Software as a Service)-Lösung ist vor allem für kleinere Unternehmen ohne eigene IT-Abteilung vorteilhaft. Da monatlich eine Gebühr für die Nutzung der Software entrichtet wird, in der auch die Bereitstellung der technischen Infrastruktur enthalten ist, entfallen zusätzliche Investitionen für Server oder weitere Hardware. Des Weiteren wird die Datensicherung und die Sicherheit des Systems vom Hosting-Anbieter gewährleistet. Ein anderer interessanter Aspekt ist der Datenzugriff, der über das Internet ermöglicht wird. Der Mitarbeiter kann von überall auf das System zugreifen. Der Trend zu SaaS-Lösungen ist in den letzten Jahren entstanden. Es wird davon ausgegangen, dass mittelfristig die traditionelle Installation der Software im Unternehmen von SaaS abgelöst wird.

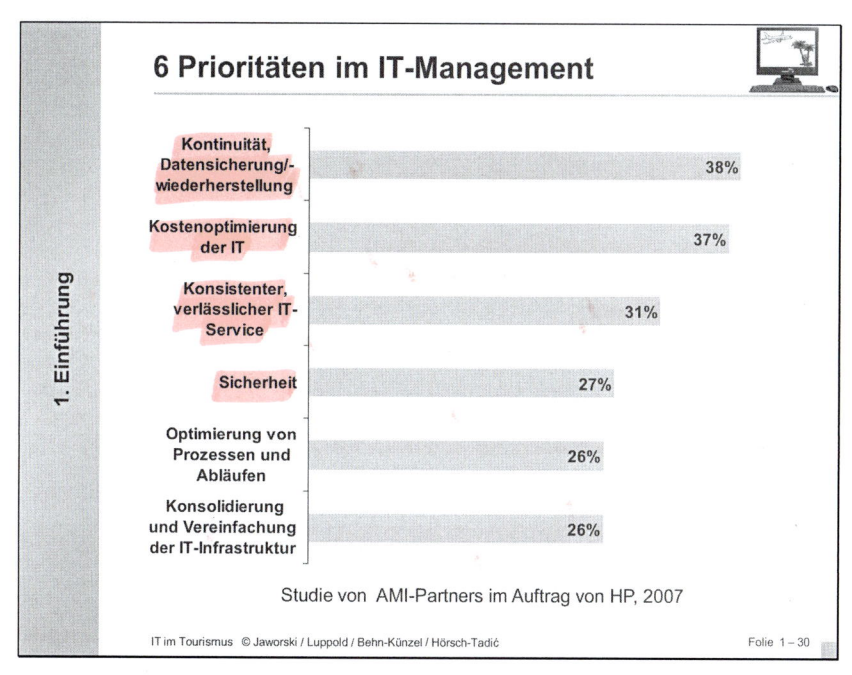

6 Prioritäten im IT-Management

Priorität	Prozent
Kontinuität, Datensicherung/-wiederherstellung	38%
Kostenoptimierung der IT	37%
Konsistenter, verlässlicher IT-Service	31%
Sicherheit	27%
Optimierung von Prozessen und Abläufen	26%
Konsolidierung und Vereinfachung der IT-Infrastruktur	26%

Studie von AMI-Partners im Auftrag von HP, 2007

Laut einer Studie aus dem Jahr 2007 im Auftrag von HP sind die drei wichtigsten Prioritäten im IT-Management Datensicherung/-wiederherstellung, Kostenoptimierung und verlässlicher IT-Service. Die genannten Kriterien spielen bei der Auswahl eines Softwareanbieters eine wichtige Rolle. So sollte man vor Vertragsabschluss beispielsweise klären, ob der Anbieter für die Datensicherung und Sicherheit zuständig ist oder ob diese Aufgabe vom touristischen Unternehmen übernommen werden muss. Entscheidet sich das Unternehmen für eine Hosting-Lösung, dann wird dies als Dienstleistung vom Hosting-Anbieter übernommen.

IT-Vertragstypen & Vertragsgestaltung

1. Einführung

Hostingverträge – SaaS-Verträge
IT Outsourcing – Kosten pro Transaktion

Wartungs- und Serviceverträge
Wartung und Weiterentwicklung (technologisch & funktionell) der Software
Support – Telefonhotline und Helpdesk

Dienstleistungsverträge
Implementierung, Customizing, Schulung, Programmierung

Lizenzverträge
Regeln das Urheberrecht und Nutzungsrecht der Software – Lizenzkosten

Beim Kauf einer Software können 4 unterschiedliche Vertragstypen relevant werden. Der Lizenzvertrag regelt das Urheber- und Nutzungsrecht. Bei Abschluss eines Lizenzvertrags erwirbt das touristische Unternehmen das uneingeschränkte Nutzungsrecht an der Software. Die Lizenzkosten sind im Regelfall ein einmal anfallender Betrag, der für den „Kauf" der Software fällig wird. Der Softwareanbieter ist weiterhin der Urheber der Software. In einem Dienstleistungsvertrag werden alle Details zu den zusätzlichen Dienstleistungen, die im Rahmen der Softwareeinführung in einem Unternehmen erbracht werden, geregelt. Dies kann die Implementierung und Schulung aber auch die Programmierung von Programmerweiterungen oder z. B. Schnittstellen betreffen. Im Wartungsvertrag sind alle Punkte rund um den Support und die technologische und funktionelle Weiterentwicklung der Software definiert. So werden beispielsweise Hotlinezeiten oder sogenannte SLAs (Service Level Agreements) in einen Wartungsvertrag geschrieben. Entscheidet sich das Unternehmen für eine SaaS-Lösung, dann kommt eine Hosting- oder SaaS-Vertrag hinzu. In diesem sind unter anderem die Themen Datensicherung, Sicherheit aber auch System-Verfügbarkeit (am besten 100%) geregelt.

IT-Anbieter für Reisebüros

ca. 60 Softwarehäuser

Unternehmen	Produkt	Kunden
Bewotec	Jack	2243
TA.TS	IBIZA	2500
Travel Basys	RBS/SAP	k.A.
Riasoft	Riasoft (Topi)	387
Partners Software	PART.ONE	802
Synccess GmbH	ReiseZ.I.E.L.	k.A.
Dietz EDV-Systeme	Travel Office	348
BLS Data Team	Trasy	859
Midoco GmbH	Midoco	k.A.
Contour GmbH	Contour 6.0 (an Bewotec verkauft)	
...		

IT im Tourismus © Jaworski / Luppold / Behn-Künzel / Hörsch-Tadić   Folie 1 – 32

Auf dem Reisebürosoftwaremarkt findet man zurzeit etwa 60 verschiedene Programme, die sich im Umfang der vorhandenen Funktionen sowie auch in deren Qualität stark unterscheiden. Dazu kommt noch, dass die Programme für unterschiedliche Reisemittlergruppen gedacht sind. So gibt es Programme, die für kleine, individuelle Reisebüros gedacht sind, aber auch IT-Lösungen für Reisebürokooperationen bzw. Reisebüroketten. Von der Kommunikationstechnik her gibt es Programme, die nur lokal, auf dem Arbeitsplatzrechner installiert werden können, aber auch serverbasierte Lösungen, die über Intranet mit weiteren Filialen des Unternehmens Daten austauschen können. Immer mehr Softwarehäuser bieten die Programme zur Miete an. Diese Programme werden in einem Rechenzentrum installiert und die Reisemittler (die Kunden des Softwarehauses) bekommen gegen eine Gebühr den Zugangscode zu dem Programm und den im Rechenzentrum verwalteten eigenen Daten. Verstärkt werden auch Lösungen angeboten, die für virtuelle Reisemittler gedacht sind, z.B. Midoco.

IT-Anbieter für Reiseveranstalter (I)

ca. 20 Softwarehäuser

Unternehmen	Produkt	Kundenschwerpunkt
WBS BLANK Software (Marktpräsenz: 29 Jahre)	WBS	
ISO Software Systeme (Marktpräsenz: 25 Jahre)	Ocean	• Pauschal-/Bausteinveranstalter
Zartmann EDV (Marktpräsenz: 23 Jahre)	Zts.42	• Kreuzfahrt- und Busveranstalter
Partners Software (Marktpräsenz: 20 Jahre)	Part.One	• Individual-/Gruppenveranstalter
Bewotec GmbH (Marktpräsenz: 15 Jahre)	- daVinci (große RV) - Vera (kleine RV)	

1. Einführung

Der Markt der Software für Reiseveranstalter ist auch sehr vielfältig. Es gibt etwa 20 namhafte Softwarehäuser, die Programme für diverse Reiseveranstaltergruppen anbieten. Es gibt sowohl Unternehmen, die Fernreiseveranstalter bedienen (WBS-Blank, ISO-Travel, Partners Software) als auch Unternehmen, die auf kleinere Veranstalter, oft Busreiseveranstalter fokussiert sind (W6W Systemberatung, Ratiosoftware, Kuschick Software).

Die Anbieter der Programme müssen oft mit dem Touristikmodul auch Zusatzmodule anbieten, die zum Beispiel für die Busreiseveranstalter unabdingbar sind, wie Dispositionsplanung, Mietomnibus, Werkstattverwaltung oder ÖPNV-Modul.

IT-Anbieter für Reiseveranstalter (II)

ca. 20 Softwarehäuser

Unternehmen	Produkt	Kunden-schwerpunkt
W&W Systemberatung (Marktpräsenz: 29 Jahre)	TuristaVE	• Pauschal-/Baustein-veranstalter • Busreiseveranstalter • Individual-/Gruppen-veranstalter
RatioSoftware (Marktpräsenz: 19 Jahre)	RatioWw	• Pauschalveranstalter • Busreiseveranstalter • Individual-/Gruppen-veranstalter
Sangat Systems AG (Marktpräsenz: 8 Jahre)	Sangat travel objects	• Pauschal-/Baustein-veranstalter • Individual-/Gruppen-veranstalter

IT-Anbieter für Hotelunternehmen

ca. 60 Softwarehäuser,
davon ca. 20 ernsthafte Anbieter

Fidelio (Opera, Suite 8)
Protel
Hogatex (Amadeus Hospitality)
GUBSE/Tenovis
Progast
ProFile
Hotline

Viele sehr gute Programme, Kosten steigern überproportional schneller als Mehrwert...

Easy2Res
Winhotel
HS/3
Hotline
Velhotel
Hotelprofi

Die Marktrecherchen im Internet und in den Fachzeitschriften ergeben etwa 60 Anbieter für Hotelsoftware auf dem deutschen Markt. Die Zahl der Softwarevertreiber liegt jedoch weitaus höher, da einige Programme durch mehrere Firmen vertrieben werden, ab und zu auch unter anderem Namen. Daher erschwert die Vielzahl der Angebote die Übersicht. Es gibt etwa 20 Programme, die ziemlich weite Verbreitung auf dem Deutschen Markt errungen haben, sowohl bei den kleinen Beherbergungsunternehmen als auch bei den größeren Stadthotels. Ein und dasselbe Programm kann dazu noch in diversen Komplexitätsstufen angeboten werden, zu unterschiedlichen Preisen.

Die Deutschen Hoteliers haben eigentlich die Qual der Wahl: es gibt viele sehr gute Programme, die oft sehr stark ausgebaut sind und über sehr viele Funktionen verfügen. Solche Programme haben selbstverständlich ihren (stolzen) Preis. Im Fall eines kleineren Familienhotels ist es deshalb meistens ratsam, nicht unbedingt ein namhaftes (und teures) Programm auszuwählen, sondern eine preiswerte Lösung anzustreben - siehe das Rechteck rechts unten auf der Folie. Auch kleinere Hotelprogramme verfügen über alle grundlegenden Funktionen, die bei kleinen Hotels vollkommen ausreichend sind, mit einem hervorragenden Preis-Leistungs-Verhältnis.

IT-Anbieter für FV-Stellen

ca. 15 Softwarehäuser, u.a.:

Unternehmen	Produkt
Feratel	Intours, Eurosoft
Feratel	DARWIN
GBS	DORIS (IRIS, Eurosoft)
BS-Datensysteme	Infrem
Feratel	TIBS, EuroSTART
Feratel	Deskline
ProToma***	Tourisonline (Bytelink)
AMCS	Tom+
InToBis	InnoTis2Web
MyIRS GmbH	MyIRS

IT im Tourismus © Jaworski / Luppold / Behn-Künzel / Hörsch-Tadić   Folie 1 – 36

Um die Jahrtausendwende hat das Unternehmen Feratel mehrere Programme von damals selbstständigen Unternehmen übernommen, die Programme werden aber nach wie vor unter den früheren Namen eingesetzt. Feratel ist ein wie es sich selbst nennt: Gesamtlösungsanbieter für Incomingtourismus.

In den letzten Jahren sind auch neue Programme entstanden, die im SaaS-Verfahren arbeiten (Software as a Service). Es sind browserbasierende Programme, die von den Tourismusunternehmen gemietet werden können. Die Daten werden in einem zentralen Rechenzentrum verwaltet und die Nutzer des Programms (die Tourismusunternehmen) greifen auf die Programmfunktionen und ihre eigenen Daten per Internetverbindung zu.

IT-Anbieter für Veranstaltungsstätten

ca. 15 Softwarehäuser, u.a.:

Unternehmen	Produkt
Alphadata	Alpha Office
Amlink Technologies	Events Pro
Artifax Software Ltd.	Artifax Event
Computing Riedmann GmbH	RVS
Comtec	SebekRe
Eventsoft GmbH	GPM
Empire-Systems (Infologica)	Forum, Koman (*Kongress Man*ager)
Infoteam GmbH	Rubin
SMK GmbH	Remote Event
SWH	VIBUS
Ungerboeck Systems Int.	EBMS
Weidelt Software Solutions	WinCongress

Folie 1 – 37

Unerwartet umfangreich ist die Liste der Unternehmen, die als IT-Anbieter Softwarelösungen für Veranstaltungsstätten anbieten. Durch die Internationalisierung von Anbietern, einer ständigen Innovation in der IT-Branche, wechselnden Anforderungsschwerpunkten der Veranstaltungsstätten und immer höher integrierbaren Anwendungen bleibt eine solche Aufzählung von potenziellen Produkten nicht statisch.

Die angebotenen Lösungen unterscheiden sich nicht nur preislich oder von dem damit verbunden Level an Dienstleistungen, sondern sind meist auch inhaltlich auf bestimmte Segmente der Veranstaltungsstätten ausgerichtet. Auf der einen Seite macht dies einen Auswahlprozess komplizierter, auf der anderen Seite zeigt sich eine „gesunde Konkurrenz-Situation", die für den Anwender auf marktgerechte Lizenz- und Servicepreise sowie aktuelle und leistungsfähige Software hinweist.

Eigenschaften Softwareanbieter

Häufige Eigenschaften der Tourismus-Software-Anbieter

Vorteile:

- ☺ Schnelle Einsatzmöglichkeit,
- ☺ Bereitschaft, Software individuell anzupassen,
- ☺ Modularität der Software

Nachteile:

- ☹ Kurze Branchentätigkeit,
- ☹ Herkunft der Software und der Softwareanbieter,
- ☹ Touristische bzw. Informatikausbildung nicht immer gegeben,
- ☹ Unternehmensgröße

1. Einführung

IT im Tourismus © Jaworski / Luppold / Behn-Künzel / Hörsch-Tadić   Folie 1 – 38

Die Softwareunternehmen, die Programme für Tourismusbetriebe anbieten, arbeiten wirtschaftlich und versuchen den Erwartungen der Kunden zu entsprechen. Sie sind also bereit und bemüht, die Programme schnell zum Einsatz zu bringen und sie an die individuellen Anforderungen der Kunden anzupassen. Die meisten Unternehmen haben auch die Vielfalt der Touristikfirmen erkannt und haben ihre Programme modular aufgebaut. So ist die Individualisierung des Programms zu einem gewissen Grad möglich und unterschiedliche Kunden können ein und dasselbe Programm bei sich einsetzen.
Sehr viele Softwarehäuser, die Tourismusunternehmen bedienen, haben relativ geringe touristische Erfahrung. Oft haben sie früher ganz andere Branchen bedient, bzw. tun es nach wie vor und können sich somit nicht voll auf die Kunden aus dem Tourismus konzentrieren.

Ein weiterer kritischer Punkt stellt die Entwicklungsgeschichte der Programme dar. Wie auch in anderen Branchen, wurde oft die entsprechende Software zunächst als individuelle Auftragsarbeit entwickelt. Das Softwarehaus deckt also mit seinem Programm die Anforderungen von einem Kunden ab (sie sind oft sehr spezifisch), erhofft sich aber, das fertige Programm auch anderen Kunden anbieten zu können. Für den Anwender bedeutet dies, dass er entweder die angebotene Software ohne Modifikation übernimmt und damit u.U. unglücklich wird oder diese nachträglich vom Softwareanbieter an seine Bedürfnisse anpassen lässt. Das kostet aber, Vorsicht ist anzuraten.
Die oft sehr dünne Personaldecke der Anbieter (3 bis 6 Mitarbeitern) ist ein weiterer Risikofaktor. Dies kann vor allem in Bezug auf Serviceleistungen eine bedeutende Rolle spielen. Große Softwarehäuser bzw. ehemalige Hardwareanbieter, die inzwischen gleichermaßen in der Softwareentwicklung tätig sind, verfügen i.d.R. über eine eigenständige Entwicklungsabteilung, über Schulungs- und Beratungspersonal, die einen gewissen Servicestand gewährleisten. In kleinen Softwareunternehmen werden diese Aufgaben im Allgemeinen gemeinschaftlich erledigt, was zu einer Einschränkung des Services führen kann. Oft steht und fällt eine solch kleine Firma mit einer Person (Ideengeber, Hauptprogrammierer usw.).

Beurteilung & Auswahl von Software

Kriterien

1. Softwarefunktion

- Erfüllung der Anforderungen aus dem Sollkonzept
- Modularität der Software
- Bedienerfreundlichkeit (u.a. Tastenbelegung, SAA, Benutzeroberfläche)
- Kompatibilität zu anderen Programmen
- Netzwerkfähigkeit
- Zuverlässigkeit
- Fehlerrobustheit
- Customizing
- Reporting

Die Entscheidung für bzw. gegen eine IT-Lösung fällt oft unüberlegt und unstrukturiert (aus dem Bauch heraus). Eine solche Entscheidung ist aber schwerwiegend und wirkt sich über mehrere Jahre auf das Arbeiten im Unternehmen und mit Sicherheit auch auf das wirtschaftliche Ergebnis des Unternehmens aus. Die Entscheidung soll also anhand von wichtigen, klar formulierten Kriterien fallen. Emotionen, bzw. eine Verblendung durch z.B. schöne Bildschirmmasken sollten hier möglichst ausgeschaltet werden.

Als Erstes sollte untersucht werden, ob die in Frage kommende Software über die benötigten Funktionen verfügt. Das setzt wiederum voraus, dass eine Situationsanalyse der Informationstechnologie im touristischen Unternehmen durchgeführt wird und ein Sollkonzept für die zukünftige IT-Landschaft ausgearbeitet (und dokumentiert) wird. In der Praxis kommt es oft vor, dass bei diesen Aufgaben die touristischen Unternehmen zu wenig Geduld haben und diese Aufgabe nicht sorgfältig erfüllen.

Die Programme müssen die allgemeinen Erwartungen, die an eine Software gestellt werden, erfüllen. Sie müssen nicht nur möglichst fehlerfrei sein, sondern auch fehlerrobust. Das heißt, die Programme sollen falsche Eingaben seitens des Anwenders zulassen, ihn aber auf die Fehler entsprechend hinweisen.

Beurteilung & Auswahl von Software

Kriterien

2. Technische Voraussetzungen

- Nutzung vorhandener Hardware
- System-Software
- DFÜ-Fragen
- Plattformneutralität

1. Einführung

Die Fernwartung: Hier kann sich das Fachpersonal des Softwarehauses bei Bedarf mittels einer entsprechenden Online-Verbindung in die EDV-Anlage des Anwenders einschalten, eine Ferndiagnose stellen und ggfs. das Problem sofort lösen. Idealerweise sollte heutzutage ein Fernwartungsservice von allen Herstellern angeboten werden.

Beurteilung & Auswahl von Software

Kriterien

3. Service

- Komplettlösung möglich?
- Installationsfragen
- Schulung
- Hotline
- Dokumentation
- Fernwartung, Update, Upgrade

Hinter dem Begriff „Installation" verbirgt sich die Integration der Software in die vorhandene(n) EDV-Anlage(n) des Anwenders. Weil die meisten Programme eine sehr komplexe Struktur aufweisen, erfolgt das Einrichten i.d.R. durch den Softwarehersteller. Eigeninstallation sollte nur dann vorgenommen werden, wenn das Installationsprogramm leicht zu bedienen ist und wenn ausreichende Detailkenntnisse der EDV vorhanden sind.

Einen hohen Stellenwert für den Einsatzerfolg eines Softwarepaketes nimmt die Schulung. Die Dauer der Einarbeitungszeit wird leider oft unterschätzt, da der Anwender meistens auf einen unverzüglichen Einsatz der Software drängt. Die dafür aufzubringende Zeit – im Durchschnitt 1 bis 3 Tage – ist abhängig von der Programmkomplexität, den Computerkenntnissen der Mitarbeiter sowie deren Lernbereitschaft und Motivation.

Die Ausbilderqualifikation ist ein weiterer Gesichtspunkt in der Schulungsphase. Das Softwarehaus sollte über qualifiziertes Schulungspersonal verfügen, das, mit pädagogischen Fähigkeiten ausgestattet, die Schulungsinhalte verständlich vermitteln kann und zudem die Funktionsweise der Touristikbranche kennt. Ideal wäre es für den Anwenderbetrieb, einen Mitarbeiter aus den eigenen Reihen zum EDV-Trainer schulen zu lassen.

Letztlich sollte noch ermittelt werden, ob die EDV-Firma auf Wunsch allgemeine Softwareschulungen in anderen Anwendungsprogrammen (z.B. WORD, EXCEL etc.) dem Kunden anbieten kann und wie sich Qualität und Umfang der zur Verfügung gestellten Demoversion gestalten.

Das Angebot einer umfassenden telefonischen Anwenderunterstützung stellt einen weiteren Pluspunkt für die Softwarefirma dar. Eine Variante, die hierbei besondere Beachtung findet, ist der Support über Hotline. In der Regel können Anwender werktags während der üblichen Geschäftszeiten Hilfe per Telefon erhalten – kundenorientierter wäre jedoch ein erweiterter Benutzerservice am Wochenende oder eine 24-Stunden Besetzung an allen Wochentagen.

Mit Wartung & Pflege werden Maßnahmen zur Erhaltung der Funktions- und Leistungsfähigkeit des Softwareproduktes bezeichnet. Sie sind zum obligatorischen Leistungsbündel eines Softwarehauses zu zählen und sollten dem Anwender nach Ablauf der gesetzlichen Gewährleistungsfrist von 6 Monaten optional als Serviceleistung angeboten werden. Beim Abschluss eines i.d.R. kostenpflichtigen Wartungs- und Pflegevertrages empfiehlt es sich in jedem Fall, auf folgende kostenlose Leistungen zu achten:

- Beseitigung von Softwarefehlern
- Anpassungen des Programms auf z.B. Gesetzesänderungen
- Weitergabe von Produktverbesserungen
- Übergabe der neuesten Version
- Aktualisierung der Dokumentationsunterlagen
- Durchführung von Nachschulungen

Zu klären sind außerdem die Konditionen bzgl. des Update-/ Upgrade-Services. Diese Maßnahmen zur Optimierung der Software müssen in regelmäßigen Zeitabständen – mindestens jedoch einmal jährlich – erfolgen.

Beurteilung & Auswahl von Software

Kriterien

4. Kosten

- Kauf, Leasing, Miete
- für Schulung, Hardware
- Folgekosten (Betrieb, Wartung)

5. Allgemeines

- über das Softwareunternehmen
- Zahl der Installationen / Marktabdeckung
- Referenzliste (Besuch, Erfahrungsaustausch)

1. Einführung

IT im Tourismus © Jaworski / Luppold / Behn-Künzel / Hörsch-Tadić Folie 1 – 42

Die branchenspezifische Software ist sehr teuer. Nicht jedes touristische Unternehmen ist in der Lage, diese zu bezahlen. Dies erkannten die Softwarehäuser und bieten seit geraumer Zeit die Programme nicht nur zum Kauf an, sondern auch zur Miete, oder in Form von Leasinggeschäften. Werden die Programme als Dienstleistungen angeboten (SaaS - Software as a Service), haben die Anwender nur das Nutzungsentgelt zu zahlen, was in den meisten Fällen im Vergleich zum Kaufgeschäft preiswerter ist und nicht voraussetzt, auf einmal einen relativ großen Kaufpreis begleichen zu müssen.
Unabhängig von den Kosten für das Erwerben der Software müssen die Anwender mit weiteren Kosten rechnen. Oft wird mit dem Einsatz einer neuen Software die Erneuerung der Hardware wenn nicht notwendig, dann mindestens ratsam sein. Die branchenspezifischen Programme sind wie schon frü-

her erwähnt sehr komplex. Der richtige Einsatz von ihnen ist ohne eine umfangreiche Schulung kaum möglich. Schließlich muss man mit den laufenden Kosten des Softwareeinsatzes rechnen. Hier gilt es vor allem die Wartungskosten (es wird meistens ein Wartungsvertrag speziell abgeschlossen), die Kommunikationskosten und die allgemeinen Betriebskosten (Verbrauchsmaterial, Reparaturen usw.) zu beachten.

Der Einsatz von einer branchenspezifischen Software ist kein Durchgangskauf. Zwischen dem Softwarehaus und dem touristischen Unternehmen entsteht bei dem Einsatz der Software eine langjährige Beziehung, eine Partnerschaft. Eine gelungene Partnerschaft entsteht nur dann, wenn zwischen den Partnern ein Vertrauensverhältnis aufgebaut werden kann. Das touristische Unternehmen, der zukünftige Programmanwender und somit auch Partner des Softwarehauses, ist gut beraten, wenn er sich das Softwarehaus vor dem Unterschreiben des Softwarevertrags genau anschaut, vor allem wie stark das Softwarehaus schon auf dem Markt vertreten ist und wie es mit den Kunden zusammenarbeitet. Sehr behilflich sind dabei die Referenzlisten, die auf der Internetseite von fast jedem Softwarehaus vorzufinden sind.

Einige Softwarehäuser bieten ihren Kunden Möglichkeiten zum Erfahrungsaustausch untereinander. Anwender erhalten dabei Gelegenheit über ihre Erfahrungen mit dem Softwareprodukt und insbesondere über eventuelle Fehler / Probleme gemeinsam mit anderen Branchenkollegen zu diskutieren. Das Softwarehaus kann die Zusammenkunft nutzen, um neue Features der Software zu präsentieren, Verbesserungsvorschläge und Anregungen für Weiterentwicklungen entgegenzunehmen, Neuigkeiten aus der Branche auszutauschen und somit letztendlich seine Kunden fester an sich zu binden.

Probleme des IT-Einsatzes im Tourismus

1. IST-Analyse
2. Fehlendes IT-Know-how
3. Fehlende Übersicht über das Marktangebot
4. Finanzierung (Unsicherheit bzgl. Rentabilität des IT-Einsatzes)
5. Qualifizierte Betreuung der Hard- und Software
6. Schulung
7. Mitarbeitermotivation

IT im Tourismus © Jaworski / Luppold / Behn-Künzel / Hörsch-Tadić Folie 1 – 43

Die Erfahrungsberichte aus der Praxis sind sehr ernüchternd. Viele touristische Unternehmen tun sich nach wie vor schwer bei dem Einsatz der neuen Software. Es ist ein Unterfangen, das sorgfältig vorbereitet und mit Ausdauer und einer gewissen Systematik durchgeführt werden muss. Auf der Folie sind stichwortartig die meisten Fehler aufgelistet, die dabei begangen werden:

Zu 1.: Grundlage eines jeden EDV-Einsatzes stellt eine umfassende Analyse des IST-Systems dar. Die Einsicht in die Notwendigkeit einer IST-Analyse stellt dabei bereits das erste Problem dar. Viele Entscheidungsträger, nicht nur im Tourismus, glauben ohne Analyse eigener Schwachstellen eine gute Lösung finden zu können. Die Bedeutung der IST-Analyse wird oft unterschätzt. Dazu kommt die Frage: wer soll sie durchführen? Die eigenen Mitarbeiter haben genug zu tun, für eine externe Lösung fehlt das Geld. Nicht die schlechteste Lösung stellen die Softwarehäuser dar, die neben den Programmen auch solche Dienstleistungen anbieten. Dabei besteht allerdings die Gefahr, die aber nicht überschätzt werden sollte, dass die IST-Analyse nicht ganz objektiv durchgeführt wird (das Softwarehaus wird eigene Programme bevorzugen).

Zu 2.: Die Vielzahl der Anbieter, unterschiedlichste Aussagen über den Nutzen der zur Verfügung stehenden Software, der schnelle Wandel in der EDV-Branche aufgrund einer hohen Innovationsrate machen selbst Experten die Entscheidung für ein bestimmtes System außerordentlich schwer. Wichtig ist es deshalb, sich einen umfassenden Überblick über den Hard- und Softwaremarkt zu verschaffen. Dies kann am besten durch Gespräche und Besuche bei benachbarten Firmen (die die EDV bereits nutzen und dem interessierten Unternehmen voraus sind) erfolgen. Des Weiteren können verschiedene "neutrale" Berater um Hilfe gebeten werden. Eine externe Hilfe bei der Hard- und Softwareauswahl ist deutlich billiger als sich selbst in die Materie einzuarbeiten und dann eine vage Entscheidung als EDV-Neuling zu treffen. Die Touristiker machen oft einen noch nicht erwähnten Fehler: Aus Angst, eine falsche Entscheidung zu treffen wird der EDV-Einsatz hinausgezögert oder gänzlich unterlassen. Dieses Verhalten führt zu einer verzögerten Reaktionsfähigkeit im Markt.

Zu 4.: Die Finanzierung der Hard- und Software stellt ein zusätzliches Problem dar. Eine minimale Hard- und Softwareausstattung kostet heute etwa 10.000 €. Wollen wir uns für ein Netzwerk entscheiden, sind oft 50.000 € zu wenig. Während ein privatwirtschaftliches Unternehmen sehr schnell die Entscheidung für den EDV-Einsatz treffen und Investitionen betätigen kann, ist die Entscheidungsfindung in öffentlichen Fremdenverkehr durch eine langwierige Überzeugungsarbeit geprägt. Diese Unflexibilität resultiert aus der Tatsache, dass öffentliche Mittel verwendet werden, deren Einsatz vor dem Gemeinderat gerechtfertigt werden muss. Eine solche Entscheidungsfindung muss eindeutig als Nachteil gesehen werden, sie hat aber einen positiven Impuls: Die Rechtfertigungspflicht des Anwenders erzwingt ein durchdachtes Vorgehen und die Einarbeitung in die EDV-Problematik.

Zu 5. bis 7.: Die Hardware und die Programme werden meistens von den Vorgesetzten ausgewählt. Die Vorgesetzten beschäftigen sich intensiv mit der Problematik, vergessen aber eines: sie werden selbst mit den Programmen nicht arbeiten. Dies werden die Sachbearbeiter tun. Den Sachbearbeitern wird oft keine Demonstration der zur Wahl stehenden Software präsentiert, weil ihnen bezüglich der Entscheidung kein Einfluss eingeräumt wird. In der Praxis steht der Anwender oftmals vor dem Problem, sich selbständig in kürzester Zeit in die Handhabung der für ihn total fremden Software einarbeiten zu müssen. Dies soll oft während der Geschäftszeiten und unter Arbeitsdruck geschehen. Jeder, der sich schon einmal in ähnlicher Lage befand, wird bestätigen, dass dies nur zu Frustration und Ärger führt. Fast alle Softwarehäuser bieten eine Einarbeitung an. Dieses Angebot muss wahrgenommen werden, sonst wird aus Unkenntnis das Programm nicht vollständig genutzt werden. Ist das touristische Unternehmen, z. B. eine Fremdenverkehrsstelle mit mehreren PCs in einem Netzwerk ausgestattet, so erscheint die Einstellung oder Ausbildung eines Mitarbeiters zum EDV-Spezialisten als unumgänglich.

Zu 6. und 7.: Die Einführung von EDV stößt in der Praxis bei den Nutzern, d.h. den Mitarbeitern, nicht selten auf erheblichen Widerstand. Grund für diese ablehnende Haltung ist häufig ein gewisses „Angstgefühl", ein Unbehagen dem Neuen, Unbekannten, dem Computer gegenüber. In der Praxis führt dies häufig dazu, dass der Computer und die entsprechenden Programme nur sehr widerwillig und auch nicht vollständig genutzt werden. Da es oftmals vorkommt, dass über die Köpfe der eigentlichen Anwender hinweg entschieden wird, ist es notwendig, sie in den Entscheidungsprozess, insbesondere bei der Softwareauswahl, mit einzubeziehen. Der Mitarbeiter kann sich dadurch in viel stärkerem Maße mit der EDV-Anwendung identifizieren und zeigt dann häufig ein größeres Engagement und mehr Eigeninitiative.

2. Computerreservierungssysteme *GDS*

> **Kapitel 2: Computerreservierungssysteme**
>
> ✓ **Einführung**
>
> ✓ **Entstehung CRS**
>
> ✓ Charakteristik/Produkt
>
> ✓ **Struktur der CRS-Systeme**
>
> ✓ Globale CRS-Systeme näher betrachtet
>
> ✓ **Zukunft der GDS – neue Vertriebswege**
>
> ✓ Verhaltensmaßregeln

In diesem Kapitel wird zuerst die (in vielen Fällen **existentielle**) Bedeutung der Computerreservierungssysteme für die Tourismusbranche veranschaulicht und danach erläutert, wie diese entstanden sind. Dem folgt die Beschreibung der unterschiedlichen Arten von CRS und eine genauere Vorstellung der vier Globalen Distributionssysteme, samt deren Marktanteile. Die rasante Entwicklung des Internets hat auch die Reservierungssysteme im Tourismus sehr stark beeinflusst, aus diesem Grunde wird in diesem Kapitel auch die oft ungewisse Zukunft der GDS besprochen.

Die Problematik eines fairen Umgangs mit allen Beteiligten im Reservierungsprozess der touristischen Leistungen (Leistungsträger, Reisemittler, Reservierungssysteme und schließlich auch Endkunden) wird am Ende dieses Kapitels unter dem Stichwort: **Verhaltensmaßregeln** besprochen.

CRS: Ausgangssituation

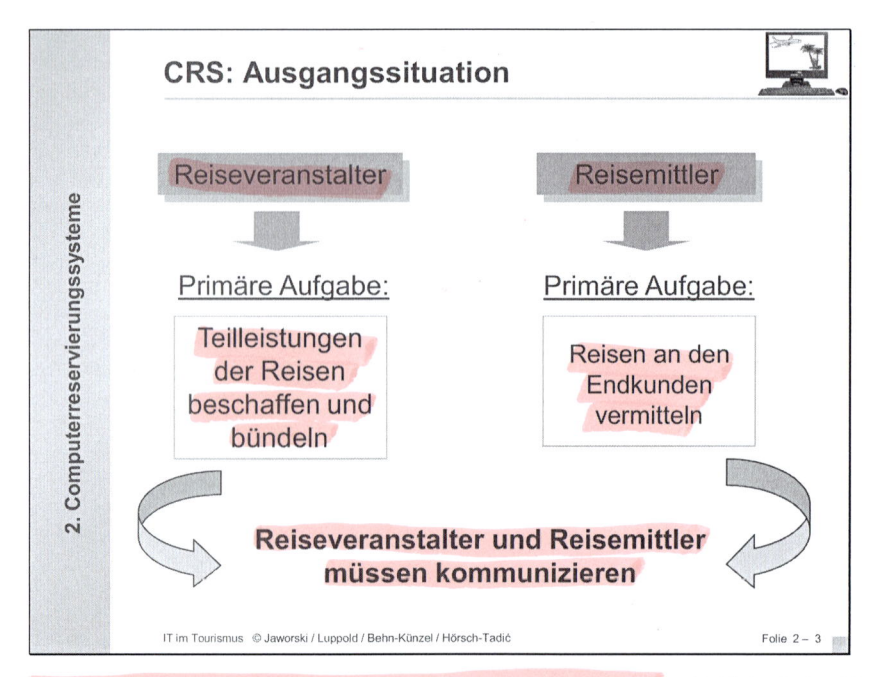

2. Computerreservierungssysteme

Reiseveranstalter → Primäre Aufgabe: Teilleistungen der Reisen beschaffen und bündeln

Reisemittler → Primäre Aufgabe: Reisen an den Endkunden vermitteln

Reiseveranstalter und Reisemittler müssen kommunizieren

IT im Tourismus © Jaworski / Luppold / Behn-Künzel / Hörsch-Tadić — Folie 2 – 3

Die ersten CRS sind in den 60er Jahren des letzten Jahrhunderts entstanden und folglich mit etwa 30 Jahren relativ kurz auf dem Tourismusmarkt vertreten. Mittlerweile sind sie aus dem geschäftlichen Alltag vieler (fast aller) Tourismusunternehmen nicht mehr wegzudenken. Sie übernehmen eine wichtige Aufgabe in der touristischen Wertschöpfungskette, denn sie verbinden zwei Welten: die Produzenten der touristischen Leistungen und die Mittler, die diese Dienstleistungen dem Endkunden anbieten. Das Bedürfnis beider Marktteilnehmer (Dienstleistungsproduzenten und Dienstleistungsverkäufer), miteinander zu kommunizieren und gemeinsam zu wirtschaften, bestand selbstverständlich auch vor der Zeit der Computerreservierungssysteme, allerdings war die Kommunikation beider Gruppen vor der Computerzeit sehr erschwert und ineffizient.

CRS: Ausgangssituation GDS

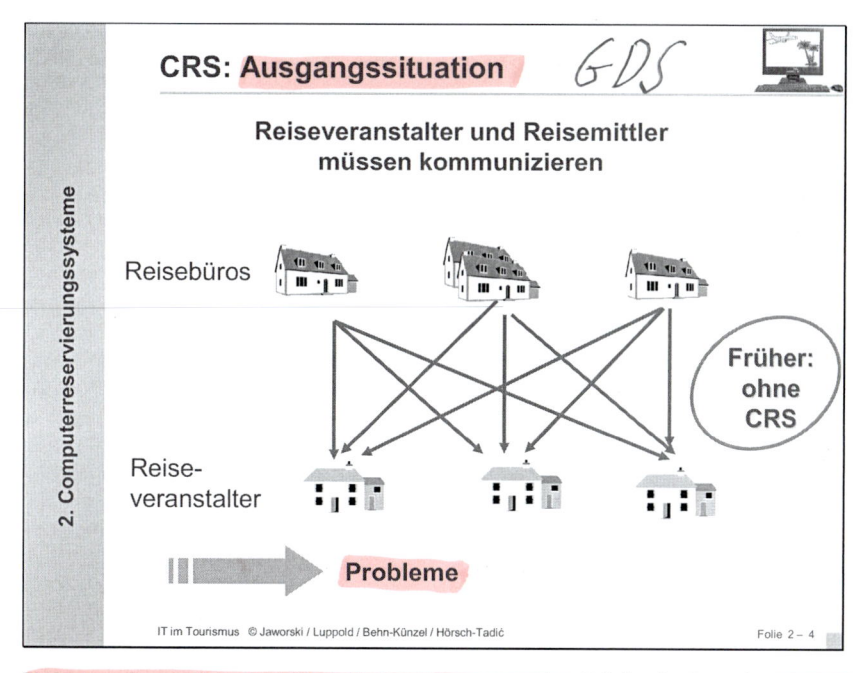

Reiseveranstalter und Reisemittler müssen kommunizieren

Reisebüros

Reiseveranstalter

Früher: ohne CRS

Probleme

2. Computerreservierungssysteme

IT im Tourismus © Jaworski / Luppold / Behn-Künzel / Hörsch-Tadić Folie 2 – 4

Die heute weit verbreiteten Last-Minute-Buchungen waren vor dem Zeitalter der Reservierungssysteme nicht bekannt. Hatte sich ein Kunde für eine bestimmte Reise entschieden, verschickte das Reisebüro eine schriftliche Meldung und Vakanzabfrage an den entsprechenden Reiseveranstalter. Dem Brief folgten Vakanzlisten, verschickt durch den Veranstalter. Für jeden Ort, jedes Hotel, jeden Flughafen gab es eine Spalte mit den entsprechenden Terminen. Bald stellte sich heraus, dass die Listen meistens veraltet waren, schon bevor sie im Reisebüro ankamen.

Eine Verbesserung der Situation brachten zunächst die Mikrofiche, die jedoch ein spezielles Lesegerät voraussetzten. Danach folgten Telex für die Fernmeldung und das Telefon für die Kommunikation mit Reiseveranstaltern. Dabei wurden jeder Fahrschein, jede Platz-, Liegewagen- oder Schlafwagenkarte und jedes Flugticket per Hand ausgefüllt und jede Reisebestätigung und Rechnung mit Schreibmaschine geschrieben.

Diese manuellen Systeme führten aufgrund von Unstimmigkeiten häufig zu Über- und Unterbuchungen und damit zu einer geringen Auslastung von z.B. Flügen.

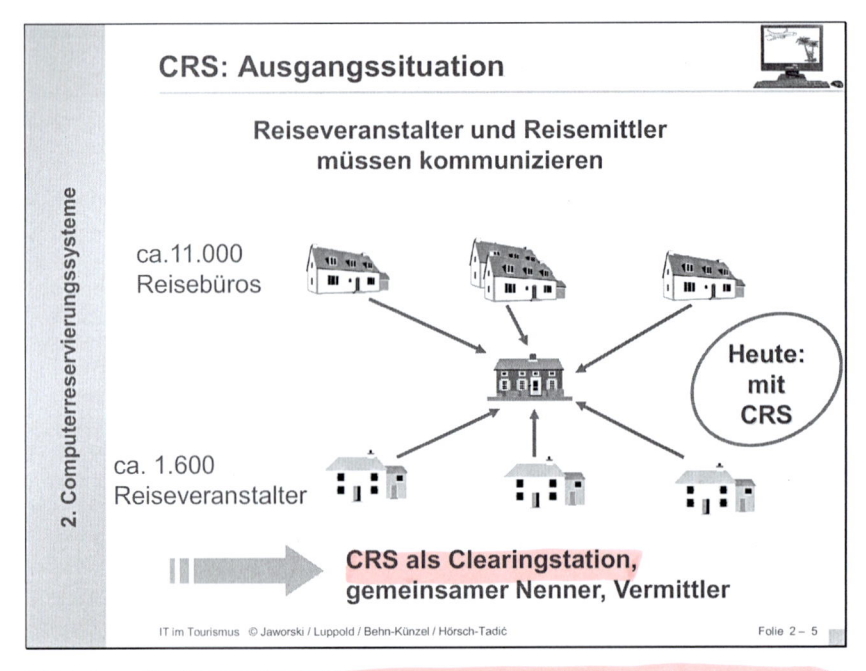

Informationstechnologie im Tourismus

CRS: Ausgangssituation

Reiseveranstalter und Reisemittler müssen kommunizieren

2. Computerreservierungssysteme

ca. 11.000 Reisebüros

ca. 1.600 Reiseveranstalter

Heute: mit CRS

CRS als Clearingstation, gemeinsamer Nenner, Vermittler

IT im Tourismus © Jaworski / Luppold / Behn-Künzel / Hörsch-Tadić   Folie 2 – 5

Historisch gesehen begann die Entwicklung der ersten CRS bereits Mitte der 50er Jahre in den USA. Doch erst die Deregulierung des amerikanischen Flugmarktes Ende der 70er Jahre brachte den Durchbruch der CRS-Technologie und machte die CRS in den darauf folgenden Jahren zu einem unentbehrlichen Vertriebsinstrument touristischer Leistungen.

Computerreservierungssysteme leisten heute einen unverzichtbaren Beitrag in der Servicekette der Tourismuswirtschaft. Im Interesse der Verbraucher und Reisemittler bieten CRS Überblick und Transparenz in einem ständig wachsenden und zunehmend diversifizierten Angebot von Reise- und Dienstleistungen. Für Vermarktung, Vertrieb und Buchungssteuerung der Fluggesellschaften sind CRS entscheidende Faktoren für wirtschaftlichen Erfolg im Wettbewerb.

Laut BARIG (Board of Airline Representatives in Germany e.V.) entfallen auf CRS-Leistungen 8% der Vertriebskosten der Fluggesellschaften; dies entspricht einem Betrag von jährlich ca. 180 Mio. Euro für die in Deutschland getätigten Buchungen und Reservierungen.

CRS: Charakteristik / Produkt I

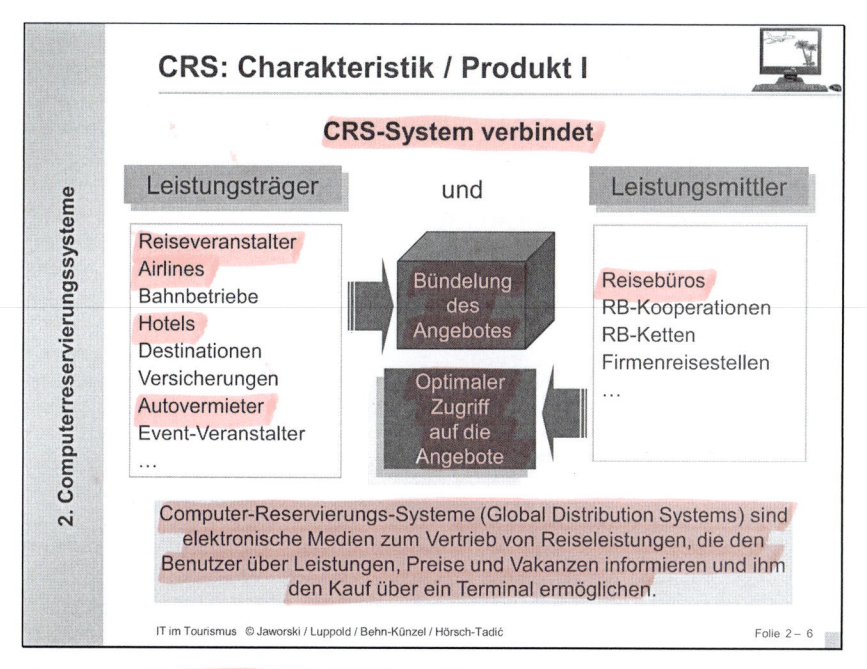

CRS-System verbindet

Leistungsträger und **Leistungsmittler**

Leistungsträger:
- Reiseveranstalter
- Airlines
- Bahnbetriebe
- Hotels
- Destinationen
- Versicherungen
- Autovermieter
- Event-Veranstalter
- ...

Bündelung des Angebotes / Optimaler Zugriff auf die Angebote

Leistungsmittler:
- Reisebüros
- RB-Kooperationen
- RB-Ketten
- Firmenreisestellen
- ...

Computer-Reservierungs-Systeme (Global Distribution Systems) sind elektronische Medien zum Vertrieb von Reiseleistungen, die den Benutzer über Leistungen, Preise und Vakanzen informieren und ihm den Kauf über ein Terminal ermöglichen.

IT im Tourismus © Jaworski / Luppold / Behn-Künzel / Hörsch-Tadić Folie 2 – 6

Computerreservierungssysteme stellen sowohl Informations- und Kommunikations- als auch Reservierungs- und Vertriebssysteme dar, wobei die Hauptfunktion eines CRS im Absatz/Vertrieb der touristischen Leistungen der Betreiber und Partner besteht. Betrieben werden CRS-Systeme sowohl von Fluggesellschaften (wie die CRS Amadeus, Galileo, Sabre und Worldspan) als auch von Reiseveranstaltern (wie z.B. die CRS IRIS, NURIS, Phoenix, Topics). Des Weiteren bieten sie Reisemittlern, Leistungsanbietern sowie Endnutzern diverse Informationen an, die mit Hilfe der Datenfernübertragung zwischen den Endreservierungs-, Kommunikations- und Informationskunden, Mittlern und Leistungsanbietern ausgetauscht werden. Dabei wird meistens eine einheitliche Benutzeroberfläche angewandt.

CRS bündeln das Angebot der touristischen Leistungsträger und ermöglichen den Nutzern somit bessere Zugriffsmöglichkeiten auf deren Angebot. Daraus ergibt sich ein Effizienzgewinn gegenüber der Kommunikation mit jedem einzelnen Leistungsträger.

Heutzutage erweisen sich CRS damit als unentbehrlich beim Vertrieb touristischer Leistungen, sei es bei der Flugbuchung, der Buchung einer Pauschalreise oder bspw. bei der Buchung von Reisebausteinen, denn sie bieten Transparenz und Überblick in einem stetig wachsenden und zunehmend differenzierten Angebot. Im Rahmen einer Flugbuchung können so vom Interessenten u.a. Informationen über Airlines, Flugpläne, Verfügbarkeiten, Tarife und Anwendungsbestimmungen abgerufen werden. Für Airlines sind CRS wiederum ein wichtiger Wettbewerbsfaktor wenn es um Vermarktung, Vertrieb und Buchungssteuerung (u.a. auch optimale Auslastung der Flugzeuge) geht.

CRS: Entstehung

(1) „Prähistorische" manuelle Buchungs- und Reservierungsphase (bis Ende 1950)

2. Computerreservierungssysteme

- ✓ OAG (Official Airline Guide Verlag): Katalog mit Flug-/Tarifinfos pro Airline
- ✓ Reservierung per Telefon
- ✓ Handgeschriebenes Ticket vom Agenten
- ✓ Pauschalreisen: Brief an Veranstalter → Vakanzlisten pro Ort, Haus, Flug...
- ✓ Später: Telex + Telefon
- ✓ Fazit: Ineffizientes Vorgehen

Insbesondere in den Jahren zwischen 1920 und Ende 1950 waren Flugbuchungen – wie eingangs erwähnt – eine zeitraubende Aufgabe. Der OAG Verlag (Official Airline Guide) veröffentlichte einen mehrere hundert Seiten umfassenden manuell handhabbaren Katalog mit Flug- und Tarifinformationen. Um eine komplette Tarifliste zu erhalten, mussten die Agenten in den Tarifkatalogen jeder einzelnen Airline, die für den gewünschten Flug in Frage kam, nachblättern.

Die eigentliche Reservierung konnte nur telefonisch bei der jeweiligen Airline getätigt und das Flugticket handschriftlich vom Agenten ausgefüllt werden. Bei Buchung einer Pauschalreise suchten Kunden zusammen mit Reiseberatern aus den Katalogen passende Angebote heraus, ein Brief an den Veranstalter wurde verfasst und abgeschickt. Einige Tage später traf die Antwort ein, ob die Reservierung möglich ist.

CRS: Entstehung

(1) „Prähistorische" manuelle Buchungs- und Reservierungsphase (bis Ende 1950)

1930s   **1940s**

American Airlines „Request and Reply" Reservierungsabteilung und ihr
„Lazy Susan and Tiffany Card" Reservierungssystem

Quelle: SABRE Europe (Hrsg.,1995): SABRE Corporate Facts, London, S. 20-21, zit. nach Echtermeyer, M. (1998): Elektronisches Tourismus-Marketing. Globale CRS-Netze und neue Informationstechnologien, Berlin und New York: de Gruyter, S. 6.

CRS: Entstehung

(2) CRS-Entwicklungsphase (Ende 1950 – Mitte 1960)

- ✓ Ursprung: USA – geboren im Flugzeug

- ✓ Erstes CRS entstanden: SABRE – **s**emi-**a**utomatic **b**usiness **r**esearch **e**nvironment

- ✓ Erste elektronische Verbindung von Passagiername & Sitzplatz

- ✓ Mitte 1960: SABRE-Zentrale verwaltete bereits > 84.000 Telefonanrufe und Buchungswünsche pro Tag

CRS: Entstehung

(2) CRS-Entwicklungsphase (Ende 1950 – Mitte 1960)

1950s   1960s

Erster SABRE-Computer und erste Reservierungsabteilung von SABRE

Quelle: SABRE Europe (Hrsg.,1995): SABRE Corporate Facts, London, S. 20-21,
zit. nach Echtermeyer, M. (1998): Elektronisches Tourismus-Marketing. Globale CRS-Netze
und neue Informationstechnologien, Berlin und New York: de Gruyter, S. 7.

CRS: Entstehung

(3) CRS-Ausbauphase zu leistungs- und marktfähigen Informations- und Reservierungssystemen (Mitte 1960 – Mitte 1970)

- ✓ Entwicklung eines einheitlichen Reservierungssystems in den USA scheiterte

- ✓ American Airlines und United Airlines bauten jeweils ihre Inhouse-Reservierungssysteme zu CRS aus

- ✓ Beginn: vom reinen Reservierungssystem zum computerisierten System der Distribution

CRS: Entstehung

(4) CRS-Evolution zu Instrumenten der Distribution in nationalen Märkten (Ende 1970 – 1987)

- ✓ Folge: erste CRS-Terminals in amerik. Reisebüros

- ✓ Beginn der Entwicklung von nationalen Reisevertriebssystemen (z.B. Deutschland: START)

- ✓ Ausbau der CRS zu Informations- und Vertriebssystemen mit weiter zunehmender Funktionalität

- ✓ Hintergrund USA: Liberalisierung des Luftverkehrs (Aufhebung von Kapazitäts- und Tarifregulierung)

- ✓ Folge: Datenflut im Flugreisemarkt, viele Sondertarife 1987: 7 Mio. Tarife und > 10.000 Änderungen täglich

---

In den 80er Jahren haben immer mehr Staaten den so genannten sieben Freiheiten des Luftverkehrs zugestimmt (z.B. das Recht, das Gebiet des Vertragsstaates ohne Landung zu Überfliegen). Dies führte zur rasanten Entwicklung des Flugverkehrs und machte somit das Betreiben der Computerreservierungssysteme sehr lukrativ. Insbesondere SABRE verzeichnete in den USA in den 80er Jahren große Betriebsgewinne (SABRE erwirtschaftete 1986 knapp 1/3 des Betriebsgewinns der Muttergesellschaft AMR Corporation). Die CRS eroberten stetig neue Märkte und drängten massiv auch auf den europäischen Markt. Parallel wurden in Europa, Asien und Ozeanien mehrere eigene, oft lokale CRS entwickelt und eingeführt. Die großen CRS gründeten in vielen Ländern weltweit die National Distribution Companies zur zielgruppengerechten Vermarktung der CRS. Heutzutage setzt sich der Konsolidierungsprozess unter den CRS fort; Übernahmen und Unternehmenszusammenschlüsse sorgen für einen Ausleseprozess unter den Computerreservierungssystemen.

Die Entwicklung der CRS ist also hauptsächlich eine Folge der Deregulierung der Luftverkehrsmärkte, der Entstehung globaler Mega-Carrier sowie der Entwicklung von Informations- und Kommunikationstechnologien. Durch die Deregulierung, d.h. die Liberalisierung von Flugplänen und Tarifen, entstand eine enorme Angebotsvielfalt. So war es bspw. ausländischen Airlines damit erlaubt, den deutschen Markt zu bedienen. Diese Angebotsvielfalt war jedoch in der Folge nur noch elektronisch zu bewältigen.

CRS: Entstehung

(5) CRS-Vernetzung und Konsolidierung zu globalen Systemen (1987 – Mitte 1990)

- Entstehung weltumspannender Kommunikationssysteme
- Situation in USA: Marktsättigung & Lukrativität
  → „If I were faced with the choise of losing SABRE or eliminating aircraft, I would sacrifice the planes." (Chairman von AMR)
- Expansion amerikanischer CRS nach Europa
- Einführung von CRS-Systemen ebenfalls in Asien, Australien
- National Distribution Companies zur zielgruppengerechten Vermarktung der CRS
- Konsolidierung und Verschmelzung zu globalen Systemen

CRS: Entstehung

(6) Konfrontation der CRS mit alternativen Vertriebswegen im Tourismus (seit Mitte 1990)

- Bisherige Situation:

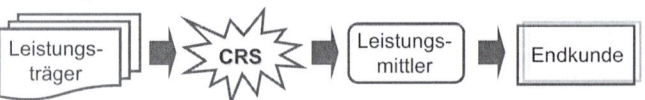

  Leistungsträger → CRS → Leistungsmittler → Endkunde

- Durch Weiterentwicklung der IKT – Einbeziehung des Endkunden, v.a. bei den Online-Diensten
- Internet, E-Business, E-Commerce (hrs.de, holidaycheck.de, opodo.de)
- Neue Entwicklungen des 21. Jh.: Elektronische Reiseveranstalter und Reisemittler, elektronischer Vertrieb, Virtuelles Reisen

CRS: Charakteristik / Produkt II

- Informations-, Kommunikations-, Reservierungs- und Vertriebssysteme

- Systemarchitektur: Systembetreiber, Systemteilnehmer und Systemabonnenten

- Konzeption meist als „Multi-Host-System" und „Multi-Access-System"

- Informationsaustausch per Datenfernübertragung mit meist einheitlicher Benutzeroberfläche

- CRS als dynamische Systeme (automatische Rückkopplung bei Veränderungen)

IT im Tourismus © Jaworski / Luppold / Behn-Künzel / Hörsch-Tadić Folie 2 – 15

Computerreservierungssysteme (CRS) stellen multifunktionale Medien dar, deren Kernleistung dabei in der Kommunikationsleistung liegt, d.h. in der Nutzung des Kommunikationsnetzes. Betrieben und kontrolliert werden CRS vom Systembetreiber, dem sog. Host, auf kommerzieller Basis. Als Host fungieren zumeist Airlines; man findet jedoch auch Reiseveranstalter. CRS-Systeme werden dabei von mehreren Fluggesellschaften und Reiseveranstaltern gemeinschaftlich betrieben (meist über sog. Betreibergesellschaften). Der Inhalt eines CRS wird von den Systemteilnehmern bestimmt. Sie umfassen die Leistungsträger, wie z.B. Hotels, Mietwagenfirmen und Airlines, die ihre Produktpalette über das System gegen Entrichtung einer Gebühr vermarkten und vertreiben. Als Systemabonnenten werden solche Unternehmen bezeichnet, die auf der Basis eines Vertrages mit dem Systembetreiber touristische Leistungen über das CRS verkaufen, z.B. Reisebüros und Consolidatoren (Flugticket-Großhändler).

Da CRS-Systeme meist als Multi-Access-Systeme konzipiert sind, gibt es keine zentrale Datenbank des Betreibers. Dieser fungiert lediglich als Schnittstelle zwischen den Reservierungssystemen der Leistungsträger und den Reisemittlern. Die Schnittstelle ist dabei ein Rechner, der auf die Datenbestände der einzelnen Reservierungssysteme zugreift und Buchungen der Reisemittler weiterleitet, die dezentral getätigt werden. Die Datenpflege obliegt damit den einzelnen Systemteilnehmern. CRS können daher auch als Verbundcomputer angesehen werden, die alle gemeinsam ein Netzwerk bilden.

CRS-Systeme erlauben schließlich eine automatische Rückkopplung in Echtzeit, d.h. wird bspw. ein freier Flugsitz gebucht, so ist er im System nicht mehr verfügbar und wird für andere Abonnenten zeitnah gesperrt.

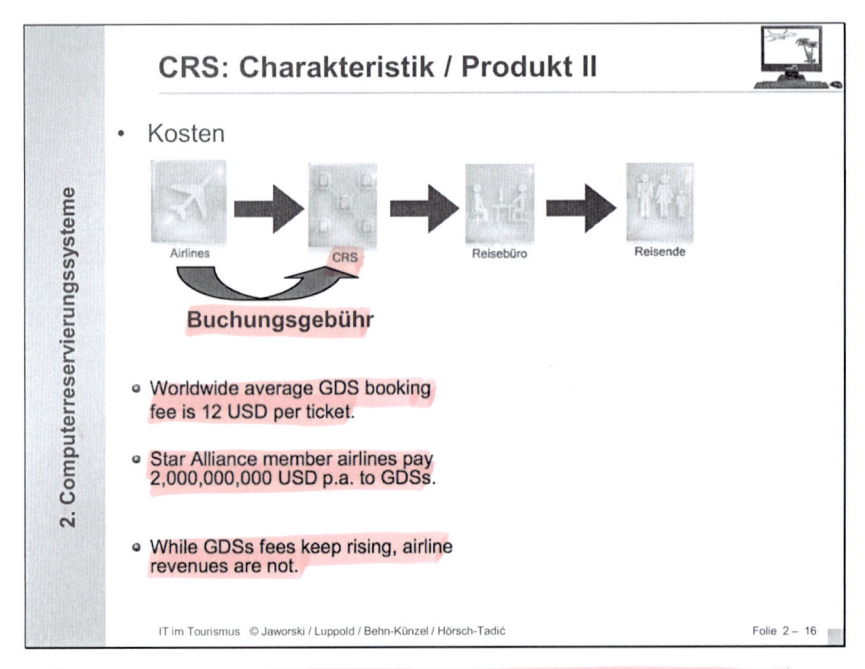

CRS: Charakteristik / Produkt II

2. Computerreservierungssysteme

- Kosten

Airlines → CRS → Reisebüro → Reisende

Buchungsgebühr

- Worldwide average GDS booking fee is 12 USD per ticket.
- Star Alliance member airlines pay 2,000,000,000 USD p.a. to GDSs.
- While GDSs fees keep rising, airline revenues are not.

IT im Tourismus © Jaworski / Luppold / Behn-Künzel / Hörsch-Tadić Folie 2 – 16

Noch vor einigen Jahren finanzierten sich die globalen CRS fast ausschließlich über die Buchungsgebühren, die die Systemteilnehmer (v.a. Fluggesellschaften) entrichten. Heutzutage fällt für alle Arten von Leistungsträgern eine solche Gebühr an, wenn sie sich für den Vertrieb ihrer Produkte über ein CRS entscheiden. Diese Buchungsgebühr stellt gewissermaßen eine Vertriebsprovision der Leistungsträger an das CRS dar.

Die angeführten Zahlen zeigen die durchschnittlichen Buchungsgebühren für Flugtickets, veröffentlicht von der StarAlliance im Jahre 2006. Im weltweiten Schnitt betrug im Jahr 2006 diese Gebühr 12 US-Dollar pro Ticket. StarAlliances Fluggesellschaften zahlten rund 2 Mrd. Dollar an Gebühren jährlich an die GDS. Zu den StarAlliances-Mitgliedern gehören z.B. Lufthansa, Swiss, Austrian, Air Canada, Singapore Airlines, China Airlines oder Egyptair. Zu beobachten war noch vor wenigen Jahren der Trend steigender GDS-Gebühren im Vergleich zu nahezu unveränderten Einkünften der Airlines.

CRS: Charakteristik / Produkt II

- Kosten

Die Preisstruktur aMaDEUS

PREISGRUPPE 1	- Pauschalreisen - Reine Flugbuchungen - Busreisen > 7 Tage	EUR 6,70
PREISGRUPPE 2	- Reine Hotelbuchungen - Reine Ferienwohnungsbuchungen	EUR 5,60
PREISGRUPPE 3	- Reine Mietwagenbuchungen - Busreisen 2-7 Tage - Reine Buchungen von Zielgebietsleistungen	EUR 3,30
PREISGRUPPE 4	- 1-Tages-Busreisen - Touristische Nebenleistungen, z.B. Skipässe, Eintrittskarten, Visabeschaffung	EUR 1,80
PREISGRUPPE 5	- Amadeus Flugticket - Neutraler Voucher	EUR 0,80

IT im Tourismus © Jaworski / Luppold / Behn-Künzel / Hörsch-Tadić   Folie 2 – 17

Das Beispiel von AMADEUS Germany zeigt, wie viel einzelne Leistungsträgergruppen als Buchungsgebühr pro Buchung an das CRS Amadeus zahlen müssen, wenn ihre Produkte über dieses CRS durch Reisemittler gebucht werden:

Preisgruppe 1: Reiseveranstalter
Preisgruppe 2: Hotels
Preisgruppe 3: Mietwagenfirmen
Preisgruppe 4: Busreiseunternehmen
Preisgruppe 5: Airlines

Man vermutet, dass die Gruppe der Airlines für Amadeus Flugtickets und Neutrale Voucher am wenigsten zahlen muss, weil die Eigentümer von Amadeus unter anderem die Fluggesellschaften Lufthansa, AirFrance und Iberia sind.

Es gibt eine Reihe von Sonderregelungen und Mengenrabatten. Dazu kommen bei den CRS noch Gebühren/Einnahmen von der Reisebüroseite, und Einnahmen für diverse IT-Dienstleistungen und sonstige Einnahmen.

CRS: Charakteristik / Produkt II

- Kosten
- Incentives

Airlines → CRS → Reisebüro → Reisende

Nutzungsgebühren

Amadeus Selling Platform Produktlinien	Grundpreis pro PC/Monat
Leisure Pack	145,– €
Professional Pack	120,– €
Classic Pack	90,– €
Starter Pack	30,– €
Mobility Pack	39,– €

amadeus

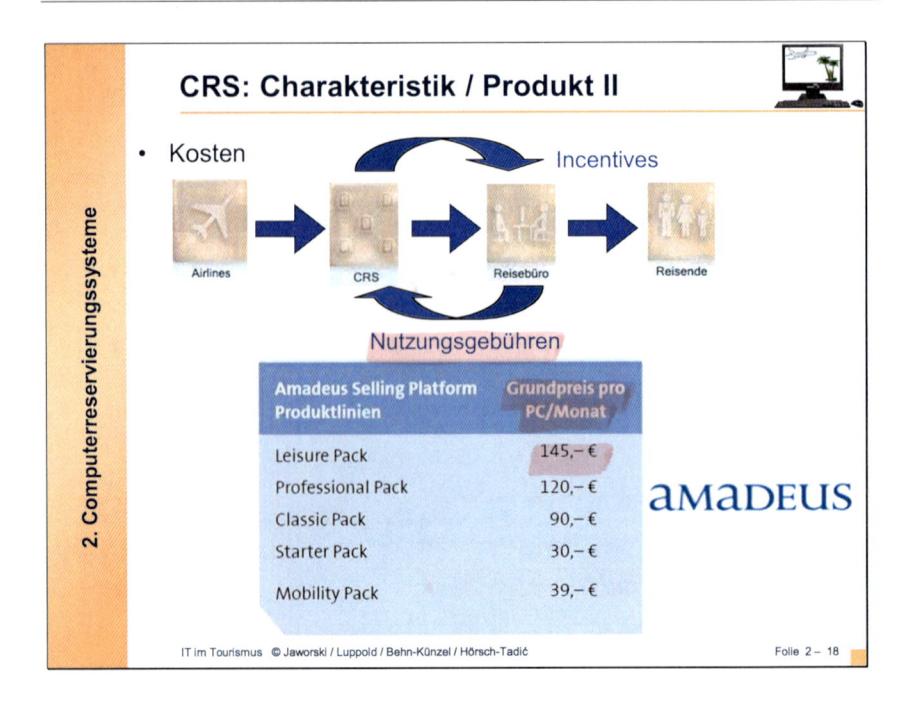

Dafür, dass Reisebüros bspw. Flüge über die Software des GDS buchen, müssen sie Geld bezahlen. Die CRS meinen (zu Recht), dass sie für ihre Stabilität und Zusatzleistungen eine sog. transaction fee von den Reisebüros verlangen können. Eine Alternative für die Reisebüros ist es, den unsicheren Weg des Direktverkaufs über das Internet zu gehen.

Aber:

Viele CRS zahlen Incentives (quasi Rückvergütungen), wenn die Reisebüros über Amadeus buchen (was sie ansonsten auch hätten über das Internet machen können). Somit verhindern die Reservierungssysteme die Abwanderung der Reisebüros an andere CRS oder an das Internet.
Amadeus zahlt standardmäßig an die Reisebüros 50 Cent als Incentive pro Flugticket, Mietwagen und Hotelbuchung.
Früher haben die Airlines immer gleiche Gebühren an die Reservierungssysteme gezahlt – egal, welche Strecke und Buchungsklasse gebucht wurde. Heute findet eine starke Preisdifferenzierung statt.

In der Zukunft wird immer öfter der Kunde im Reisebüro die transaction fee als getrennte Dienstleistung an das Reisebüro zahlen. Diese fee ist zwar eine Extraleistung aber für den Kunden oft nicht ersichtlich, da sie in die Gesamtrechnung einbezogen wird.

CRS: Charakteristik / Produkt II

- Anforderungen von CRS an die IT-technische Seite:
  - ✓ Datensicherheit
  - ✓ Hohe und globale Verfügbarkeit
  - ✓ Dauerbetrieb
  - ✓ kurze Antwortzeiten (weniger als 30 Sekunden)
  - ✓ Bewältigung großer Datenmengen
  - ✓ Verbindung zu möglichst vielen Leistungsträgern
  - ✓ Zeitgleicher Zugriff für alle Vertriebspartner
  - ✓ Zügige Verbreitung von Informationen über jegliche Angebotsänderung weltweit

Die Computerreservierungssysteme zeichnen sich durch überragende Qualitäten im Bereich der IT-Technik und durch Kommunikationsstärke (siehe Folie) aus. Zusätzlich weisen sie außerdem noch folgende Eigenschaften auf:
- Enger Kontakt und lang währende Beziehungen zu den Fluggesellschaften, Reiseveranstaltern und Reisebüros
- Hoher Qualitätsstandard und hohe Systemstabilität (bewiesene Fähigkeit zur Massenproduktion)
- Treue, motivierte Mitarbeiter mit großer und langjähriger Erfahrung im Bereich GDS und IT

aber auch:

- Keine klare Strategie bezüglich der Herausforderungen des Channel Shift, sondern reaktive Produktentwicklung
- Unternehmenskultur, Matrix-Organisation und lange Entscheidungswege, die negative Auswirkungen auf die Reaktion auf Marktanforderungen, Lieferung und Motivation haben
- Produktportfolio und Preissystem, welches nicht in allen Bereichen der touristischen Produkte wettbewerbsfähig ist.

CRS: Charakteristik / Produkt II

- CRS-Systeme bündeln Informationen über ...

  - Abflug- und Ankunftszeiten
  - Routenführungen, Zwischenlandungen
  - Sitzplatzverfügbarkeit
  - Tarifklassen, Flugtarife
  - Flugzeiten
  - In-Flight-Service
  - Zimmerverfügbarkeit und Preise in Hotels
  - Mieten für Tagungsräume
  - Bahnverbindungen

  - Verfügbarkeit und Preise für Mietwagen
  - Busverbindungen zwischen Flughäfen und Stadtzentren
  - Reiseziele, Klimatabellen
  - Visabestimmungen, Impfvorschriften
  - Eintrittskarten
  - Dokumentenversand
  - Kundenprofile, CRM

2. Computerreservierungssysteme

Der „Luxus" des Papiertickets neigt sich definitiv dem Ende zu. Die IATA hatte die Umstellung auf E-Tickets zum 1. Juni 2008 bestätigt.

Die in der IATA organisierten Fluggesellschaften bedienen 94% des internationalen Luftverkehrs, also werden bis auf wenige Ausnahmen alle gängigen Strecken auf E-Ticketing umgestellt werden.

Ausnahmen bestätigen bekanntlich die Regel. Gerade kleine Fluggesellschaften, die sich kein neues Computersystem leisten können, werden weiterhin Papiertickets ausstellen dürfen, müssen aber für dieses Privileg bezahlen. Die Hürden liegen vor allem in Afrika mit 83% sowie Russland und den GUS Staaten mit 54% Papierticket-Verbreitung. Beide Regionen zusammen repräsentieren ca. 8% des gesamten Ticketvolumens der IATA Fluggesellschaften.

Exkurs: IATA und BSP

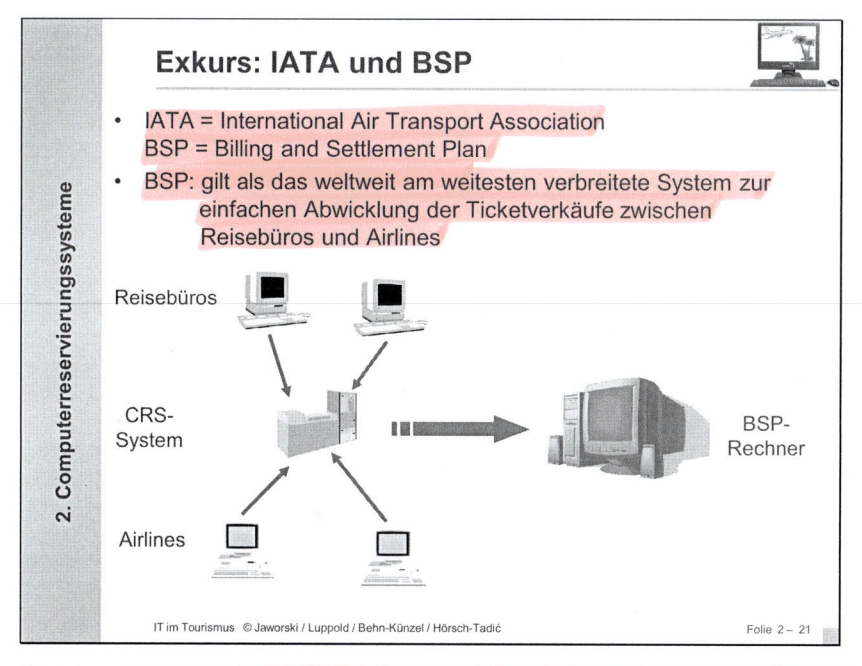

- IATA = International Air Transport Association
  BSP = Billing and Settlement Plan
- BSP: gilt als das weltweit am weitesten verbreitete System zur einfachen Abwicklung der Ticketverkäufe zwischen Reisebüros und Airlines

Reisebüros

CRS-System

BSP-Rechner

Airlines

IT im Tourismus © Jaworski / Luppold / Behn-Künzel / Hörsch-Tadić — Folie 2– 21

Die IATA (International Air Transport Association), wurde im Jahr 1945 als Weltverband des kommerziellen Luftverkehrs (Linie und Charter) gegründet. Sie wickelt etwa 94% des Weltluftverkehrs über IATA-Mitglieder ab. Die IATA sieht ihre Aufgabe in der Tariffindung im Linienverkehr und in einigen Staaten auch in der Organisation des Vertriebs (wie in Deutschland). Die IATA hat einen quasi-öffentlichen Status (obwohl privat), da ca. 50% der IATA-Mitglieder (der Fluggesellschaften) in überwiegend staatlichem Besitz sind.

Die BSP-Abrechnung wurde in Deutschland im Jahr 1982 eingeführt. Heute wird sie in 160 Ländern für 400 Airlines aktiv genutzt. Das Abrechnungsvolumen ist enorm, im Jahr 2008 wurden die Ticketverkäufe im Wert von 240 Mrd. Dollar gemanagt..

BSP: Billing and Settlement Plan, ist ein Abrechnungssystem der IATA. Der BSP-Rechner rechnet die verkauften Flugtickets mit den Airlines (den Mitgliedern der IATA) ab. Reisebüros, Consolidatoren und Business Travel Agenturen, die eine IATA-Lizenz haben, dürfen auch Flugtickets ausstellen. Reisebüros haben Ticket-Scheine als Blanco-Dokumente vorrätig, die erst bei der Ausstellung der Name der Fluggesellschaft eingetragen wird (was effizient ist, da man nur einen Ticketstock benötigt, und nicht für jede Airline einen separaten).

Früher wurden standardmäßig Papiertickets erzeugt. Heutzutage kommt das immer seltener vor, stattdessen werden elektronische Tickets, kurz E-Tix, ausgestellt.

Nun sammelt BSP die Daten über einen ganzen Monat hinweg. Ist der Monat vorbei, fangen die Rechner an, die Daten pro Büro zu aggregieren. Dieser Job wird nicht von der BSP selbst erledigt. Sie bedienen sich der Dienste von T-Systems, die diese Daten aufbereiten. Das Ergebnis dieser Abrechnung pro Büro ist in der Regel am 15. des Folgemonats fertig. BSP bzw. die Clearingbank zieht die fälligen Beträge monatlich von den Ticketverkaufsstellen ein und leitet sie an die jeweilige Airline weiter. Danach fließen die Provisionen und die Reiseauswertungsdaten an die Reisebüros zurück.

Struktur der CRS-Systeme I

Territorial-Aspekt

2. Computerreservierungssysteme

Lokale / Regionale Systeme:
PC-gestützte Systeme für zentrale Zimmervermittlung (teilweise mit Anschluss an nationale Systeme)

Nationale Systeme:
Europäische länderspezifische Multi-Access-Systeme mit komplettem Leistungsangebot

Globale Systeme:
Ursprünglich Single-Access-Systeme primär für Luftverkehr mit weltweiter Verbreitung und einer Vielzahl von weiteren Leistungsanbietern

IT im Tourismus © Jaworski / Luppold / Behn-Künzel / Hörsch-Tadić Folie 2 – 22

CRS bzw. GDS kann man danach unterscheiden, wie verbreitet sie sind (territorialer Aspekt) und wie umfangreich ihr Leistungsangebot ist (content Aspekt).

Was die Verbreitung der CRS angeht, so unterscheidet man regionale, nationale und globale Systeme.

Informations- und Reservierungssysteme (IRS) bieten den Nutzern die Möglichkeit, Informationen und Vakanzen abzufragen und darzustellen. Die lokalen und regionalen Systeme bieten diese Möglichkeit vor allem dem Fremdenverkehr. Betreiber dieser Systeme sind in der Regel Fremdenverkehrsorte und Fremdenverkehrsregionen bzw. entsprechende von diesen Institutionen eingesetzte externe Betreiber.

In Bezug auf die Zugriffsmöglichkeit auf die in den einzelnen Systemen eingestellten Angebote und Leistungen können Informations- und Reservierungssysteme (IRS) mit zentraler und dezentraler Datenhaltung unterschieden werden.

Bei einer zentralen Datenhaltung des eingesetzten Systems werden alle Stamm- und Bewegdaten im Rechner der Betreiberzentrale gespeichert. Nur auf diesem Zentralrechner ist die Pflege sowie die Ein- und Ausgabe der Daten möglich. Die Systeme mit dezentraler Datenhaltung hingegen verfügen nicht über einen zentralen Datenbestand. Innerhalb eines Zusammenschlusses mehrerer Systeme muss daher mittels eines Kommunikationsrechners auf die Datenbestände der beteiligten Orte zugegriffen und Anfragen sowie Buchungen entsprechend weitergeleitet werden. Diese Variante kann häufig bei überregionalen Zusammenschlüssen angetroffen werden. Die Datenverwaltung findet hierbei auf den Ortsrechnern statt.

National, auf der Länderebene, handelt es sich um Multi-Access-Computersysteme. Die Abonnenten (Reisebüros) haben gleichzeitig direkten Zugriff auf die einzelnen Reservierungssysteme der Leistungsträger. Die Daten über die eingestellten Angebote und Leistungen im Reservierungssystem werden dezentral, d.h. bei den Leistungsträgern gepflegt.

Global: Ursächlich sind dies Single-Access-Systeme, die durch die Fluggesellschaften ins Leben gerufen wurden. Alle Daten werden hier in einer zentralen Datenbank gespeichert. Nur auf diesem Zentralrechner ist die Pflege sowie die Ein- und Ausgabe der Daten möglich. Heute wird auf die Datenbank des globalen CRS im Multi-Access gearbeitet, d.h. ein und dasselbe Angebot kann auf verschiedenen Wegen abgefragt und gebucht werden.

Struktur der CRS-Systeme I

Territorial-Aspekt

Lokale / Regionale Systeme:

Anbieter: z.B. Beherbergungsbetriebe, FV-Zentralen

Nachfrager: primär FV-Zentralen und Endkunden, z.T. Reisemittler

Nationale Systeme:

Anbieter: Verbindung mit regionalen und globalen Systemen, zusätzlich nationale Reiseveranstalter, Charter, Bahn etc.

Nachfrager: Reisemittler und ATO, z.T. Endkunden via Videotex/ Internet

Globale Systeme:

Anbieter: Linienfluggesellschaften (kein Charter), internationale Hotel- und Mietwagenketten, Veranstaltungstickets

Nachfrager: Reisemittler und ATO, z.T. Endkunden via Videotex/ Internet

IT im Tourismus © Jaworski / Luppold / Behn-Künzel / Hörsch-Tadić   Folie 2 – 23

In Europa begann die Entwicklung der CRS erst in den 70er Jahren. Die in hohem Maße länderspezifischen Systeme basierten auf dem Multi-Access-Prinzip, wobei sich neben den nationalen Fluggesellschaften auch Reiseveranstalter und andere Leistungsträger an deren Entwicklung beteiligten.
In Deutschland wurde 1979 mit dem START System (Studienkreis zur Automatisierung von Reise und Touristik) das erste System zur Unterstützung der gesamten Reisebürotätigkeiten eingeführt. Neben der Anbindung an die Fluggesellschaften, Hotels und Mietwagenunternehmen bot START auch Zugriff auf die Daten aus dem Bereich Bahn und Touristik. Das START System deckte somit erstmals den gesamten Touristikbereich ab.

ATO = Airline Ticket Office

CRS-Systeme in Europa

Territorial-Aspekt

2. Computerreservierungssysteme

SMART	Skandinavien
TIMAS	Irland
GALILEO UK	England
START	Deutschland
ESTEREL	Frankreich
SAVIA	Spanien
TRAVI-AUSTRIA	Österreich
TRAVICOM	Großbritannien
CORDA	Niederlanden
SAPHIR	Belgien
TRAVI-SWISS	Schweiz (Galileo-Swiss)
SIGMA	Italien

IT im Tourismus © Jaworski / Luppold / Behn-Künzel / Hörsch-Tadić   Folie 2 – 24

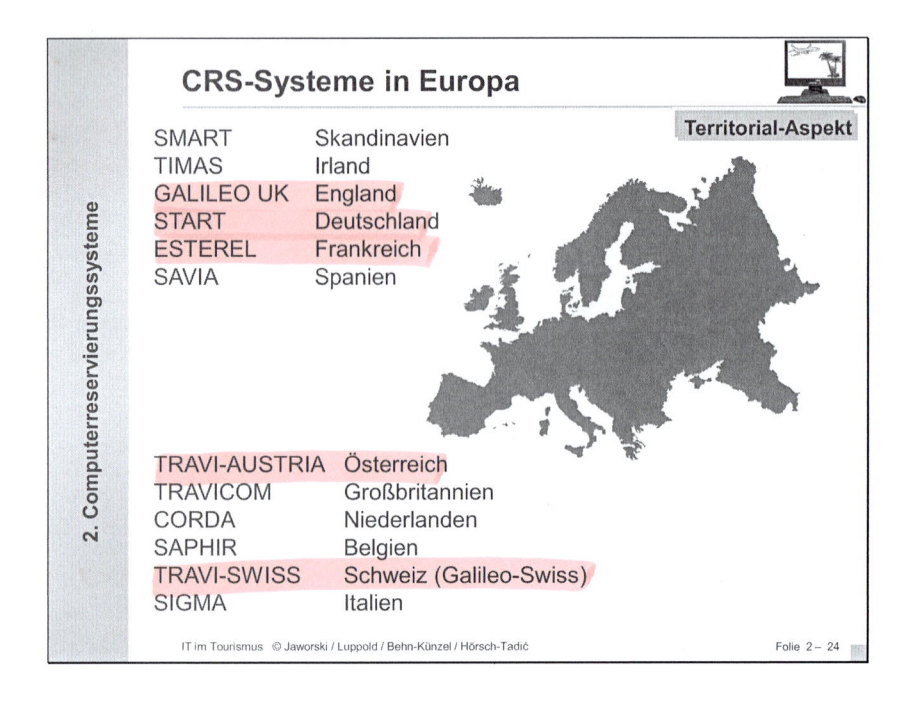

Die auf der Folie aufgelisteten Namen der europäischen CRS haben zum Teil nur historische Bedeutung. So wurde z.B. in Deutschland das System START in Start-Amadeus und später in Amadeus-Germany umbenannt, ähnlich verlief die Entwicklung in Frankreich, wo aus dem System Esterel später Amadeus-France wurde und in Spanien aus Savia Amadeus Spain. In vielen Reisebüros nutzt man aber nach wie vor die alten Namen.

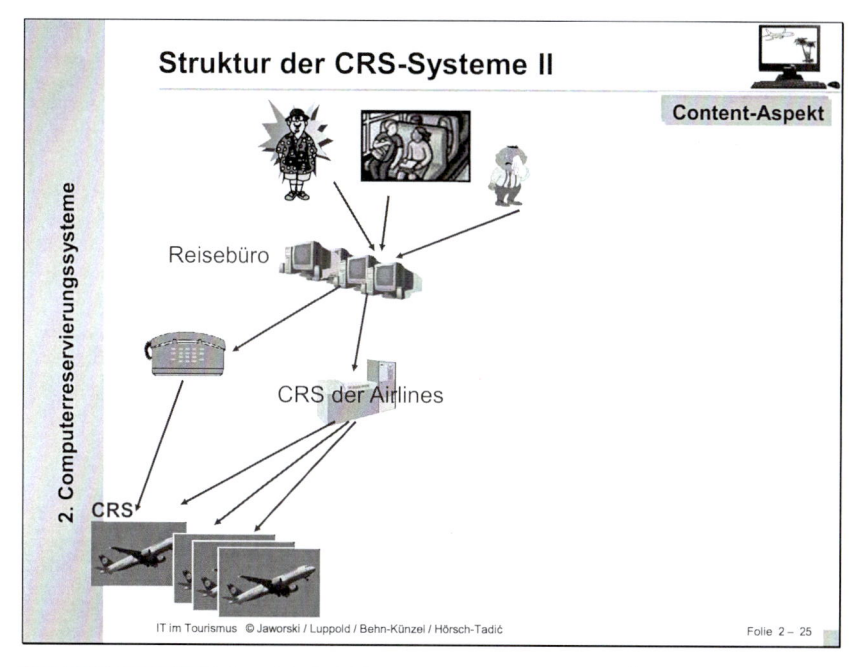

Struktur der CRS-Systeme II

Content-Aspekt

Reisebüro

CRS der Airlines

2. Computerreservierungssysteme

CRS

IT im Tourismus © Jaworski / Luppold / Behn-Künzel / Hörsch-Tadić   Folie 2 – 25

Geschichtlich gesehen haben sich die CRS schrittweise entwickelt. In der Ära ohne Computer war die Bestellung der Flugtickets sehr mühselig. Ein Reisender, der in sieben Tagen bspw. nach Los Angeles fliegen wollte, ging meistens ins Reisebüro zur Beratung. Die Mitarbeiter der Reisebüros mussten der Reihe nach die Fluggesellschaften anrufen, welche passende Flüge im Flugplan hatten. Es konnte passieren, dass man erst mehrere Absagen bekam, bevor man die Fluggesellschaft kontaktieren konnte, die über vakante Plätze zum gewünschten Termin verfügte. Das Procedere war nicht nur für die Fluggäste und die Reisebüromitarbeiter sehr umständlich, sondern auch für die Fluggesellschaften, die möglichst viele Flugtickets verkaufen wollten. So wurden die Fluggesellschaften die Initiatoren des technischen Fortschritts, indem sie als Erste die Single Access Computerreservierungssysteme entwickelten.

American Airlines und United Airlines entwickelten bereits in den 60er und 70er Jahren erfolgreich eigene CRS: SABRE und APOLLO. Die ursprüngliche Intention hinter der Entwicklung eines unternehmenseigenen CRS war die Auslastung der Flüge durch die Automatisierung des Buchungsvorgangs zu verbessern. Das in Zusammenarbeit mit IBM entwickelte SABRE wurde 1964 als erstes computergestütztes Reservierungssystem auf dem Markt eingeführt und exklusiv den American Airlines eigenen Reservierungsbüros zur Verfügung gestellt. Mitte der 70er Jahre wurden SABRE und APOLLO schließlich auch den Reisebüros zugänglich, da eine Verlagerung an den Verkaufsort das Vertriebspotenzial deutlich erhöhte.

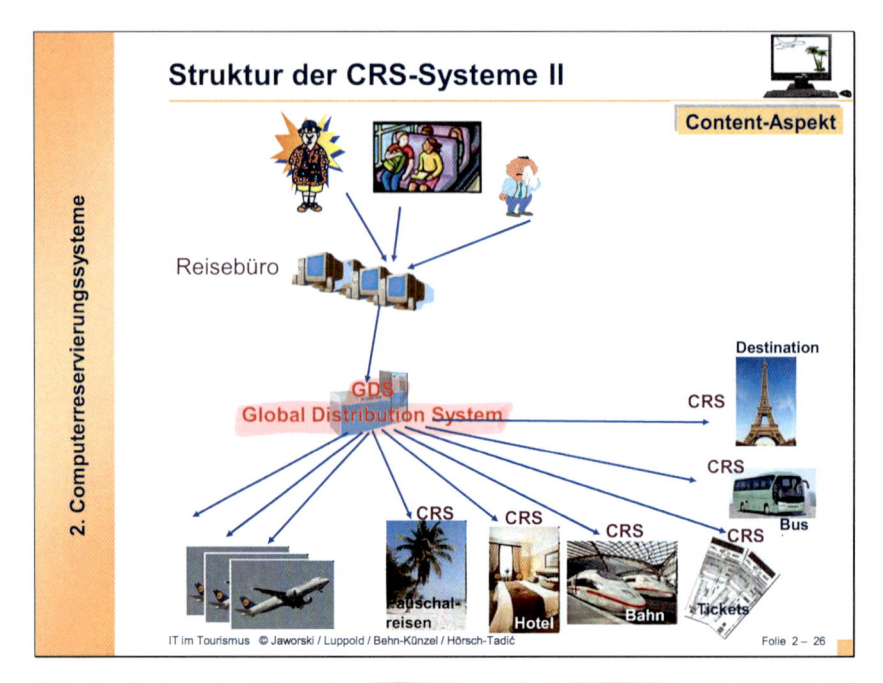

Bei beiden Systemen handelte es sich um Single-Access-Systeme, die den Benutzern zunächst nur den Zugriff auf die Daten der Gründer-Fluggesellschaft gewährten. Erst 1978 wurden durch das CoHost-Prinzip auch andere Fluggesellschaften in den Systemen dargestellt. Noch im selben Jahr wurden weitere Leistungsanbieter wie Hotels und Mietwagenunternehmer an die Systeme angeschlossen und ermöglichten den Reisemittlern somit effizienter zu arbeiten.

Um die Distributionsreichweite zu erhöhen und damit global buchbar zu sein, begann in den 80er Jahren die Ausweitung der amerikanischen CRS auf den europäischen Markt.

Im Laufe der Jahre haben die Unternehmen aller Segmente des Tourismus eigene Computerreservierungssysteme entwickelt und somit ihre eigenen touristischen Dienstleistungen vertrieben. Da aber geschichtlich gesehen die CRS der Fluggesellschaften am weitesten entwickelt wurden und über eine besondere Marktstellung verfügten, wollten die Betreiber der CRS anderer Tourismus-Segmente unbedingt an sie angeschlossen werden. Das war auch der Wunsch der Kunden der CRS der Fluggesellschaften, die neben den Flugtickets auch weitere touristische Dienstleistungen in einem einzigen CRS verkaufen wollten.
Es war an der Zeit, den mächtigsten Computerreservierungssystemen einen anderen Namen zu geben. Sie wurden ab jetzt als Global Distribution Systems (GDS) bezeichnet. Heutzutage werden die vier ursprünglichen CRS der Fluggesellschaften wie folgt genannt: Amadeus, Sabre, Galileo International und Worldspan.

2. Computerreservierungssysteme

CRS/GDS AMADEUS

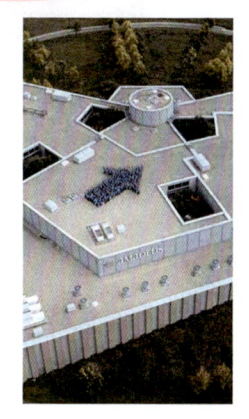

start amadeus → **amadeus** Germany
Your technology partner

IT im Tourismus © Jaworski / Luppold / Behn-Künzel / Hörsch-Tadić   Folie 2 – 27

Das GDS Amadeus gehört zu den größten CRS weltweit. Das Unternehmen wurde im Jahre 1987 gegründet und ist im Jahre 1991 in Betrieb gegangen. In Deutschland arbeiten beinahe 85 Prozent aller Reisebüros an rund 45.000 PCs mit dem Amadeus System. Folgende Anbieter sind in Deutschland buchbar: rund 500 Fluggesellschaften, über 75.000 Hotels, 22 Mietwagen-Firmen, rund 200 Reise- und Busveranstalter, 74 Verkehrsverbände, 40 europäische Bahnen, 30 Fähranbieter, sechs Versicherungsanbieter, drei Event- Ticket- Anbietersysteme mit mehr als 1.000 Veranstaltern sowie acht Kreuzfahrtlinien.

Amadeus bietet Zugriff auf 95 Prozent aller Sitzplätze von Linienflügen weltweit, 248 Hotelketten, 22 Mietwagen-Firmen und auf Anbieter wie Bahn-, Fähr- und Kreuzfahrtgesellschaften, Reiseveranstalter und Versicherungsgesellschaften. Amadeus ist außerdem das größte Vertriebssystem von Pauschalreisen weltweit.

Ursprung Reservierungssystem START

2. Computerreservierungssysteme

- 1971 gründeten Deutsche Lufthansa, Deutsche Bahn, abr, DER, TUI und Hapag-Lloyd die sog. „**ST**udiengesellschaft zur **A**utomatisierung für **R**eise und **T**ouristik" – kurz: START.

- Europas führendes Reisevertriebssystem und Marktführer in Deutschland

- START-System: Wichtigstes Arbeitsinstrument für deutsche Reisebüros

- Gehört zur Gruppe „Lufthansa IT Services", dem Geschäftsfeld IT-Technologie des Lufthansa Konzerns

---

Die Arbeitsgruppe zur Automatisierung für Reise und Touristik wurde im Jahr 1971 ins Leben gerufen und bestand aus Vertretern der Unternehmen Deutsche Lufthansa, Deutsche Bundesbahn, Touristik Union International (TUI) sowie Amtliches Bayerisches Reisebüro GmbH (abr), Deutsches Reisebüro GmbH (DER) und Hapag-Lloyd Reisebüro GmbH. Start legte damals nach verschiedenen Analysen einen Vorschlag für ein elektronisches Reisereservierungs- und Informationssystem vor, das alle mit dem Angebot und der Vermittlung von Reiseleistungen zusammenhängenden Vorgänge bewältigen konnte. Im Jahr 1976 wurde aus der Studiengesellschaft eine GmbH, die den Betrieb im Jahr 1979 aufnahm.

Das Unternehmen Start wurde im Zuge der Einführung von GDS Amadeus in den 90er Jahren des letzten Jahrhunderts in StartAmadeus GmbH umbenannt. Zum 1. Januar 2003 wurde Start Amadeus GmbH von der Amadeus Global Travel Distribution voll übernommen. Nun ist es so weit, dass der Name „Start-Amadeus" immer weniger verbreitet sein wird und nach und nach durch Amadeus Germany ersetzt werden wird.

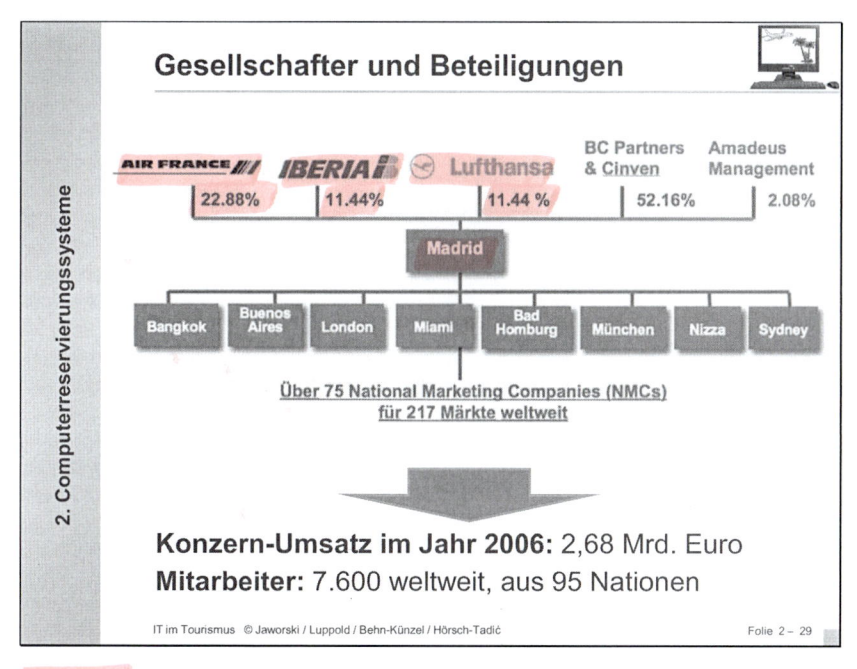

Computerreservierungssysteme

Gesellschafter und Beteiligungen

AIR FRANCE	IBERIA	Lufthansa	BC Partners & Cinven	Amadeus Management
22.88%	11.44%	11.44%	52.16%	2.08%

Madrid

Bangkok | Buenos Aires | London | Miami | Bad Homburg | München | Nizza | Sydney

Über 75 National Marketing Companies (NMCs)
für 217 Märkte weltweit

Konzern-Umsatz im Jahr 2006: 2,68 Mrd. Euro
Mitarbeiter: 7.600 weltweit, aus 95 Nationen

IT im Tourismus © Jaworski / Luppold / Behn-Künzel / Hörsch-Tadić   Folie 2 – 29

Stand: 2007

Heute hat das GDS Amadeus den Hauptsitz in Madrid, das Rechenzentrum in Erding bei München und das größte Entwicklungszentrum in Nizza in Frankreich. Es ist ein globales Unternehmen mit ca. 7600 Mitarbeitern und zahlreichen Niederlassungen. Das Unternehmen gründete in den wichtigsten Ländern weltweit 75 Tochtergesellschaften, deren Aufgabe es ist, die Amadeus-Dienstleistungen den jeweiligen touristischen Leitungsträgern und den -mittlern anzubieten und die Amadeus-Kunden vor Ort zu betreuen.

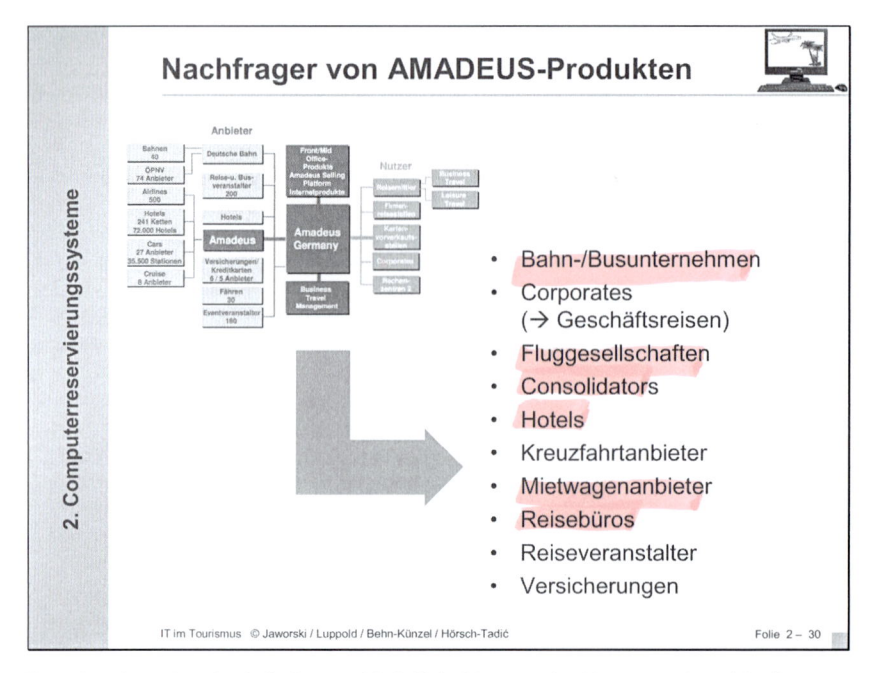

Nachfrager von AMADEUS-Produkten

2. Computerreservierungssysteme

Anbieter:
- Bahnen 40
- ÖPNV 74 Anbieter
- Airlines 500
- Hotels 241 Ketten 72.000 Hotels
- Cars 27 Anbieter 35.500 Stationen
- Cruise 8 Anbieter
- Deutsche Bahn
- Reise-u. Busveranstalter 200
- Hotels
- Versicherungen/ Kreditkarten 6/5 Anbieter
- Fähren 30
- Eventveranstalter 160

Amadeus → Amadeus Germany

Front/Mid Office-Produkte / Amadeus Selling Platform / Internetprodukte

Nutzer

- Bahn-/Busunternehmen
- Corporates (→ Geschäftsreisen)
- Fluggesellschaften
- Consolidators
- Hotels
- Kreuzfahrtanbieter
- Mietwagenanbieter
- Reisebüros
- Reiseveranstalter
- Versicherungen

IT im Tourismus © Jaworski / Luppold / Behn-Künzel / Hörsch-Tadić — Folie 2 – 30

Um neben der steigenden Anforderung globale Reiseleistungen buchbar zu machen nicht die europaspezifischen Bedürfnisse zu vernachlässigen, arbeiten die GDS AMADEUS und GALILEO International (beide europäischen Ursprungs) eng mit den nationalen Systemen zusammen. Meist agieren die nationalen Unternehmen heute als so genannte NMCs (National Marketing Companies) im jeweiligen Land. Sie vermarkten dabei eigenständig die Produkte der GDS, abgestimmt auf die spezifischen Eigenarten und Bedürfnisse der Märkte.
Alleiniger Gesellschafter von Amadeus Germany ist die Amadeus IT Group SA, ein weltweit führender Anbieter von Technologie- und Vertriebs-Lösungen für die Reise- und Tourismusbranche. Über 101.000 Reisebüros sowie mehr als 34.800 Airline-Verkaufsbüros in über 217 Märkten weltweit nutzen ihr Netz und das leistungsstarke Datenzentrum.

Produktlinien für Reisebüros

AMADEUS VISTA Leisure Pack	Vollreisebüros mit touristischer Ausrichtung, die Wert auf optimale Beratung legen und ihren Touristik-Verkauf aktiv optimieren und steuern wollen
AMADEUS VISTA Professional Pack	Vollreisebüros mit stärkerer Orientierung auf den Flugbereich sowie Firmendienste, die Wert auf optimierte bzw. individualisierte Prozesse und Qualitätssicherung legen
AMADEUS VISTA Classic Pack	Touristisch orientierte Reisebüros mit hohen Ansprüchen an ein vollintegriertes Midoffice
AMADEUS VISTA Starter Pack	Reisebüros, die ein schlankes Buchungssystem als Einstieg in Amadeus und die Touristik-Welt benötigen
AMADEUS VISTA Mobility Pack	Reisebüros, die die Buchungsfunktionen flexibel nutzen möchten, z.B. auf wechselnden PCs oder Notebooks

IT im Tourismus © Jaworski / Luppold / Behn-Künzel / Hörsch-Tadić Folie 2 – 31

Produktlinien der Amadeus Selling Plattform:

Das Amadeus Leisure Pack wird Reisebüros empfohlen, die eine IATA und/oder DB-Lizenz haben und touristische Leistungen verkaufen. Ein integrierter Workflow und die automatische Datenübernahme zwischen Front und Mid Office System sind inbegriffen.

Das Amadeus Professional Pack eignet sich für Reisebüros, deren Kerngeschäft im Firmenreisedienst bzw. dem Verkauf von DB-Fahrscheinen und/oder Linienflügen mit ergänzendem Hotel- und Mietwagengeschäft liegt.

Das Amadeus Classic Pack hingegen wird Reisebüros mit Schwerpunkt in der Touristik empfohlen, die zusätzlich Consolidator-Tickets sowie Linienflüge ausstellen.

Im Amadeus Starter Pack sind die reinen Buchungsfunktionen der Bereiche Flug und Touristik integriert.

Entwicklung der START/AMADEUS-Maske

START – Bildschirm-Output in den Anfängen

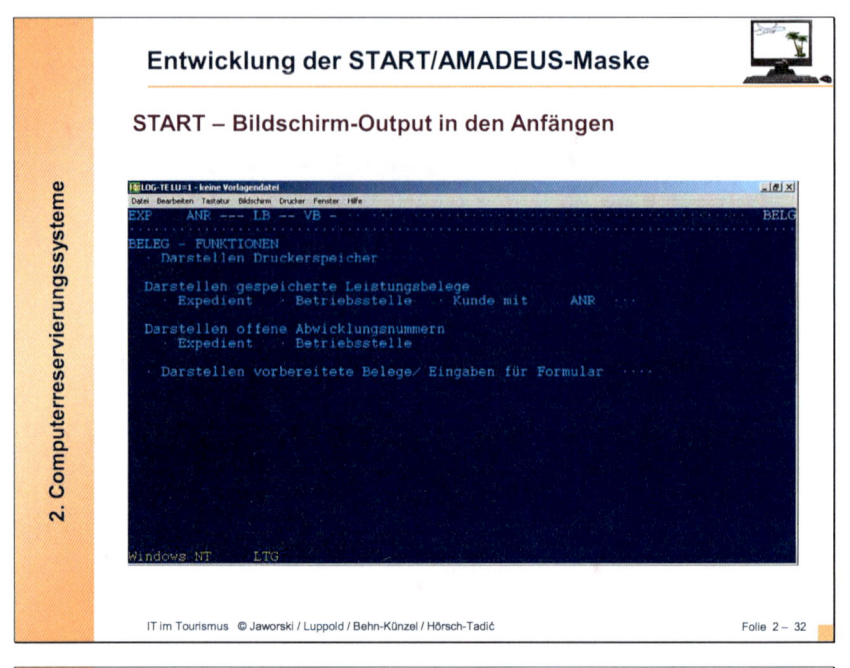

```
EXP   ANR --- LB -- VB -  . . . . . . . . . . . . . . . . . . . . . . . . . . . . . .  BELG
BELEG - FUNKTIONEN
   · Darstellen Druckerspeicher

   Darstellen gespeicherte Leistungsbelege
      · Expedient    · Betriebsstelle    · Kunde mit      ANR  ···

   Darstellen offene Abwicklungsnummern
      · Expedient    · Betriebsstelle

   · Darstellen vorbereitete Belege/ Eingaben für Formular  ····
```

Entwicklung der START/AMADEUS-Maske

dann ... Start Comfort (um Jahrtausendwende)

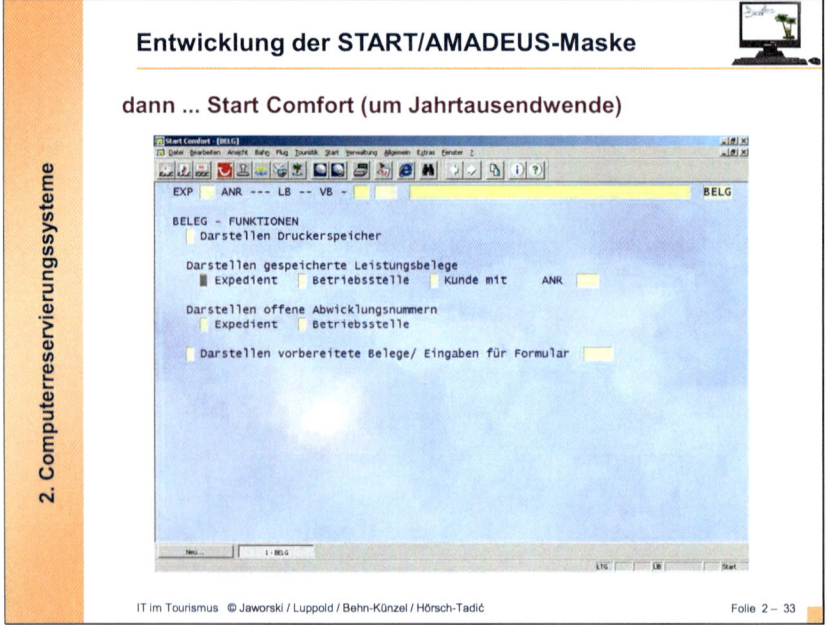

```
EXP   ANR --- LB -- VB -                                            BELG

BELEG - FUNKTIONEN
   Darstellen Druckerspeicher

   Darstellen gespeicherte Leistungsbelege
      Expedient    Betriebsstelle    Kunde mit      ANR

   Darstellen offene Abwicklungsnummern
      Expedient    Betriebsstelle

   Darstellen vorbereitete Belege/ Eingaben für Formular
```

Entwicklung der START/AMADEUS-Maske

aktuell ... Amadeus Selling Plattform - TOMA

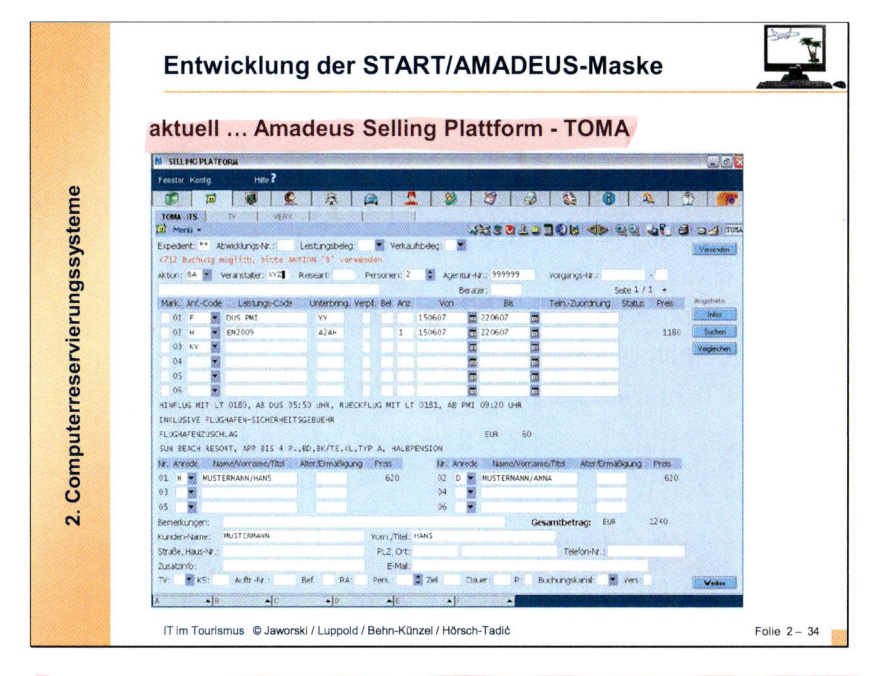

Die neue Maske Amadeus Selling Plattform soll die alte Start-TOMA-Maske (TOMA = TourMarket) ersetzen (was nicht leicht ist, da viele ältere Reisebüromitarbeiter weiterhin gerne die alte Maske benutzen würden), genauso wie das Verfahren IRIS Plus das bisherige Verfahren IRIS bzw. IRIS-Neu von der TUI ersetzt.

Amadeus Selling Plattform ist das browserbasierte Produkt von Amadeus, welches moderne Internet-Technologie nutzt, eine vollgrafische Benutzeroberfläche hat und speziell für die Bedürfnisse der Reisebüros entwickelt wurde.

Viele Reisebüros haben einen getrennten Touristik- und Beförderungsbereich. Die Amadeus Selling Platform wird in vier bzw. fünf Produktlinien angeboten und ermöglicht die Buchung von Pauschalreisen, Ferienwohnungen, Hotels, Mietwagen, Versicherungen und Zusatzleistungen. Durch die Auswahl von Zusatzprodukten können optimale Modul-Kombinationen, je nach Bedarf des Reisebüros, zusammengestellt werden.

CRS/GDS SABRE

2. Computerreservierungssysteme

- Seit 1964 in Betrieb
- Gründer: AA, IBM
- Rechenzentrum: Tulsa / Oklahoma

- Locations weltweit: 59.000
- Locations in Deutschland: ca. 5.000 (mit Merlin)
- Terminals weltweit: 210.000
- Fluggesellschaften: 470 (24 Low-Cost-Carrier)
  – davon mit E-Ticketing-Verfahren: 61
- Segmente weltweit: 440 Mio.

- Gehört seit Februar 2007 dem Finanzkonsortium Texas Pacific Group + Silver Lake Partners

Bei den Systemen SABRE und APOLLO handelte es sich am Anfang um Single-Access-Systeme, die den Benutzern zunächst nur den Zugriff auf die Daten der Gründer-Fluggesellschaft gewährten.
Erst 1978 wurden durch das CoHost-Prinzip auch andere Fluggesellschaften in den Systemen dargestellt. Noch im selben Jahr wurden weitere Leistungsanbieter wie Hotels und Mietwagenunternehmer an die Systeme angeschlossen und ermöglichten den Reisemittlern somit effizienter zu arbeiten.
Heute ist Sabre eines der vier größten Reservierungssysteme weltweit und in einigen Regionen marktführend (Nordamerika).

Exkurs: DCS & Merlin

1987:	Trasy
1992:	Robin der Wohltäter
1995:	Merlin
1996/7:	NUR/TUI-Wende
2000:	51% an SABRE
2003:	100% in SABRE-Hand

IT im Tourismus © Jaworski / Luppold / Behn-Künzel / Hörsch-Tadić Folie 2 – 36

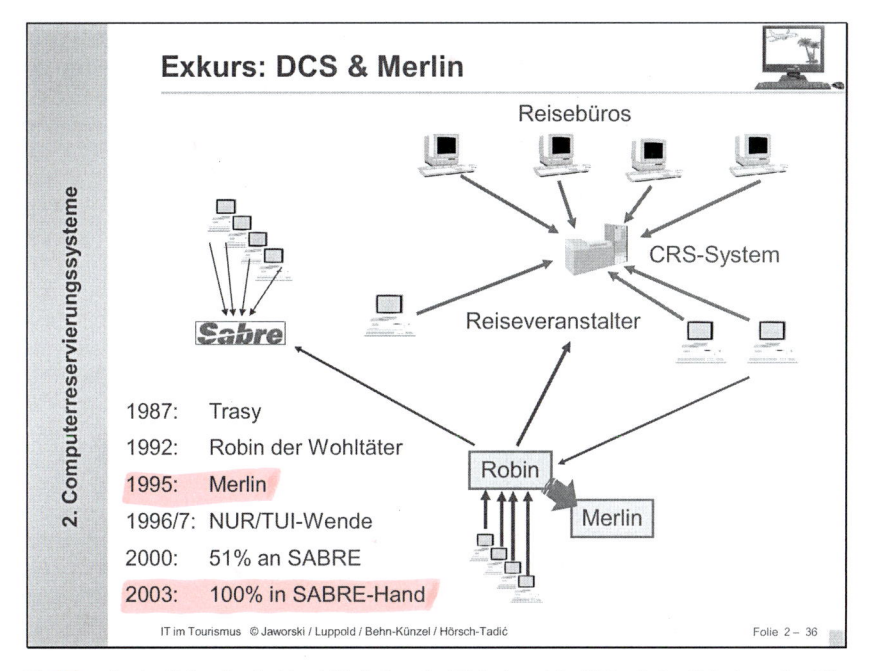

Die Wurzeln der Sabre Deutschland Marketing GmbH finden sich 1990 mit der Gründung der Dillon Communication Systems GmbH (dcs). Die Geschäftsidee von dcs war, kleineren Reiseveranstaltern und Leistungsträgern als unabhängiger Dienstleister mittels Multi-CRS-Anschluss „robin" Zugang zu den großen CRS zu verschaffen. Nur kurze Zeit später wurde ein eigenes CRS (merlin) entwickelt, um kleinen Reisebüros eine kostengünstigere Alternative zum START System zu bieten. Durch die Beteiligung an dem Software-Unternehmen Travel Management Systems (tms) entstand merlinoffice, eine durchgängige Front-, Mid- und Backoffice-Lösung.
Die Sabre Marketing Deutschland GmbH hält heute 100% der Anteile der tms.
Mit einer Beteiligung von 51% wurde Sabre im Jahr 2000 Mehrheitsgesellschafter der dcs und begann den Einstieg in den deutschen Markt. Noch im selben Jahr wurde mit merlinx eine webbasierte Version von merlin vorgestellt, gefolgt von merlinweb, der Internet-Booking-Engine für Reisebüros. 2001 wurde durch einen Vertrag mit TV Travel Shop und 9 LIVE (Reisesendung "Sonnenklar") eine neue Kundengruppe erschlossen.
Durch die gemeinsame webbasierte Plattform Sabre-merlin machen dcs und Sabre ihre Produktpalette für alle Reisebüros verfügbar. Ende 2002 wurde die Sabre-merlin GmbH gegründet. 2003 erwarb die Sabre Holdings Corporation (Dallas/Fort Worth) schließlich die verbliebenen Gesellschafteranteile an dcs. Die Sabre-merlin GmbH firmiert seither als Sabre Deutschland Marketing GmbH.

CRS/GDS GALILEO

2. Computerreservierungssysteme

- Seit 1987 in Betrieb
- Gründer: u.a. UA, US-Air, Air Canada, BA, Swissair
- Rechenzentrum: Englewood bei Denver/Colorado

- Locations weltweit: 44.000
- Terminals weltweit: ca. 159.000
- Segmente weltweit: ca. 370 Mio. Buchungen
- Fluggesellschaften: 435 (24 Low-Cost-Carrier)
  – davon mit E-Ticketing-Verfahren: 50
  – dazu mit Answer-Back-Verfahren: 365
- Genutzt wird der Content der Muttergesellschaft CENDANT

- Seit 2006: Produkt für Reisebüros: Galileo Leisure
- Keine Kosten, aber 12% Provision
- Problem: Content deutscher Reiseveranstalter

IT im Tourismus © Jaworski / Luppold / Behn-Künzel / Hörsch-Tadić   Folie 2 – 37

Ende der 80er Jahre hatten sich die nationalen Systeme soweit etabliert, dass sie ihre Ausdehnung auf Europa begannen. Der steigende Wettbewerb mit den amerikanischen CRS, die jetzt versuchten den europäischen Markt zu durchdringen, lies wie auch schon in den Vereinigten Staaten die Idee eines neutralen, europaweiten CRS reifen. Ähnlich wie in den US scheiterte dieses Projekt, sowohl aus technischen als auch aus politischen Gründen.
In Europa kam es zu einer Zweiteilung der Fluggesellschaften, welche die Entwicklung der heutigen globalen Systeme AMADEUS und GALILEO hervorbrachte. Um in der Lage zu sein sich der amerikanischen Konkurrenz zu stellen, erwarben beide europäischen Distributionssysteme Software bereits bestehender amerikanischer Systeme. AMADEUS kaufte das SYSTEM ONE System und GALILEO fusionierte 1992 mit APOLLO zum ersten transkontinentalen CRS GALILEO International.

Galileo eignet sich nicht für Touristikreisebüros (TRB), da einerseits die Veranstalter TUI und DERTOUR nicht buchbar sind und andererseits das Programm nicht über eine Datenbank für Last-Minute-Reisen verfügt. Außerdem ist kein Anschluss zu den in deutschen Reisebüros verbreiteten Preisvergleichssystemen wie Bistro und Tourmanager vorhanden.

CRS/GDS Worldspan

- Seit 1990 in Betrieb
- Gründer: TWA, Delta Airlines, Northwest Airlines
  später Partnerschaft mit ABACUS
- Rechenzentrum: Atlanta / Georgia

- Locations weltweit: k.A.
- Locations in Deutschland: k.A.
- Terminals weltweit: k.A.
- Transaktionen in 2005: 160 Mio. (davon 74% in USA)
- Fluggesellschaften: 465 (28 Low-Cost-Carrier)
- Hotels: > 53.000
- Autovermieter: 35
- Weitere tourist. Dienstleister: 40

- Gebühren für Reisebüros: keine
- 52% der Buchungen werden Online getätigt (Tour Select).

WORLDSPAN ist im Februar 1990 aus dem Reservierungssystem PARS (vom Northwest Airlines und Trans World Airlines) und DATAS II (von Delta Airlines) und unter Einbeziehung der asiatischen CRS-Gruppe ABACUS entstanden. Die vollständige Verschmelzung beider Systeme wurde allerdings erst Ende 1993 abgeschlossen. Atlanta wurde als Hauptsitz des Unternehmens und gleichzeitig als Sitz des Rechenzentrums ausgewählt. Die internationale Division von WORLDSPAN, die für Europa, Nahost und Afrika zuständig ist, wurde in London angesiedelt.
Worldspan gehört der US-Finanzgruppe Citigroup Venture Capital (CVC).
Mit der Nutzung von Worldspan ermöglichen Reisebüromitarbeiter dem Reisenden eine Auswahl an mehr als 53.000 Hotelunterkünften, 465 Fluggesellschaften, 35 Autovermietern, 40 Reiseveranstaltern und Kreuzfahrtreedereien sowie über 40 Spezialreiseveranstaltern.

Worldspan RateRunner: Low-Cost-Carr.

2. Computerreservierungssysteme

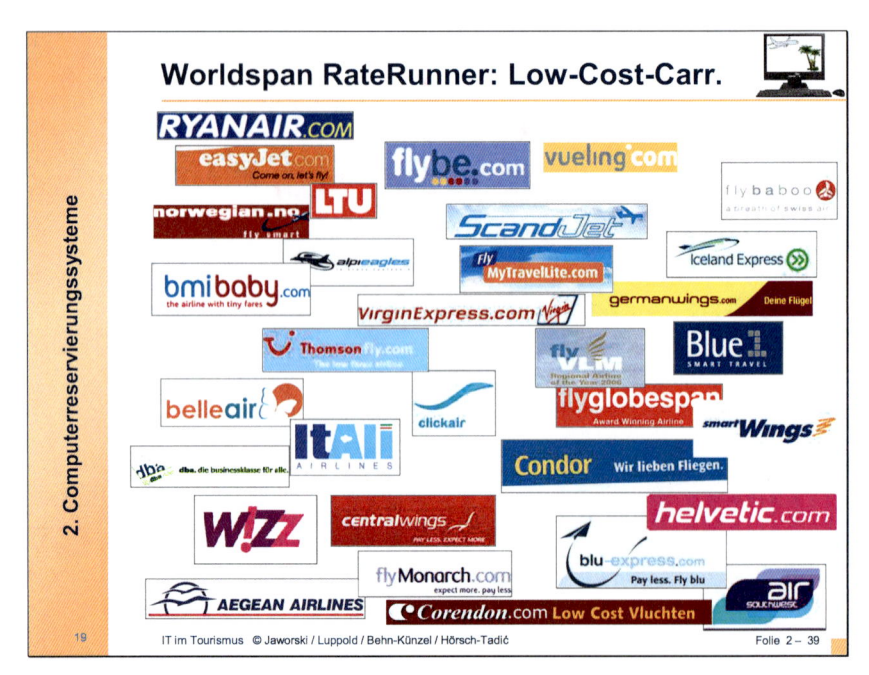

Worldspan verfügt über Dienstleistungen von insgesamt 1150 Anbietern, darunter 450 Fluggesellschaften, 265 Hotelketten mit 83 000 Hotels, 26 Autovermieter, 13 Bahngesellschaften und über 400 Reiseveranstalter. Die Systemverfügbarkeit beträgt laut Angaben von Worldspan 99,999%. Zehn Mal täglich werden die Daten, vor allem die Flugticketpreise aktualisiert. Zu den Kunden des Worldspan-Systems gehören Kunden wie: Expedia, Orbitz, Priceline und Hotwire.

Worldspan verfügt auch über Programme, die speziell für den Geschäftstourismus gedacht sind (Trip Manager). Die Kunden sind in diesem Fall Unternehmen, die ihre Dienstreiseausgaben optimieren wollen.

Verschmelzung Galileo & Worldspan

GALILEO INTERNATIONAL + worldspan.

↓

GDS Travelport

↑ ↑

Galileo by Travelport   Worldspan by Travelport

Am 21. August 2007 erlaubte die EU die Fusion beider GDS. Die Galileo und Worldspan gehören jetzt zusammen, bleiben aber zwei Marken.

Mehrere Monate dauerten die Verhandlungen, bis die Europäische Kommission die Fusion von Worldspan und Galileo erlaubte. Die Firma Travelport GDS führt aber weiterhin zwei GDS: Galileo by Travelport und Worldspan by Travelport. Galileos Stärke liegt im klassischen Reisevertrieb, die Stärke von Worldspan bei den Internetlösungen. Es bleibt abzuwarten, wie die neue Firma auf dem Markt akzeptiert wird.

Travelport ist ein neues Unternehmen mit einer fast 30-jährigen Erfolgsgeschichte. Zuvor unter dem Namen Cendant Travel Distribution Services bekannt, betreibt es heute eines der weltweit umfangreichsten Netzwerke von Reisemarken, Reise-Content und diesbezüglichen Dienstleistungsangeboten. 8.000 Fachkräfte vor Ort in über 130 Ländern und mehr als 19 führende Reisemarken erschließen den Kunden stets neue Reisegelegenheiten und schaffen gleichzeitig einzigartigen Wert.

CRS-Systeme weltweit

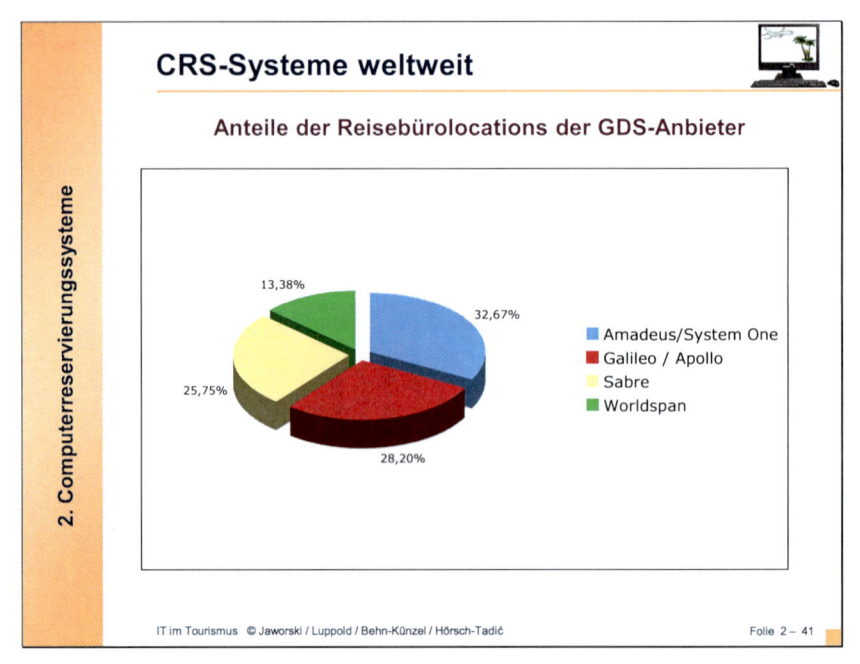

Anteile der Reisebürolocations der GDS-Anbieter

2. Computerreservierungssysteme

- Amadeus/System One: 32,67%
- Galileo / Apollo: 28,20%
- Sabre: 25,75%
- Worldspan: 13,38%

Bei den GDS ist nicht die Anzahl der Reisebüros wichtig, die die CRS nutzen, sondern die Anzahl der Tickets und sonstigen Dienstleistungen, die über das jeweilige GDS verkauft werden. Die veröffentlichten Zahlen sind jedoch mit Vorsicht zu genießen. Je nachdem woher sie stammen bzw. für wen sie angefertigt sind, wird das eine bzw. das andere GDS an der ersten Stelle stehen. Wichtig ist es deshalb nur zu wissen, dass es weltweit vier große GDS gibt, die im Reisebüro eingesetzt werden können.

CRS-Systeme weltweit

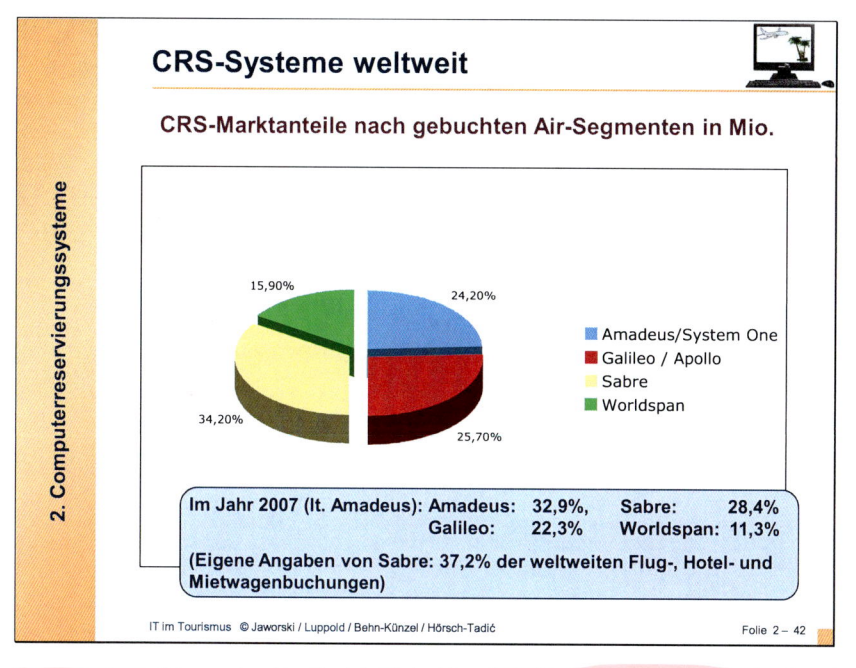

CRS-Marktanteile nach gebuchten Air-Segmenten in Mio.

- Amadeus/System One: 24,20%
- Galileo / Apollo: 25,70%
- Sabre: 34,20%
- Worldspan: 15,90%

Im Jahr 2007 (lt. Amadeus): Amadeus: 32,9%, Sabre: 28,4%
Galileo: 22,3% Worldspan: 11,3%

(Eigene Angaben von Sabre: 37,2% der weltweiten Flug-, Hotel- und Mietwagenbuchungen)

Namen brennen sich manchmal im Kopf der Reisebüromitarbeiter fest: Heute sprechen sie oft noch von START, obwohl es mittlerweile Amadeus heißt.
Galileo wurde 1971 in den USA unter dem Namen Apollo von Airlines gegründet. Der Name Apollo wird jedoch noch weiterhin genutzt. Ein amerikanisches System, System One, kreist weiterhin in den Köpfen der Reisebüromitarbeiter, obwohl es heute Amadeus USA heißt (seit es von Amadeus aufgekauft wurde).

CRS-Systeme weltweit

Dialekte der CRS-Befehlssprache

2. Computerreservierungssysteme

Hotelzimmer im Maritim - Ulm buchen

	CRS:	Code:
1.	Amadeus:	MM QUL ULM
2.	Galileo/Apollo:	MM 61 338
3.	Sabre:	MM 18 477
4.	Worldspan:	MM QUL MM

? Lanyon Boards ?

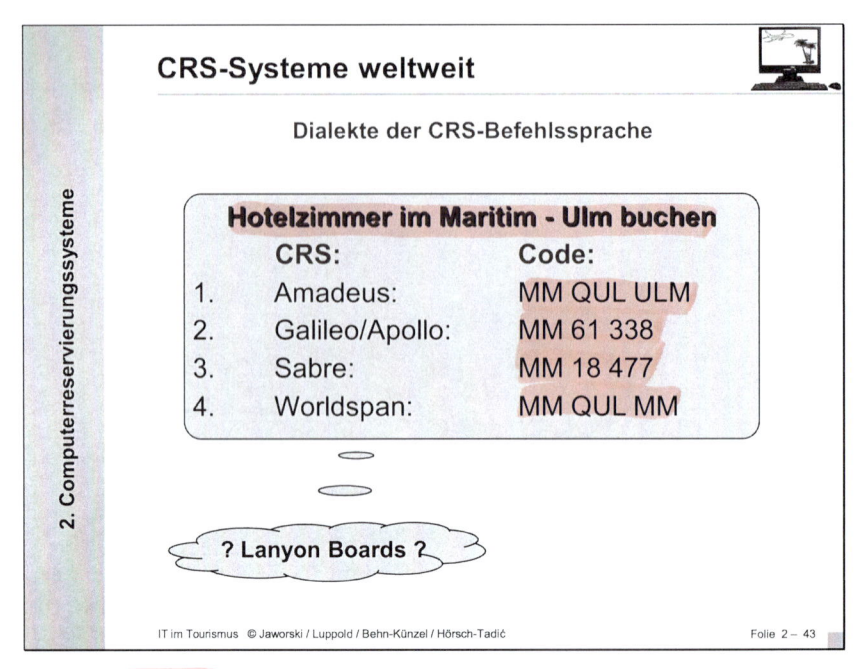

IT im Tourismus © Jaworski / Luppold / Behn-Künzel / Hörsch-Tadić Folie 2 – 43

Die Eingabe der Buchungsbefehle ist in allen Globalen Distributionssystemen sehr ähnlich. Im Laufe der Jahre entstanden aber doch Unterschiede. Somit ist es nicht leicht, in einem Reisebüro mit verschiedenen GDS zu arbeiten. Die Reisebüromitarbeiter ziehen es meistens vor, nur ein GDS zu bedienen. Wie unterschiedlich die Eingabe zur Buchung eines Zimmers in den jeweiligen Reservierungssystemen aussieht, ist auf dieser Folie dargestellt.

Inzwischen gibt es auch die Möglichkeit, mehrere CRS auf einem Computer darzustellen. 1993 kamen die ersten so genannten „Lanyon Boards" auf den Markt.
Die Netzwerkkarten von mehreren Computerreservierungssystemen wurden auf ein und demselben Computer installiert. Man konnte zwischen unterschiedlichen CRS innerhalb von einer Sekunde hin- und herspringen.

Der Befehlsvorrat der Reservierungssysteme wurde isoliert weiterentwickelt, was zu den Unterschieden in der Kommandoeingabe führte. Die unterschiedlichen Kommandos und unterschiedlichen Codes für ein und die gleiche Leistung sorgten jedoch für eine gewisse Verwirrung in den Reisebüros. Die einzelnen Reisebüromitarbeiter ziehen es vor, nur ein Reservierungssystem zu bedienen, um Eingabefehler zu vermeiden.

Mittlerweile sind die Netzwerkkarten durch Entwicklung des Internets überholt.

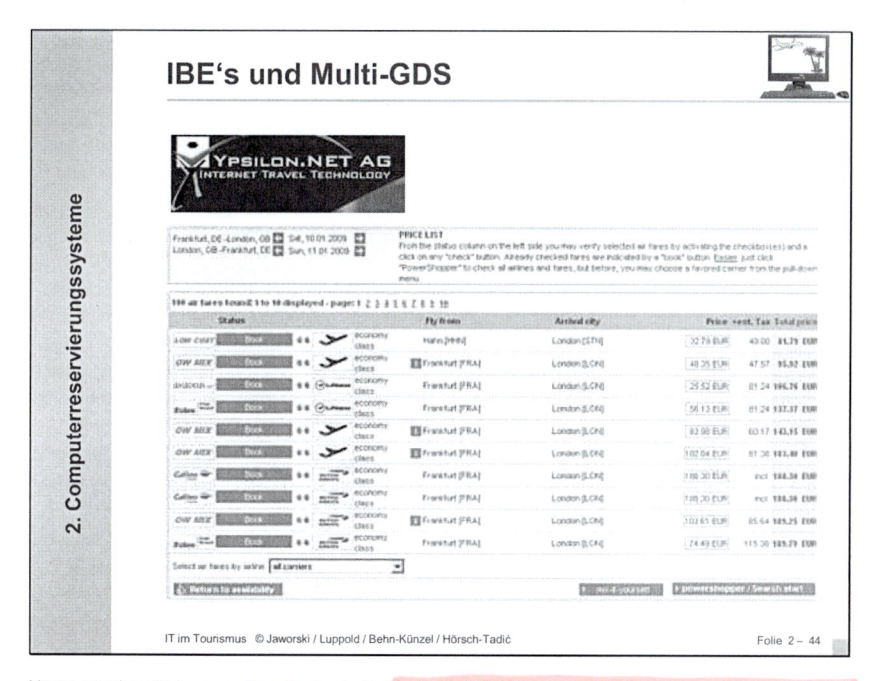

Heute werden die Lanyon Boards durch die **Multi-GDS-Systeme** ersetzt. Sie funktionieren wie eine Art Task Manager auf dem Bildschirm. Es handelt sich hierbei um GDS-übergreifende Buchungsmasken, die einen gleichzeitigen Zugriff auf die Datenbestände mehrerer GDS ermöglichen.

Auf der Folie wird ein Multi-GDS, die Buchungsmaschine von Ypsilon, vorgestellt, die weltweit Zugriff auf das komplette Angebot aller Airlines bietet. Ypsilon.Net ist an die CRS AMADEUS, Apollo, Galileo, Sabre und Worldspan angeschlossen, und bietet damit die Möglichkeit der freien GDS-Auswahl bzw. Inhalte aus verschiedenen CRS zu beziehen.

Der Kunde von Ypsilon.Net kann Regeln festlegen, die entscheiden, wann welches GDS benutzt wird.

Dabei kann man pro Airline, pro Tarifart und pro Route (und natürlich auch in Kombinationen) die Regeln festlegen.

Hier ein paar Beispiele:
„Wenn die Airline LH ist und das Ziel in Europa liegt, dann benutze Sabre als GDS"
„Benutze immer das GDS Amadeus, außer wenn die Airline DL ist"
„Benutze für alle Net-Fares Amadeus, aber benutze für Published-Fares Galileo"

Net Fares = Netto-Preise der Consolidatoren, auf die sie noch Provision aufschlagen
Published Fares = veröffentlichte Tarife im GDS

Zahlen ♦ Daten ♦ Fakten (2007)

2. Computerreservierungssysteme

	Amadeus	Sabre	Galileo	Worldspan
Betriebsstellen weltweit	77.000	59.000	44.000	k.A.
Betriebsstellen in Deutschland	16.424	8.000	900	k.A.
Terminals weltweit	230.000	210 000	159.000	k.A.
Terminals in Deutschland	39.972	14.200	> 3.000	k.A.

	USA / Canada	Central / South America	Europe / Middle East	Asia / Pacific	Global Average
Amadeus	9 %	38 %	49 %	15 %	26 %
Galileo	21 %	6 %	31 %	15 %	22 %
Sabre	42 %	50 %	13 %	4 %	24 %
Worldspan	28 %	6 %	8 %	4 %	14 %

IT im Tourismus © Jaworski / Luppold / Behn-Künzel / Hörsch-Tadić   Folie 2 – 45

Der deutsche GDS-Markt dreht sich hauptsächlich um die Reservierungssysteme Amadeus und Sabre. Seit der Entstehung von START Mitte der 70er Jahre hatte das System die vorteilhafte Stellung eines Monopolisten inne, eine nennenswerte Alternative gab es für die touristischen Marktteilnehmer nicht. Erst Anfang der 90er mit der Entwicklung eines Konkurrenzproduktes und dem darauf folgenden Einstieg Sabres in den deutschen Markt hat sich der Marktanteil auf etwa 85% Amadeus und 30% Sabre verändert. Die nach außen kommunizierten 85% setzen sich aus der Anzahl der Reisebüros zusammen, die das Amadeus System als einziges CRS nutzen (70%), zuzüglich 15% der Reisebüros, die Amadeus unter mehreren Systemen nutzen. Im Allgemeinen schwankt der Marktanteil je nach Bezugsgröße: Umsatz, aktive Buchungen, passive Buchungen oder Buchung nach Segment (meist Flug). Gerade bei der Berechnung des Marktanteils nach Buchungen ergibt sich die Schwierigkeit, dass unterschiedliche Annahmen darüber was als Buchung gezählt wird, existieren. Daher ist eine Vergleichbarkeit der Angaben aus Fachzeitschriften bzw. Veröffentlichungen durch Verbände, Anbieter und GDS nicht gewährleistet.

Geographische Verbreitung der CRS

IT im Tourismus © Jaworski / Luppold / Behn-Künzel / Hörsch-Tadić Folie 2 – 46

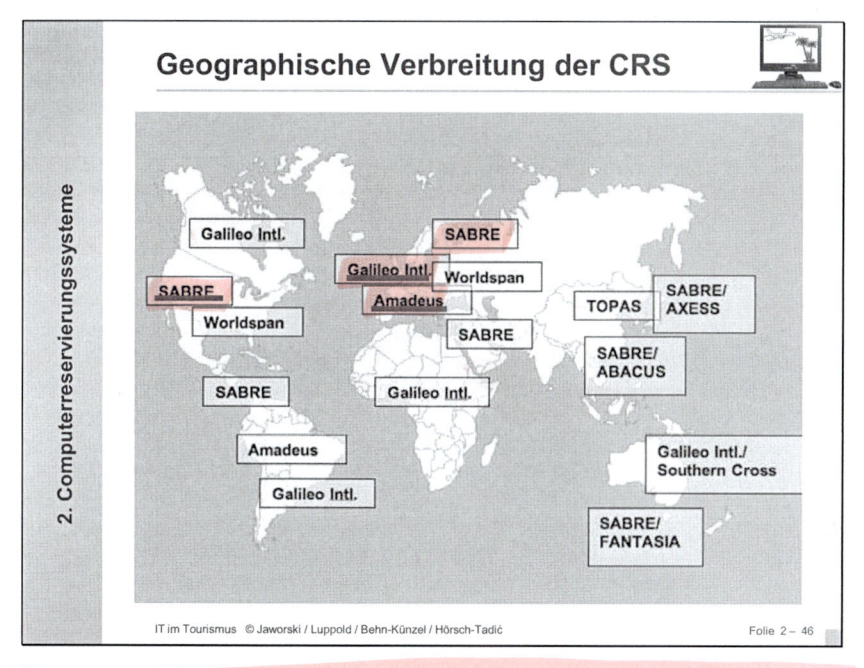

Die 90er Jahre waren geprägt von einer Konsolidierung der CRS. Bis heute haben sich vier CRS global durchgesetzt: Sabre, Galileo Intl., Amadeus und Worldspan. Momentan sind allerdings auch noch regionale CRS im Markt vorzufinden.
Der asiatisch-pazifische Raum wird von den drei Systemen ABACUS, Southern Cross und FANTASIA dominiert, wobei heute alle Systeme mit einem globalen System kooperieren. Einzig das koreanische TOPAS (Total Passenger Service System) agiert noch unabhängig von den vier GDS.
Worldspan entstand 1990 aus der Fusion der beiden amerikanischen Systeme PARS und DATAS II und wurde von Delta Air Lines, Northwest Airlines und Trans World Airlines geführt.
Abacus, welches auf der Technologie von Worldspan basierte, migrierte 1998 zu Sabre. Sabre ist heute mit 35% direkt an Abacus beteiligt und die Buchungen laufen über das Sabre Data Centre. In einem Joint Venture mit All Nippon Airways ist 1990 das japanische CRS INFINI entwickelt worden, welches 2000 auf das Abacus/Sabre System umstellte. Sabre ist auch an dem CRS AXESS (in Japan) beteiligt.
Eine weitere Veränderung in der letzten Dekade war die Loslösung der Fluggesellschaften von den GDS. Sabre ist seit 2000 eine eigenständige AG und firmiert als Sabre Holdings. Galileo Intl. wurde 2001 in den amerikanischen Konzern Cendant integriert. Worldspan wurde 2003 von der Travel Transaction Processing Copr. erworben, und bei Amadeus wurde die Mehrheit seiner Anteile an zwei renommierte Investoren im europäischen Buy-out-Markt BC Partners und Cinven verkauft.

In Neuseeland sind GALILEO mit Southern Cross (National-System) mit 50% und SABRE mit Fantasia, mit ebenfalls 50%, marktführend.
In Korea wurde TOPAS entwickelt und besitzt etwa 4% der Marktanteile in Asien. AXXESS ist in Japan zu Hause.
In China wurden die ersten Terminals von ABACUS eingesetzt (19% der Marktanteile in Asien). Technische Verbindungen bestehen jedoch auch zu AMADEUS und WORLDSPAN.
Das System GETS (Gabriel Extended Travel System), betrieben von SITA in Paris, hat sich begrenzt vor allem in Afrika durchgesetzt. Der Vorgänger GABRIEL wurde für finanzschwache Regionen wie Lateinamerika, Osteuropa und Afrika entwickelt. GETS wurde 1997 von Galileo Int. aufgekauft.

GDS und Internet – 2 Vertriebswege

Content-Aspekt

2. Computerreservierungssysteme

Reisebüro

Internet

GDS
Global Distribution System

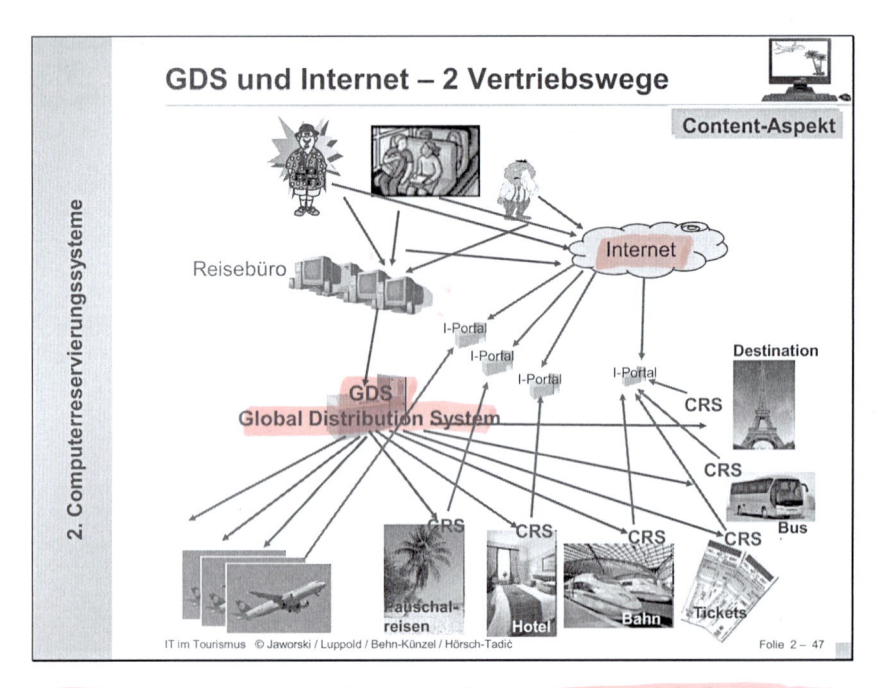

I-Portal

Destination
CRS
CRS
Bus
CRS
CRS
CRS
CRS
Pauschalreisen
Hotel
Bahn
Tickets

IT im Tourismus © Jaworski / Luppold / Behn-Künzel / Hörsch-Tadić   Folie 2 – 47

Seit Mitte der 90ger Jahre waren GDS/CRS mit alternativen Vertriebswegen im Tourismus konfrontiert, v.a. mit der Entwicklung des Internets.
Im Laufe der Zeit entstanden aus der Sicht der Leistungsträger Multi-Access-Systeme.

Auf Produkte/Leistungen der Leistungsträger kann man heutzutage über diverse Kommunikationswege zugreifen. Den Multi-Access nutzen alle:
Endkunden gehen ins Internet und buchen ihren Flug, z.B. über lufthansa.com, tui.de, über OPODO oder Expedia. Auch Reisebüros können Leistungen nicht nur über CRS buchen, sondern auch über das Internet.

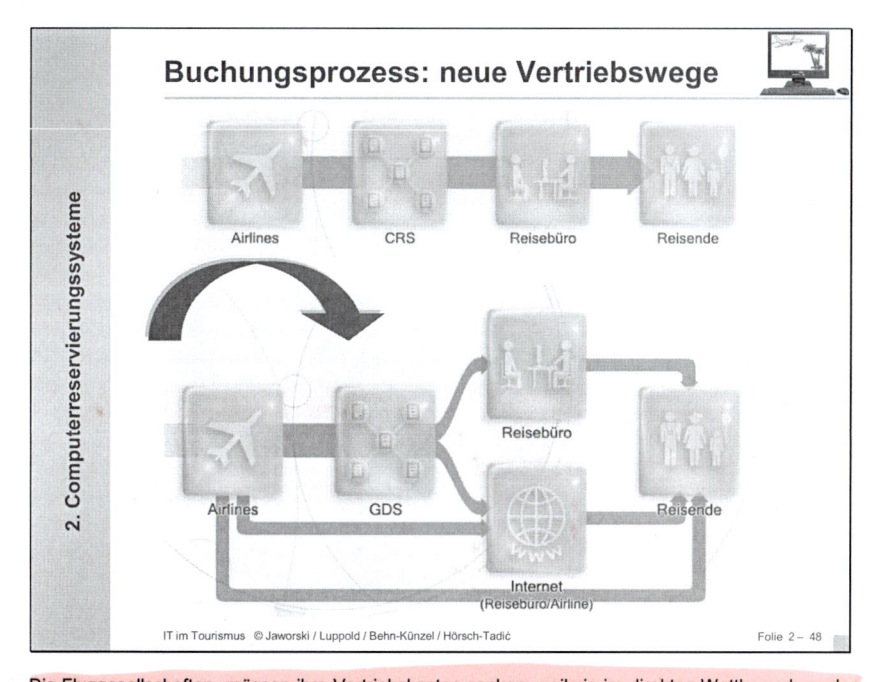

Buchungsprozess: neue Vertriebswege

Airlines → CRS → Reisebüro → Reisende

Airlines → GDS → Reisebüro → Reisende
        → Internet (Reisebüro/Airline) →

IT im Tourismus © Jaworski / Luppold / Behn-Künzel / Hörsch-Tadić   Folie 2 – 48

Die Fluggesellschaften müssen ihre Vertriebskosten senken, weil sie im direkten Wettbewerb zu den Low-Cost-Fliegern stehen. Für die Fluglinien sind die GDS-Gebühren pro Buchung einfach zu hoch. Die GDS werden den Reisebüros die Kickbacks (Prämien für viele Buchungen) kürzen bzw. ganz streichen. Dann werden die Reisebüros – besonders die Reisebüroketten – den direkten Kontakt zu den Leistungsträgern (Reiseveranstaltern) suchen und nach Lösungen suchen, die Buchungen ohne die GDS tätigen zu können. Letztendlich sind die CRS der Veranstalter multiaccessfähig – das heißt sie können nicht nur über die GDS angezapft werden sondern auch z.B. über einen Internetzugang.
Mit dem rasanten technologischen Fortschritt haben jedoch in den vergangenen Jahren neue, alternative Distributionsplattformen eine Reife und Marktdurchdringung erreicht, die es ihnen ermöglicht, in direkten Wettbewerb zu den klassischen Vertriebswegen zu treten. Insbesondere auf Grund ihrer Gebühren von rund 12 Dollar pro Ticket geraten die Globalen Distributionssysteme in diesem Wettbewerb verstärkt unter Druck. Vor diesem Hintergrund versuchen die Airlines zunehmend, die GDS mit neuen Technologien zu umgehen. Hinzu kommt, dass die GDS mit der Zunahme alternativer Plattformen für den Direktvertrieb heute nicht mehr das gesamte Angebot des Marktes abbilden können. Dem gegenüber bieten die IT System-Provider, so genannte Global New Entrants (GNE) moderne Technologien an, mit denen die Fluggesellschaften diese Lücke schließen und das Angebot aus GDS und GDS-unabhängigen Vertriebsplattformen wieder bündeln können.
Auch Lufthansa Systems geht mit der Komplettlösung FACE als Full-Service-Provider in die Zukunft des Airline IT-Marktes.

Informationstechnologie im Tourismus

Die Zukunft der GDS

- Die **Reisebüros** sind als Vertriebsstellen (über GDS) für die Airlines (und andere Leistungsträger) immer weniger wichtig
- Auch die GDS wollen das **Internet** als Vertriebskanal aufwerten

- Airlines stehen im direkten Wettbewerb zu Low-Cost-Carriern (in den GDS z.T. nicht vertreten) und schenken den GDS daher stetig weniger Aufmerksamkeit
- Folge: sie entwickeln eigene Internetportale für Ticketverkauf (ohne auf GDS zu verzichten)

- Die GDS kaufen sich bei den Internetportalen ein (oder kaufen sie auf)
- Es werden auch eigene Internetportale entwickelt

IT im Tourismus © Jaworski / Luppold / Behn-Künzel / Hörsch-Tadić   Folie 2 – 49

Die GDS haben auf die allgemeine Entwicklung reagiert und sind keineswegs zum Aussterben verurteilt.

Man geht davon aus, dass es mehrere Jahre lang die vier GDS auf dem Markt geben wird und keine direkten Wettbewerber dazu stoßen werden. Ein GDS neu zu entwickeln, ist sehr kostspielig (mehrere hundert Millionen US Dollar). So etwas geschieht nicht binnen eines Jahres. Die GDS verfügen über die Technologieerfahrung von 20 bis 40 Jahren. Enormen Entwicklungskosten (hoher Zeitaufwand auf Grund komplexer Architektur des Systems) steht die Situation gegenüber, dass annähernd alle Reisemittler und Leistungsträger bereits an ein oder mehrere GDS angeschlossen sind und ein Wechsel durch den hohen Verbreitungsgrad der bestehenden GDS eher unwahrscheinlich ist. Auch der Anspruch an die Leistungsfähigkeit des Systems in Bezug auf Datenverarbeitung und Datenspeicherung sowie die technischen Fähigkeiten und Branchenkenntnisse, die für die Entwicklung eines neuen Systems benötigt werden, verhindern die Zerschlagung des bestehenden Oligopols. Dazu kommt noch, dass die Marktdurchdringung auch viel Zeit braucht. Es vergehen Jahre, bis eine attraktive Anzahl an touristischen Dienstleistungen in einem solchen System vorhanden ist. Erst dann wird ein solches System von den Reisemittlern akzeptiert und genutzt.

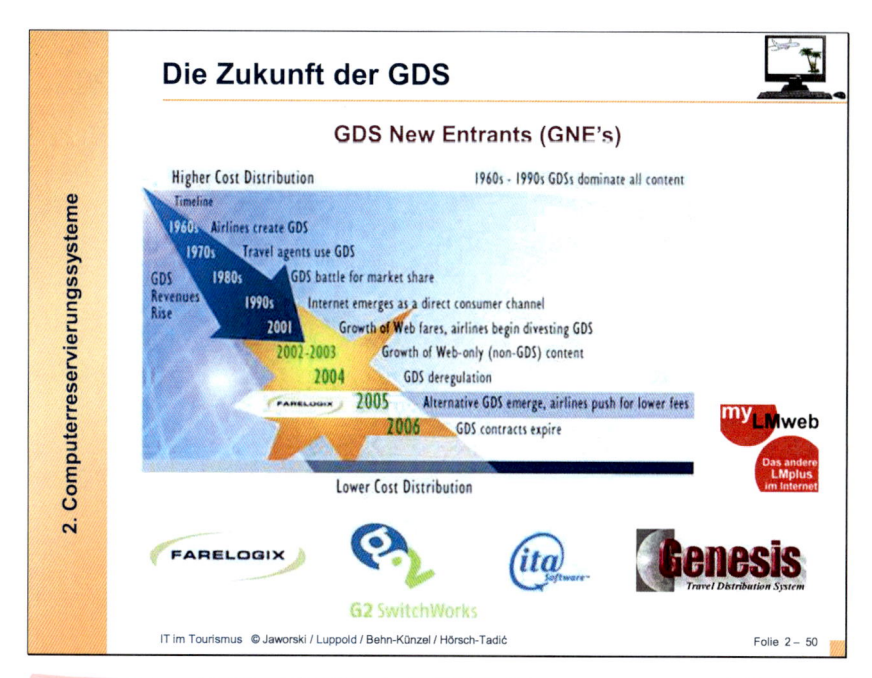

Die Zukunft der GDS

GDS New Entrants (GNE's)

Higher Cost Distribution

Timeline
- 1960s Airlines create GDS — 1960s - 1990s GDSs dominate all content
- 1970s Travel agents use GDS
- 1980s GDS battle for market share
- 1990s Internet emerges as a direct consumer channel
- 2001 Growth of Web fares, airlines begin divesting GDS
- 2002-2003 Growth of Web-only (non-GDS) content
- 2004 GDS deregulation
- 2005 Alternative GDS emerge, airlines push for lower fees (FARELOGIX)
- 2006 GDS contracts expire

GDS Revenues Rise

Lower Cost Distribution

FARELOGIX · G2 SwitchWorks · ita Software · Genesis Travel Distribution System · myLMweb (Das andere LMplus im Internet)

IT im Tourismus © Jaworski / Luppold / Behn-Künzel / Hörsch-Tadić   Folie 2 – 50

Seit 2002 kommen so genannte GDS New Entrants auf den Markt und sagen den GDS den Kampf an. Sie haben es erkannt, dass viele Leistungsträger (vor allem die Low Cost Carrier) nicht in der Lage sind, hohe Buchungsgebühren an die GDS zu zahlen und somit dort nicht vertreten sind. Die GDS-New Entrants bieten ähnliche Dienstleistungen wie die klassischen GDS, sie nutzen aber dafür die Internetverbindungen und verlangen relativ geringe Vermittlungsgebühren. Die New Entrants wollen vermeiden im direkten Wettbewerb zu den klassischen GDS gesehen zu werden und bezeichnen sich oft als GDS - New Intermediaries.

Momentan sind vier GNEs auf dem amerikanischen Markt: ITA, G2, FareLogix und Genesis. Bisher benötigen jedoch auch sie noch hohe, finanzielle Mittel, um das steigende Volumen und den damit verbundenen technischen Aufwand bewältigen zu können. Auf dem deutschen Markt sind schon jetzt viele GDS New Entrants vertreten, wie z.B. myLMweb vom Unternehmen Travel-IT, Jack plus von Bewotec und das Programm Traffics. Das zuvor vorgestellte Ypsilon-System zählt ebenfalls zu den GNEs.

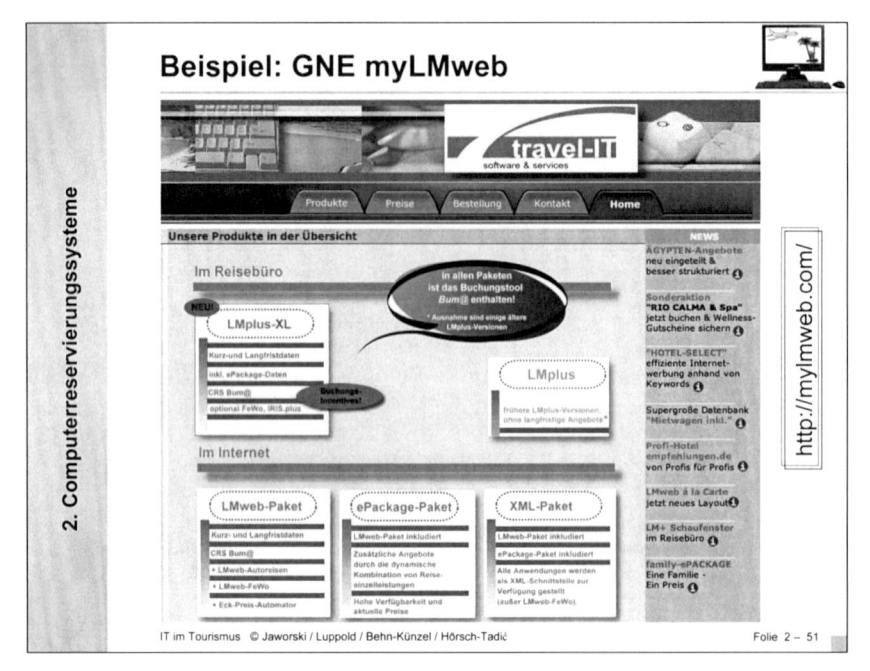

„Global New Entrants" kann unterschiedlich ins Deutsche übersetzt werden: Weltweit tätige Neu-Wettbewerber oder Globale Neu-Einsteiger. Dementsprechend ist häufig von den „GDS New Entrants" die Rede, was die Neulinge im Markt der Reservierungssysteme passend betitelt. Der Begriff GNE wurde von der Presse erschaffen, ist jetzt aber bereits tief verwurzelt in der Terminologie derjenigen, die sich mit den amerikanischen Systemen beschäftigen. Einige, zum Teil auch die GNE selbst, gebrauchen einen weiteren Ausdruck, um sich in eine bestimmte Kategorie von Unternehmen einzuordnen: „New Intermediaries" ist ein anderer Begriff, um eine geringere Konkurrenz zu den GDS auszudrücken und mehr eine neue Art eines Mittelmanns oder eines Zwischenhändlers im Prozess der Distribution zu beschreiben. Die GNE sehen sich natürlich ungern als Konkurrenz zu den GDS, denn diese haben eine gewaltige Machtposition und Lobby hinter sich.

Computerreservierungssysteme

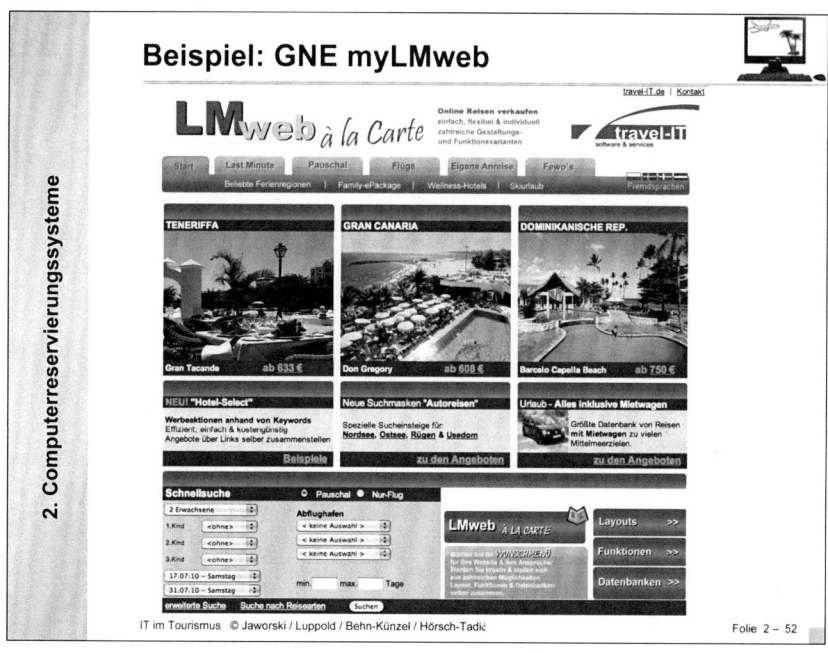

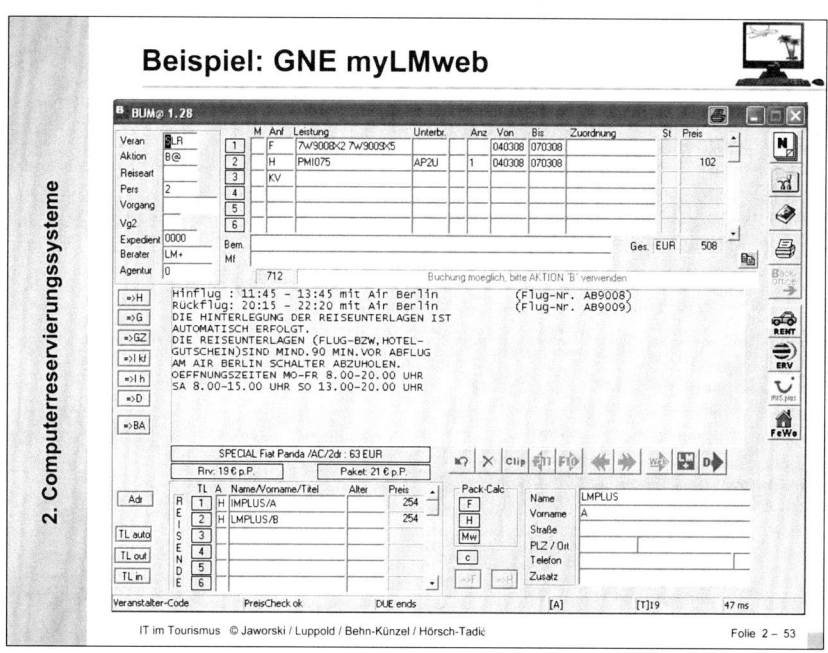

Beispiel: GNE myLMweb

Beispiel: GNE myLMweb

Die Zukunft der GDS

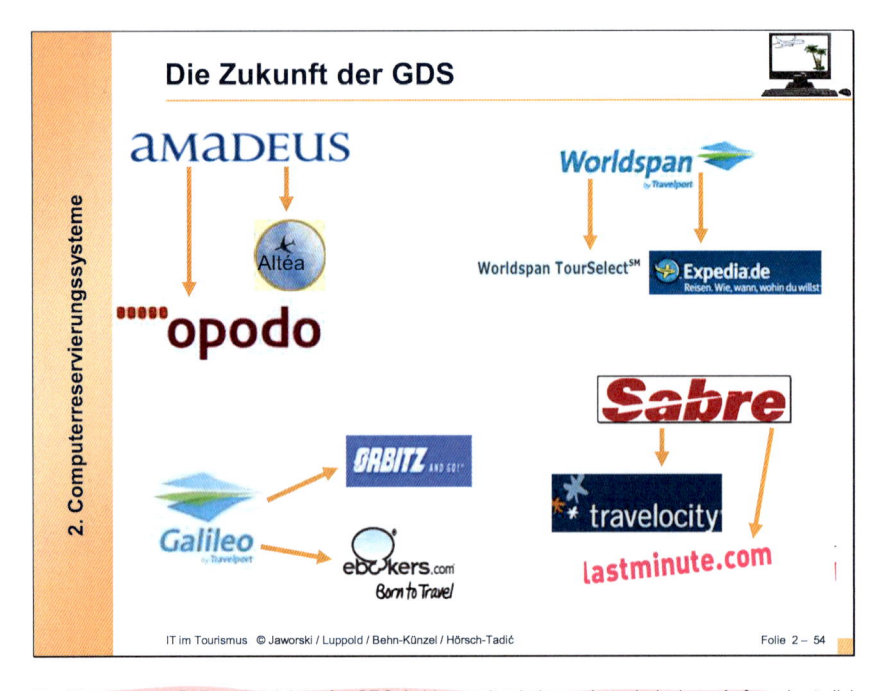

(Folie: Computerreservierungssysteme – Amadeus → Altéa, opodo; Galileo (Travelport) → Orbitz, ebookers.com; Worldspan (Travelport) → Worldspan TourSelect, Expedia.de; Sabre → travelocity, lastminute.com)

Der Einstieg zum Online-Vertrieb ist für CRS-Anbieter mit relativ wenig technischem Aufwand möglich, sie müssen lediglich eine Schnittstelle zwischen den bereits bestehenden Systemen und dem Internet schaffen. Die vorhandenen Datenbanken, in denen die Katalogangebote der Leistungsträger mit Selektionsmerkmalen und Preisen gespeichert sind, können weiterhin genutzt werden. Die Kommunikation mit dem Kunden erfolgt dabei über das World Wide Web, die Kommunikation mit den Leistungsträgern über die bestehenden Netzwerkverbindungen.

CRS-Betreiber bieten ihre Dienste sowohl Reisebüros als auch den Endkunden an. Für Reisebüros ist die Nutzung der CRS-Dienste über das Internet vor allem dann interessant, wenn eine Anbindung an eine Standleitung zu kostenintensiv wäre und sie sich nur bei Bedarf ins Internet einwählen möchten. Das aktuellste Beispiel ist sicherlich die von Start neu gegründete Plattform Portevo. Auch bieten einige CRS ihre Buchungsmaske zum Einbau in die Reisebüro-Homepage an.

Die GDS verlassen somit ihre Stammkundschaft - die Reisebüros. Alle GDS rüsten für das Internetgeschäft E-Commerce (E-Travel) auf. Amadeus hat opodo (= Online-Reisebüro, „Opportunity to do") gekauft, dazu noch Altea - ein Airlinesystem.
Heute nutzen über 140 Fluggesellschaften (unter anderem: Air France, Iberia, Lan Chile, Lufthansa, Thai Airways) Altea als internes Verkaufssystem. Qantas, British Airways und Finnair nutzen dazu Altea als System zur Bestandspflege (Investitionen, Wartung usw.).
Sabre hat das Unternehmen Travelocity gegründet (Reiseportal für Endkunden).
Cendant (Eigentümer von Galileo International) hat Orbitz (US-Online Anbieter) und Ebookers, eine europäische Internet-Booking-Engine übernommen.
Die Markteinführung des Worldspan-Produktes TourSelect zeigt das Engagement von Worldspan in einem neuen Marktsegment. Reisebüros können mit dem internetbasierten Tool arbeiten, das ihre Effizienz, Produktivität, Einkommen und den Kundenservice verbessern. Veranstalter können mit TourSelect bei den GDS-Buchungsgebühren verglichen mit anderen Buchungstools bis zu 25 Prozent einsparen. Der Hauptunterschied zu den Produkten der Mitbewerber besteht darin, dass für Reisebüros keine Kosten anfallen.

TourSelect ermöglicht Reisebüros, Pauschalreisen und weitere Angebote von 70 Veranstaltern direkt zu buchen, darunter ITS, Rainbow Tours, Tjaereborg und Jahn Reisen.

Die GDS verlassen ihre Stammkundschaft: Reisebüros. Alle GDS rüsten sich für das Internetgeschäft E-Commerce (E-Travel) auf. Amadeus → hat opodo gekauft, dazu noch Altéa – ein Airlinesystem. Heute nutzen über 140 Fluggesellschaften (unter anderen: Air France, Iberia, Lan Chile, Lufthansa, Thai Airways) Altea als internes Verkaufssystemstem. Qantas, British Airways und Finnair werden dazu Altea als System zur Bestandspflege (Investitionen, Wartung usw.) nutzen.
Altéa Module: Altéa Plan, Altéa Sell, Altéa Fly and e-Travel® Planitgo.
Cendant (Eigentümer von Galileo International) hat Orbitz (US-Online Anbieter) und dann noch Ebookers eine europäische Internet-Booking-Engine übernommen.
Die Markteinführung von Worldspanprodukt: TourSelect zeigt das Engagement von Worldspan in einem neuen Marktsegment. Reisebüros können mit dem internetbasierten Tool arbeiten, das ihre Effizienz, Produktivität, Einkommen und den Kundenservice verbessert. Veranstalter können mit Tour-Select bei den GDS-Buchungsgebühren verglichen mit anderen Buchungstools bis zu 25 Prozent einsparen. Der Hauptunterschied zu den Produkten der Mitbewerbern ist, dass für Reisebüros keine Kosten anfallen.
TourSelect ermöglicht Reisebüros, Pauschalreisen und weitere Angebote von 70 Veranstaltern direkt zu buchen, darunter ITS, Rainbow Tours, Tjaereborg und Jahn Reisen.

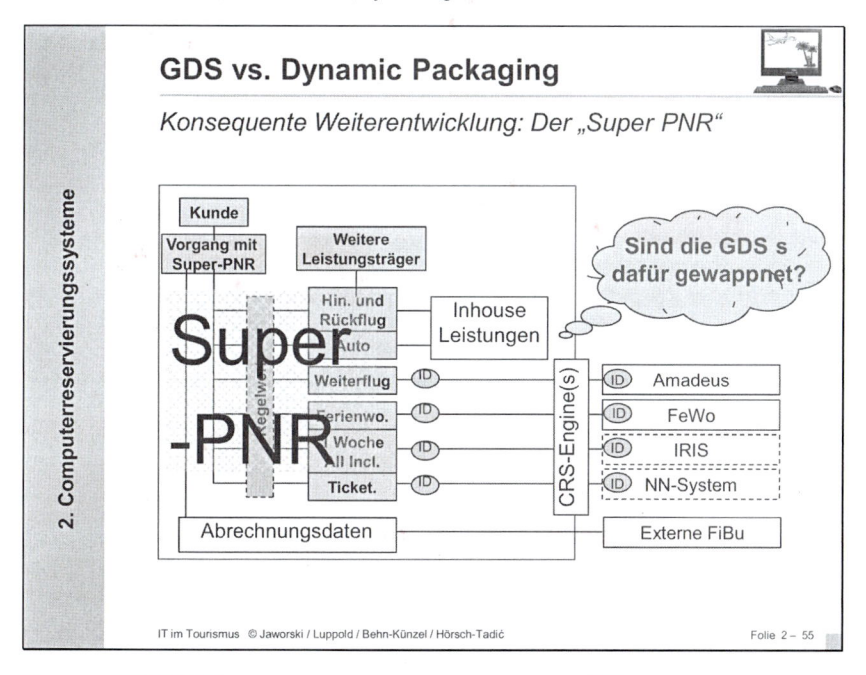

GDS vs. Dynamic Packaging
Konsequente Weiterentwicklung: Der „Super PNR"

Dynamic Packaging bedeutet, dass man erst bei der Buchung der Reise verschiedene Reisebausteine zusammensetzt und zu einer Reise zusammenschnürt. Der Verkäufer ist rechtlich gesehen somit ein Veranstalter. Da er aber die Kontingente im Vorfeld nicht besitzt, mutiert er zu einem virtuellen Veranstalter.

Der Gestalter der Reise braucht verschiedene Veranstalter, die für die einzelnen Teile der Reise jeweils eigene PNR nutzen. Der virtuelle Veranstalter nutzt eine eigene, übergeordnete PNR – eine sog. Super-PNR.

Bis heute funktioniert diese Methode eher schlecht als recht. Es ist ein riesiges Kommunikationsunterfangen, zeitgleich viele Leistungsträger auf ihre Verfügbarkeiten zu überprüfen und die einzelnen Elemente der Dynamic-Packaging-Reise zu buchen.

PNR = Passenger Name Record. Sie ist wichtig bei der Buchung von Tickets, Vouchers, Kundenverwaltung und Buchungssteuerung. Durch die PNR erfolgt eine detaillierte Information über die Kunden (Name, gebuchte Flüge, VIP ja/nein, Vegetarier, Mietwagenpräferenzen etc.) und eine eindeutige Zuordnung zu jeder Buchung.

CRS und Verhaltensmaßregeln

2. Computerreservierungssysteme

Vorteile für Systemteilnehmer
- Vollautomatische Abwicklung und weltweite Buchbarkeit der gesamten Produktpalette
- Automatisches Ticketing und Voucherdruck mit Datentransfer an BSP
- Vertrieb im In- und Ausland
- Zielgruppenspezifische Funktionalitäten
- Standardisierung bei der Vernetzung mit Systemen der Leistungsträger
- Vertriebssteuerung
- 24-Stunden-Betrieb

Vorteile für Systemabonnenten
- Verbesserung der Beratungsqualität (Frontoffice-Funktion), auch durch größere Angebotsvielfalt
- Buchhaltungsorganisation (Backoffice-Funktion)
- Mögliche Umsatzsteigerung durch gezielte Beratung
- Unterstützung bei Reservierung, Marketing und RB-Management
- Weltweiter Service
- Weltweite Kommunikation innerhalb von RB-Ketten und Kooperationen

IT im Tourismus © Jaworski / Luppold / Behn-Künzel / Hörsch-Tadić   Folie 2 – 56

GDS, die Globalen Vertriebssysteme, sind aus dem Flugverkauf heraus geboren worden, und in ihrem Flugangebot spiegelt sich immer wieder die Diskussion um den Vertrieb wieder.
Die schiere Zahl der buchbaren Fluggesellschaften spielt schon lange nicht mehr die erste Geige. Weil einst alle vier GDS in Airlinebesitz waren, wurde vor Jahren geregelt, dass kein GDS eine Fluggesellschaft bevorteilen oder benachteiligen darf. Umgekehrt müssen Fluggesellschaften, wenn sie Tarife im GDS veröffentlichen, alle vier in gleichem Maße beliefern.
Diese Vorschriften, bekannt als „Code of Conduct" (CoC), waren über Jahre der Garant dafür, dass Reisebüros in ihrem GDS alles fanden, was an offiziellen Tarifen (Published Fares) im Markt zu haben war.

Auf den ersten Blick entsteht der Eindruck, dass die Anwendung und Verbreitung von globalen CRS nur Vorteile für alle Beteiligten liefert.

Im Folgenden werden jedoch auch einige Nachteile, die sich für einzelne Parteien ergeben können aufgezeigt.

CRS und Verhaltensmaßregeln

"Die CRS sind für die Fluggesellschaften wichtige Instrumente bei Information, Vertrieb und Management geworden. Gewisse Fluggesellschaften benutzen sie allerdings **als kommerzielle Waffe.**"

Air France-Präsident Bernard Attali

⬇

Diskriminierungsmaßnahmen in Bezug auf Leistungsdarstellung, Gebühren und Datenmissbrauch

Im Laufe der vergangenen Jahre wurde deutlich, dass sich die Systemanbieter durchaus wie Monopolisten verhalten können. Vertikal in den Vertrieb integrierte Fluggesellschaften nutzten ihren Einfluss auf die Informationsdarstellung in den eigenen Systemen, um Marktmacht gegenüber Wettbewerbern und Reisemittlern auszuüben. Besonders im Bereich der Reihenfolge der Angebotsdarstellung kam es häufig zu Wettbewerbsverzerrung (Biased Display).
Da allgemein die Annahme herrscht, dass zuerst die „besten Verbindungen angezeigt werden, tendieren die Expedienten dazu diejenigen Flugverbindungen zu bevorzugen, die in der Auflistung möglichst weit oben stehen.
Die vertikal integrierten Systemanbieter nutzten die Möglichkeit aus, auf die Reihenfolge der Angebotsdarstellung Einfluss ausüben zu können, um die Buchung der eigenen Verbindungen zu fördern. Dies führt dazu, dass dem Kunden nicht immer die günstigste Verbindung angeboten bzw. verkauft wird.

CRS und Verhaltensmaßregeln

Diskriminierungsbeispiele:

1. Städteverbindungen und Vakanzen der Konkurrenz-Airlines werden nicht angezeigt (ausgebucht) bzw. Schlechter dargestellt ("Display Bias").
2. Die Reihenfolge der dargestellten Flüge bevorzugt die Betreiber-Airline(s).
3. Die Flugplanänderungen werden später (bis zu 2 Wochen nach Inkrafttreten) in das CRS aufgenommen.
4. Unterschiedliche Buchungsgebühren an das CRS für teilnehmende Airlines.
5. Einige Airlines bekommen einen umfassenderen Service als andere ("Architectural Bias").

<small>IT im Tourismus © Jaworski / Luppold / Behn-Künzel / Hörsch-Tadić　　　Folie 2 – 58</small>

Displayed Bias war immer eines der größten Probleme. Es wurde quasi ein technisch eingebauter Darstellungsvorteil der Betreiber-Airlines zum Nachteil der „nur" angeschlossenen Airlines erzielt. Die Betreiber-Airlines nutzten dabei ihre Marktmacht gegenüber den Wettbewerbern und den Reisebüros. Dadurch, dass sie in der Liste weiter oben standen, wurde Reisebüros bzw. dem Kunden nicht immer die günstigste bzw. beste Verbindung angeboten (dies wäre ein „neutral Display").

Unter Architectural Bias versteht man unter anderem ein Verfahren, bei dem der CRS-Betreiber den Zugriff auf qualitativ gleiche Angebotsinformationen anderer CRS-Teilnehmer verkompliziert oder sie gar nicht ermöglicht. Es kann sein, dass die Daten der CRS-Teilnehmer (Leistungsträger) nicht aktuell sind, da der Betreiber nur der eigenen Airline die Echtzeitqualität der Daten gewährleistet. Da dieser Aspekt den Reisebüros bekannt ist, bevorzugen sie bestimmte Airlines bei der Buchung der Reisen.

Im Hinblick auf die zunehmende Marktsättigung, die höheren Ansprüche aller Marktbeteiligten und die steigende Anzahl an Kunden, lassen sich durch qualitativ hochwertige Informations-, Reservierung- und Vertriebstechnologien durchaus Wettbewerbsvorteile realisieren.
Auf einem liberalisierten und expandierenden Wettbewerbsmarkt mit seinen ständig wechselnden Angeboten, Preisen und Flugplänen haben diejenigen Vorteile, die präzise Verkaufsinformationen speichern, aktualisieren und präsentieren.
Das gleiche gilt für die Fähigkeit, das Angebot auf den Marktbedarf abzustimmen, die Ergebnisse zu kontrollieren und die Wirksamkeit solcher Maßnahmen zu überprüfen, mit denen die Firmentreue des Kunden gefestigt werden kann.
Eine weitere Möglichkeit der Wettbewerbsverzerrung boten die Verhaltensspielräume für die Preisbildung bei Buchungsgebühren. Im Zuge der codes of conduct wurde auch Preisdiskriminierung verboten, so dass die Identität der Fluggesellschaft bei der Festlegung von Buchungsgebühren keine Rolle mehr spielen durfte. Ebenso musste allen Systemteilnehmern der Erwerb von Marktdaten aus dem System zu gleichen Bedingungen gewährleistet werden.

CRS und Verhaltensmaßregeln

Verhalten der Abonnenten:

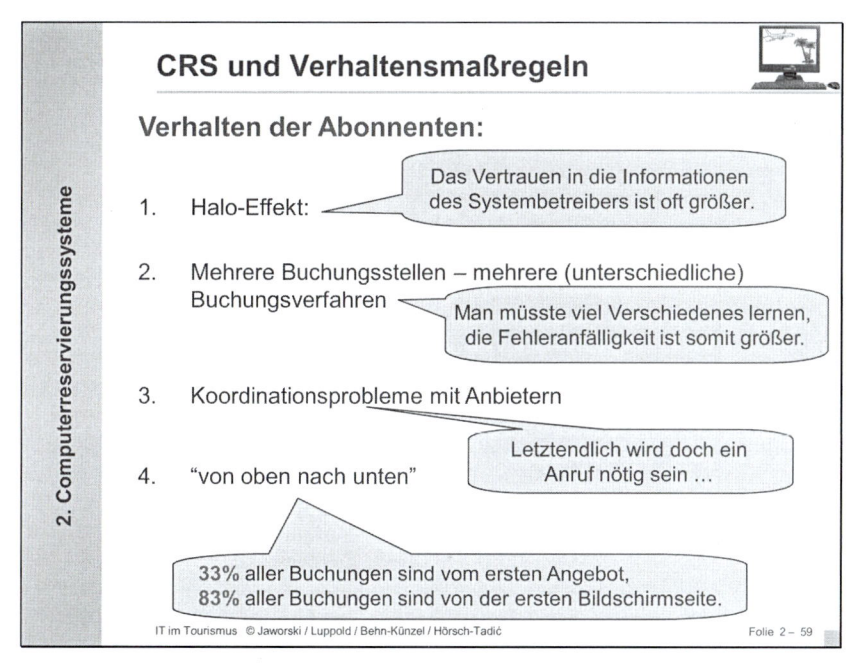

1. Halo-Effekt: — *Das Vertrauen in die Informationen des Systembetreibers ist oft größer.*

2. Mehrere Buchungsstellen – mehrere (unterschiedliche) Buchungsverfahren — *Man müsste viel Verschiedenes lernen, die Fehleranfälligkeit ist somit größer.*

3. Koordinationsprobleme mit Anbietern

4. "von oben nach unten" — *Letztendlich wird doch ein Anruf nötig sein ...*

33% aller Buchungen sind vom ersten Angebot, 83% aller Buchungen sind von der ersten Bildschirmseite.

Die Möglichkeiten, die GDS als „kommerzielle Waffe" zu benutzen, werden durch das Verhalten der GDS-Nutzer gestärkt.

Hierzu zählt vor allem der vom Marketing bekannte Halo-Effekt, der dazu führt, dass Reisebüromitarbeiter lieber bei allgemein bekannten und mit einem guten Ruf versehenen Fluggesellschaften touristische Leistungen buchen als bei No Name-Veranstaltern. Die Fluggesellschaften, die Mitbegründer der GDS waren, sind allesamt Unternehmen mit einem guten Ruf und werden somit öfter gebucht.

Die Buchungsmöglichkeiten bei den Veranstaltern, die im GDS nicht vertreten sind, verlangen von den Reisebüromitarbeitern das Erlernen der Bedienung von anderen Buchungsprogrammen, z.B. auf den Internetseiten der jeweiligen Fluggesellschaft. Dies kann bei Reisebüromitarbeitern zu Unsicherheit und Angst in Bezug auf eine ordnungsgemäße Durchführung der Buchung führen. Aus Angst vor Fehlern werden solche Buchungen ungern getätigt und somit doch die namhaften Veranstalter bevorzugt werden.

Die Buchung der touristischen Leistungen bei einem weniger bekannten Veranstalter verläuft oft nicht reibungslos und zwingt den Buchenden zum Medienbruch, d.h. es wird zu anderen Kommunikationsmitteln gewechselt, was den Buchungsverlauf erschwert und verlangsamt.

Die Reisebüroexpedienten verhalten sich bei der Buchung der touristischen Leistungen ähnlich wie die Internetnutzer im Allgemeinen. Wenn Sie in einer Suchmaschine (z.B. Google) nach einem Begriff suchen und eine Trefferliste von mehreren Hundert Internetseiten aufgelistet bekommen, dann öffnen Sie meistens eine der auf der ersten Seite aufgelisteten Adresse. Wenn Sie als Reisebüromitarbeiter/-in für einen Kunden eine Flugverbindung suchen und eine Trefferliste, die sich auf mehrere Seiten verteilt bekommen, dann buchen sie meistens einen Flug von der ersten Seite, und dort am häufigsten den Flug an Position eins. Die Fluggesellschaft, die gleichzeitig der GDS-Betreiber ist, sorgt dafür, dass die eigenen Flüge immer auf der ersten Seite aller möglichen Flugverbindungen steht. Durch ein solches Sortierverfahren werden die anderen Fluggesellschaften benachteiligt.

Amerikanische & europäische Regeln

Code of Conduct	EG-Verhaltenskodex
• Für US Computer-Reservation-Systems	• Für europäische Computer-Reservierungs-Systeme
• Existiert seit 1984	• Existiert seit 1989
• Modifizierte Form seit Dezember 1992	• Starke Modifikationen und Angleichung an US-CoC in 1993
→ sog. DOT-Regeln (des amerik. Department of Transportation)	• Weitere Modifikationen in 2003, 2004, 2008
	→ sog. ECAC-Regeln (der European Civil Aviation Conference)

Nachdem die ersten CRS entwickelt und auf den Markt gebracht wurden, erkannte die amerikanische Zivilluftfahrtbehörde CAB (CAB = Civil Aeronautics Board) in mehreren untersuchten Fällen wettbewerbsverzerrende CRS-Praktiken.

Das amerikanische Department of Transportation schätzte 1986 die Mehreinnahmen von SABRE durch seine wettbewerbsverzerrenden Aktivitäten auf mindestens 120 Mio. US-Dollar pro Jahr.

Erstmals regelte CAB weltweit den Zugang zu CRS, vor allem Preisvorschriften, Verträge mit Agenten, Datenschutz und die Behandlung ausländischer Carrier im System. Im November 1984 traten die Vorschriften in Kraft, die Gültigkeitsdauer war zunächst auf drei Jahre begrenzt. Mit den weltweiten Aktivitäten der Fluggesellschaften und der globalen Verbreitung von CRS erlangte diese Problematik internationale Bedeutung. Die CRS-Verhaltensregeln mussten überall eingeführt werden, auch in Europa.

Der „Verhaltenskodex im Zusammenhang mit computergesteuerten Buchungssystemen" wurde 1989 durch die Verordnung 2299/89 eingeführt; damals wurden Buchungen vorwiegend über Computerreservierungssysteme („CRS") vorgenommen und diese befanden sich größtenteils im Besitz und unter der Kontrolle von Luftfahrtunternehmen. Infolge bedeutender Marktentwicklungen, z.B. des Aufkommens alternativer Buchungswege, wird der Verhaltenskodex den Marktbedingungen immer weniger gerecht. Er behindert den Wettbewerb und trägt damit dazu bei, dass die Vertriebskosten das notwendige Maß übersteigen. Mit dieser Verordnung wird eine erhebliche Vereinfachung des Verhaltenskodex und die Intensivierung des Wettbewerbs zwischen CRS-Anbietern angestrebt, wobei die grundlegenden Schutzmaßnahmen gegen potenziell wettbewerbswidrige Praktiken, insbesondere bei engen Verbindungen zwischen CRS und Luftfahrtunternehmen, gewahrt und die Bereitstellung neutraler Informationen für die Kunden gewährleistet werden sollen.

International beschäftigen sich heutzutage drei Behörden mit dem Thema CRS und Missbrauch. Dies sind die European Civil Aviation Conference (ECAC), eine EU-Behörde in Brüssel, die International Civil Aviation Organisation (ICAO), eine Sonderkommission der UN in Montreal sowie das US-amerikanische Department of Transportation (DOT).

Ziele des Code of Conduct

Allen Wettbewerbern sollen möglichst gleiche Marktchancen eingeräumt werden.

- Allgemeiner Systemzugang
- Unterbindung von Diskriminierung
- Verhinderung von Marktmanipulation
- Angebots- und Preistransparenz
- Verbraucherschutz
- Stärkung des Wettbewerbs

Ziele des EG-Verhaltenskodex

Gewährleistung eines unverzerrten Wettbewerbs zwischen Luftfahrtunternehmen und zwischen computergesteuerten Buchungssystemen.

(...) Der Systemverkäufer trägt den Erfordernissen der Nichtdiskriminierung Rechnung und trennt seine Vertriebsmöglichkeiten in klarer und nachprüfbarer Weise von den internen Buchungsbeständen eines Luftfahrtunternehmens.

Die Anzeigen sind klar und nichtdiskriminierend zu gestalten und dürfen keine ungenauen oder irreführenden Informationen enthalten.

gemäß EG-Verordnung, Stand 2003

Vergleich DOT & ECAC

Code of Conduct

- Reihenfolge der Darstellung von Flugverbindungen ist nicht fest vorgeschrieben
- CRS-Betreiber bestimmen selbst die Sortieralgorithmen
- Sortierung der Flüge ist auf Basis von objektiven und veröffentlichten Kriterien zu bilden
- Bei der Bildung der Reihenfolge darf die Identität einer Fluggesellschaft keine Rolle spielen
- Systembetreiber in Auslandsmärkten müssen ihre Angebotsdarstellung nach objektiven Kriterien ausrichten, ansonsten kann es zum Ausschluss vom amerikanischen Markt kommen

EG-Verhaltenskodex

- Reihenfolge der Darstellung von Flugverbindungen ist fest vorgeschrieben
- Alle Non-Stop-Flüge zwischen Städtepaaren ohne Zwischenlandung (Sortierkriterium: Abflugzeit)
- Sonstige direkte Flüge zwischen Städtepaaren ohne Flugzeugwechsel (Sortierkriterium: Abflugzeit)
- Alle Verbindungsflüge mit Flugzeugwechsel (Sortierkriterium: effektive Reisezeit)
- Reisebüros dürfen keine eigene Sortierkriterien einführen
- Irreführende Informationen sind untersagt
- Alle in Europa vertriebenen CRS müssen sich an diese Regel halten (auch amerik. CRS)

IT im Tourismus © Jaworski / Luppold / Behn-Künzel / Hörsch-Tadić — Folie 2 – 63

Der Unterschied zwischen den europäischen ECAC- und den amerikanischen DOT-Regeln besteht vor allem in der festen Vorgabe der Bildschirminhalte einerseits und der Formulierung von objektiven Kriterien andererseits. Die europäische Argumentation geht von einem natürlichen Bedürfnis des Endkunden nach kurzer Flugzeit und der Präferenz von Non-Stop-Verbindungen aus. Aufgrund der ECAC-Regeln werden die Verbindungen im so genannten „Neutraldisplay" nach verschiedenen Verbindungsarten unterschieden und anschließend nach der effektiven Reisezeit geordnet. Non-Stop-Verbindungen werden z.B. als Direkt- oder Umsteigeverbindungen über einen gemeinsamen Zwischenlandeort geführt.

In Amerika haben die Fluggesellschaften aufgrund der geographischen Gegebenheiten Drehkreuze entwickelt und dadurch die Anzahl der Non-Stop-Verbindungen vergleichsweise verringert. Nach den Regeln der amerikanischen CRS werden die Verbindungen nur nach Abflug- oder Ankunftszeit sortiert, wobei diejenigen Fluggesellschaften, die möglichst nahe an dem abgefragten Datum und der Uhrzeit liegen, an erster Stelle stehen. Dadurch ist die effektive Reisezeit unerheblich. Bei fehlender Uhrzeitangabe können vorteilhafte europäische Verbindungen hierdurch erst nach einem längeren Suchaufwand herausgefunden werden, während Verbindungen amerikanischer Gesellschaften bevorzugt werden.

Beide Verhaltensregeln verpflichten die Systembetreiber zur Gleichbehandlung aller Systemteilnehmer im CRS sowie zur neutralen Information der Kunden.

Im Siegeszug des E-Commerce I

Im Code of Conduct abgeschafft seit 1.2.2004:
- Verbot diskriminierender Buchungsentgelte
- Systemausschlussklausel
- Gleichberechtigung von Buchungsinformationen
- Zwingende Systemteilnahme der nationalen Fluggesellschaften in allen CRS des Heimatlandes

Im Code of Conduct abgeschafft seit 1.8.2004:
- Neutrale Displays
- Verbotsklausel zu Airline-Webtarifen

Was das oberste Ziel betraf, Missbräuche der Marktmacht zu unterbinden, erwies sich die Regulierung des CRS Marktes in den darauf folgenden Jahren als sehr erfolgreich. Jedoch hatten einige grundlegende Bestimmungen der codes of conduct unbeabsichtigte Folgen. Sie vereinfachten für die CRS die Ausübung ihrer Marktmacht gegenüber den Fluggesellschaften. Die zwingende Systemteilnahme der nationalen Fluggesellschaften in allen CRS des Heimatmarktes führte beispielsweise dazu, dass Verhandlungen über Buchungsgebühren erschwert wurden.

Da mit Ausnahme von Amadeus die Fluggesellschaften heute nicht mehr direkt an den vier GDS beteiligt sind, war die Notwendigkeit für die codes of conduct nicht mehr gegeben. Somit wurde in den USA der CRS-Markt 2004 komplett dereguliert.

Die Deregulierung erfolgte in zwei Stufen: zum 1.02.2004 und zum 1.08.2004.

Mit Abschaffung der codes of conduct boten sich den amerikanischen Marktteilnehmern neue Freiheiten. Bisher blieb das „Chaos auf den Monitoren" in den USA jedoch aus. Für Europa wurde eine ähnliche Deregulierung im Jahr 2008 eingeführt.

Abgeschafft wurden unter anderem:

1. Neutrale Displays. Folge: Fluggesellschaften können gewisse Maßnahmen ergreifen, um den Kampf um die erste Position im Display für sich zu entscheiden (z.B. Bezahlung einer Summe X, um auf Platz eins der Suchmaske zu erscheinen).

2. Verbotsklausel zu Airline-Webtarifen
Früher durften Airlines keine unterschiedlichen Preise im GDS und im Internet publizieren. Jetzt ist dies erlaubt.

107

Im Siegeszug des E-Commerce II

Im EU-Verhaltenskodex abgeschafft seit 2008:

- Werden Tarife auf einer Hauptanzeige dargestellt und/oder wird eine Reihenfolge nach Maßgabe der Tarife erstellt, so umfassen die Tarife sämtliche anfallenden und unvermeidlichen Steuern, Gebühren und Entgelte, die dem Anbieter von Verkehrsdiensten zu zahlen sind

- Bedarfsflüge werden deutlich als solche gekennzeichnet. Verbraucher haben Anspruch darauf, dass die Hauptanzeige auf Verlangen ausschließlich auf Liniendienste oder auf Nichtliniendienste beschränkt wird

- Flüge mit Zwischenlandungen werden deutlich als solche gekennzeichnet

- Bei Flügen, die von einem anderen als dem durch die Unternehmenskennung bezeichneten Luftfahrtunternehmen durchgeführt werden, wird das Luftfahrtunternehmen, das den Flug tatsächlich durchführt, deutlich gekennzeichnet. Eine Ausnahme von dieser Vorschrift ist nur bei kurzfristigen Ad-hoc-Vereinbarungen möglich

---

Im Siegeszug des E-Commerce II

Im EU-Verhaltenskodex abgeschafft seit 2008:

- Informationen über gebündelte Verkehrsprodukte, d.h. im Voraus zusammengestellte und zu einem Gesamtpreis angebotene Kombinationen von Beförderungen mit anderen Leistungen, die keine Nebenleistungen der Beförderung sind, werden nicht auf der Hauptanzeige dargestellt

- Die CRS dürfen ab sofort einzeln ihre Verträge mit den Airlines abschließen. Es wird einer Airline nicht mehr vorgeschrieben, in allen CRS gleichermaßen vertreten zu sein.

- Die CRS müssen bei allen Flügen die dazugehörigen CO_2-Ausstoß anzeigen

- Bei Flügen bis zu 90 Minuten Flugdauer, muss gleichzeitig im CRS eine alternative Zugverbindung angezeigt werden

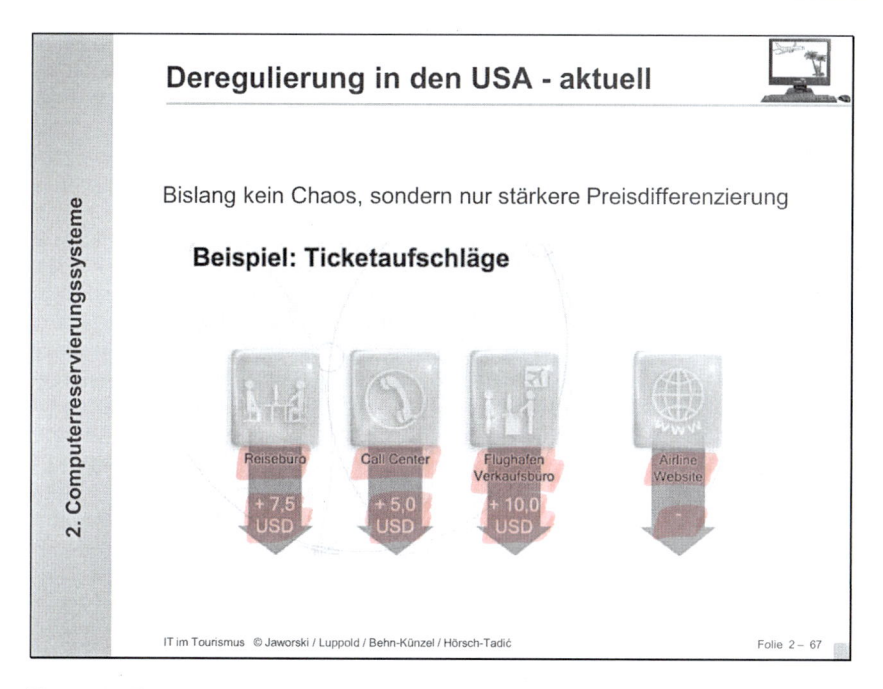

Computerreservierungssysteme

Deregulierung in den USA - aktuell

Bislang kein Chaos, sondern nur stärkere Preisdifferenzierung

Beispiel: Ticketaufschläge

- Reisebüro: + 7,5 USD
- Call Center: + 5,0 USD
- Flughafen Verkaufsbüro: + 10,0 USD
- Airline Website: -

Die von der EU verabschiedete Liberalisierung des Verhaltenskodex bereitete zuerst den Reisebüros, aber auch den Verantwortlichen der Buchungsmaschinen 'Kopfschmerzen'. Nur durch die bisherige Regulierung konnten die Airlines einigermaßen im Zaum gehalten werden, in allen CRS die gleichen Tarife, Buchungsklassen und vor allem Verfügbarkeiten anzuzeigen. Letzteres war bei Vergleichen von zwei CRS oftmals schon nicht gegeben. Nun wird dieses Verhalten legalisiert.

Sehr zu begrüßen ist dagegen die einheitliche Preisdarstellung inklusive aller Steuern, Gebühren, Kerosinzuschläge und was sonst noch aufaddiert wird. Somit ist Schluss damit, dass eine JAL auf der Strecke FRA-SYD mit 750 EUR aufgelistet wird, aber bei der Taxberechnung noch einmal 799,95 EUR dazu kommen, während eine EK direkt 1400 EUR Flugpreis ausgibt und nur 70 EUR Tax verlangt. Jede Art der preislichen Sortierung im CRS und auch in Buchungsmaschinen wird von der Neuregelung profitieren.

Die Deregulierung der Verhaltensregel der Computerreservierungssysteme in den Jahren 2004 und 2008 wurde mit vielen Vorbehalten verabschiedet. Man befürchtete, dass die Endkunden durch das gelockerte Verhalten der CRS und der Fluggesellschaften benachteiligt und sie keine transparente Information über die Ticketpreise erhalten würden. Bislang ist noch kein Chaos entstanden, nur eine verhältnismäßig nachvollziehbare Preisdifferenzierung der Tickets. Dort, wo im Verkaufsprozess Mittler (und somit auch eine Zusatzarbeit der Mitarbeiter) eingeschaltet werden, wird der Ticketpreis etwas teurer. Die Endkunden werden seit einigen Jahren immer öfter mit den Preisaufschlägen konfrontiert und die Akzeptanz dafür steigt auch bei den Kunden (Mittlern). Die Deregulierung der Verhaltensregel war also richtig, weil dadurch die Leistungsträger mehr Freiheiten in Puncto Vermarktungsaktivitäten der eigenen Produkte bekommen haben.

3. Informationstechnologie in den jeweiligen Tourismussegmenten

3.1 Allgemeine Anforderungen

Jedes touristische Unternehmen braucht eine IT-Ausstattung. Diese soll an die Bedürfnisse der Unternehmen und deren Mitarbeiter angepasst werden und die wichtigsten Geschäftsvorgänge im Reisebüro, im Hotel etc. abbilden und tatkräftig unterstützen.
Sehr viele Geschäftsprozesse sind allgemeiner Art und in fast allen Branchen zu finden. In der Folge gibt es eine Menge an Anforderungen an die Hard- und Softwareausstattung, die als allgemeine Anforderungen bezeichnet werden können. Diese Anforderungen werden in diesem Kapitel vorgestellt.

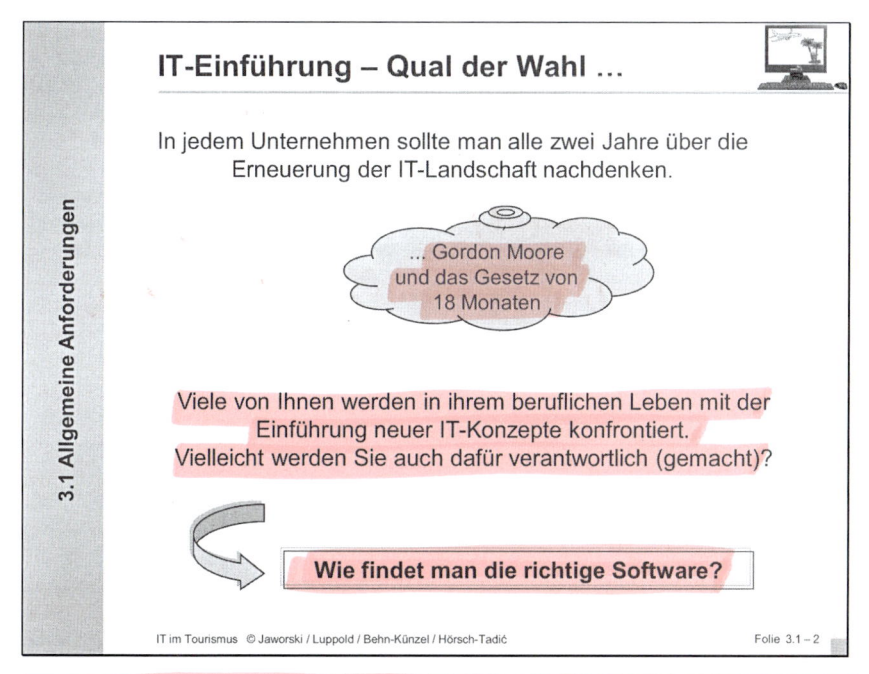

IT-Einführung – Qual der Wahl ...

In jedem Unternehmen sollte man alle zwei Jahre über die Erneuerung der IT-Landschaft nachdenken.

... Gordon Moore und das Gesetz von 18 Monaten

Viele von Ihnen werden in ihrem beruflichen Leben mit der Einführung neuer IT-Konzepte konfrontiert.
Vielleicht werden Sie auch dafür verantwortlich (gemacht)?

Wie findet man die richtige Software?

IT im Tourismus © Jaworski / Luppold / Behn-Künzel / Hörsch-Tadić   Folie 3.1 – 2

Dazu kommt noch, dass der Fortschritt in der Informationstechnik und Informationstechnologie rasant voranschreitet. Am Besten beschreibt diese Entwicklung das so genannte Gordon Moore Gesetz, dass im Jahr 1965 zum ersten Mal ausgesprochen wurde. Salopp umformuliert besagt das Gesetz, dass sich alle 18 Monate die Rechenleistung der Computer verdoppelt und alle 18 Monate die Computer (um die Hälfte) billiger werden.

Das hat zu Folge, dass alle Verantwortlichen in den Unternehmen (auch in touristischen Unternehmen) etwa alle zwei Jahre die Computer- und Kommunikationstechnik kritisch hinterfragen sollten und unter Umständen eine neue IT-Ausstattung anstreben sollten.

Wie soll man aus der Fülle an branchenspezifischen Programmpaketen das richtige wählen?

Selbst bei der ITB in Berlin gibt es jedes Jahr in drei Hallen Softwareanbieter, die ihre Programme präsentieren. Wie soll sich ein Reisebüroinhaber, ein Hotelbetreiber etc. in diesem Dschungel auskennen, wenn eine oberflächige Vorstellung eines Programmpakets etwa 2 bis 3 Stunden dauert?

Unter diesen Messeteilnehmern befinden sich mehrere neue Softwareanbieter. Und viele andere, die noch vor einem Jahr auf dem Markt waren, haben sich aus diesem zurückgezogen oder sind spurlos verschwunden.
Entscheidet man sich heute für einen Anbieter, kann dieser schon morgen wieder vom Markt sein. Was soll getan werden? Das Abwarten ist die schlechteste Lösung. Es muss sich der Aufgabe gestellt werden und die Auswahl einer (neuen) Software strukturiert angegangen werden.

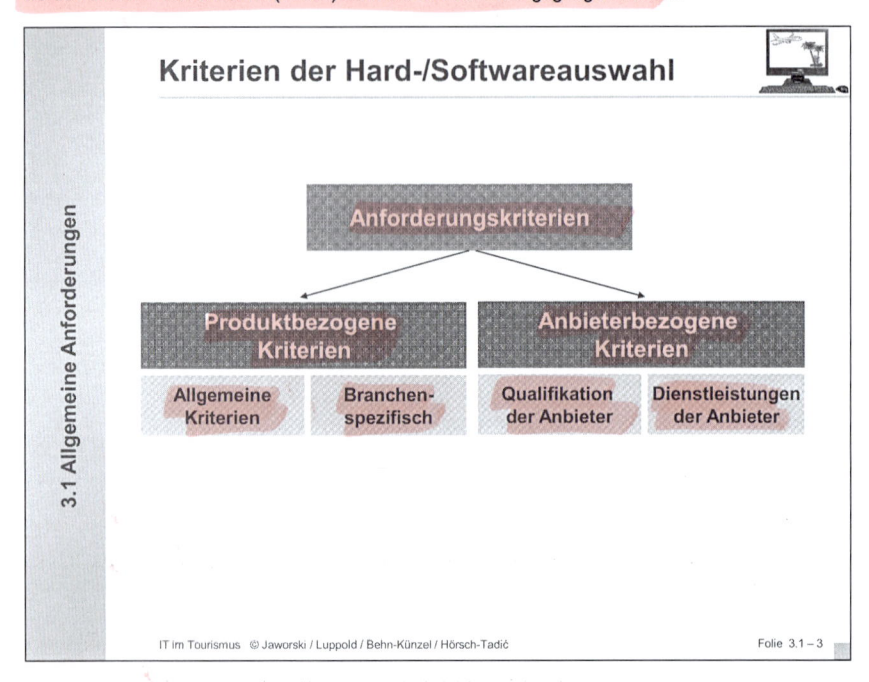

Kriterien der Hard-/Softwareauswahl

3.1 Allgemeine Anforderungen

- Anforderungskriterien
  - Produktbezogene Kriterien
    - Allgemeine Kriterien
    - Branchenspezifisch
  - Anbieterbezogene Kriterien
    - Qualifikation der Anbieter
    - Dienstleistungen der Anbieter

IT im Tourismus © Jaworski / Luppold / Behn-Künzel / Hörsch-Tadić Folie 3.1 – 3

Eine strukturierte Vorgehensweise bei der Auswahl und der Einführung einer neuen IT-Landschaft im Unternehmen sollte mit einer Ist-Analyse beginnen. Hierbei handelt es sich um eine wertfreie Erfassung der bisherigen Hard- und Softwareausstattung aus möglichst vielen Betrachtungswinkeln. Dazu müssen auch alle relevanten und IT-mäßig verarbeitbaren Geschäftsprozesse im Unternehmen kritisch durchleuchtet werden.

Dieser Analyse folgt eine Schwachstellenanalyse. Es werden dabei die Verfahrensfehler bei der Abwicklung von Geschäftsvorgängen und Ungereimtheiten bei der Speicherung relevanter Daten aufgedeckt. Danach wird ein Soll-Konzept der zukünftigen IT-Lösung ausgearbeitet.

Erst dann werden die sich auf dem Markt befindenden branchenspezifischen Programme bewertet, und zwar mithilfe des Kriterienkatalogs. Dieser setzt sich aus so genannten produktbezogenen Kriterien und anbieterbezogenen Kriterien zusammen. Die produktbezogenen Kriterien bestehen wiederum aus allgemeinen Kriterien und branchenspezifischen Kriterien.
Die allgemeinen Kriterien sollten für alle Programme, unabhängig von der Branche gelten und werden auch bei den IT-Projekten in touristischen Unternehmen berücksichtigt. Sie sollen als eine Menge von

unverzichtbaren Kriterien betrachtet werden. Erfüllt eine Software diese elementaren Kriterien nicht, wird sie von der weiteren Bewertung ausgeschlossen.

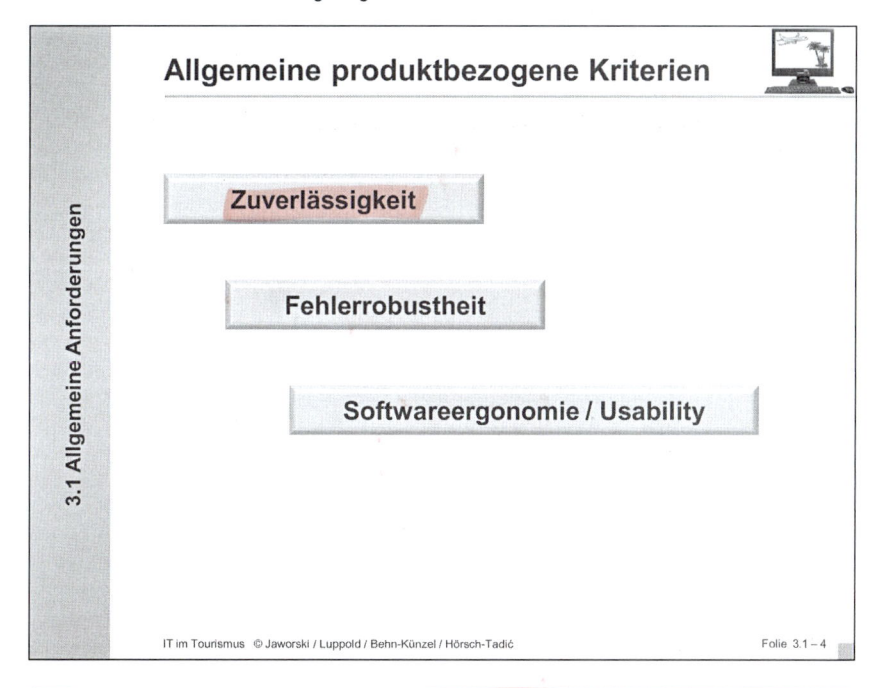

Allgemeine produktbezogene Kriterien

- Zuverlässigkeit
- Fehlerrobustheit
- Softwareergonomie / Usability

IT im Tourismus © Jaworski / Luppold / Behn-Künzel / Hörsch-Tadić — Folie 3.1 – 4

Eine dieser Anforderungen ist Zuverlässigkeit. Eine Software muss das ausführen, was der User in Auftrag gibt. Das setzt die richtige Eingabe von Befehlen von Seiten des Anwenders voraus, woraufhin das Programm die gewünschte Funktion ausführen muss. Sollte eine Funktion nicht durchführbar sein, muss das Programm dem Anwender mitteilen, welches Problem aufgetreten ist.

Die zweite Grundanforderung lautet Fehlerrobustheit. Damit ist gemeint, dass eine Software funktionieren muss, auch wenn der User einen Fehler macht. Ein Fehler darf nicht dazu führen, dass das Programm nicht mehr auf Befehle reagiert oder gar das System abstürzt. Zudem sollte das Programm den Benutzer auf Fehler aufmerksam machen.

Durch die Richtlinien zur Softwareergonomie sollen Computerprogramme anwenderfreundlich konzipiert werden. In der Literatur tritt neben dem Begriff Softwareergonomie auch die Bezeichnung Usability auf. Usability bezieht sich nicht nur auf Software sondern auch auf Websites und mobile Anwendungen.

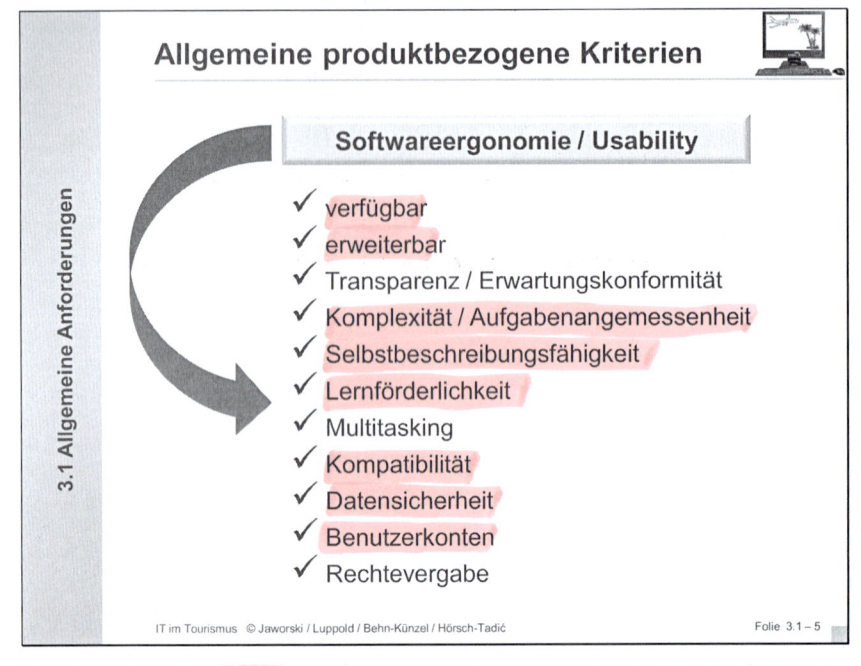

Allgemeine produktbezogene Kriterien

Softwareergonomie / Usability

3.1 Allgemeine Anforderungen

- ✓ verfügbar
- ✓ erweiterbar
- ✓ Transparenz / Erwartungskonformität
- ✓ Komplexität / Aufgabenangemessenheit
- ✓ Selbstbeschreibungsfähigkeit
- ✓ Lernförderlichkeit
- ✓ Multitasking
- ✓ Kompatibilität
- ✓ Datensicherheit
- ✓ Benutzerkonten
- ✓ Rechtevergabe

Ein wichtiger Aspekt der Verfügbarkeit ist, dass eine Software auf allen Systemen (und deren Versionen) funktioniert, auf denen sie installiert werden soll. Ein Programm kann auf verschiedenen Betriebssystemen, auf einem Server mit evtl. anderem Betriebssystem oder bei Online-Verbindungen mit verschiedenen Browsern funktionieren.

Erweiterbarkeit: Eine Software bietet die Möglichkeit ein Update vorzunehmen oder evtl. weitere Module dazu zu kaufen. Das Programm muss deshalb erweiterbar sein und sich mit Neuerungen kombinieren lassen.

Transparenz/Erwartungskonformität bedeutet, der Anwender kann das Programm als Ganzes verstehen und damit verschiedene Funktionen in Zusammenhang bringen und Reaktionen vorhersehen. Bsp: Löschen eines Auftrags führt auch zur Änderung von Buchhaltungsdaten.

Damit eine Software „verstanden" wird, muss das Programm die Funktionen ausführen, die der User erwartet. Bsp: Ein Klick auf das Symbol „Mülleimer" löscht; oder das „X" in der rechten oberen Ecke schließt etwas und löst nicht einen unvorhersehbaren Prozess aus wie das Öffnen eines Dokuments. Das Gleiche gilt für Menüpunkte wie „Drucken" oder „Speichern", die den Druck- bzw. Speichervorgang auslösen und keine Suche initiieren.

Komplexität ist der Umfang aller Aufgaben, die ein Arbeitsbereich aufweist. Für alle Aufgaben, die mit einer Software erledigt werden können, sollen in einem Programm Funktionen vorhanden sein.
Um ein Programm nicht zu kompliziert zu gestalten, ist auf Aufgabenangemessenheit zu achten. Eine Software ist „aufgabenangemessen", wenn sie den Benutzer unterstützt, seine Arbeitsaufgaben effektiv und effizient zu erledigen". Dies schließt mit ein, dass keine unnötigen Funktionen vorhanden sind oder Eingaben gemacht werden müssen und dass das Programm den User entlastet. Bsp: Automatische Vergabe von fortlaufenden Auftragsnummern.

Selbstbeschreibungsfähigkeit: Eine Software ist „im Idealfall unmittelbar verständlich, d.h. man benötigt zu ihrer Bedienung kein besonderes Vorwissen oder keine besonderen Hilfestellungen." Dazu zählt, dass u.a. Menüpunkte, Icons und Beschriftungen von Eingabefeldern verständlich sind und keine weiteren Erläuterungen benötigen.

Normalerweise sind Programme aber zu komplex, um alle Funktionen auf Anhieb zu verstehen. Deshalb ist eine Hilfefunktion erforderlich, die aber ihrerseits verständlich sein muss. Erläuterungen sollten sich nur auf den jeweilig zu bearbeitenden Schritt beziehen und es sollte berufliche Fachsprache des Arbeitsgebiets anstelle von technischen Begriffen verwendet werden.

Lernförderlichkeit bedeutet, dass der Gebrauch einer Software leicht erlernbar ist. Damit steht der Begriff eng in Zusammenhang mit Transparenz, Erwartungskonformität und Selbstbeschreibungsfähigkeit. Bsp: Erklärungen und Hilfefunktion, Übungsbeispiele, einfache Tastenkombinationen (z.B. erster Buchstabe des Begriffs u.a. Strg + S für Speichern).

Unter Multitasking allgemein wird zum Einen das gleichzeitige Benutzen von mehreren Programmen auf einem Computer verstanden. Bsp: Branchensoftware, Emailprogramm und Internettelefon/-fax funktionieren gleichzeitig. Zum Anderen aber auch das programminterne Multitasking: das Arbeiten in mehreren Funktionen des Programms sollte möglich sein. Bsp: Suchen einer Kundennummer (in einem zweiten Fenster) während eines Buchungsvorgangs.

Eine weitere Aufgabe, die eine Software erfüllen sollte, ist das Unterbrechen einer Tätigkeit und Durchführen einer Weiteren ohne die Erste damit zu beenden. Bsp: Eine Buchung wird eingegeben und es soll eine neue Buchung durchgeführt werden. Die Daten der ersten Buchung sollten dabei nicht verloren gehen.

Kompatibilität: Eine Software enthält meist nicht alle Funktionalitäten, die man für die Arbeit braucht und sollte mit wichtigen anderen Programmen zusammen arbeiten können. Bsp: Eine Adressdatenbank sollte Adressen in ein Worddokument einfügen, damit Briefe schneller erstellt werden können. oder Emails aus dem Outlook versenden.

Datensicherheit: Geschäftliche Daten sind vertrauliche Daten und müssen deshalb vor unzulässigem Zugriff geschützt werden. „Vertrauliche Daten […] sollten immer verschlüsselt sein. Zu diesem Zweck stehen Festplattenverschlüsselung, Dateiverschlüsselung, E-Mailverschlüsselung und ähnliche Technologien zur Verfügung."
In diesem Punkt wird nur auf die für diese Arbeit relevante Sicherheit der Daten auf dem Computer oder ggf. bei der Datenübertragung eingegangen. Für Datensicherheit im Sinne von Datenspeicherung und -nutzung von persönlichen Daten sowie Sicherung und Archivierung von Daten für den Notfall (z.B. Back-ups) sind Mitarbeiter verantwortlich und nicht die Software. Die Software sollte aber für die Datensicherung eine weitgehende Unterstützung liefern.

Benutzerkonten: Um das Programm vor fremdem Zugriff zu schützen, ist die Erstellung von Benutzerkonten ein erster Schritt. Somit können nur Mitarbeiter, die ein Konto (samt Passwort) besitzen, mit dem Programm arbeiten und die Daten einsehen. In einer Log-File-Datei werden alle Zugriffe auf die Daten mitprotokolliert, somit ist die Nachvollziehbarkeit der Geschäftsvorgänge gegeben.

Rechtevergabe: Datensicherheit erfordert zudem die Verwaltung der Zugriffsrechte zu den Benutzerkonten. Einer Abteilung oder einzelnen Mitarbeitern gestatten diese den Zugriff auf bestimmte Daten, der anderen Mitarbeitern verwährt bleibt. Bsp: Nicht alle Mitarbeiter sollen Zugriff auf Buchhaltungsdaten haben. Somit vergibt man nur an autorisierte Mitarbeiter Zugriffsrechte für die Buchhaltungsfunktion, die per Passwort geschützt ist. User die sich mit ihrer ID und dem Passwort anmelden können entweder als Einzige die Funktion sehen oder müssen sich mit ihrem Passwort nochmals für die Funktion anmelden.

Allgemeine produktbezogene Kriterien

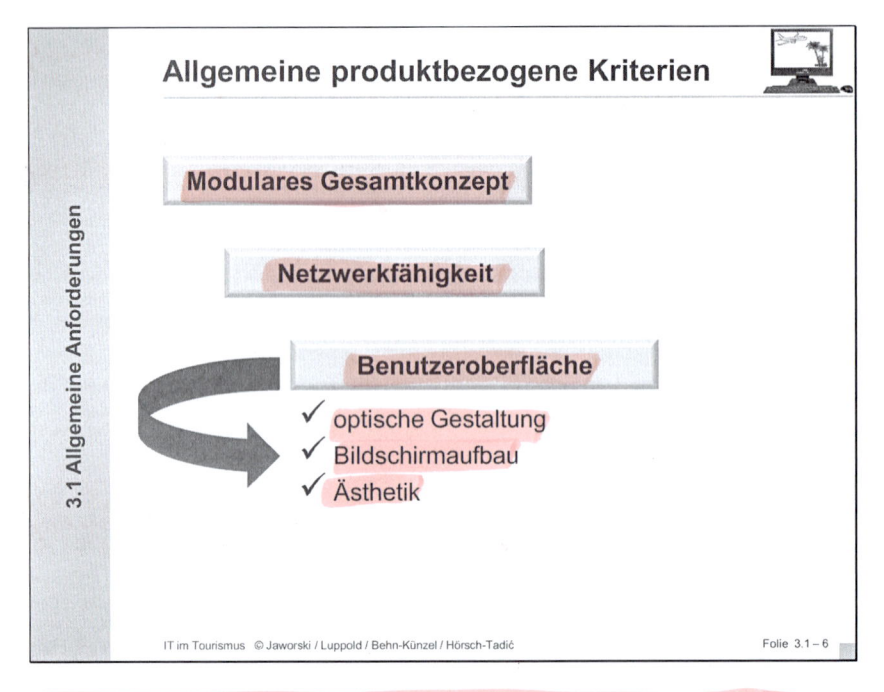

3.1 Allgemeine Anforderungen

- Modulares Gesamtkonzept
- Netzwerkfähigkeit
- Benutzeroberfläche
  - ✓ optische Gestaltung
  - ✓ Bildschirmaufbau
  - ✓ Ästhetik

IT im Tourismus © Jaworski / Luppold / Behn-Künzel / Hörsch-Tadić   Folie 3.1 – 6

Eine zentrale Forderung an den allgemeinen Aufbau eines Programms ist die Modularität. Ein System, das modular aufgebaut ist, funktioniert nach dem Bausteinprinzip, d.h. es besteht i.d.R. aus einem Grundmodul und aus mehreren eigenständigen Programmteilen, die unabhängig voneinander arbeiten und für den Anwender optional erhältlich sind. Die Vorteile bestehen im Wesentlichen darin, dass man je nach Bedarf beliebig viele Module hinzufügen, ersetzen oder entfernen kann und somit eine optimale Anpassung an die betriebsspezifischen Gegebenheiten gewährleistet ist.

Weitere Kriterien die herangezogen werden sollten, sind die Netzwerkfähigkeit und die Multitasking-Fähigkeit, da das gleichzeitige Arbeiten auf mehreren Arbeitsplätzen und die Ausführung von mehreren Programmen zur selben Zeit inzwischen obligatorisch geworden sind.

Nicht zu vernachlässigen ist die Ästhetik des Programms. Das Programm muss einfach schön sein, und sollte durch schöne Gestaltung der Bildschirminhalte zum Arbeiten animieren.

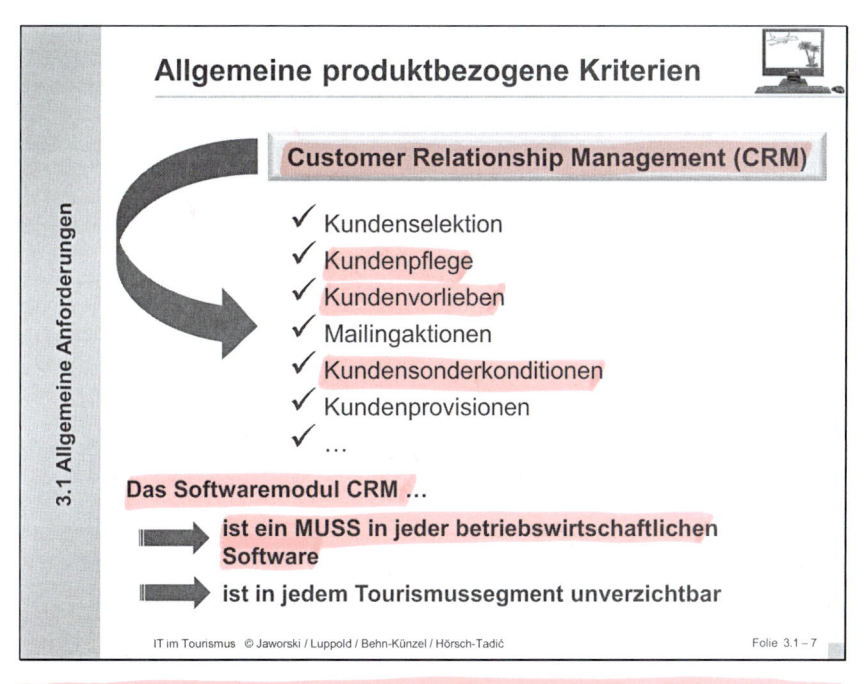

Allgemeine produktbezogene Kriterien

Customer Relationship Management (CRM)

- ✓ Kundenselektion
- ✓ Kundenpflege
- ✓ Kundenvorlieben
- ✓ Mailingaktionen
- ✓ Kundensonderkonditionen
- ✓ Kundenprovisionen
- ✓ ...

Das Softwaremodul CRM ...

➡ ist ein MUSS in jeder betriebswirtschaftlichen Software

➡ ist in jedem Tourismussegment unverzichtbar

Customer Relationship Management ist im eigentlichen Sinne eine betriebswirtschaftliche Philosophie, aufgrund derer die Unternehmensprozesse und Kundenstrategien so aufeinander ausgerichtet werden, dass die Kundentreue gestärkt und die Rendite langfristig gesteigert wird.
Auf der Basis einer speziellen Datenbank, in der sich Kundeninformationen befinden (z. B. persönliche Daten, Vorlieben, Umsätze) wird ein individueller Kontakt zum Kunden unterstützt, dessen Wünsche immer an erster Stelle stehen. Im Vergleich zum Massenmarketing werden kleinere, stärker spezialisierte Segmente gebildet und es erfolgt eine individualisierte Ansprache der einzelnen Kunden. Das CRM-Modul sollte sowohl die Marketing-, Verkaufs- und Service-Prozesse abdecken, als auch unterstützende Funktionen bereitstellen.
Die Folie stellt nur einen Auszug der Aufgaben von CRM-Systemen im Veranstaltungsbereich dar.

Qualifikation der Anbieter

3.1 Allgemeine Anforderungen

- Zahl der Installationen / Anwender
- Referenzkunden (realisierte Projekte in den vergangenen 2 Jahren)
- Marktreife / Marktstellung
- Branchenerfahrung
- Unternehmenswachstum
- Anzahl der Entwickler, Consultants und Support-Mitarbeiter

Die Zahl der Installationen wird als Indikator für den Erfolg und die Akzeptanz der Software und damit des Anbieters gewertet. Außerdem kann davon ausgegangen werden, dass mit jeder erfolgreichen Installation die praktische Erfahrung des Anbieters wächst und die dabei gesammelten Erkenntnisse in die Weiterentwicklung der Software fließen. Außerdem profitiert das Softwareprodukt vom Feedback und den Verbesserungsvorschlägen der zahlreichen Nutzer.

Über die Referenzkunden können Rückschlüsse gezogen werden, ob sich der Anbieter beispielsweise mit seinem Programm bei Marktführern durchgesetzt hat und welchen Ruf und welche Bedeutung dieser im Markt genießt. Überdies kann die Akzeptanz bei relevanten Zielgruppen, die mit dem Anforderungsprofil der Anwendergruppenmodelle übereinstimmen, überprüft werden.

Die Marktreife und Marktstellung des Softwareanbieters wird über das Unternehmensalter und das Unternehmensprofil bewertet. Dadurch lässt sich die vorhandene Erfahrung und wirtschaftlich solide Entwicklung des Anbieters ablesen. Das Softwarehaus sollte im jeweiligen Anwendergruppensegment strategisch möglichst gut verankert sein. Dabei spielen auch die Profile der Schlüsselpersonen im Unternehmen und die Dauer der Firmenzugehörigkeit der Mitarbeiter eine Rolle.

Beim Kriterium der Branchenerfahrung wird untersucht, ob sich der Softwareanbieter auf eine Branche spezialisiert hat und somit langjährige praktische Erfahrung mit den speziellen Anforderungen einer bestimmten Zielgruppe hat oder ob er sich an eine breitere Zielgruppe wendet. In beiden Fällen können Aussagen über das gesammelte Fachwissen getroffen werden.

Das Unternehmenswachstum des Softwarehauses wird beurteilt, indem die Anzahl der Mitarbeiter und das Vorhandensein von Filialen oder Vertriebsstellen geprüft werden. Eine dynamische Entwicklung lässt hier auf eine erfolgreiche und abgesicherte wirtschaftliche Tätigkeit des Anbieters schließen, womit einer langfristigen Zusammenarbeit gute Chancen eingeräumt werden können.

Dienstleistungen der Anbieter

- Installation

- Zusatzleistungen (z. B. Schnittstellen, Datenkonvertierung)

- Dokumentation / Benutzerhandbuch

- Wartung / Updates

- Schulung

- Support (Supportzeiten – 24/7?)

Die Analyse der angebotenen Dienstleistungen der Softwareanbieter ist von Bedeutung, da kompetente und professionelle Dienstleistungen Grundvoraussetzung für eine erfolgreiche Einführung und den effizienten Betrieb der Software sind. Dabei lassen sich die folgenden Dienstleistungsarten unterscheiden: Realisierungsleistungen, Schulungsleistungen, Support-Leistungen und Wartungsleistungen.

Zu den Realisierungsleistungen ist die Installation mit den dazugehörigen Leistungen zu zählen. Zu nennen sind dabei das Testen der Software, sowie das Vorbereiten des Einsatzortes, welcher mit geeigneter Hardware ausgestattet sein muss. Überdies kann hierunter das Anpassen der Software oder der Import von Adressdaten fallen. Darüber hinaus werden Zusatzleistungen, wie z.B. das Durchführen einer Bedarfsanalyse im Vorfeld oder andere projektbegleitende Beratungsleistungen hinzugerechnet.

Außerdem werden das Vorhandensein und die Umsetzung einer Dokumentation bzw. des Benutzerhandbuches bewertet. Dieses sollte leicht verständlich sein und auch mit grafischen Elementen wie z.B. Screenshots Grundlegendes erklären.

Bei der Schulungsleistung wird der Umfang und Aufwand dieser Dienstleistung bewertet. Dabei wird untersucht, ob beispielsweise Schulungen vor Ort oder im Softwarehaus angeboten werden und ob Trainingsmaterialien zum Selbststudium verfügbar sind. Außerdem werden hierbei individuell auf die jeweilige Anwendergruppe zugeschnittene Trainingskonzepte als positiv erachtet.

Das Kriterium der Support-Leistungen wird nach Angebot und Verfügbarkeit einer Hotline und sonstiger Hilfestellungen bei auftretenden Problemen bewertet. Hier ist vor allem eine 24-stündige und 7-Tage-die-Woche-Verfügbarkeit von Bedeutung, da sich z.B. Veranstaltungen oder das Arbeiten im Hotel nicht an übliche Bürozeiten halten.

Das Kriterium der Wartungsleistung beurteilt die Möglichkeit eines Remote-Zugriffs (Fernwartung) als positiv, da hiermit das Warten der Software und eine schnelle Fehlerbehebung aus der Ferne gewährleistet sind. Hierunter fällt auch der Unterpunkt der Erweiterbarkeit, der beurteilt, wie oft und in welchem Umfang Updates und Upgrades angeboten und durchgeführt werden. Diese sorgen für eine laufende Verbesserung der Software. Die Regelmäßigkeit gibt darüber Aufschluss, ob die Software weiterentwickelt wird oder auf einer Entwicklungsstufe stehen bleibt.

3.2 IT in der Reisewirtschaft

Die Software für Touristikunternehmen aller Größenordnungen in der Reisewirtschaft kann man unterteilen in Software für die Reiseveranstalter bzw. Leistungsträger und Software für die Reisemittler. Bei Letzterem sind hauptsächlich die Reisebüros gemeint. Beide Arten der Software sind meistens so angedacht, dass sie miteinander kommunizieren. Die Programme bei den Reiseveranstaltern verwalten Daten über die Reisen. Diese Daten werden dann über die Computerreservierungssysteme von den Reisebüros abgerufen und unter Umständen auch für die Buchung der Reise benutzt. Fazit: beide Programmgruppen (der Reiseveranstalter und der Reisemittler) verwalten dieselben Daten und müssen somit viele gemeinsame Funktionen und Datenbereiche haben.

In diesem Kapitel werden erst die Anforderungen, die eine Reisemittlersoftware erfüllen soll vorgestellt und dann die Anforderungen, die eine Reiseveranstaltersoftware innehaben soll.

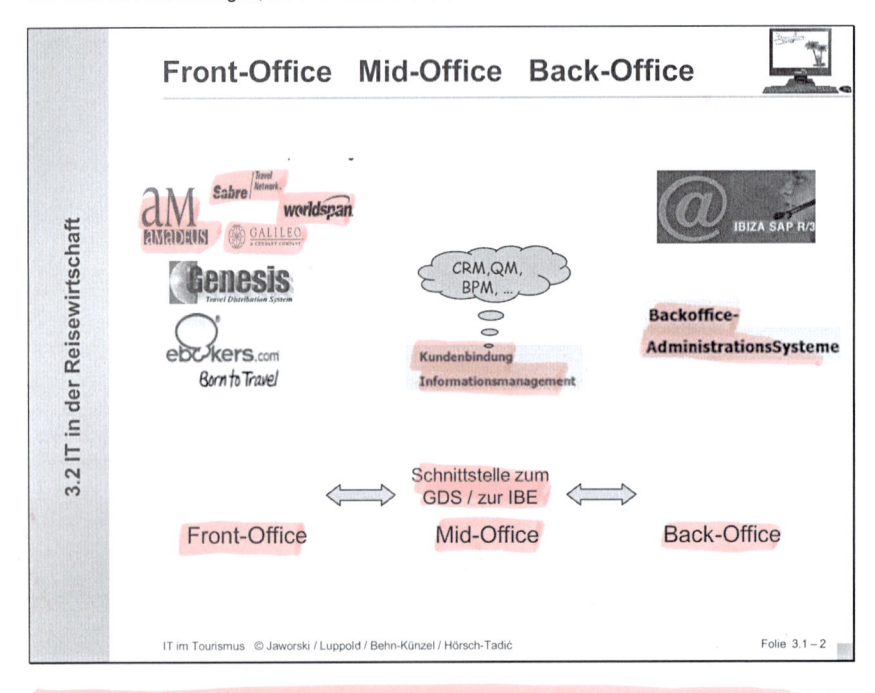

Front-Office   Mid-Office   Back-Office

Sabre   Travel Network   worldspan
AMADEUS   GALILEO
Genesis Travel Distribution System
ebookers.com   Born to Travel

CRM, QM, BPM, ...
Kundenbindung
Informationsmanagement

IBIZA SAP R/3
Backoffice-AdministrationsSysteme

Schnittstelle zum GDS / zur IBE

Front-Office   Mid-Office   Back-Office

IT im Tourismus © Jaworski / Luppold / Behn-Künzel / Hörsch-Tadić   Folie 3.1 – 2

Frontoffice: Die Buchung/die Reservierung der Reiseleistung ist der zentrale Kern des Frontoffice Bereiches. Daten werden in den Reservierungssystemen eingegeben: Kundendaten, Leistungsträgerdaten und Leistungen. Sie ergeben die komplette Reiseanmeldung.

Backoffice beschreibt Prozesse, die „hinter den Kulissen" eines Reisebüros ablaufen, d.h. es werden alle im Rahmen der zu erbringenden Dienstleistung erforderlichen Funktionen abgewickelt, die nicht der unmittelbaren Mitwirkung des Kunden bedürfen. Die Verwendung des Begriffes gibt es sowohl in der Verwaltung als auch in Bereichen der Software. Im Gegensatz zum Backoffice finden im Frontoffice Prozesse statt, die bei Behördenvorgängen für die Kunden und den Kunden ersichtlich sind. Die weitergehende Bearbeitung eines Kundenanliegens geschieht im Backoffice der Verwaltung.

Durch die Fakturierung werden Daten in der Buchhaltung erzeugt. Damit ist die Anmeldung der Drehpunkt der Arbeit am Counter.

IT in der Reisewirtschaft

Back-Office-Bereich: hier geht es vor allem um die Finanzbuchhaltung. Kosten und Erlöse werden transparent nach diversen Kriterien (Veranstalter, Reiseart, Zielgebiet) ausgewertet. Ausgereiftes Controlling gehört auch dazu.

In der Mitte steht der Mid-Office- Bereich: Customer Relationsship Management, sowie Marketing-Tools. Oft wird hier die Schnittstelle zu den GDS verstanden.

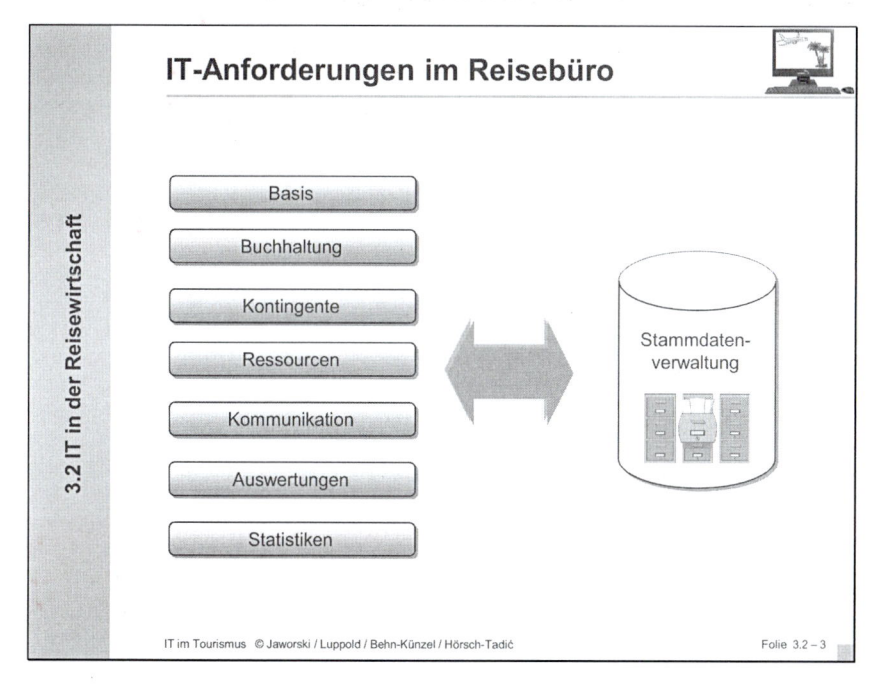

IT-Anforderungen im Reisebüro

- Basis
- Buchhaltung
- Kontingente
- Ressourcen
- Kommunikation
- Auswertungen
- Statistiken

⇔ Stammdatenverwaltung

3.2 IT in der Reisewirtschaft

IT im Tourismus © Jaworski / Luppold / Behn-Künzel / Hörsch-Tadić — Folie 3.2 – 3

Das generelle Prinzip des modularen Aufbaus eines Programms soll auch die Software für Reisebüros verfolgen. Die auf der Folie dargestellten Module haben eines gemeinsam: Sie alle verwalten die Daten (Stammdaten und Vorgangsdaten), die in einer Datenbank gespeichert werden sollen.

Das BASIS-Modul ist meist auch ein Einstiegmodul und umfasst alles, was in einem Reisebüro benötigt wird, um Reisen zu buchen und Vorgänge zu verwalten: Komfortable Adressverwaltung, komplette Vorgangsbearbeitung mit Abwicklung des Zahlungsverkehrs, Druck aller Rechnungen und Reiseunterlagen.

Mit dem Modul BUCHHALTUNG werden alle Abrechnungen gespeichert und in die Finanzbuchhaltung übertragen. Dies ermöglicht dann die Verwaltung der Offenen Posten.

Mit dem Modul KONTINGENT zur Kontingentverwaltung haben die Reisebüromitarbeiter einen direkten Zugriff auf alle kontingentierten Leistungen in der Vorgangsbearbeitung und der Vorgangsabrechnung.

Verfügt das Reisebüro über eigene Ressourcen und nutzt sie für die eigenen Veranstaltungen, dann ist es sinnvoll noch das Modul: Ressourcenverwaltung dazu zu nehmen.

Die Module MAILING, STATISTIK und KOMMUNIKATION runden das Paket ab.

IT-Anforderungen im Reisebüro

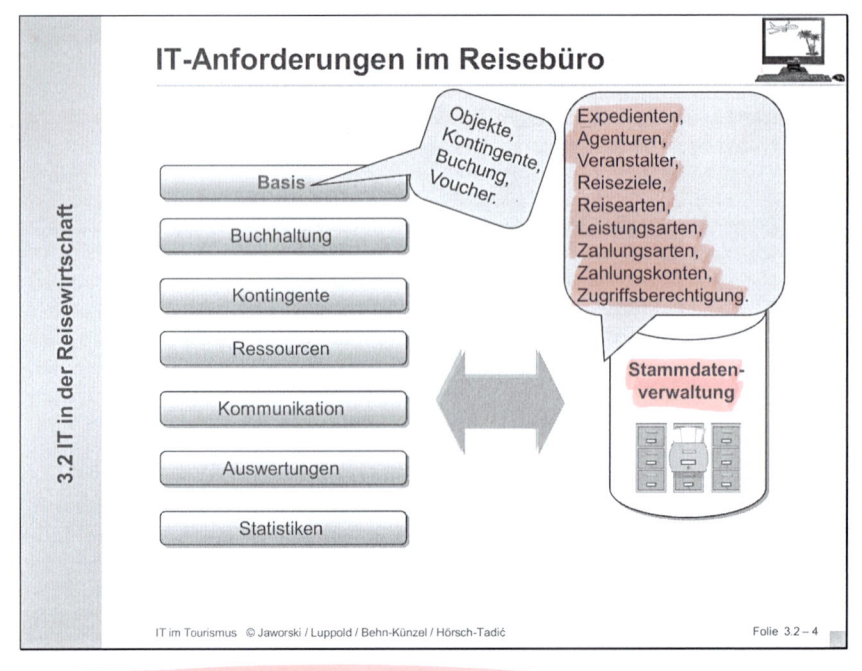

3.2 IT in der Reisewirtschaft

- Basis
- Buchhaltung
- Kontingente
- Ressourcen
- Kommunikation
- Auswertungen
- Statistiken

Objekte, Kontingente, Buchung, Voucher.

Expedienten, Agenturen, Veranstalter, Reiseziele, Reisearten, Leistungsarten, Zahlungsarten, Zahlungskonten, Zugriffsberechtigung.

Stammdatenverwaltung

IT im Tourismus © Jaworski / Luppold / Behn-Künzel / Hörsch-Tadić — Folie 3.2 – 4

Zu den wichtigsten Leistungsmerkmalen des Basismoduls gehört die Adressverwaltung. Sie soll unterschiedliche Kunden erfassen können: Endkunden, aber auch Agenturen, Veranstalter, Lieferanten. Die einzelnen Expedienten sollen über eine individuelle Zugriffsberechtigung in das Programm verfügen und dann individuell verwaltet und abgerechnet werden können. Viele Programme im Reisebüro betrachten die Terminverwaltung / Terminüberwachung als die wichtigste Funktion des Basismoduls.
Eine moderne Vorgangsverwaltung sollte heutzutage folgendes ermöglichen:
- beliebig viele Vorgänge pro Kunde anlegen
- beliebig viele Einzelleistungen anlegen
- Buchungshistorie einsehen
- jederzeit Änderungen und Stornos vornehmen
- Teilnehmerzuordnung zu Leistungen anlegen/nachvollziehen
- individuelle Provisionsdefinition festlegen
- Terminverwaltung des Kunden steuern
- individuelle Notizen tätigen

Mit Hilfe des Basismoduls werden auch die Reiseunterlagen erstellt. Sie sollen frei gestaltbar für verschiedene Leistungsträger sein. Reise-Anmeldungen, -Bestätigungen, Überweisungsträger, Voucher und Rechnungen sollen unkompliziert erfasst und gedruckt werden können.

Zur Vorgangsverwaltung gehören dazu noch Funktionen wie:
- Agenturabrechnung
- automatisches Mahnwesen mit Standardbriefen
- Zuordnung der Zahlungen zum Vorgang, Kunden und einer Reise
- Verwaltung beliebiger Zahlungsarten
- Quittungserstellung bei Barzahlung
- Kassenbericht.

IT-Anforderungen im Reisebüro

- Basis
- Buchhaltung → Konten / Buchungen / Information / Auswertungen / Umsatzsteuer
- Kontingente
- Ressourcen
- Kommunikation
- Auswertungen
- Statistiken

⇔ Stammdatenverwaltung

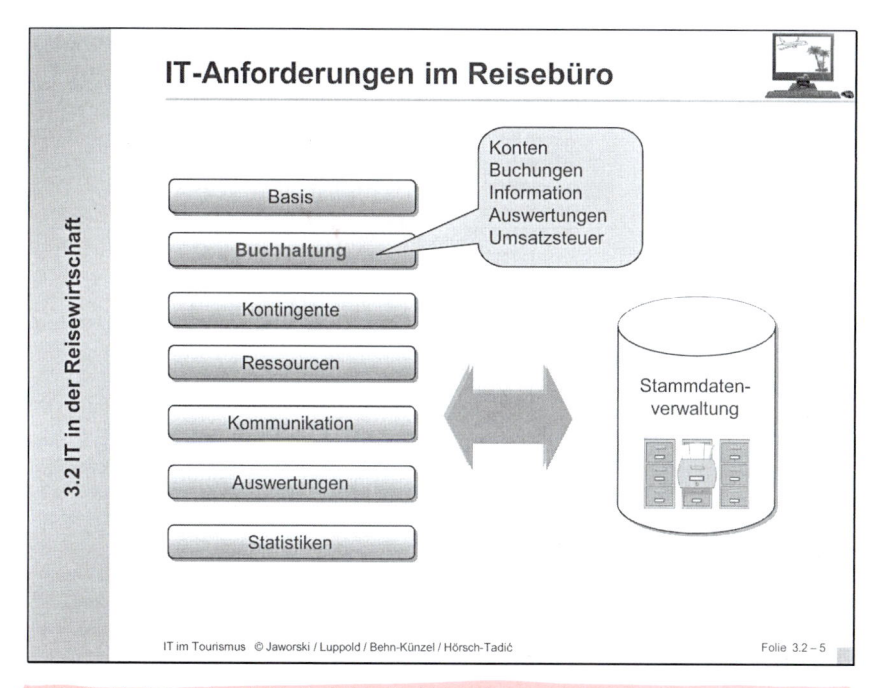

IT im Tourismus © Jaworski / Luppold / Behn-Künzel / Hörsch-Tadić   Folie 3.2 – 5

In der Buchhaltung spiegelt sich der Erfolg des Unternehmens wieder. Sie stellt auch gleichzeitig ein Frühwarnsystem dar. Jederzeit muss dem Verantwortlichen im Reisebüro die Möglichkeit gegeben werden, den Forderungsbestand gegenüber den Kunden wie auch die Verbindlichkeiten gegenüber Agenturen und Veranstaltern zu ermitteln.

Ein gutes Buchhaltungssystem sollte freie Kontenplangestaltung mit Mehrwertsteuerkürzeln ermöglichen, aber auch Standardkontenrahmen anbieten. Die Buchungen der Vorgänge (Rechnungen, Zahlungen) sollen automatisch erfolgen. Die manuelle Buchung sonstiger Geschäftsvorfälle muss auch möglich sein.

Jederzeit sollen Informationen über Konten sowie diverse Auswertungen (Summen- und Saldenlisten G u V; Rohbilanz, Journaldruck) abrufbar sein. Genauso wie die Umsatzsteuer, für die eine automatische Berücksichtigung bei Buchungserfassung für die Umsatzsteuervoranmeldung erfolgen sollte. Selbst wenn die eigentliche Finanzbuchhaltung außer Haus durchgeführt wird, soll der Verwaltung der offenen Posten mit Mahnwesen große Aufmerksamkeit gewidmet werden wozu aktuelle Daten erforderlich sind. Die Buchhaltung sollte idealerweise in das Reisebüroprogramm voll integriert werden. Es entfallen in solchem Fall überflüssige Doppelerfassungen aller Geldvorgänge und die Abrechnungsdaten fließen automatisch in das Buchhaltungsmodul. Dies sollte auch bei Reisebüros mit angeschlossenen Filialen automatisch geschehen.

Wird die Finanzbuchhaltung über einen DATEV-Steuerberater erledigt, sollte das Reisebüroprogramm über eine DATEV-Schnittstelle verfügen.

IT-Anforderungen im Reisebüro

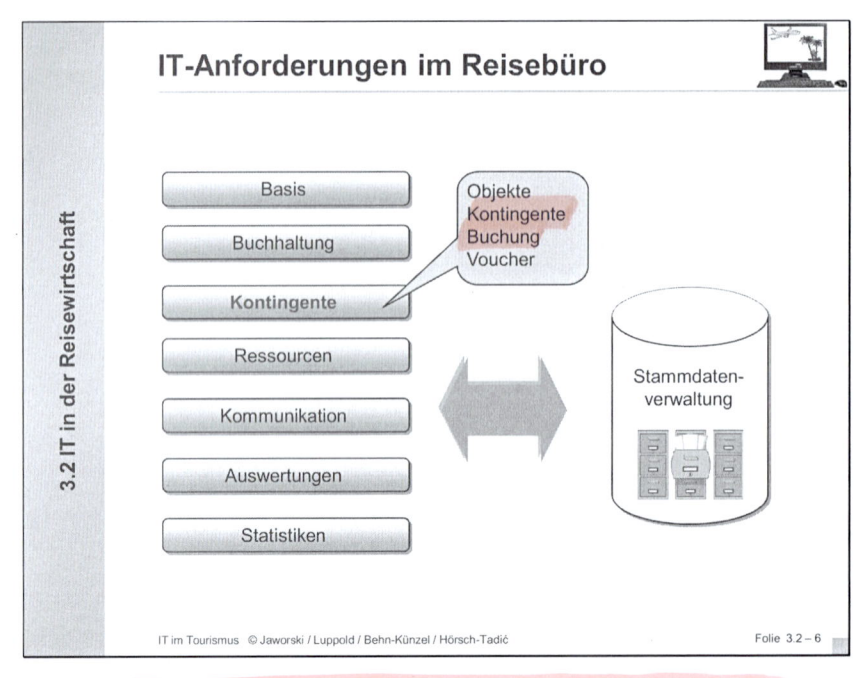

- Basis
- Buchhaltung
- Kontingente → Objekte, Kontingente, Buchung, Voucher
- Ressourcen
- Kommunikation
- Auswertungen
- Statistiken

⇔ Stammdatenverwaltung

Über das Modul Kontingentverwaltung sollen die zu verwalteten Kontingente aus beliebigen Objekten abgebildet werden können: Transporte per Flugzeug, Schiff, Bus, Bahn, Unterkünfte in Hotels, Ferienwohnungen, Pensionen, Apartments, Kabinen oder auf Campingplätzen und alle denkbaren sonstigen Objekte. Für jedes Objekt sollten unterschiedliche Voucher-Layouts erstellt werden können. Auf Basis der definierten Objekte werden dann Kontingente gebildet und verwaltet. Bei der Verwaltung der Kontingente soll eine Anzeige aller notwendigen Informationen erfolgen, bei Buchung soll eine entsprechende Reservierung im Kontingent erfolgen. Jederzeit muss auch der Status der Kontingente samt Anzahl der gebuchten, der freien und der zugekauften Plätze/Kontingente abrufbar sein.

Das Programm sollte über folgende Funktionen verfügen:
- Anlegen und Verwalten beliebig vieler Objekte wie Unterkünfte, Transportmittel, Platzbelegungen, Eintrittskarten usw.
- Verweis auf Zusammenhänge zwischen den Objekten/Kontingenten
- Einkaufspreis und Einkaufswährung, verschiedene Verkaufspreise
- Kontingentbeschreibung
- Teilbelegungen, Umbelegungen, Nachbuchungen, Stornierungen
- Optionsbuchungen und Umwandlung in Festbuchungen
- Voucherdruck für Kontingentleistungen mit eigenem Layout.

IT-Anforderungen im Reisebüro

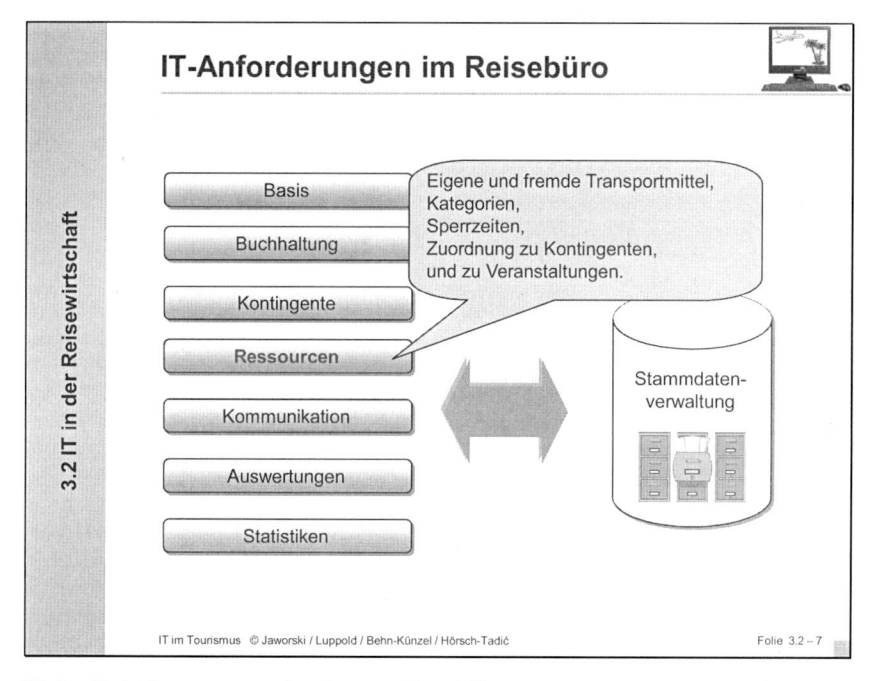

- Basis
- Buchhaltung
- Kontingente
- Ressourcen
- Kommunikation
- Auswertungen
- Statistiken

Eigene und fremde Transportmittel, Kategorien, Sperrzeiten, Zuordnung zu Kontingenten, und zu Veranstaltungen.

Stammdatenverwaltung

IT im Tourismus © Jaworski / Luppold / Behn-Künzel / Hörsch-Tadić   Folie 3.2 – 7

Mit dem Modul Ressourcen werden eigene und fremde Transportmittel verwaltet.
Das Reisebüro soll jederzeit den Überblick haben, welche Ressourcen zur Verfügung stehen und wie sie ausgelastet sind. Die Verwaltung der Transportmittel erlaubt die Zuordnung von Sperrzeiten (z. B. Reparaturen, Urlaub oder anderweitige Reservierung), von Prioritäten und Kategorien, damit das Transportmittel auch zur Qualität der Veranstaltung passt.
Zuordnungen zu Reisen und Kontingenten sollen automatisch erfolgen können, jederzeit soll aber die Zuordnung modifiziert werden können, um eine optimale Auslastung zu erreichen.
Ressourcen: eigene und fremde Transportmittel, vor allem Reisebusse, verbunden mit dem Modul Kontingent.
Verwaltung: alle verfügbaren Transportmittel; Sperrzeiten; Prioritäten; Kategorien
Buchung/Zuordnung: manuelle oder automatische Zuordnung zu Kontingenten und Veranstaltung; flexible Änderungen der Zuordnungen.
Auswertungen: Kontingent-Zeitpläne; Ressourcen-Zeitpläne.

IT-Anforderungen im Reisebüro

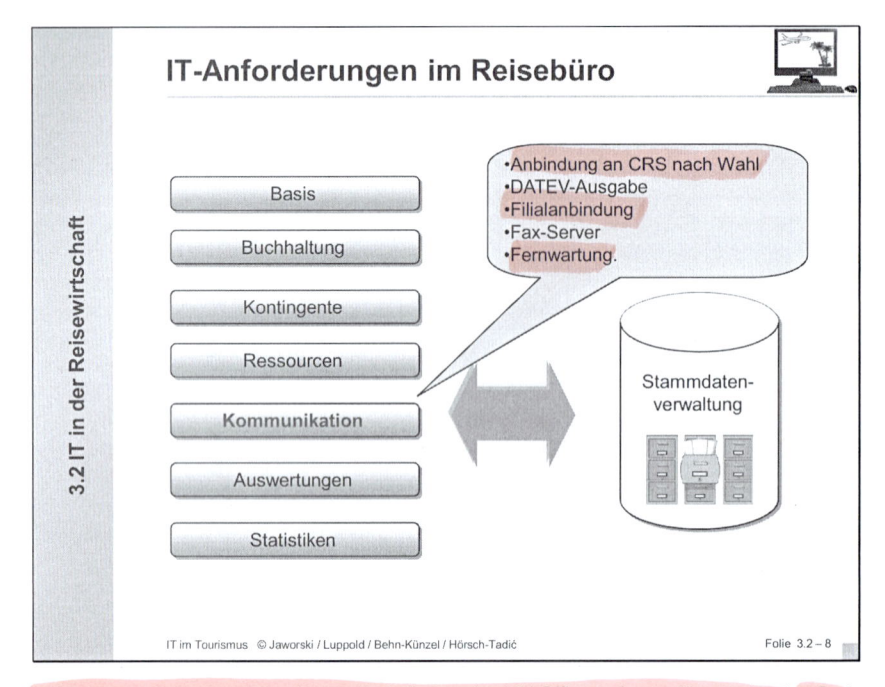

- Basis
- Buchhaltung
- Kontingente
- Ressourcen
- Kommunikation
- Auswertungen
- Statistiken

- Anbindung an CRS nach Wahl
- DATEV-Ausgabe
- Filialanbindung
- Fax-Server
- Fernwartung

Stammdatenverwaltung

IT im Tourismus © Jaworski / Luppold / Behn-Künzel / Hörsch-Tadić   Folie 3.2 – 8

Die Reisebüro-Software wird meistens die Aufgaben des Mid-Office und unter Umständen des Backoffice wahrnehmen. Diese werden aber nur dann reibungslos und ohne Medienbrüche realisiert werden können, wenn ein unkomplizierter Anschluss an ein Computerreservierungssystem ermöglicht wird. Eine gute Reisebürosoftware überlässt dem Kunden/dem Reisebüro die Wahl, welches der CRS bevorzugt wird. Immer öfter kommen auch in einem Reisebüro zwei Reservierungssysteme zum Einsatz (Amadeus plus Galileo, oder MySabre-Merlin). Auch das soll die Software ermöglichen.

Genauso soll die Anbindung der Filialen an das zentrale Reisebüro möglich sein: Die Stammdaten, Vorgänge und Belege werden in solchen Fällen zentral verwaltet und in regelmäßigen Zeitabständen zwischen Zentrale und Filialen ausgetauscht.

Telefax findet nach wie vor in vielen Reisbüros den Einsatz, besonders bei der Korrespondenz mit ausländischen Geschäftspartnern. Das versenden von der Fax-Korrespondenz wird oft über eine Fax-Server-Software ausgeführt.

Fernwartung heißt, dass das Softwarehaus nicht mehr das Reisebüro mit seiner Software besuchen muss, um die Software zu aktualisieren, bzw. Fehler in der Software zu beheben. Der Mitarbeiter des Softwarehauses kann sich aus der Ferne in den Server des Reisebüros einloggen, die Daten dort anschauen und nach Bedarf Änderungen vornehmen. Dabei soll gewährleistet werden, dass kein Unbefugter in das Netz eindringen kann.

Für die Vorgangsbearbeitung braucht das Reisebüro die Buchungsdaten aus dem Online-Buchungssystem. Dies kann per Dateitransfer erfolgen. Sämtliche Touristik-Buchungen eines Tages werden nachts automatisch in Übernahmedateien abgestellt, dann von der Reisebürosoftware gelesen und in die Kundendatenbank, Vorgangsdatenbank und Leistungsdatenbank übernommen.

IT in der Reisewirtschaft

IT-Anforderungen im Reisebüro

- Basis
- Buchhaltung
- Kontingente
- Ressourcen
- **Kommunikation**
- Auswertungen
- Statistiken

MAILING:
Integration mit:
 der Adressverwaltung,
 der Vorgangsverwaltung,
 und dem Textsystem,
Adressselektion, andere Selektionsmerkmale,
Schnelle Druckabfertigung.

Stammdatenverwaltung

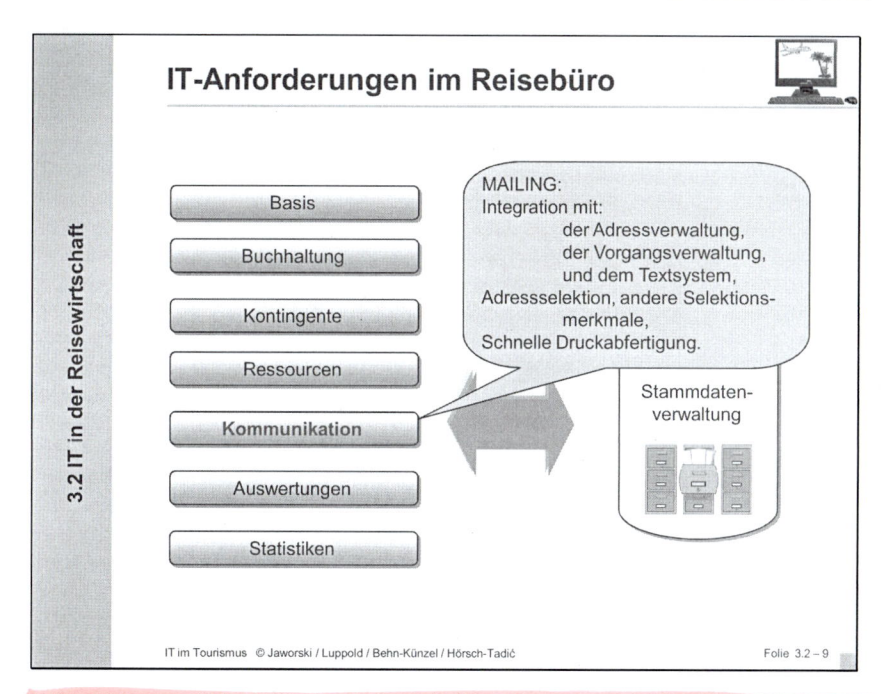

IT im Tourismus © Jaworski / Luppold / Behn-Künzel / Hörsch-Tadić   Folie 3.2 – 9

Im Bereich Kommunikation bieten die meisten Reisebürosoftwares zusätzlich das Modul Mailing. Dies erfolgt über eine Software-Schnittstelle zwischen dem Reisebüroprogramm und dem Mailprogramm auf dem Reisebürocomputer. Die dortigen Funktionen werden für die Direktmarketing-Aktionen benötigt. Die Stammdaten werden dort nach unterschiedlichen Kriterien selektiert und dann an das Mailing-Programm übergeben. Der Email-Text kann außerdem erstellt und optisch ansprechend aufbereitet werden. Wichtig ist dabei, dass das Modul Mailing über einen Zugriff auf die Adressverwaltung und die Vorgangsverwaltung verfügt und mit einem Textverarbeitungssystem per Schnittstelle verbunden ist.

IT-Anforderungen im Reisebüro

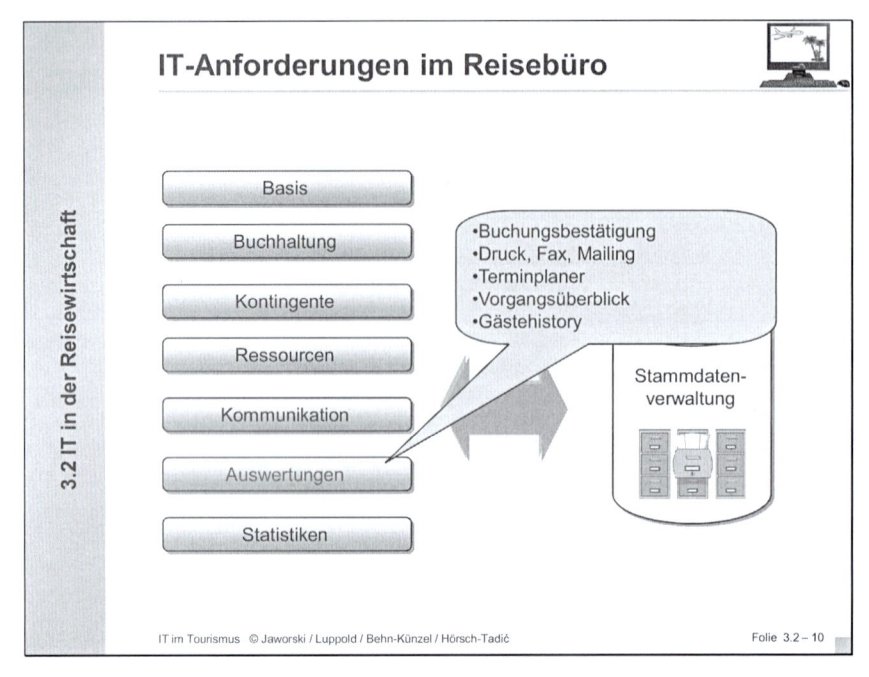

- Basis
- Buchhaltung
- Kontingente
- Ressourcen
- Kommunikation
- Auswertungen
- Statistiken

- Buchungsbestätigung
- Druck, Fax, Mailing
- Terminplaner
- Vorgangsüberblick
- Gästehistory

Stammdatenverwaltung

IT im Tourismus © Jaworski / Luppold / Behn-Künzel / Hörsch-Tadić Folie 3.2 – 10

Das Modul Auswertungen soll eine Vielfalt an Funktionen beinhalten. Vor allem soll die Übernahme der Buchungsdaten aus dem Front-Office-Programm in die Vorgangsverwaltung und die Übergabe der Kundendaten automatisch erfolgen. Dies soll ohne Doppelerfassung der Kundendaten geschehen. Gleich nach der Buchung soll eine Buchungsbestätigung mit allen Daten zu der gebuchten Reise ausgestellt werden. Diese Bestätigung wird dann wahlweise entweder im Reisebüro direkt ausgedruckt und dem Kunden ausgehändigt, bzw. per Email oder einem Fax-Server dem Kunden zugesandt. Die Kunden erhalten ausgedruckt, bzw. zugesandt alle notwendigen Informationen wie Anmeldung, Bestätigung, Rechnung oder Quittung zu der gebuchten Reise. .Mit dem Reisebüroprogramm sollen alle Termine, die mit der Buchung einer Reise generiert werden, im integrierten Terminplaner platziert werden. Gleichzeitig soll die Datenbank der Vorgänge um die neue Buchung ergänzt werden. Dies hilft bei Rückfragen zu den Buchungen und Schriftwechsel und Zahlungsvorgängen aus der Vergangenheit.

Da Reisebüromitarbeiter oft nicht über ausreichende Buchhaltungskenntnisse verfügen, soll die Reisebürosoftware die Aufträge vollständig (und automatisch) abrechnen und die fälligen Provisionen auf die richtigen Konten verbuchen. Der Reisebüromitarbeiter braucht dabei nicht den Kontenrahmen zu kennen.

IT-Anforderungen im Reisebüro

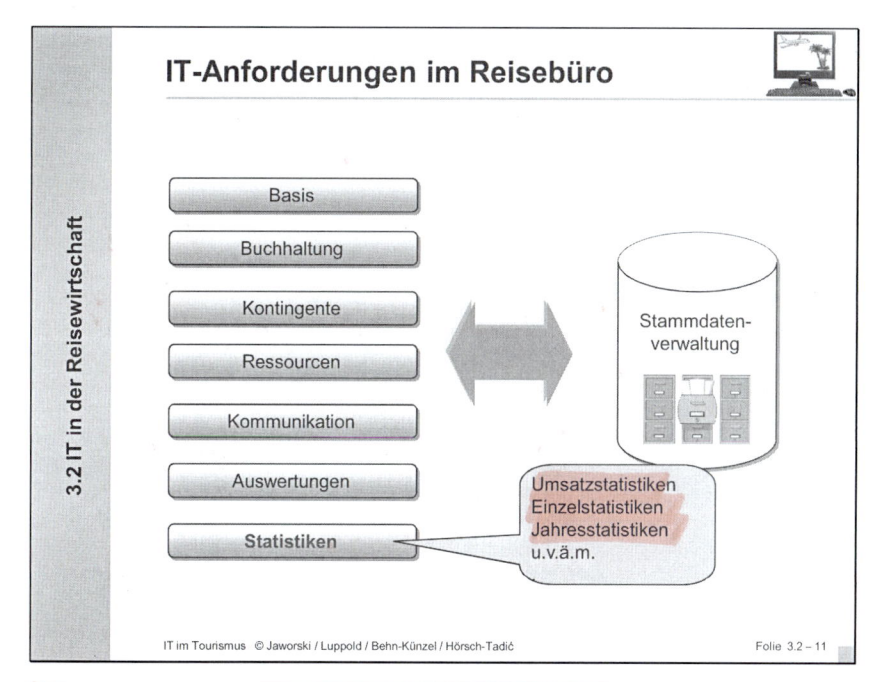

- Basis
- Buchhaltung
- Kontingente
- Ressourcen
- Kommunikation
- Auswertungen
- Statistiken

Stammdatenverwaltung

Umsatzstatistiken
Einzelstatistiken
Jahresstatistiken
u.v.ä.m.

IT im Tourismus © Jaworski / Luppold / Behn-Künzel / Hörsch-Tadić   Folie 3.2 – 11

Das Modul Statistik bildet für die Vorbereitung der wirtschaftlichen Entscheidungen eine unverzichtbare Basis. Die Reisebüroprogramme sammeln Daten über alle Geschäftsvorfälle und verarbeiten diese statistisch. Per Knopfdruck liefern sie dann wichtige Datenzusammenstellungen, aufgrund deren das Reisebüro gemanagt werden soll. Die Umsatzstatistiken werden dabei nach Zielgebieten, Veranstaltern, Expedienten, Reisearten erstellt und mit vergleichbaren Werten aus dem Vormonat, bzw. Vorjahr verglichen. Die Exportfunktionen des Reisebüroprogramms ermöglichen dazu die Übertragung der statistischen Werte in Programme wie Excel, Word u.v.ä.m. um sie dann weiter zu verarbeiten und ansprechend zu gestalten.

Das Ziel: Integration aller IT-Prozesse

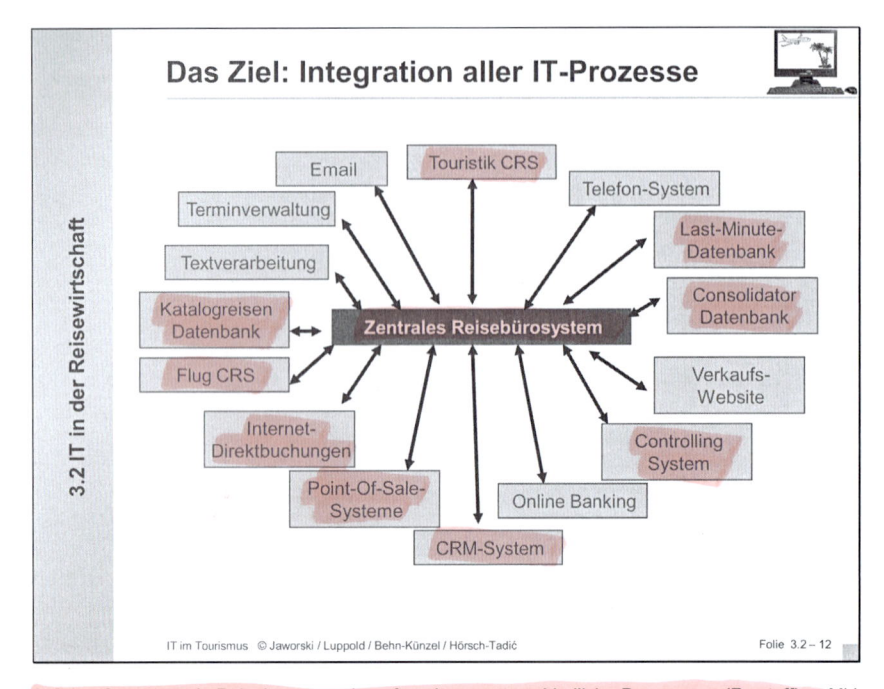

Zentrales Reisebürosystem verbunden mit:
- Email
- Touristik CRS
- Terminverwaltung
- Telefon-System
- Textverarbeitung
- Last-Minute-Datenbank
- Katalogreisen Datenbank
- Consolidator Datenbank
- Flug CRS
- Verkaufs-Website
- Internet-Direktbuchungen
- Controlling System
- Point-Of-Sale-Systeme
- Online Banking
- CRM-System

IT im Tourismus © Jaworski / Luppold / Behn-Künzel / Hörsch-Tadić — Folie 3.2 – 12

Auf den Computern in Reisebüros werden oft mehrere unterschiedliche Programme (Frontoffice, Midoffice und Backoffice) installiert. Oft sind die Programme nicht aufeinander abgestimmt, die Datenübernahme und Datenweiterverarbeitung gestaltet sich sehr schwierig. Die Verknüpfung der einzelnen Programme wird selten intelligent und zeitsparend programmiert. Ein positives Beispiel liefert seit 2005 das Unternehmen Sabre mit dem Programm Merlin Office: hier sind systemübergreifende Workflow-Konzepte programmiert, die das Reservierungssystem und die Kundendatenbank miteinander verbinden. Dazu kommt noch das hausinterne Preisvergleichssystem für Pauschalangebote, ein CRM-Tool und die Finanzbuchhaltung.

Immer öfter werden in den Reisebüros zusätzlich Programme für die Buchungsgebührenberechnung eingesetzt. Den Ursprung für den Einsatz dieser Programme hat Lufthansa im Jahr 2003 geliefert, als sie für die verkauften Flüge den Reisebüros keine Provision mehr zahlen wollte. Die Reisebüros fühlten sich daraufhin gezwungen, den Endkunden ihre eigene Leistung (Beratung und Buchung der Flüge) in Rechnung zu stellen. Eigentlich sind Buchungsentgelte im Geschäftstourismus schon seit mehreren Jahren im Einsatz, im Urlaubstourismus werden sie aber erst seit dem Jahr 2004 gezielt eingesetzt.

Beispiele für Buchungsentgeltprogramme:
- Amadeus Germany: Transaction-Fee-Manager
- Sabre: Agency Fee Manager
- Bewotec: Aufschlagberechnungsmodul
- Partners: das Modul „Part One Serviceentgelt"
- Ta.ts: „Service Fee Calculator"
- Z.I.E.L.: das Modul für die Berechnung der Buchungsmodule.

Software-Anbieter für Reisebüros (Auszug)

#	Anbieter	Produkt	Website
1.	Absolute Backoffice	Bosys	www.bosys.info
2.	B.L.S. DataTeam Services GmbH	TRASY	www.b-l-s.com
3.	BEWOTEC GmbH	Jack	www.bewotec.de
4.	BB-Reiseoffice	BB-Reiseoffice	www.bb-reiseoffice.de
5.	Contour Reisebürosoftware GmbH	RB-Back-Office	an Bewotec verkauft
6.	Dietz EDV-Systeme	Travel Office	www.dietz-edv-systeme.de
7.	ET@cs	Aurora	www.etacs.de
8.	MSEiT	Maxi	www.mse-it.de
9.	Midoco GmbH	Midoco	www.midoco.de
10.	Riasoft	Riasoft (Topi)	www.topi.de
11.	Partners Software GmbH	Part.One	www.partners.de
12.	Ta.ts GmbH	IBIZA	www.ta-ts.de
13.	Tms (Travel Management System)	Sabre-Merlin Midoffice	www.sabre-merlin.de
14.	Travel-BA.Sys GmbH & Co KG	RBS/SAP	www.travelbasys.de
15.	Z.I.E.L.Reisebüro & Softw.GmbH	REISEZ.I.E.L.	www.synccess.de

IT im Tourismus © Jaworski / Luppold / Behn-Künzel / Hörsch-Tadić Folie 3.2 – 13

In der Tourismusbranche, wie in anderen Branchen auch, findet sich eine Fülle von Anbietern auf dem Markt. Laut der Internetseite www.reiselinks.de/touristik-it-anbieter.htm existieren ca. 90 verschiedene IT-Systeme, darunter ca. 18 Back-Office-Systeme. Unter den Systemen gibt es allerdings große Unterschiede zwischen den Softwarehäusern in der Anzahl der Reisebüros, die eine bestimmte Software benutzen. Die 3 bedeutendsten Unternehmen gemessen an der Zahl der Anbindungen sind: Bewotec und Ta.ts zusammen mit et@cs und Partners.

Generell lässt sich sagen, dass das Angebot für die Reisebüros auf dem EDV-Markt groß und unübersichtlich ist. Für Sie sollte neben dem Preis eines Produktes entscheidend sein, ob sich das Produkt für den geplanten Einsatz als tauglich erweist, ob es sich flexibel an die betriebliche Entwicklung anpassen kann und stets auf dem neuesten Stand gehalten wird. Nur so lassen sich EDV-Investitionen, die nicht nur aus Hard- und Software, sondern auch aus Investitionen in ihre betriebliche Organisation und Ihre Mitarbeiter bestehen, wirklich langfristig nutzen und sichern.

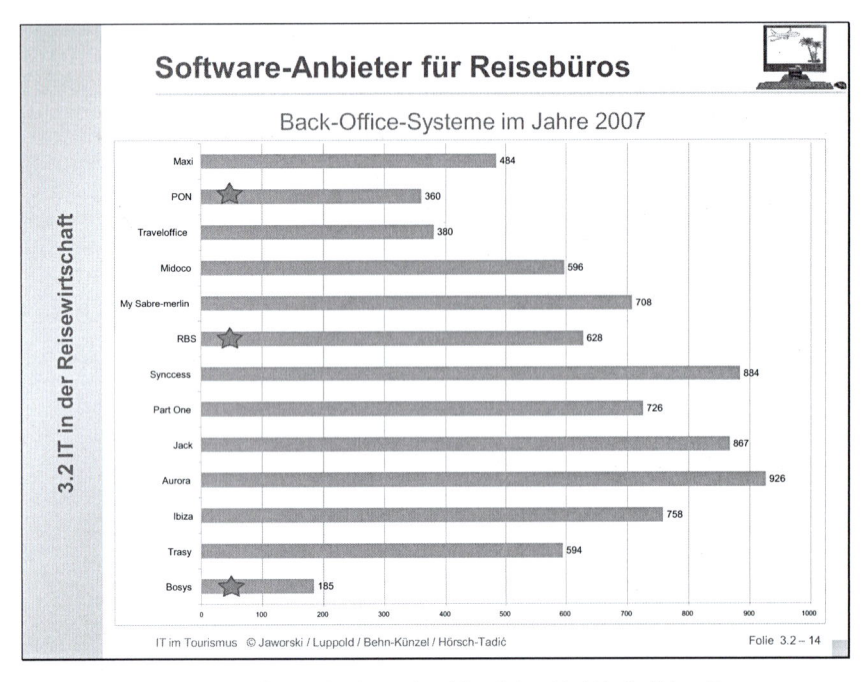

Software-Anbieter für Reisebüros

Back-Office-Systeme im Jahre 2007

System	Wert
Maxi	484
PON	360
Traveloffice	380
Midoco	596
My Sabre-merlin	708
RBS	628
Synccess	884
Part One	726
Jack	867
Aurora	926
Ibiza	758
Trasy	594
Bosys	185

IT im Tourismus © Jaworski / Luppold / Behn-Künzel / Hörsch-Tadić Folie 3.2 – 14

Die von den Autoren durchgeführten Analysen der sich auf dem Markt befindlichen Programme ergaben die Ergebnisse, die auf der Folie dargestellt sind. Leider waren einige Informationen, die für eine genauere Betrachtung der Systeme notwendig gewesen wären nicht zugänglich. Trotz allem lässt die Grafik klare Tendenzen erkennen (Stand Ende 2007).
Am Besten schneidet das Mid- und Backofficesystem Aurora von et@cs ab. Dieses kann als Benchmark angesetzt werden. Dieses System bietet einfach alles was sich ein Reisebüro an Features nur ausdenken kann. Dazu muss erwähnt werden, dass sich das System sehr stark an dem System Jack von Bewotec anlehnt, ein System das mit jahrzehntelangem Know How glänzen kann. Die Daten werden bei Aurora als Hosting-Lösung bereitgestellt, was bedeutet, dass der Kunde lediglich einen Internetbrowser benötigt, da seine Daten irgendwo im Internet abgelegt werden. Er kann jederzeit und von der ganzen Welt aus auf seine Daten zugreifen. Updates entfallen, da diese automatisch überspielt werden. Stammdaten müssen in jedem System, bevor es in Betrieb genommen wird, eingepflegt werden. Aurora liefert Datenbanken mit Veranstalterkürzeln, 3-Letter-Codes, Bankleitzahlen, Postleitzahlen, etc., was den Aufwand gleich zu Beginn erheblich reduziert. Des Weiteren werden alle buchungsrelevanten Daten vom GDS automatisch in das Backoffice übertragen. Die Möglichkeiten der Kundenverwaltung sind vielfältig. Es können individuelle Kriterien zu den Kunden hinterlegt werden: Hobbies, bevorzugte Veranstalter, Mitreisende, individuelle Zahlungsziele und Kreditlimits, spezielle Rabatte oder Gebühren, uvm. Diese Daten können dann später zu Marketingzwecken verwendet und ausgewertet werden und als Basis für CRM-Aktionen dienen. Im Bereich CRM hat sich die Firma et@cs sehr interessante Mehrwerte für die Kunden überlegt: automatische SMS vor Abflug mit individuell erstellbarem Text, Welcome-Home Letter, Geburtstagsgrüße. Neben Marketing und CRM bietet Aurora eine komplett integrierte Buchhaltung mit automatischer Verbuchung von Kundenzahlungen, Ein- und Ausgangsrechnungen und reisebezogenen Erlösen, sowie eine elektronische Datenübernahme von BSP, DB/ DER V48 Abrechnungen und von verschiedene Veranstaltern wie TUI, TC, LTT, etc. Diese gewonnenen Daten können dann im Rahmen des Reportings für statistische Auswertungen herangezogen werden. Somit können eventuelle Fehler in der Unternehmensstrategie entdeckt werden. Eine gezielte Steuerung auf Mitarbeiterebene, bei den Reisarten, den Zielgebieten oder

bei den Leistungsträgern wird ermöglicht. Das Produkt ist eine rundum gelungene Software, die die Geschäftsprozesse optimiert, beschleunigt und Verbesserungspotentiale aufzeigt.

Viele Mid- und Backoffice- Systeme-Anbieter haben verstanden, dass Wachstum nur durch Konsolidierung erreicht werden kann und haben sich somit dazu entschlossen, Kooperationen einzugehen um ihren Kunden eine möglichst umfassende Software anbieten zu können. So haben sich die Anbieter jeweils einen oder mehrere Partner gesucht – Ta-ts und et@cs, Travel- Basys und Bosys und wiederrum Bosys mit BLS, Midoco kooperiert mit Bewotec, ta- ts und Absolut Backoffice. Die Komplexität von Geschäftsprozessen nimmt zu, da sich das Touristikumfeld schnell wandelt. Um diese Wandlungen zu beherrschen bedarf es an intelligenten ERP-Lösungen. Zusammengefasst kann gesagt werden, dass die Systeme in ihrem unterschiedlichen Umfang nahezu dieselben Leistungen anbieten, wobei manche auf einen höheren Individualisierungsgrad setzen als andere.

Alle Systemhersteller sind darauf bedacht, neue Technologien zu nutzen, nur die kleineren Systeme wie z.B. Trasy oder Dietz begnügen sich mit ihrer doch recht „altertümlichen" Technologie, die aber für kleinere Einzelbüros vollkommen ausreichend sein kann. Entscheidend bei der Wahl der Software ist im Kern die Frage, was mit der Software erreicht werden soll. Es gibt für jeden eine Lösung. Für Ketten und Kooperationspartner gestaltet sich die Suche in 99% der Fälle recht kurz und einfach, da es – entgegen dem was behauptet wird – Kettenzwänge gibt und geben muss, da der Erfolg des ganzen Konzerns an erster Stelle steht und aussagekräftige Statistiken und Auswertungen nur global gestaltbar sind, wenn die Büros die gleiche Mid- und Backofficesoftware verwenden. Welches auch immer das eingesetzte System ist, eines der Systeme muss genutzt werden, wenn das Büro überleben und wachsen will.

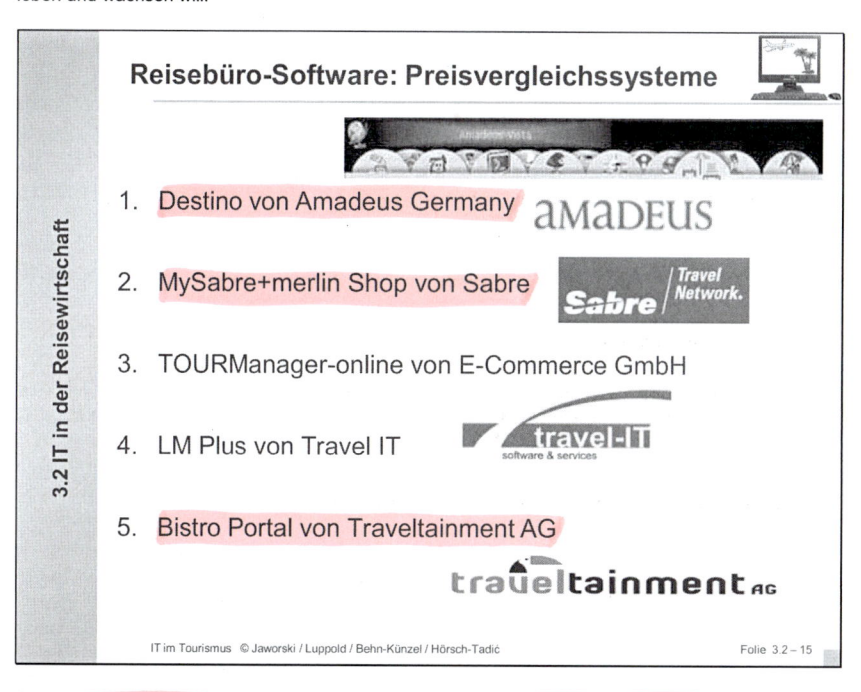

Reisebüro-Software: Preisvergleichssysteme

1. Destino von Amadeus Germany — aMaDEUS
2. MySabre+merlin Shop von Sabre — Sabre Travel Network.
3. TOURManager-online von E-Commerce GmbH
4. LM Plus von Travel IT — travel-IT software & services
5. Bistro Portal von Traveltainment AG — traveltainment AG

IT im Tourismus © Jaworski / Luppold / Behn-Künzel / Hörsch-Tadić   Folie 3.2 – 15

Immer öfter werden in Reisebüros Preisvergleichssysteme eingesetzt. Sie brechen das alte Systemdenken der Buchung einer Reise, wo als erster Schritt immer die Eingabe des Veranstalterkürzels notwendig war. Der Endkunde entscheidet aber anders: er möchte erst Angaben zu den Zielgebieten, Terminen, Hotelkategorie, u.U. den Hotelnamen machen und erst später, wenn überhaupt, Angaben zu den Reiseveranstaltern. Die Preisvergleichssysteme stellen oft eine sehr nützliche Hilfe bei dem

Verkaufsgespräch dar: dort werden alle Angebote zu einer Reise untereinander präsentiert, was den direkten quer durch alle Reiseveranstalter ermöglicht. Somit entfällt das mühselige, gleichzeitige Durchblättern in mehreren Veranstalterkatalogen.
Auf dem deutschen Markt ist das Programm von Traveltainment am stärksten verbreitet und gilt allgemein als das beste Programm in diesem Segment. Ursprünglich hieß das Programm IFF Bistro vom gleichnamigen Unternehmen aus Bielefeld.

Consolidator / Ticketgroßhändler (Auszug)

- Aeroplan
- AERTiCKET AG
- Airloco.com
- Airtours Ticket Factory
- BEST-RMG Reisen Management AG
- DERTOUR Ticket Factory

- FTI Ticketshop
- RTK Ticket Plus
- Saarticket
- Sparflug
- TSS AERTiCKET Service GmbH
- TUI Ticket Shop
- Travel Overland

IT im Tourismus © Jaworski / Luppold / Behn-Künzel / Hörsch-Tadić   Folie 3.2 – 16

Ein Consolidator stellt eine Vermittlerposition zwischen dem Reisebüro und diversen Fluggesellschaften dar. Früher wurden sie mit dem Begriff Graumarktticket assoziiert. Für Reisebüros (etwa 2/3 aller Büros) ohne IATA-Lizenz sind die Consolidators wichtig, da sie somit die Tickets an die Endkunden verkaufen können. Für die Kommunikation zwischen den Reisebüros und den Consolidators werden immer öfter die Internetplattformen genutzt. Die wichtigsten Consolidators in Deutschland sind:

- Aeroplan - 1980 in Köln gegründet
- AERTiCKET AG - Konzernunabhängig mit Sitz in Berlin
- airloco.com - Low Cost Consolidator, gehört zu 100% der TUI AG
- airtours Ticket Factory - gehört auch der TUI AG, unter TUI4U GmbH
- BEST-RMG Reisen Management AG - Zusammenschluss von 420 selbständigen Reisebüros, im Jahr 1989 gegründet
- DERTOUR Ticket Factory - gehört der DERTOUR-Gruppe
- FTI Ticketshop - Consolidator der Frosch Touristik GmbH in München
- RTK Ticket Plus - Consolidator der RTK Gruppe (Reifeisen…)
- Saarticket - eigenständiges Unternehmen aus Saarlouis, Südamerikaspezialist
- Sparflug - gehört TUI4U, 4000 Reisebüros freigeschaltet
- TSS AERTiCKET Service GmbH - gehört der Reisebürokooperation TSS Touristik Service System GmbH in Leipzig
- TUI Ticket Shop - im Jahr 2002 gegründet, gehört der TUI AG
- Travel Overland - Großhändler, der auch Endkunden bedient

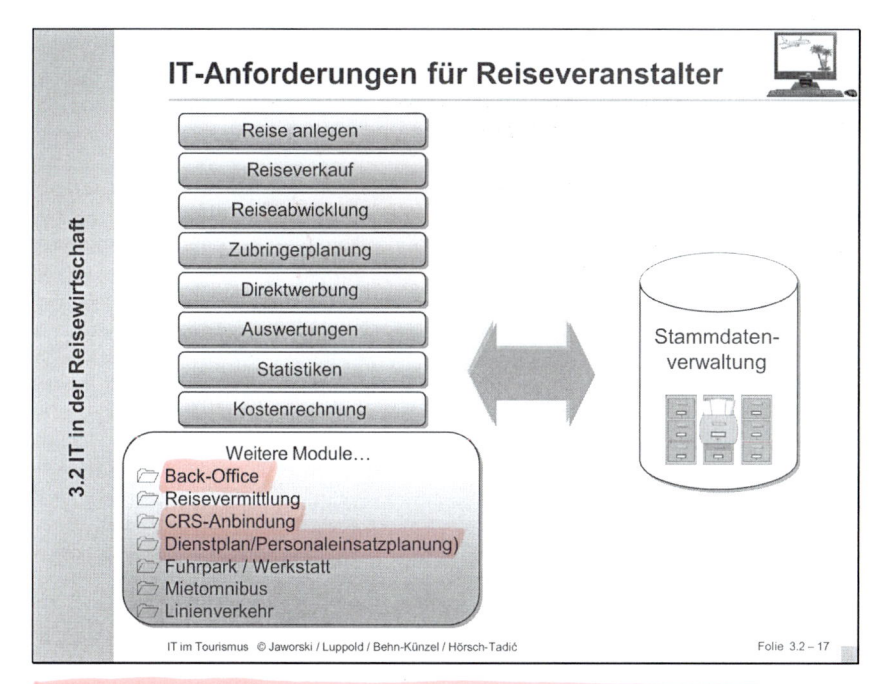

IT-Anforderungen für Reiseveranstalter

- Reise anlegen
- Reiseverkauf
- Reiseabwicklung
- Zubringerplanung
- Direktwerbung
- Auswertungen
- Statistiken
- Kostenrechnung

⟷ Stammdatenverwaltung

Weitere Module…
- Back-Office
- Reisevermittlung
- CRS-Anbindung
- Dienstplan/Personaleinsatzplanung)
- Fuhrpark / Werkstatt
- Mietomnibus
- Linienverkehr

IT im Tourismus © Jaworski / Luppold / Behn-Künzel / Hörsch-Tadić — Folie 3.2 – 17

Die EDV-Programme für Reiseveranstalter sind naturgemäß modular aufgebaut und sehr komplex. Die Komplexität des Programms ist um ein vielfaches höher als bei einem Reisebüroprogramm. Die Module „Stammdaten" und „Reise anlegen" bis „Statistiken" (mit Ausnahme: Zubringerplanung) sind bei jedem Veranstalter ein Muss.
Die Zubringerplanung und die Elemente aus dem Kästchen „weitere Module" sind als optionale Bausteine zu sehen, die nach Bedarf eingesetzt bzw. durch spezifische Arbeiten bei den Veranstaltern notwendig werden.
Wenn es um die Hardwareausstattung geht, sind die Anforderungen auch sehr hoch gesteckt. Besonders bei der Anbindung des Veranstalterrechners an ein CRS wird die Multiuserfähigkeit mit sehr kurzen Antwortzeiten vorausgesetzt, genauso wie die Systemstabilität und eine hohe Ausfallsicherheit.

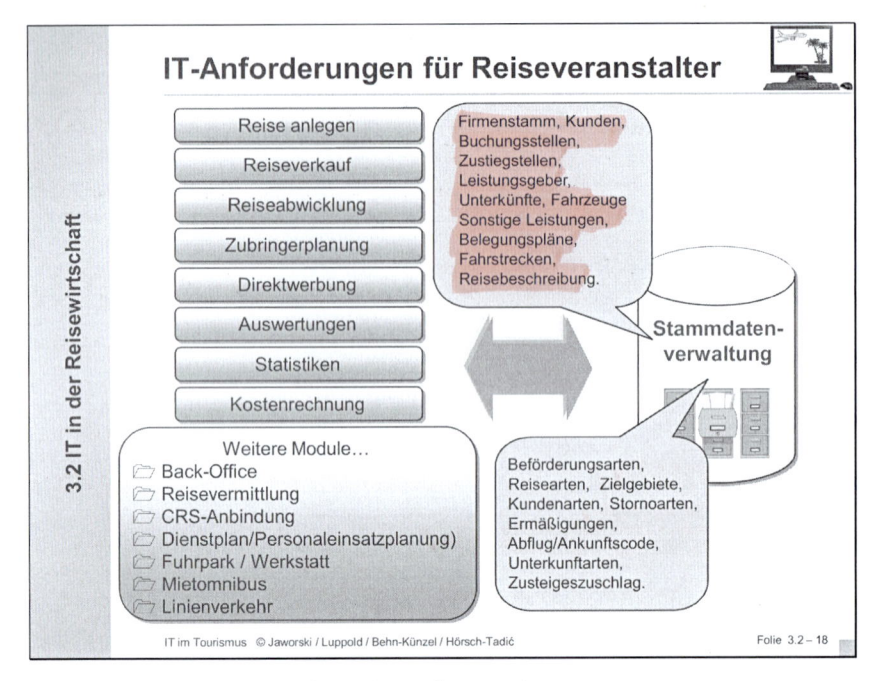

IT-Anforderungen für Reiseveranstalter

3.2 IT in der Reisewirtschaft

- Reise anlegen
- Reiseverkauf
- Reiseabwicklung
- Zubringerplanung
- Direktwerbung
- Auswertungen
- Statistiken
- Kostenrechnung

Firmenstamm, Kunden, Buchungsstellen, Zustiegstellen, Leistungsgeber, Unterkünfte, Fahrzeuge, Sonstige Leistungen, Belegungspläne, Fahrstrecken, Reisebeschreibung.

Stammdatenverwaltung

Beförderungsarten, Reisearten, Zielgebiete, Kundenarten, Stornoarten, Ermäßigungen, Abflug/Ankunftscode, Unterkunftarten, Zusteigeszuschlag.

Weitere Module...
- Back-Office
- Reisevermittlung
- CRS-Anbindung
- Dienstplan/Personaleinsatzplanung)
- Fuhrpark / Werkstatt
- Mietomnibus
- Linienverkehr

IT im Tourismus © Jaworski / Luppold / Behn-Künzel / Hörsch-Tadić — Folie 3.2 – 18

Das Programm muss erst mit den Stammdaten gefüttert werden.

Firmenstamm: Unternehmensspezifische Parameter werden zur Steuerung des Arbeitens mit dem Programm angelegt (z.B. Adresse, Bankverbindung, aber auch die Mitarbeiter und ihre Berechtigungen).
Eine Kundenkartei wird angelegt, gepflegt und für z.B. Direktwerbung genutzt. Nicht immer ist auch der Kunde der Reisende.

Buchungsstellen: alle Stellen, die beim Verkauf der Reisen behilflich sind. Zusätzlich können dort z.B. Provisionssätze eingegeben werden.

Zustiegsstellen: für den Transferverkehr zum Flughafen oder zu den Umschlagplätzen. Die Einstiegsstellen können miteinander verknüpft werden, um Routen zu bilden.
Leistungsgeber aus dem Inland und Ausland können im System aufgeschlüsselt werden und für die Abrechnung der Reise verwendet werden.
Unterkünfte können auch angelegt werden. Oft werden dort übergeordnete Ebenen verwaltet wie Hotelketten mit Provisionssätzen usw.

Fahrzeuge, mit der Anzahl der Plätze und Belegungsplänen werden abgespeichert. Die Belegungspläne sollten in grafischer Form dargestellt werden können.
Fahrstrecken für die Ausarbeitung der Routen und Rundreisen sowie die Ausarbeitung der Dienstpläne müssen im System hinterlegt werden.
Die Reisebeschreibung wird im Textverarbeitungsprogramm erstellt, muss aber für das Veranstalterprogramm abrufbereit (verknüpft) sein.

Viele Reiseveranstalter verwenden verschiedene Codes für Beförderungsarten und Reisearten für die firmeneigene Statistik (Leserreisen, Studienreisen, Wanderreisen usw.).
Die Reisezielorte gehören einem Zielgebiet an, dafür können gemeinsame Informationen hinterlegt werden.

Für die Kunden-Direktwerbung sind diverse Kundenarten von Bedeutung, welche ebenfalls angelegt werden.

Das Problem der Stornierungen wird in jedem Unternehmen unterschiedlich gehandhabt. Hier können Stornogründe und die weitere Verarbeitung angelegt werden, z.b. Stornierungen mit und ohne anfallende Kosten. Ähnlich ist es bei den Ermäßigungen.

Die international gebräuchlichen Codes werden im System hinterlegt (z.b. Flughafencodes wie MUC; FRA; JFK)

Die Klassifizierung der Unterkünfte ist umfangreich und von Hotel zu Hotel verschieden. Wichtig sind dabei: Anzahl der Betten, Ausstattung des Zimmers, Lage des Zimmers und die Art der Verpflegung. Auf diese Weise ist es möglich, mittels eines Codes auf der Reisebeschreibung: z.b. ein Doppelzimmer mit Balkon und Meerblick inkl. Halbpension oder englischem Frühstück zu vergeben. Er wird auf die Reisebestätigung gedruckt und aufgeschlüsselt.

Zuschläge für die einzelnen Stationen der Transferfahrt werden erfasst. Bucht ein Kunde eine Reise mit einer Einstiegsstelle, so wird der hier verwaltete Betrag automatisch im Reisepreis berücksichtigt.

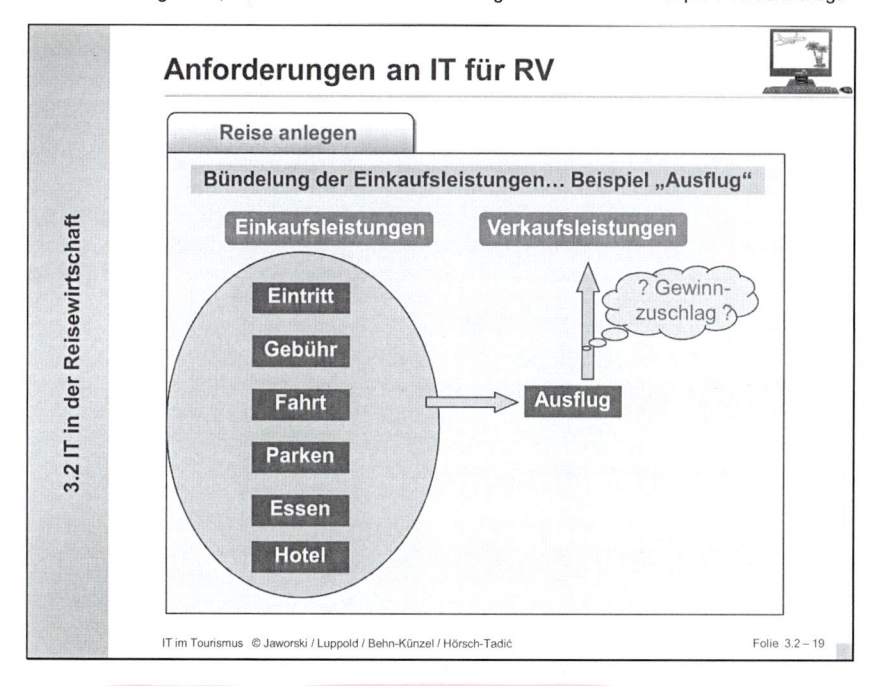

Anforderungen an IT für RV

Reise anlegen

Bündelung der Einkaufsleistungen... Beispiel „Ausflug"

Einkaufsleistungen — Verkaufsleistungen

- Eintritt
- Gebühr
- Fahrt
- Parken
- Essen
- Hotel

→ Ausflug

? Gewinnzuschlag ?

IT im Tourismus © Jaworski / Luppold / Behn-Künzel / Hörsch-Tadić   Folie 3.2 – 19

Die Reiseveranstalter produzieren Reisen indem sie die einzelnen Leistungen zu einer Pauschale bündeln. Vorher werden die Leistungen bei den Leistungsträgern in den Zielgebieten in Form von Kontingenten eingekauft.
Da Reiseveranstalter einzelne Reisen oft über mehrere Jahre im Programm haben, werden hier die notwendigen Daten zu jeder Tour eingegeben. Die Daten stellen die Basisinformationen zu den geplanten Fahrten dar. Wird eine Reise über mehrere Jahre ohne Änderungen angeboten, so müssen (außer Preisanpassungen) auch die Reisedaten nicht verändert werden.
Jeder Reise wird normalerweise ein Buchungs-Code zugeordnet. Zusätzlich wird ein Zeitraum der Gültigkeit eingegrenzt und die Reise diversen Statistikcodes aus den Stammdaten zugeordnet.

Es sollte möglich sein, beim Anlegen einer Pauschalreise die einzelnen Elemente wie z.B.:
1. Beförderungsleistung; 2. Hotelleistung; 3. Zusatzleistungen (sonstige Leistungen) anzulegen.

Beförderung: Aus den Stammdaten können Beförderungsmittel herangezogen werden (Bus) bzw. Kontingente an Fahrtkarten bei Flug- und Bahnreisen verwaltet werden.

Das Hotel wird eingekauft, indem man neue Kontingente und die dazugehörigen Termine anlegt. Die Zeiträume für den Verfall der Kontingente sollten ebenfalls eingetragen werden.

Die sonstigen Leistungen müssen auch getrennt angelegt werden können.

Werden die einzelnen Leistungen angelegt, ist es möglich, sie zu einem Paket zu bündeln und zusammen zu verkaufen (siehe Folie).
Unter einem Kontingent im Reisegeschäft wird ein Paket an Zimmern verstanden, für das der Hotelier eine Option reserviert. Wird in der festgelegten Zeit keine konkrete Buchung getätigt, verfällt das Kontingent, der Hotelier stellt es anderen Anbietern wieder zur Verfügung oder verwendet es selbst.
Die für die Reise benötigten Hotelzimmer werden verwaltet und überwacht.
Weil der Veranstalter oft nicht genau weiß, in welchen Hotels seine Gäste letztendlich untergebracht werden, werden oft Pseudohotelnamen wie „Schönes Mittelklassehotel" verwendet. Dadurch braucht sich der Veranstalter nicht allzu früh auf ein bestimmtes Hotel festzulegen.

Werden die Reisen im Computer angelegt, nutzt man die dort gesammelten Informationen für die Katalogerstellung. Die Datenbank wird an die Druckerei übergeben und dort zu einem Katalog verarbeitet, umgestaltet und als gedruckter Katalog produziert.

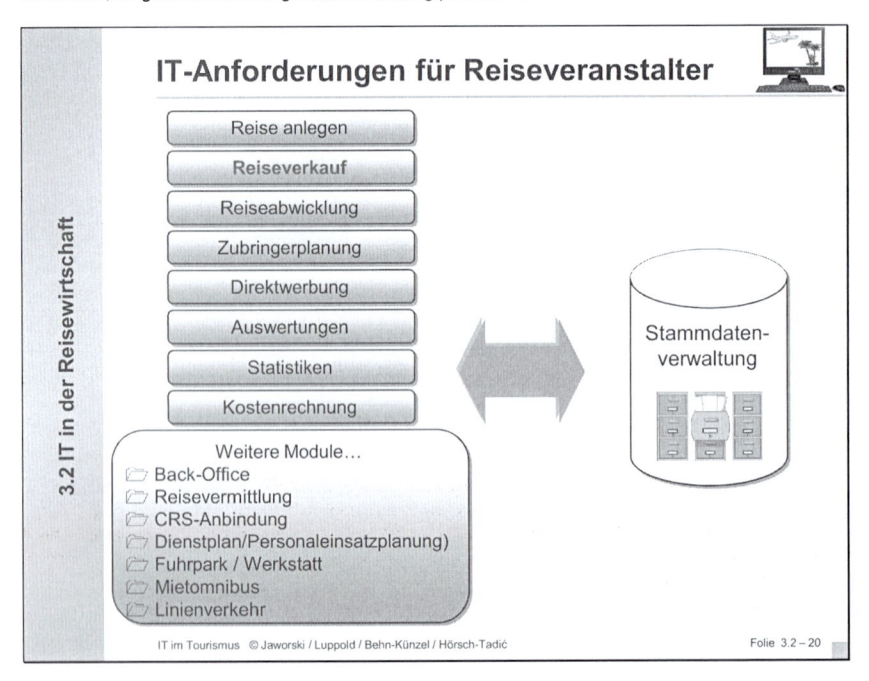

IT-Anforderungen für Reiseveranstalter

3.2 IT in der Reisewirtschaft

- Reise anlegen
- Reiseverkauf
- Reiseabwicklung
- Zubringerplanung
- Direktwerbung
- Auswertungen
- Statistiken
- Kostenrechnung

Weitere Module...
- Back-Office
- Reisevermittlung
- CRS-Anbindung
- Dienstplan/Personaleinsatzplanung)
- Fuhrpark / Werkstatt
- Mietomnibus
- Linienverkehr

⇔ Stammdatenverwaltung

IT im Tourismus © Jaworski / Luppold / Behn-Künzel / Hörsch-Tadić   Folie 3.2 – 20

Beim Reiseverkauf handelt es sich um einen Kernbestandteil der Office-Tätigkeiten bei einem Reiseveranstalter. Die angelegten Reisen können bebucht werden, die Reisegäste mit Reisepapieren ausgestattet werden. Hier wird oft eine an Start-TOMA-Maske angelehnte Eingabemaske, die ohne große Einarbeitungszeit für die Reiseexpedienten bedient werden kann, verwendet.

Mit Hilfe von dieser Maske soll sowohl eine neue Buchung als auch die Bearbeitung einer vorhandenen Buchung möglich sein. Alle anfallenden Tätigkeiten sollen vom System unterstützt werden: Reisebestätigung drucken, Rechnung drucken, Storno annehmen, Korrektur einzelner Leistungen.

Das Programm soll dabei alle Kontingente sofort aktualisieren und die Daten aller Mitreisenden aufnehmen. Falls gewünscht soll auch die Platzreservierung vorgenommen und gespeichert werden.

Mit den Belegnummern der Buchungen werden die eingehenden Zahlungen erfasst und zugeordnet.

Die gängige Praxis, Reisegutscheine zu kaufen oder zu verschenken, soll vom Programm gesteuert werden können. Reisegutscheine sind im eigentlichen Sinne Anzahlungen auf eine unbestimmte Reise.

Für Mitarbeiter mit Kundenkontakt oder viel Telefonverkehr soll die Möglichkeit bestehen, am Bildschirm für jeden Abfahrtstermin einer Reise schnell Informationen zur Sitzplatzverwaltung, zum Buchungsstand oder zu den Hotelkontingenten zu bekommen.

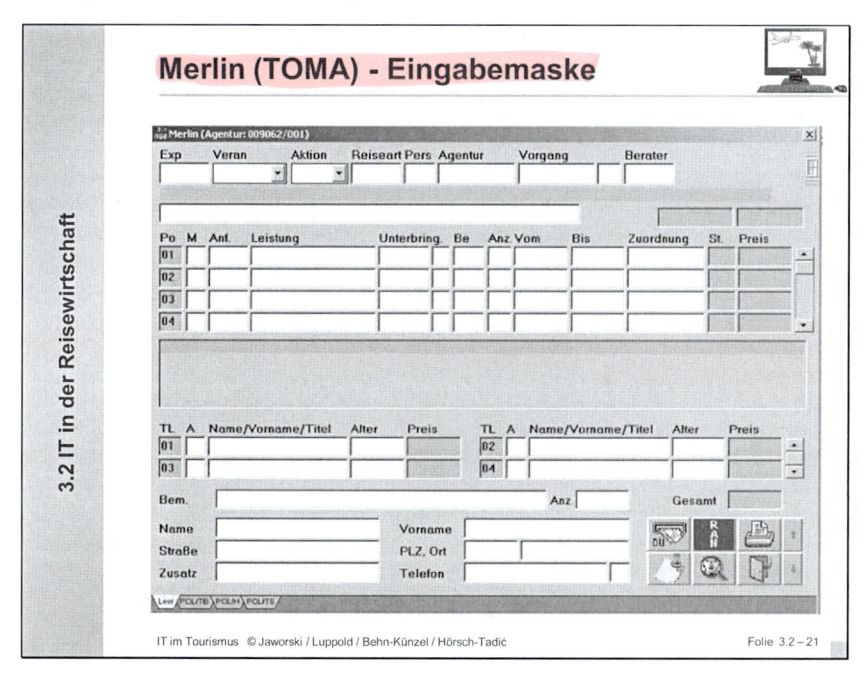

Merlin (TOMA) - Eingabemaske

IT im Tourismus © Jaworski / Luppold / Behn-Künzel / Hörsch-Tadić   Folie 3.2 – 21

Eine typische Buchungsmaske ist in ihrem Ursprung noch in den 70-er Jahren bei dem Unternehmen START entstanden. Später wurde diese Maske von mehreren Softwareunternehmen nachprogrammiert (auf der Folie sehen Sie ein Beispiel von dem Unternehmen DCS aus Hamburg). Sie hat große Dienste im Deutschlandtourismus geleistet. Sie war und ist nach wie vor eine gemeinsame Schnittstelle zwischen zwei Unternehmensgruppen, die im Buchungsprozess beteiligt sind: den Reisebüros und den Reiseveranstaltern. Die Buchungsdaten werden im Reisebüro in diese Maske eingegeben und werden dann den Reiseveranstaltern via CRS zur Verfügung gestellt. Die Daten werden dort eingelesen und von den internen Programmen des Reiseveranstalters weiter bearbeitet.

IT-Anforderungen für Reiseveranstalter

3.2 IT in der Reisewirtschaft

- Reise anlegen
- Reiseverkauf
- Reiseabwicklung
- Zubringerplanung
- Direktwerbung
- Auswertungen
- Statistiken
- Kostenrechnung

Weitere Module...
- Back-Office
- Reisevermittlung
- CRS-Anbindung
- Dienstplan/Personaleinsatzplanung
- Fuhrpark / Werkstatt
- Mietomnibus
- Linienverkehr

⇔ Stammdatenverwaltung

IT im Tourismus © Jaworski / Luppold / Behn-Künzel / Hörsch-Tadić   Folie 3.2 – 22

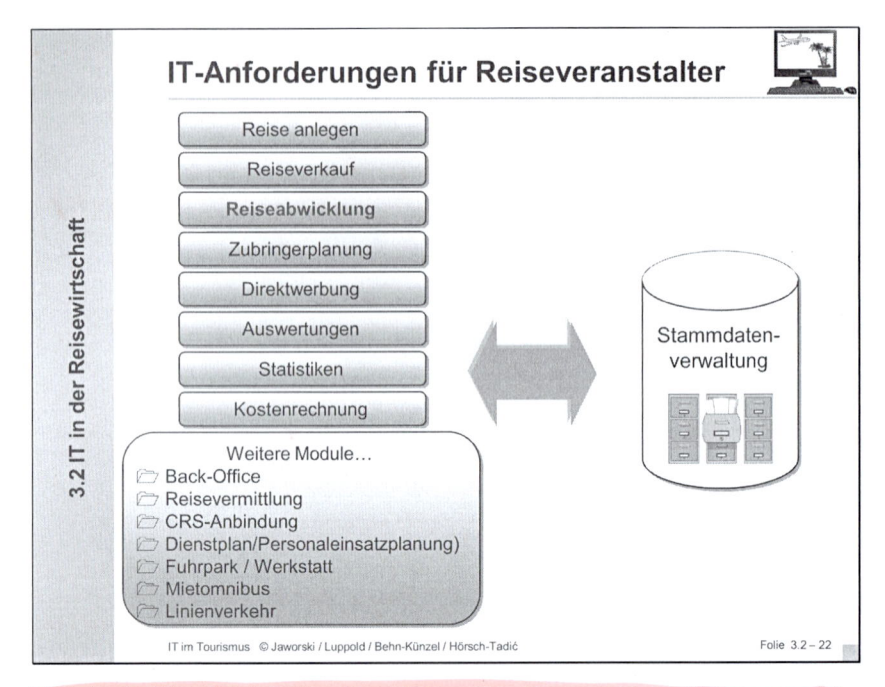

Die Reiseabwicklung ist ein weiterer Kernteil eines guten Programmpaketes für Reiseveranstalter. Hier lassen sich anfallende Aktivitäten des Reiseveranstalters von der Kundenbuchung bis zur Abwicklung der Reise erledigen:
Bestellungen können gedruckt werden,
Buchungsstellen können abgerechnet werden,
Reisebestätigungen und Rechnungen können gesammelt und zu den einzelnen Fahrtterminen ausgedruckt werden.
Überweisungen können entgegengenommen und an die Leistungsträger getätigt werden,
Voucher und Fahrscheine können auf speziellem Papier ausgedruckt werden und diverse operative Listen können ausgedruckt werden (Abreiseliste, Zimmerliste, Zimmerübersicht, Fahrauftrag, Zustiegslisten usw.).

Letztendlich kann die Reise abgerechnet und dann in die History (ein Datenarchiv) übertragen werden.

IT-Anforderungen für Reiseveranstalter

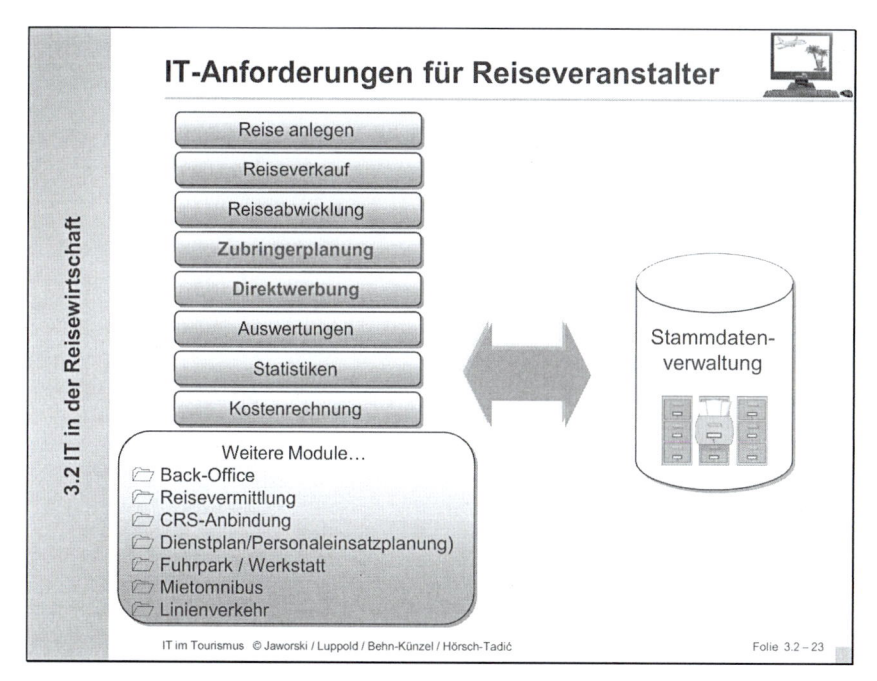

- Reise anlegen
- Reiseverkauf
- Reiseabwicklung
- Zubringerplanung
- Direktwerbung
- Auswertungen
- Statistiken
- Kostenrechnung

Weitere Module...
- Back-Office
- Reisevermittlung
- CRS-Anbindung
- Dienstplan/Personaleinsatzplanung)
- Fuhrpark / Werkstatt
- Mietomnibus
- Linienverkehr

Stammdatenverwaltung

IT im Tourismus © Jaworski / Luppold / Behn-Künzel / Hörsch-Tadić   Folie 3.2 – 23

Gerade bei größeren Veranstaltern ist es wichtig, die Zubringer effizient einzuteilen und Reibungsverluste zu vermeiden. Alle Orte auf der Route werden normalerweise in eine zeitliche Beziehung gesetzt. Die standardisierten Zustiegsfahrten werden dem Sachbearbeiter für jede Reise als Vorschlag vorliegen. Sie müssen nun für die konkrete Fahrt und die Gäste der Reise angepasst werden. Für Pendelverkehrreisen (z.B. Spanien-Wochenendfahrt) sollen Listen erstellt werden können, mit den Informationen wie viele Gäste von wo ins Zielgebiet fahren und wie viele nach Hause kehren und wo diese aussteigen werden.
Der Erkenntnis des Direktmarketings folgend, dass ein bereits gewonnener und zufriedener Kunde leichter und billiger zu einem Vertragsabschluss bewegt werden kann als ein neuer Kunde, ist es möglich, die Statistikdatensätze nach vielen Kriterien zu durchforsten. Die ausgewählten Adressen können mit speziell zugeschnittenen Angeboten versehen werden, was die Erfolgsquote (Buchungsaufkommen) bei der nächsten Reise steigern kann.

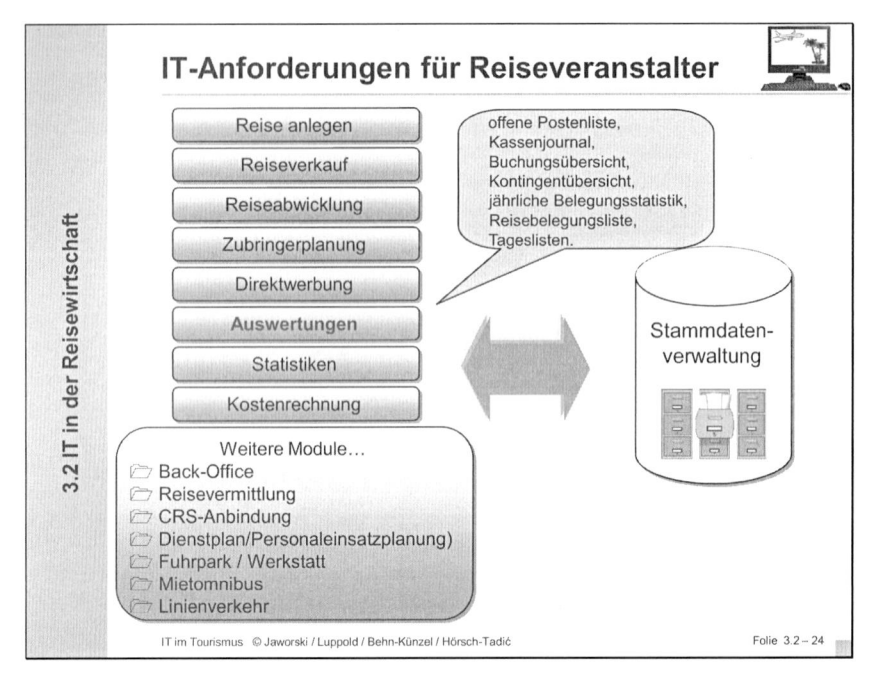

IT-Anforderungen für Reiseveranstalter

3.2 IT in der Reisewirtschaft

- Reise anlegen
- Reiseverkauf
- Reiseabwicklung
- Zubringerplanung
- Direktwerbung
- Auswertungen
- Statistiken
- Kostenrechnung

offene Postenliste, Kassenjournal, Buchungsübersicht, Kontingentübersicht, jährliche Belegungsstatistik, Reisebelegungsliste, Tageslisten.

Stammdatenverwaltung

Weitere Module...
- Back-Office
- Reisevermittlung
- CRS-Anbindung
- Dienstplan/Personaleinsatzplanung
- Fuhrpark / Werkstatt
- Mietomnibus
- Linienverkehr

IT im Tourismus © Jaworski / Luppold / Behn-Künzel / Hörsch-Tadić   Folie 3.2 – 24

Das Veranstalterunternehmen braucht diverse Auswertungen, die das Programm per Knopfdruck liefern soll:

Offene Postenliste: Liste der Direktkunden und Agenturen mit offenen Forderungen,
Kassenjournal: chronologische Auflistung der Kassenbuchungen,
Buchungsübersicht: selektierbare Liste über den Buchungsstand zu einem Termin bzw. zu einer bestimmten Reise,
Kontingentübersicht: Verfallsdatum und Anzahl der Zimmer im Hotelkontingent,
Jährliche Belegungsstatistik: Auswertung über Frequentierung der Reisen über einen längeren Zeitraum hinweg. So kann eine Zu- oder Abnahme der Kunden herausgefunden werden und als Handlungsgrundlage dienen.
Jährliche Fahrtenstatistik: Übersicht über die jährlichen Buchungszahlen, nur interessant wenn bereits mehrere Jahre mit einem Programm gearbeitet wurde,
Reisebelegungsliste: Auflistung mit dem Auslastungsgrad der geplanten Reisen,
Tagesliste: eigentlich mehrere Listen zur manuellen Bearbeitung, weil Angaben zur Reise oder Reisenden nicht korrekt bzw. nicht vollständig sind.

IT in der Reisewirtschaft

IT-Anforderungen für Reiseveranstalter

- Reise anlegen
- Reiseverkauf
- Reiseabwicklung
- Zubringerplanung
- Direktwerbung
- Auswertungen
- Statistiken
- Kostenrechnung

Weitere Module...
- Back-Office
- Reisevermittlung
- CRS-Anbindung
- Dienstplan/Personaleinsatzplanung)
- Fuhrpark / Werkstatt
- Mietomnibus
- Linienverkehr

Stammdatenverwaltung

IT im Tourismus © Jaworski / Luppold / Behn-Künzel / Hörsch-Tadić   Folie 3.2 – 25

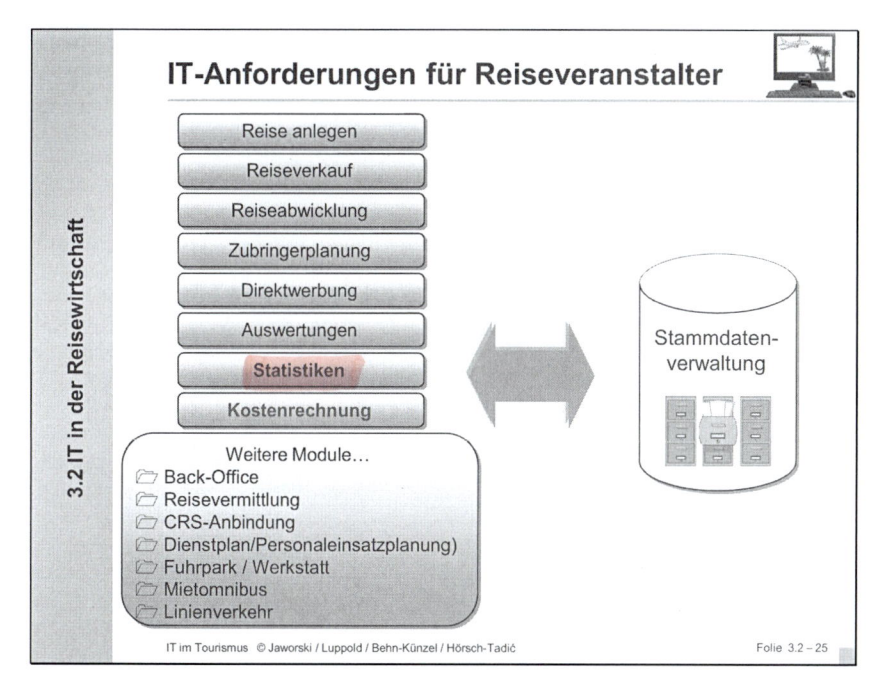

Es ist zwar sehr mühselig, sehr viele Daten in das Programm einzugeben, sie bilden aber die Daten, die die Basis für alle notwendigen Statistiken darstellen:
Sachbearbeiterstatistik: Übersicht über den Buchungsstand pro Sachbearbeiter- interessante Auswertung für Unternehmen mit Provisionssystemen für die Expedienten.

Verkäuferrennliste: zeigt auf welcher Verkäufer der Beste ist (u.a. nach Zielgebieten, Reisearten usw.).

Veranstalterstatistik/Leistungsträgerstatistik: veranschaulicht welcher Partner für das Unternehmen am interessantesten ist.

Buchungsübersicht: pro Woche, Monat, Reiseart.

Postleitzahlenstatistik, Agenturstatistik,...

Beim Modul Kostenrechnung handelt es sich um einen der Kernprozesse für die Reiseveranstalter. So werden alle Reisen, Ankäufe und Verkäufe dokumentiert, sowie alle anfallenden Kosten während der Reise und alle Abweichungen von Plankosten erfasst. Das Ergebnis sind komplette Leistungsvergleiche von allen Reisen und die Deckungsbeitragsrechnung für jede einzelne Fahrt.

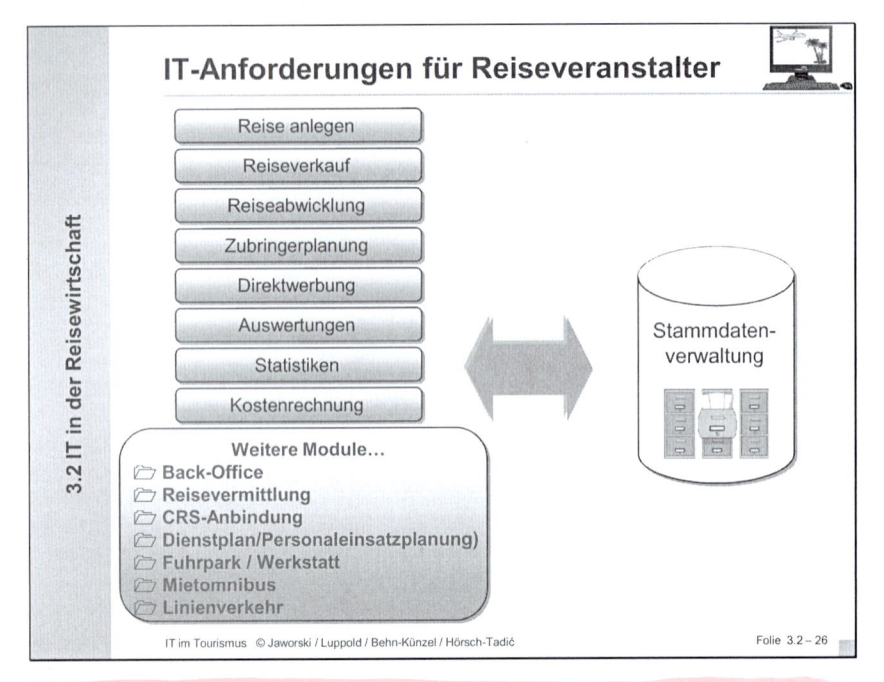

IT-Anforderungen für Reiseveranstalter

- Reise anlegen
- Reiseverkauf
- Reiseabwicklung
- Zubringerplanung
- Direktwerbung
- Auswertungen
- Statistiken
- Kostenrechnung

Weitere Module...
- Back-Office
- Reisevermittlung
- CRS-Anbindung
- Dienstplan/Personaleinsatzplanung)
- Fuhrpark / Werkstatt
- Mietomnibus
- Linienverkehr

⇔ Stammdatenverwaltung

IT im Tourismus © Jaworski / Luppold / Behn-Künzel / Hörsch-Tadić — Folie 3.2 – 26

Das Back-Office Modul verwaltet Grundparameter für die unterstützten Finanzbuchhaltungsprogramme. Außerdem sollten dort Kassenführung und Kassenabrechnung enthalten sein. Diverse Formulare, die von den RV selbst angepasst werden sollen, werden auch hier verwaltet.

Viele RV haben eigene Reisebüros und verkaufen dort nicht nur eigene Reisen sondern auch Fremdprodukte. Das Modul soll die gebräuchliche Start-TOMA Maske enthalten und in der Lage sein, den Zahlungsverkehr mit Kunden und den Veranstaltern zu überwachen und die Abrechnungen zu erstellen.

Das Modul CRS-Anbindung macht den Reiseverkauf über ein CRS möglich. Voraussetzung dafür ist die richtige Software, die eine Schnittstelle zwischen dem Reiseveranstalterrechner und dem CRS-Rechner bildet. Sie muss von der CRS-Gesellschaft akzeptiert und zertifiziert werden. Die Firma AMADEUS setzt vor dem Anbinden eines neuen Veranstalters umfangreiche und sehr kostspielige Testläufe voraus, die die Tauglichkeit des Rechners und des Veranstalters prüfen.

Bei größeren Reiseveranstaltern und Omnibusbetrieben werden Dienstpläne erstellt. Zur Verfügung stehende Fahrer und Reiseleiter werden den Reisen zugeordnet. Jedes Mal ist es eine Gradwanderung zwischen der optimalen Auslastung der Ressourcen (Fahrzeuge) und dem Fachpersonal einerseits und der Einhaltung der gesetzlichen Bestimmungen anderseits.

Ein typischer Veranstalter hat in seinem Unternehmen drei Säulen: Linienverkehr, Touristik und Werkstatt. Die Werkstatt soll auch über die EDV verwaltet werden können.

Es gibt Busreiseveranstalter, die keinen Bus besitzen und es kommt oft vor, dass ein Busunternehmen den ganzen Bus vermietet. Auch dies sollen Programme unterstützen. Angebote sollen erstellt, Aufträge kalkuliert, verwaltet und fakturiert werden.

Auch die Verwaltung der Dienstpläne für den Linienverkehr mit seinen besonderen Anforderungen wie Schichtdienste, Ruhezeiten u.ä. wird gewünscht.

IT-Anforderungen für Reiseveranstalter

Bei Busreiseveranstaltern ist wichtig:

- ✓ Einzelplatzreservierung anhand eines Sitzplanes,
- ✓ Erfassung von Zustiegsort und –zeit je Teilnehmer,
- ✓ Tourenplanerstellung für Zu- und Abbringer,
- ✓ Eingabe/Bearbeitung der Daten bzgl. Reiseverlauf/ Zielgebiete,
- ✓ Beschränkung der START-Buchbarkeit auf eine bestimmte Region.

Die Busveranstalter haben spezifische Anforderungen, die hier kurz präsentiert werden sollen:
Die Einzelplatzreservierung bei einer Busreise ist in vielen Fällen selbstverständlich und wird von den Reisenden erwartet. Bei der Flugreise ist dies nicht der Fall. Die Kunden möchten oftmals bereits bei der Buchung wissen, welchen Sitzplatz sie im Bus haben werden. Auch für die RV ist dies von Vorteil und buchungsfördernd, wenn der Expedient dem Kunden am Bildschirm den Belegungsplan zeigen und die gewünschten Plätze gemeinsam mit dem Kunden auswählen kann. Die Problematik dabei: es gibt diverse Bustypen und oft entscheidet der Veranstalter erst kurz vor der Reise anhand der Verkaufszahlen, welchen Bus er auf die Reise schickt.
Im Unterschied zu einer Flugreise werden Teilnehmer einer Busreise oftmals von ihrem Wohnort abgeholt. Das Programm sollte also die Erstellung einer Zustiegsliste bzw. eines Tourenplans ermöglichen. Eine Busreise kann, je nach Teilnehmerzahlen und je nach Größe des Einzugsbereichs, mehrere solcher Zustiegslisten erfordern (Umschlagsplatz). Danach soll ein Tourenplan vom Programm aus erstellt werden.
Elastisches Reagieren auf sich ändernden Bedingungen einer Reise und nachhaltige Eintragung der Änderung im Reiseverlauf sollen im System möglich sein.
Viele kleinen Busveranstalter wollen nur regional bleiben und möchten ihr Angebot den weiter entfernt agierenden Reisebüros nicht zeigen.

IT-Anforderungen für Reiseveranstalter

Anschluss an ein Reservierungssystem

Argumente dafür:
- Schnelle, leichte Erstellung der Reiseunterlagen,
- Bessere Buchbarkeit,
- Höhere Marktpräsenz,
- Erschließung neuer Kundenkreise,
- Sicherung der Wettbewerbsfähigkeit,
- Imageförderung.

Vorbehalte:
- hohe Kosten (Investitionen),
- geringe Akzeptanz bei den Reisebüros,
- GDS und CRS haben keine geeigneten Eingabemasken,
- für kleine lokale Reiseveranstalter nicht geeignet.

Von einem Anschluss an ein Reservierungssystem erhoffen sich die Veranstalter vor allen Dingen eine Erhöhung der Buchungszahlen infolge einer Erleichterung des Verkaufs. Die Buchung einer Reise über z.B. AMADEUS schließt die automatische Erstellung der Reiseunterlagen mit ein. Gleich im Anschluss an eine Buchung kann der Ausdruck der Buchungsbestätigung ausgelöst werden. Für den Reisebüroverkäufer bedeutet diese Automatisierung eine wesentliche Reduzierung des Verwaltungsaufwandes, so dass er sich auf eine intensivere Beratung der Kunden konzentrieren kann. Der Veranstalter hat auch den Vorteil, dass die Buchungsdaten sofort vorliegen und die Reiseunterlagen für den Kunden (Fahrschein, Vouchers, Rechnungen) gleich erstellt und zugestellt werden können.

Ohne das CRS ist der Verkauf von Reisen sehr zeitraubend. Der RV muss telefonisch befragt werden, ob es noch freie Plätze gibt oder Sonderwünsche möglich sind, Zusatzinformationen müssen abgefragt werden.

Mit dem Anschluss an ein CRS ist häufig eine höhere Marktpräsenz verbunden, da das Reiseangebot in der Regel mehreren Reisebüros zur Verfügung steht. Diese Präsenz kann von dem Veranstalter gesteuert werden, indem er bestimmt, welchen Agenturen der Zugriff auf sein Angebot ermöglicht werden soll.

Den Wettbewerbsvorteil und die Imageförderung durch den Anschluss an ein CRS erhoffen sich vor allem kleinere Veranstalter, insb. Busveranstalter. Dies ist mit hohen Kosten eines solchen Anschlusses verbunden, die nur solvente Veranstalter zu tragen in der Lage sind.

Veranstalter lehnen einen Anschluss an ein CRS vor allem aus Kostengründen ab. Die Anschaffung einer entsprechenden Hardware, die den Anforderungen eines im Verbund mit CRS stehenden Anlage genügen muss, kostet oft mehr als 50.000€. Die Software ist mindestens genauso teuer. Hinzu kommen die CRS-Kosten je Buchung und für die Wartung der EDV.

Die Reiseveranstalter, die noch nicht z.B. im AMADEUS sind, fürchten eine stiefmütterliche Behandlung bei den Reisebüros. Aus der Reisebürosicht ist es einfacher, eine 08/15 Reise eines Großveranstalters zu verkaufen als eine von einem wenig bekannten Reiseveranstalter.

Vor allem die Busveranstalter beklagen die TOMA-Maske, die sich an die Flugreisen und die Pauschale richtet. Die Tatsache, dass im Rahmen einer Busreise die Fahrgäste von ihrem Wohnort abge-

holt werden, wird dort nicht berücksichtigt. Genauso wie die Zubringertourenplanung und teilweise die genaue Platzbuchung
Bei den an AMADEUS angeschlossenen Leistungsträgern handelt es sich um die großen Unternehmen. Für viele sehr kleinen Busveranstalter ist der Gedanke, sich an dieses System anzuschließen einfach fremd, da die Kunden nur aus der Nähe kommen und der zweifelhafte Zuwachs der Buchungen die hohen Kosten nicht decken wird.
Fazit: nicht in jedem Fall ist ein Anschluss an ein CRS wirtschaftlich vertretbar.

Software-Anbieter für Reiseveranstalter
(Auszug)

#	Anbieter	Produkt	Web
1.	BEWOTEC GmbH	daVinci	www.bewotec.de
2.	Intos	Tourmaster	www.intos-gmbh.de
3.	ISO Software Systeme	Ocean (ITOS)	www.isotravel.com
4.	Kohlenberg Software GmbH	TOUR32	www.kohlenberg.com
5.	Kuschick Software	BUSPROwin	www.kuschick.de
6.	Lange Software AG	LAS-Victor	www.langesoftware.de
7.	RatioSoftware	Ratio	www.ratio-software.de
8.	Sangat Systems	Sangat travel objects	www.sangat.de
9.	WBS BLANK Software	WBS	www.wbs-blank.de
10.	W&W Systemberatung	Turista	www.turista.de
11.	Zartmann EDV	Veranstalter	www.zts.net
12.	...		

IT im Tourismus © Jaworski / Luppold / Behn-Künzel / Hörsch-Tadić   Folie 3.2 – 29

Auf der Folie sind die wichtigsten Anbieter von Reiseveranstaltersoftware aufgelistet. Dabei handelt es sich sowohl um die Anbieter der Programme für Fernreiseveranstalter als auch für Busreiseveranstalter. Weitere Anbieter, die eine etwas geringere Markdurchdringung aufweisen können, sind folgende:
- Victor GmbH Wiesbaden (www.victor-soft.de)
- Nexus GmbH Adelshofen (www.wintours.ag)
- Info-netz GmbH Bielefeld (www.info-netz.de)
- Hit GmbH Saarbrücken (www.hit-info.de)

Online-Präsentationen der Software für die Reisewirtschaft

Chancen:

- ☺ Erhebliche Ausweitung der geographischen Reichweite
- ☺ Aktualität und ständige Verfügbarkeit
- ☺ Beeindrucken des Kunden durch Technik - Faszination
- ☺ Verbesserung der Corporate Identity
- ☺ Bequem für den Kunden
- ☺ Kostenvorteile

Risiken:

- 💣 Sicherheitsbedenken vieler Kunden
- 💣 Schwellenängste bestimmter Zielgruppen
- 💣 Unsicherheit hinsichtlich der Kostenbelastung
- 💣 Unausgereifte Technik

IT im Tourismus © Jaworski / Luppold / Behn-Künzel / Hörsch-Tadić   Folie 3.2 – 30

Die online Produktpräsentation ist eine Form der interaktiven, kommerziellen Kommunikation. Sie benutzt überwiegend das World Wide Web, den multimedialen Dienst des Internets.

Eine im Internet betriebene Produktpräsentation bietet durch ihre spezifischen Eigenschaften eine Reihe von Vorteilen gegenüber der herkömmlichen offline Produktpräsentation. Die Kenntnisse und die richtige Anwendung dieser Vorteile verschaffen einen Wettbewerbsvorsprung.

Vor allem kleinere und mittelständische Unternehmen verfügen vielfach nicht über die Möglichkeit, ihre Produkte geographisch flächendeckend und bedarfsindividuell zu präsentieren. Dieser Nachteil kann durch eine interaktive, virtuelle Produktpräsentation eliminiert werden.

Für Dienstleistungen wiederum, und dazu zählen auch die Informationsversorgung und Servicefunktionen, ist eine physikalische Präsentation ohnehin schwierig. Hier bietet sich die Präsentation mittels multimedial gestalteter, aussagestarker Informationssysteme geradezu an. Geeignete Beispiele finden sich in Branchen wie Tourismus, Immobilien, Bekleidung, Kultur oder Schulung.

Chancen der interaktiven Produktpräsentation sind:
- Erhebliche Ausweitung der geographischen Reichweite.
- Ermöglichung höherer Schnelligkeit der Kommunikation im Allgemeinen, der Produktauswahl und Produktspezifikation.
- Chance einer stärkeren Individualisierung sowohl der Informationsaufnahme durch den Kunden als auch der Produktkonfiguration.
- Chancen einer stärkeren Beeindruckung des Kunden durch Technik – Faszinationen.
- Verbesserung der Corporate Identity in Richtung Fortschrittlichkeit, Modernität, Innovationsbereitschaft, Kundennähe, Effektivität.
- Die Erreichbarkeit des Unternehmensangebotes besteht rund um die Uhr.
- Maximale Bequemlichkeit des Informationsvorganges durch Verlagerung in das Wohnzimmer des Kunden.
- Möglichkeiten vielfältiger Kostenvorteile insbesondere durch Wegfall von Reisen, Einsparung personeller Dienstleistungen.

Risiken der interaktiven Produktpräsentation sind:
- Sicherheitsbedenken vieler Kunden in Bezug auf Datenschutz und Rechtssicherheit.
- Schwellenängste bestimmter Zielgruppen gegenüber Informationstechnologie.
- Durch relative Neuigkeit der Online Marketing Konzeption Unsicherheit hinsichtlich der Kostenbelastung.
- Zur Zeit noch geringe Beeindruckung durch erhebliche technologische Restriktionen wie zum Beispiel geringe Bildschirmgröße und langsamer zeitlicher Bildaufbau.

Gute Beispiele für Produktpräsentationen findet man unter:
1) Lernprogramme des Unternehmens Amadeus: http://www.de.amadeus.com/training/elearning.php
2) Präsentation des Programms Jack plus vom Unternehmen Bewotec: http://www.bewotec.de/fileadmin/videoneu/jackplus/index.htm

3.3 IT in der Hotellerie

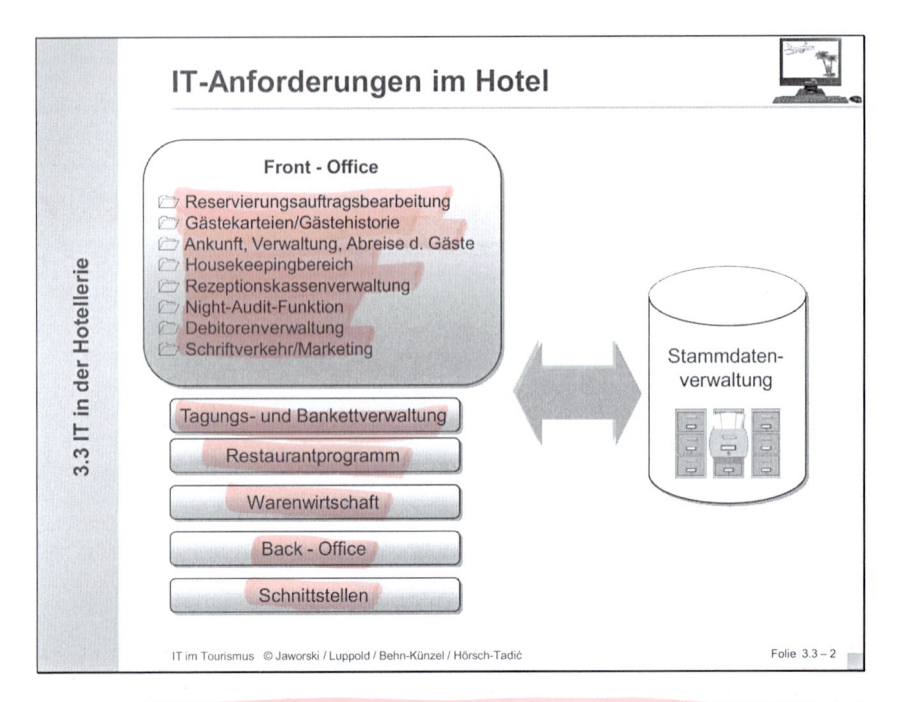

IT-Anforderungen im Hotel

Front - Office
- Reservierungsauftragsbearbeitung
- Gästekarteien/Gästehistorie
- Ankunft, Verwaltung, Abreise d. Gäste
- Housekeepingbereich
- Rezeptionskassenverwaltung
- Night-Audit-Funktion
- Debitorenverwaltung
- Schriftverkehr/Marketing

- Tagungs- und Bankettverwaltung
- Restaurantprogramm
- Warenwirtschaft
- Back - Office
- Schnittstellen

Stammdatenverwaltung

IT im Tourismus © Jaworski / Luppold / Behn-Künzel / Hörsch-Tadić   Folie 3.3 – 2

Alle im Punkt 3.1 beschriebenen allgemeinen Bewertungskriterien wie Zuverlässigkeit, Benutzbarkeit, Bedienungsfreundlichkeit, usw. gelten selbstverständlich auch im Hotelsektor. Die auf der Folie zusammengestellten speziellen Anforderungen, die an die Software der Hotelbetriebe bestehen, werden nach und nach beschrieben. Sie sollen im Vorfeld erst zusammengetragen und dann in Anforderungsgruppen geordnet werden. So lassen sich danach die funktionsbezogenen Bewertungskriterien formulieren. Sie bilden dann die Messlatte für die Prüfung, wie die Software die gestellten Erfordernisse erfüllen bzw. wie die Software den Arbeitsablauf im Hotel unterstützen kann. Diese Erfordernisse lassen sich aus dem Arbeitsablauf eines Hotelbetriebes ableiten.

Die Funktionen müssen dem Anwender:
- die Sachverhalte anzeigen, die für die Lösung seiner Aufgaben relevant sind, z.B. Zimmerplan bei einer Reservierungsbearbeitung bereitstellen,
- die Ergebnisse liefern, die von ihm erwartet werden, z.B. die Markierung der vorgegebenen Zimmer im Belegungsplan,
- das Zusammenwirken mit anderen eingesetzten Systemen gewährleisten, z.B. die Übernahme von Daten aus der Telefonanlage.

Die wichtigsten sind selbstverständlich die Funktionen aus dem Front-Office-Bereich. Sie bilden den Kern von jeder branchenspezifischen Hotelsoftware. Es gibt diverse Hoteltypen in denen unterschiedliche Bezeichnungen für die anfallenden Tätigkeiten angewandt werden. Die in diesem Kapitel verwendeten Fachbegriffe werden hoffentlich von allen Lesern verstanden werden.

IT in der Hotellerie

IT-Anforderungen im Hotel

Zimmerbelegungsplan!!!

(Bildschirmdarstellung eines Zimmerbelegungsplans mit Zimmernummern 100–122, Kalenderansicht September 1999 und Sortierungsoptionen)

IT im Tourismus © Jaworski / Luppold / Behn-Künzel / Hörsch-Tadić   Folie 3.3 – 3

In vielen (fast allen) Branchenprogrammen für die Hotellerie nimmt der Zimmerbelegungsplan eine Sonderstellung ein. In der Zeit, als keine Computerprogramme im Hotel eingesetzt wurden, hatten die Hoteliers speziell angefertigte Hefte mit Kalender in Form von Spalten und mit den Zimmern als Zeilen der karierten Blätter. Für ganze Generationen von Hotelangestellten war das das wichtigste Dokument, um die Reservierungen der Zimmer aufzunehmen und sie zu verwalten. Das Vorhandensein des Zimmerbelegungsplanes als zentraler Bestandteil des Programms war bei vielen Gesprächen zwischen den Hotelangestellten und den Vertretern der Softwarefirmen ein ausschlaggebendes Argument für den Einsatz von Software. Die grafische Darstellung der Belegungen und die Einfachheit bei der Verwaltung der Belegungen (einfach mit der Maus ziehen, anhalten, versetzen, löschen) haben viele Hotelangestellte für den Einsatz eines Computerprogramms überzeugt und große Dienste im Siegeszug der Computer in der Hotellerie geleistet.

IT-Anforderungen im Hotel

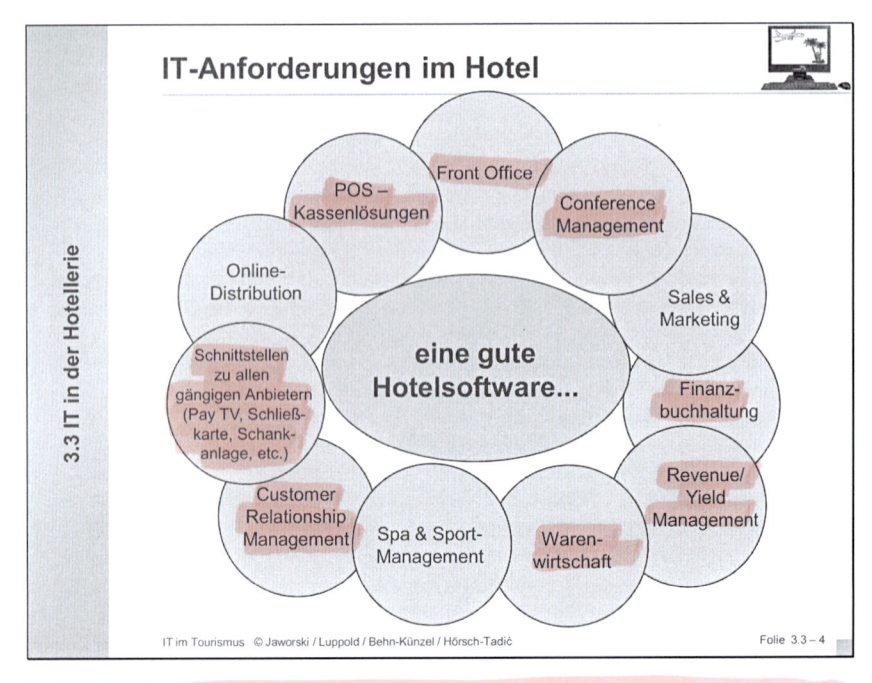

Arbeitsbereiche rund um eine gute Hotelsoftware:
- Front Office
- POS – Kassenlösungen
- Conference Management
- Online-Distribution
- Sales & Marketing
- Schnittstellen zu allen gängigen Anbietern (Pay TV, Schließkarte, Schankanlage, etc.)
- Finanzbuchhaltung
- Customer Relationship Management
- Spa & Sport-Management
- Warenwirtschaft
- Revenue/Yield Management

IT im Tourismus © Jaworski / Luppold / Behn-Künzel / Hörsch-Tadić   Folie 3.3 – 4

Eine gute Hotelsoftware soll nach Möglichkeit alle Arbeitsbereiche in einem Beherbergungsbetrieb abdecken, und zwar in einer einheitlichen und aufeinander abgestimmten Weise. In allen Abteilungen eines Hotels werden Informationen über Hotelgäste, Konferenz-, bzw. Bankett- Teilnehmer und auch über sonstige Geschäftsvorfälle anfallen. Diese müssen in eine gemeinsame Datenbank einfließen, dort verarbeitet und allen weiteren relevanten Stellen im Hotel zur Verfügung gestellt werden.

Aus der Sicht des Hotelmitarbeiters ist die integrierte, einheitliche IT-Lösung von großem Vorteil, weil er an seinem Arbeitsplatz nur einen Computer gestellt bekommt, in dem sich alle notwendigen Programmmodule befinden. So kann er im Front-Office und Housekeeping-Bereich alle Anliegen der Hotelgäste EDV-technisch lösen und hat daneben Funktionsbereiche wie: das Online-Buchungs-System, das Kassensystem, Programme zur Steuerung aller notwendigen Schnittstellen wie Telefonanlage, PayTV-Systeme, Schließsysteme u.v.ä.m zur Verfügung.

IT in der Hotellerie

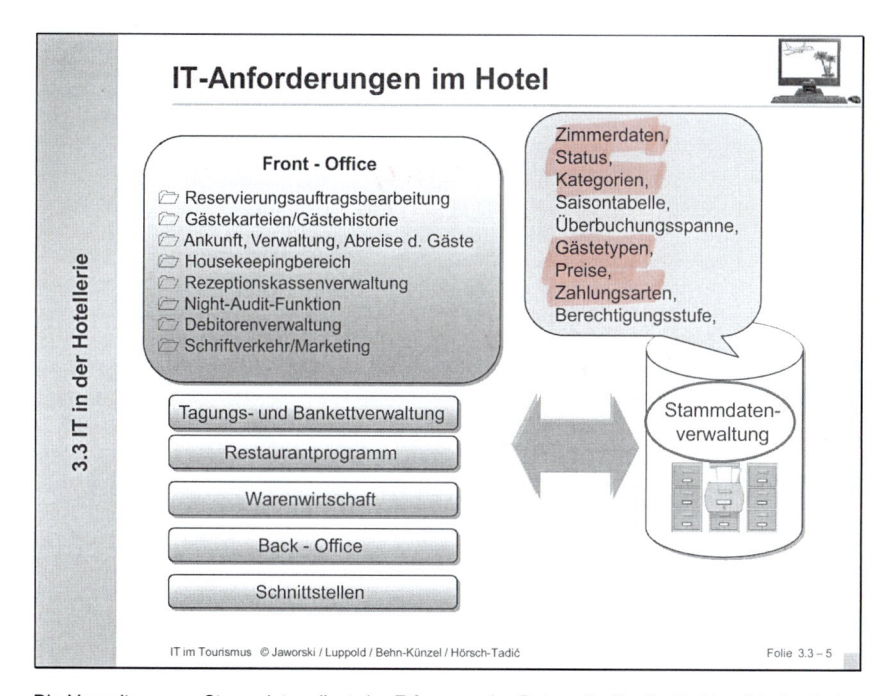

IT-Anforderungen im Hotel

Front - Office
- Reservierungsauftragsbearbeitung
- Gästekarteien/Gästehistorie
- Ankunft, Verwaltung, Abreise d. Gäste
- Housekeepingbereich
- Rezeptionskassenverwaltung
- Night-Audit-Funktion
- Debitorenverwaltung
- Schriftverkehr/Marketing

Zimmerdaten, Status, Kategorien, Saisontabelle, Überbuchungsspanne, Gästetypen, Preise, Zahlungsarten, Berechtigungsstufe,

- Tagungs- und Bankettverwaltung
- Restaurantprogramm
- Warenwirtschaft
- Back - Office
- Schnittstellen

Stammdatenverwaltung

IT im Tourismus © Jaworski / Luppold / Behn-Künzel / Hörsch-Tadić Folie 3.3 – 5

Die Verwaltung von Stammdaten dient der Erfassung der Daten, die für die tägliche Arbeit mit dem Programm notwendig sind. Die Ersteingabe erfolgt in der Regel bei der Installation des Programms in Zusammenarbeit mit dem Softwarelieferanten. Gemeint sind hier die Zimmerdaten samt Kategorien, Status, Ausstattung, Überbuchungsspanne und saisonale Einteilung der Preise, Festlegung der Gästetypen usw.; außerdem die Erfassung verschiedener Zahlungsarten sowie der Benutzer des Programms, samt Berechtigungsstufe.

Die Gästedatei gehört auch zu den Stammdaten, wobei es hier eine Schnittmenge mit den Bewegungsdateien gibt. Von den meisten Hotels wird eine Unterteilung der Gästedatei in Firmenkunden, Reiseveranstalter (Reisebüros) und private Personen unternommen. Die Gästekartei umfasst eine Reihe von Feldern mit diversen Personendaten, die für Marketingzwecke genutzt werden können.

Des Weiteren gehören zu den Stammdaten solche Eingaben wie z.B. Mehrwertsteuertabelle, Postleitzahlen, Bankleitzahlen, Saisontabellen.

IT-Anforderungen im Hotel

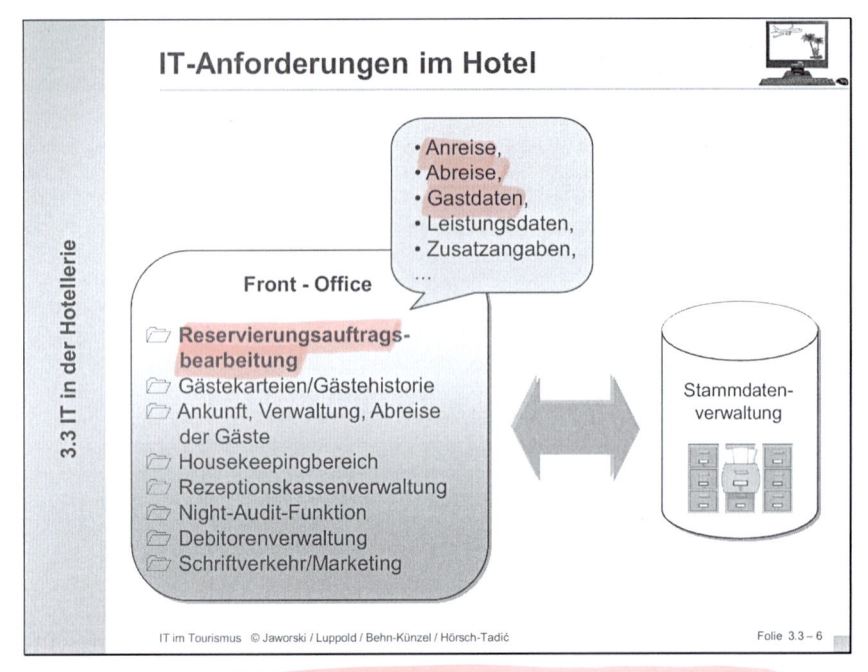

Front - Office
- Anreise,
- Abreise,
- Gastdaten,
- Leistungsdaten,
- Zusatzangaben,
...

- Reservierungsauftragsbearbeitung
- Gästekarteien/Gästehistorie
- Ankunft, Verwaltung, Abreise der Gäste
- Housekeepingbereich
- Rezeptionskassenverwaltung
- Night-Audit-Funktion
- Debitorenverwaltung
- Schriftverkehr/Marketing

Stammdatenverwaltung

3.3 IT in der Hotellerie

IT im Tourismus © Jaworski / Luppold / Behn-Künzel / Hörsch-Tadić   Folie 3.3 – 6

Der Bereich Reservierung befasst sich mit der Erfassung und Speicherung der Gastdaten und seinen gewünschten Leistungen für einen gewissen Zeitraum. Diese Funktion ist einerseits auf zahlreiche Informationen aus dem Bereich der Stammdaten angewiesen und verwaltet andererseits eine Menge an Bewegungsdaten bis zur Anreise des Gastes. Der Bereich Reservierung erfordert die Möglichkeit einer schnellen Bearbeitung, einen logischen und übersichtlichen Aufbau der Masken und leicht abrufbare Daten aus den Listen bzw. Fenstereinblendungen, die bei Bedarf auch automatisch übernommen werden können.

In der Reservierungsmaske wird unterschieden zwischen:
1. Den Reservierungsdaten (z.B. Anreise, Abreise)
2. Den Gastdaten
3. Den Leistungsdaten (z.B. Übernachtung mit Frühstück im Einzelzimmer)
4. Sowie zusätzlichen Angaben (z.B. Gastmerkmale, Bemerkungen).

Der Umfang dieser Daten kann eine Bildschirmmaske schnell überladen und Unübersichtlichkeit hervorrufen. Deshalb bietet sich eine Unterteilung der Angaben in zusammengehörende Teile an.
Die Reservierung muss mit wenigen Standardvorgaben (Pflichtfeldern) schnell erfassbar sein. Wichtig ist dabei die Bedienerführung. Das Programm soll mitdenken und den Dialog im Reservierungsbereich unterstützen. Beispiele sind hier Standardvorschläge (als Anreisetag immer das Tagesdatum; Übernachtungszahlen errechnen, Einblendung der Auswahlmöglichkeiten usw.).

Der Anwender muss die Möglichkeit haben, zwischen zimmergenauer und kategoriegenauer Reservierung auszuwählen. All diese Möglichkeiten müssen jedoch auch manuell änderbar sein, das gleiche gilt auch für die Preisfindung.

Der Zimmerplan ist ein zentrales Instrument im Reservierungsbereich. Neben der Zimmerabbildung soll der Anwender eine Belegungsübersicht und Informationen zum Status der Zimmer haben. Sinnvoll ist dabei nicht nur die Möglichkeit der Reservierungsänderung, sondern auch der direkte Einstieg in eine neue Reservierung (zimmergenaue Reservierung). Ein unkompliziertes Springen (z.B. wochenweise) und Scrollen in der Zeit, sowie Wochenübersichten und Mehrwochenübersichten sollen möglich sein. Die Wochenenden, Feiertage und Kalenderinformationen (z.B. Messen) sollen gekennzeichnet werden können.

Wünschenswert im Zimmerplan ist das Filtern nach beliebigen Merkmalen wie z.B. nur freie (ungereinigte, belegte, blockierte) Zimmer, nur Firmengäste, Zimmer nach Kategorie (Kategoriespiegel, u.v.ä.m.) anzuzeigen.

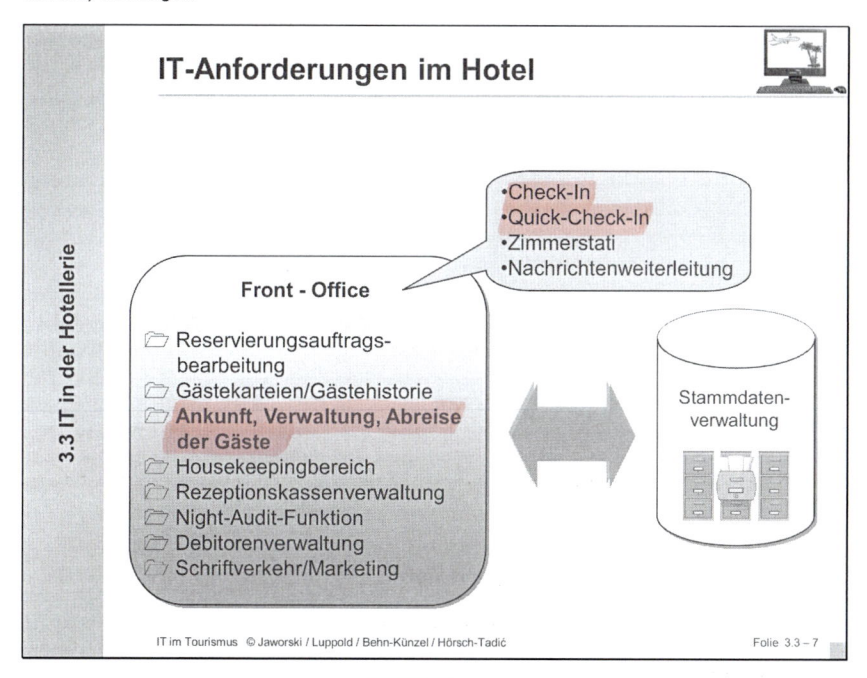

IT-Anforderungen im Hotel

Front - Office
- Reservierungsauftragsbearbeitung
- Gästekarteien/Gästehistorie
- Ankunft, Verwaltung, Abreise der Gäste
- Housekeepingbereich
- Rezeptionskassenverwaltung
- Night-Audit-Funktion
- Debitorenverwaltung
- Schriftverkehr/Marketing

- Check-In
- Quick-Check-In
- Zimmerstati
- Nachrichtenweiterleitung

Stammdatenverwaltung

IT im Tourismus © Jaworski / Luppold / Behn-Künzel / Hörsch-Tadić   Folie 3.3 – 7

Der Check-In Bereich befasst sich mit den Funktionen, die bei der Gästeankunft zum Einsatz kommen. Im Idealfall erfolgt der Check-In ohne weitere Informationsabfragen. Der Gast unterschreibt den vorgefertigten Meldeschein und bekommt seinen Schlüssel. Die Daten werden dabei automatisch aus der Reservierung übernommen und entsprechende Gastkonten bzw. das Zimmerkonto eröffnet. Es erfolgt gleichzeitig die Freischaltung der anderen Systeme wie Telefonanlage, Schließsystem, Energiesteuerung (über Schnittstellen).
Das Gruppen-Check-In ist besonders anspruchsvoll und nicht alle Softwarepakete haben ein gängiges bearbeiten der Gruppen in den Griff bekommen.
Bei Walk-In sollte der Ablauf einfach sein, um eine zügige Bearbeitung zu ermöglichen (Quick-Check-In). Der Eintrag der vollständigen Daten des Gastes wird später vorgenommen. Bei Gästen, die spät anreisen und früh wegfahren ist die Vorkassenfunktion sehr wichtig.
Möchte der Gast das Zimmer wechseln, soll die Änderung direkt im Zimmerplan möglich sein. Dabei sollen die Zimmerstati und das Gastkonto fehlerfrei aktualisiert und weitergeführt werden. Das gleiche gilt für die Verlängerung bzw. Verkürzung des Aufenthalts.
Die meisten Programme haben mehrere Funktionen für die Verwaltung der Gäste wie: Weckruf, Nachrichtenweiterleitung, Pay-TV, Telefonanlage usw.

3.3 IT in der Hotellerie

IT-Anforderungen im Hotel

Rechnung - Rechnung splitten

RechNr: 3214 Name: Sattelma ZiNr: 205				
Art	Anz	ZiNr	Artikel-Bezeichnung	Betrag
250	1	205	Logis	215,00
201	1	205	Zusatzbett	40,00
203	1	205	Dusch-Nutzung	5,00
250	5	205	Logis	1.075,00

Rechnung suchen   Saldo: 1.335,00

RechNr: 3043 Name: Sattelma ZiNr: 205				
Art	Anz	ZiNr	Artikel-Bezeichnung	Betrag
110		205	Telefon	11,00
110		205	Telefon	1,00
115	3	205	Präsentationskosten	1.500,00

Rechnung suchen   Saldo: 1.512,00

RechNr: 3215 Name: Sattelma ZiNr: 205				
Art	Anz	ZiNr	Artikel-Bezeichnung	Betrag
204	1	205	Fotokopie	0,30
30	1	205	Opernkarte	20,00
30	1	205	Opernkarte	400,00

Rechnung suchen   Saldo: 420,30

RechNr: 3213 Name: Sattelma ZiNr: 205				
Art	Anz	ZiNr	Artikel-Bezeichnung	Betrag
205	3	205	Garage über Nacht	60,00
205	1	205	Garage über Nacht	20,00
205	1	205	Garage über Nacht	20,00
206	4	205	Garage halber Tag	60,00

Rechnung suchen   Saldo: 160,00

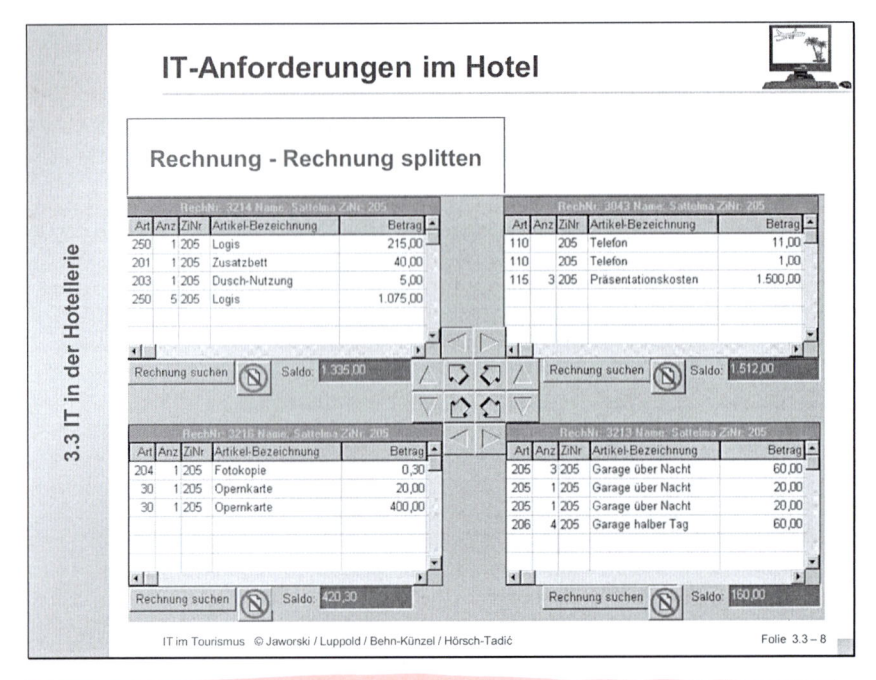

IT im Tourismus © Jaworski / Luppold / Behn-Künzel / Hörsch-Tadić   Folie 3.3 – 8

Die Gastkontenverwaltung befasst sich mit dem Verbuchen der Leistungen und der daraus folgenden Führung der eröffneten Konten. Dabei wird festgehalten, für welche Leistungen der Gast selbst die Rechnung übernimmt, und für welche jemand anderer zuständig ist (die Firma, der Vater, der nebenbei wohnt usw.). Es gibt fixe Leistungen (z.B. Logis) und variable Leistungen (z.B. Minibar).
Es können Zwischenzahlungen getätigt werden und beim Walk-In eine Vorkasse angelegt werden.
Beim Check-Out soll der Gast möglichst schnell und ohne Komplikationen bei seiner Abreise die Rechnung begleichen können. Es sollen diverse Zahlungsarten (auch gemischte) unterstützt werden, genauso wie Rechnungssplitting.
Ist eine Korrektur der Rechnung nach dem Check-Out notwendig, erfolgt dies am besten über den Re-Check-In, das heißt, die Rechnung ist wieder offen, der Gast doch noch nicht abgereist.
Arbeitet das Hotel intensiv mit den Reiseveranstaltern zusammen, erfolgt die Abrechnung auch über Voucher. Im Grunde handelt es sich hier ebenfalls um Debitoren unter Berücksichtigung der Kommission für die Gastvermittlung.

IT-Anforderungen im Hotel

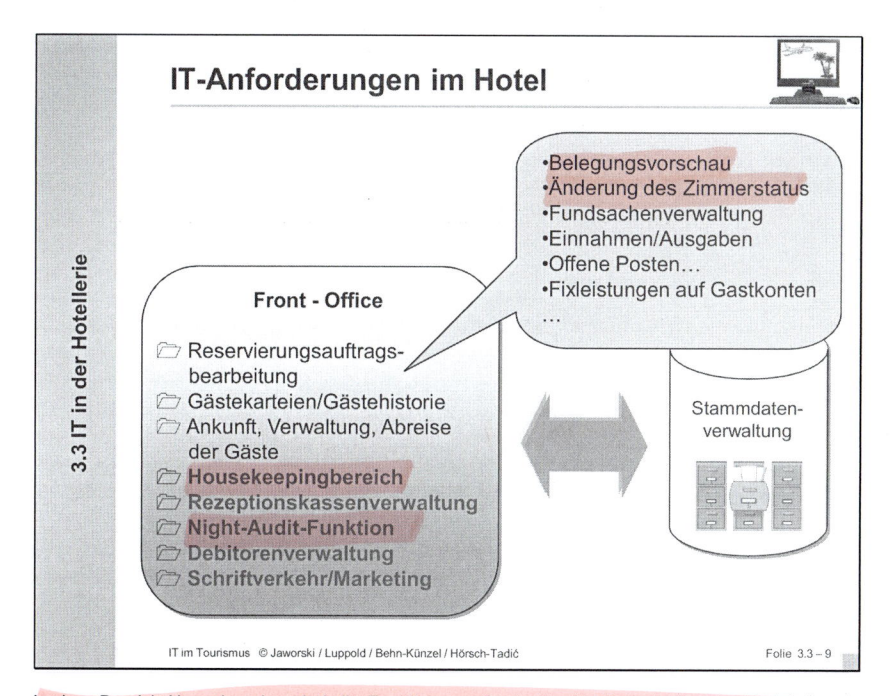

Front - Office
- Reservierungsauftragsbearbeitung
- Gästekarteien/Gästehistorie
- Ankunft, Verwaltung, Abreise der Gäste
- Housekeepingbereich
- Rezeptionskassenverwaltung
- Night-Audit-Funktion
- Debitorenverwaltung
- Schriftverkehr/Marketing

- Belegungsvorschau
- Änderung des Zimmerstatus
- Fundsachenverwaltung
- Einnahmen/Ausgaben
- Offene Posten...
- Fixleistungen auf Gastkonten
...

Stammdatenverwaltung

IT im Tourismus © Jaworski / Luppold / Behn-Künzel / Hörsch-Tadić   Folie 3.3 – 9

In dem Bereich Housekeeping sind die Funktionen erfasst, die die Organisation der Tätigkeiten im Hausdamenbereich und die Verwaltung der Zimmerstati unterstützen. Die Hausdame kann die Aufgabenverteilung für die Zimmermädchen anhand einer Belegungsvorschau am Bildschirmplatz vornehmen und entsprechende Listen ausdrucken. In Verbindung mit der Telefonanlage kann dann die Änderung des Zimmerstatus von den Zimmermädchen gemeldet werden. Nützlich ist auch eine Funktion für die Fundsachenverwaltung.
In der Rezeptionskassenverwaltung erfolgt die Administration des Kassenbestandes durch die Erfassung der Einnahmen und der Ausgaben.
Eine detaillierte Übersicht der offenen Posten ermöglicht die Debitorenverwaltung. Eine Funktion Mahnwesen überwacht die Forderungsbestände anhand der festgelegten Fristen und Mahnstufen (automatische Anschreibungstexte).
Im Rahmen des Night-Audits wird der automatische Buchungslauf gestartet, bei dem alle Gastkonten auf Fixleistungen (Logis, Frühstück, Arrangements) überprüft und gebucht werden. Zusätzlich sollte eine automatische Datensicherung gestartet werden.

IT-Anforderungen im Hotel

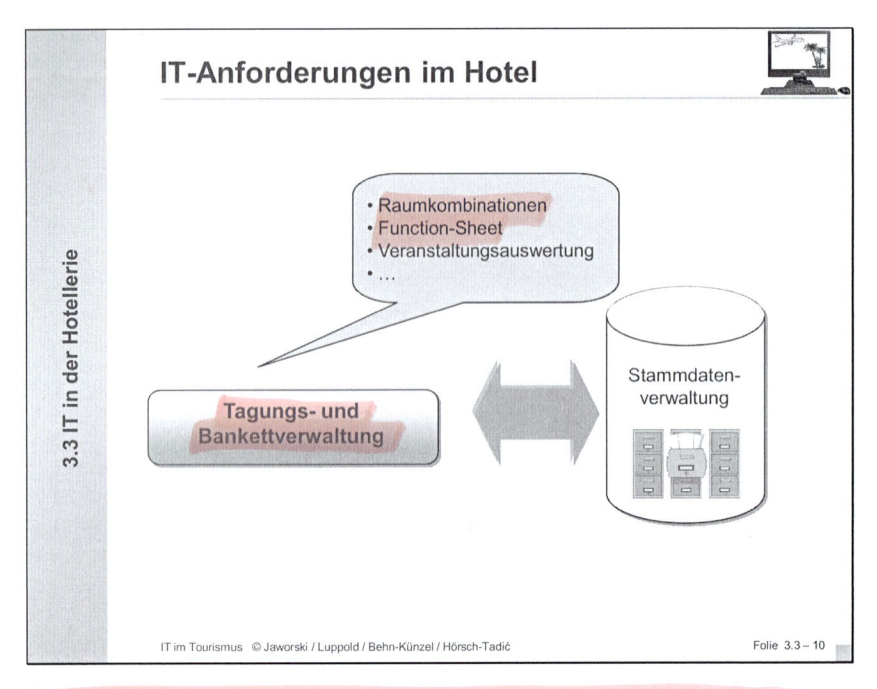

- Raumkombinationen
- Function-Sheet
- Veranstaltungsauswertung
- ...

Tagungs- und Bankettverwaltung

Stammdatenverwaltung

IT im Tourismus © Jaworski / Luppold / Behn-Künzel / Hörsch-Tadić Folie 3.3 – 10

Die Verwaltung der in einem Hotel vorhandenen Veranstaltungsräume und die Organisation von verschiedenen Veranstaltungen erfolgt meistens über ein separates Programm, bzw. Programmmodul. Im Tagungs- und Bankettbereich wird sinnvollerweise auf denselben Gästestamm zugegriffen. Oft übernachten die Teilnehmer einer Veranstaltung im Hotel.
Wichtig ist das Erfassen der möglichen Raumkombinationen mit automatischer Sperrung der Zwischenräume sowie das Warnen vor der zeitgleichen Durchführung von parallelen Veranstaltungen, die sich schwer vertragen.
Die technische Ausrüstung sowie Rüst- und Aufräumzeiten sollen automatisch vorgeschlagen werden.
Die erfassten Daten sollen dann als Angebot; Reservierungsvertrag oder als Function-Sheet (interne Ausdrucke) / Anlass-Protokoll (Schweiz) für die verschiedenen Abteilungen ausgedruckt werden können.
Kompliziert ist die Auswertung der Veranstaltung unter der Berücksichtigung der erzielten Umsätze (mit diversen MwSt-Sätzen).

IT-Anforderungen im Hotel

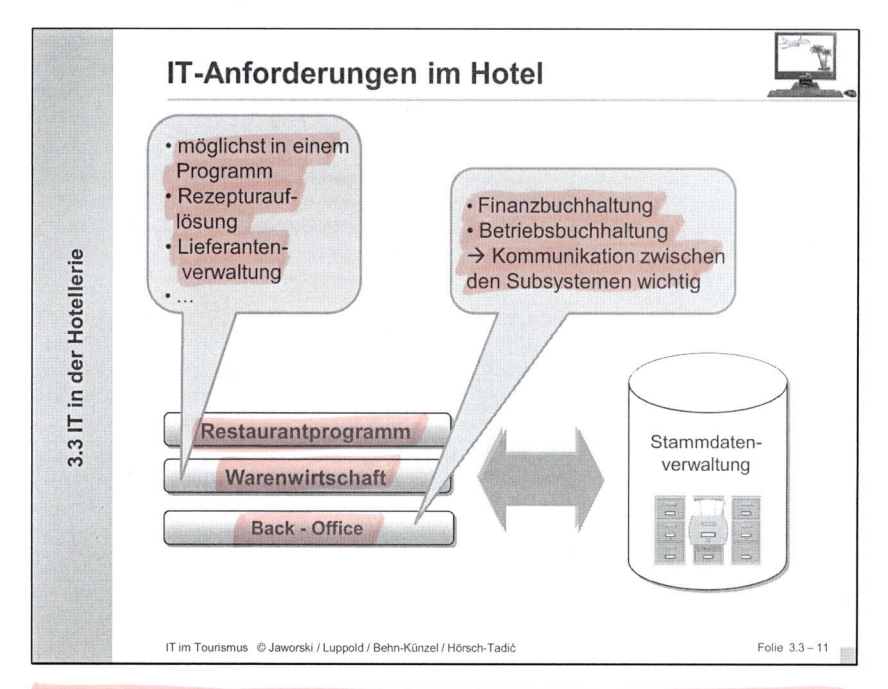

- möglichst in einem Programm
- Rezepturauflösung
- Lieferantenverwaltung
- ...

- Finanzbuchhaltung
- Betriebsbuchhaltung
- → Kommunikation zwischen den Subsystemen wichtig

Restaurantprogramm
Warenwirtschaft
Back - Office

Stammdatenverwaltung

Werden Hotel- und Restaurantsysteme aus einer Hand angeboten, hat der Hotelier den Vorteil, eine Komplettlösung zu bekommen und somit nur einen Ansprechpartner zu haben. (Micros, Gastrofix + Protel usw.).

In der Rezepturauflösung erfolgt die Aufgliederung der Verkaufsartikel in ihre Bestandteile. Das Buchen der Artikel führt somit zur automatischen Verringerung der entsprechenden Lagerbestände. Bei der Auswertung wird dann der erzielte Deckungsbeitrag errechnet – eine sehr wertvolle Analyse.
Eine Lieferantenverwaltung ermöglicht den Überblick über aktuelle Angebote und Lieferbedingungen. Das erfassen der Umsätze pro Lieferant kann bei Vertragsverhandlungen behilflich sein.

Der Bereich Back-Office umfasst die Programme für die Finanzbuchhaltung und deren Teilbereiche (Anlagen-, Kreditoren-, Debitoren-, Lohn- und Gehaltsbuchhaltung).
Die Betriebsbuchhaltung, die sich mit den Kosten des Hotels beschäftigt, gibt Aufschluss über die Kosten in den einzelnen Kostenstellen des Hotels und ihren Beitrag zum Betriebsergebnis. Die Daten für diese Rechnung werden aus der Finanzbuchhaltung übernommen und dem Hotelinhaber die Soll-Ist-Vergleiche regelmäßig geliefert.
Die Daten, die an verschiedenen Stellen im Hotel erfasst werden, gehören sehr oft zu ein und demselben Geschäftsvorfall. Die Kommunikation zwischen den Subsystemen muss also gewährleistet werden. Beispiele:
1. Hotelverwaltungsprogramm → Tagungs- und Bankettprogramm
2. Gastrechnungen aus dem Restaurant aufs Zimmer
3. Telefonrechnungen, Minibar → aufs Zimmer.

IT-Anforderungen im Hotel

Interfaces zu:
* Telefonanlagen,
* PAY-TV-Systemen,
* Schließkarten-Systemen,
* Kassen-Systemen,
* Drink-Dispenser-Systemen,
* SMART-Card-Systemen,
* Energy Control-Systemen,
* Yield-Management-Systemen
* Reservierungs- und GDS-Systemen.

u.v.ä.m.

Schnittstellen

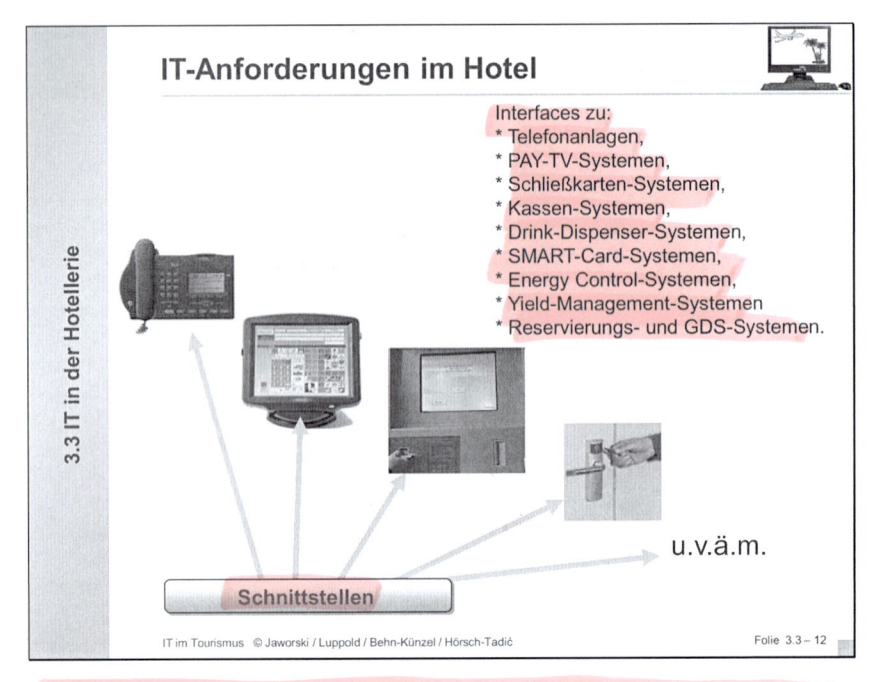

IT im Tourismus © Jaworski / Luppold / Behn-Künzel / Hörsch-Tadić   Folie 3.3 – 12

In einem Hotel werden verschiedene Systeme eingesetzt, die untereinander kommunizieren sollen. Sie sind meistens von verschiedenen Herstellern und haben eine unterschiedliche Bauweise und unterschiedliche interne Steuerung. Das Hotelprogramm hat die zentrale Aufgabe, diese verschiedenen Systeme miteinander zu verbinden und sie vom System aus anzusteuern. Auf der Folie sehen Sie nur eine kleine Auflistung der Systeme, für die das Hotelprogramm eine Schnittstelle haben sollte.

Das Kassensystem muss genau auf die betriebswirtschaftlichen Anforderungen in Hotel und Gastronomie abgestimmt sein. Die Schnittstelle zum Warenwirtschaftssystem soll Bestellfunktionen in einem System vereinen. Ein Adressverwaltungssystem dient dazu, mit einer präzisen Zielgruppenbestimmung sinnvolle Marketingkampagnen durchzuführen. Dies ist mit dem integrierten Front-Office-System noch effektiver durchführbar, weil dort der Schriftverkehr direkt auf dem Gast- bzw. Kundenstamm abgespeichert wird.

Eine Schnittstelle zu der Internetpräsentation ermöglicht die Einbindung in das Internet-Reservierungssystem. Von dort werden die Anfrage- und Reservierungsdaten direkt ins Front-Office-System weitergeleitet.

IT in der Hotellerie

IT-Anforderungen im Hotel

IFC Informationen

TV-Einstellungen:
- Fernsehen (TV): ● Erlaubt ○ Nicht erlaubt
- Pay-TV: ● Erlaubt ○ Nicht erlaubt
- Adult-TV: ○ Erlaubt ● Nicht erlaubt
- Spiele: ○ Erlaubt ● Nicht erlaubt
- Hotelshop: ● Erlaubt ○ Nicht erlaubt
- Seminarkanal: ☑ Kanal erlaubt, Nr.: 15
- Begrüssungsnachricht: ● Senden ○ Nicht senden

Schließsysteme:
- Anzahl zu codierender Karten (Erwachsene): 2
- Anzahl zu codierender Karten (Kinder): 0
- ● Staffeltabelle ○ Tageskarte
- ☐ Karte sperren?

Telefon:
- Status: ● Vollamt ○ Halbamt
- Eingehende Anrufe: ● Ja ○ Nein
- Berechtigungsstufe: 7

[OK] [Abbrechen] [Hilfe]

Schnittstellen

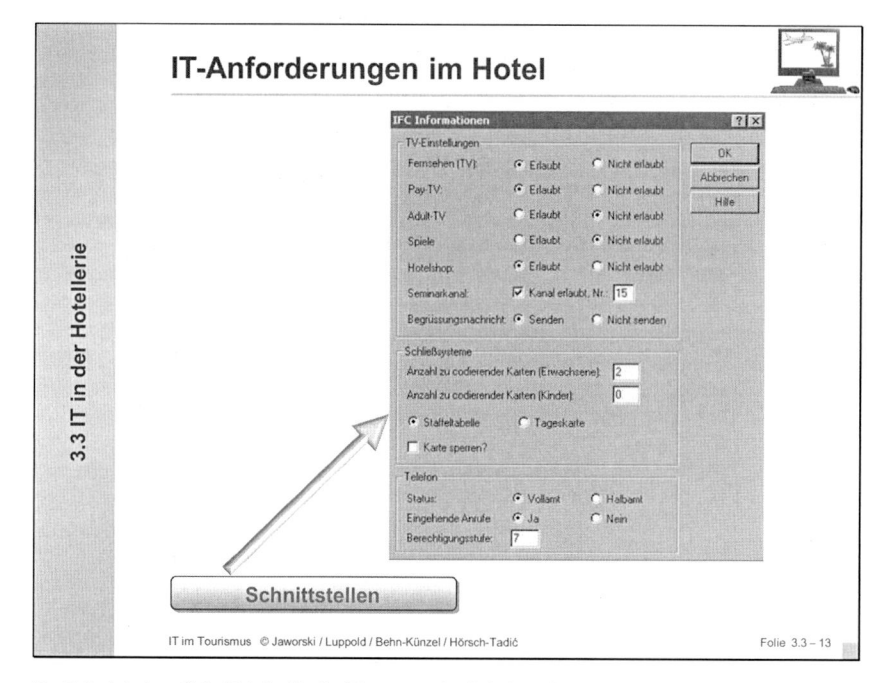

IT im Tourismus © Jaworski / Luppold / Behn-Künzel / Hörsch-Tadić   Folie 3.3 – 13

Ein Beispiel einer Schnittstelle für die Steuerung der Schnittstellen zu den TV-Systemen, Schließsystemen und zu der Telefonanlage wird auf der Folie dargestellt. Die Steuerungsmöglichkeiten der einzelnen Systeme sind sehr vielfältig und lassen kaum Gästewünsche offen. So kann eine junge Familie, die mit zwei Kindern anreist, beruhigt eines von zwei reservierten Zimmern den Kindern überlassen, vorher aber wird das Zimmer „Kindergerecht" hergerichtet. So werden keine bösen Überraschungen auf die Eltern zukommen.

Anbieter für Hotel-Software (Auszug)

Anbieter	Produkt
Micros – Fidelio, Neuss: www.fidelio.com	Fidelio, Suite 8
Amadeus Hospitality, Vaterstetten: www.amadeus-hospitality.com	Hogatex starlight
Protel Hotelsoftware GmbH, Dortmund: www.protel-net.com	Protel HMS
GUBSE GmbH, Völklingen: www.gubse.com	Sihot/Hotcom PMS
Hotline Software GmbH, Sonthofen: www.hotlinesoftware.de	Hotline frontoffice
Brilliant Hotelsoftware GmbH, Düsseldorf: www.myhotelsoftware.com	Brilliant PM
IDV Consulting GmbH, Boppard: www.posbill.com	ResiGo Pro
SoftTec GmbH, Mering: www.fuessner-software.de	Easy2Res
CD Soft, Kempten: www.winhotel2000.de	WinhotelMX
ProFile Hotelsysteme GmbH, Bad Salzdetfurth: www.profilehotel.com	Medusa
DATAreform GmbH, Wolgast: www.hotel-profi.de	Hotel.Profi
Deltra Software GmbH, Detmold: www.deltra.de	HS/3
VELOX Software, Germering: www.velox-software.com	VelHotel

IT im Tourismus © Jaworski / Luppold / Behn-Künzel / Hörsch-Tadić Folie 3.3 – 14

Es gibt insgesamt über 50 Softwareanbieter auf dem deutschen Markt. Einige der Programme werden unter unterschiedlichen Namen vermarktet (z.B. die Namen Sihot und Hotcom von dem Unternehmen GUBSE), oder es werden den Programmversionen für verschiedene Zielgruppen spezielle Namen gegeben, obwohl der Kern des Programms ein und dasselbe ist (z.B. von der Firma MICROS Versionen Opera und Suite 8).

Generell lässt sich der Markt der Softwareanbieter für die Hotellerie in zwei Gruppen unterteilen: in die sogenannten „Dienstleister" und „Nicht-Dienstleister". Die „Dienstleister" sind diejenigen, die mehr Umsatz durch diverse Dienstleistungen für die Hotelbetriebe erwirtschaften und weniger durch den reinen Verkauf der Software. Als Dienstleistungen werden hier z.B. Beratung, Situationsanalyse, Schulung, Hilfe bei der Migration in ein neues System u.v.ä.m. angeboten. In diese Unternehmensgruppe gehören Unternehmen wie: Micros-Fidelio, Protel, Hogatex (Amadeus Hospitality), GUBSE, Brilliant. Die „Nicht-Dienstleister" erwirtschaften ihren Umsatz vorwiegend durch den Verkauf der Software und bieten den Hotelbetrieben nur die notwendige Dienstleistungspalette an (Installationshilfe, Schulung und Wartung inkl. Hotline). So verfahren eher kleinere Softwareunternehmen wie Velox Software, Deltra Software (HS/3), Füßner Software (Easy2Res), Arkanum (HS Team).

Hotel-Software: Marktanalyse 2007

Die besten Programme:

1. Hotline frontoffice — 520 Punkte
2. FidelioSuite8 (Opera) — 519 Punkte
3. Hogatex — 502 Punkte
4. Protel HMS — 501 Punkte
5. Brilliant PM — 489 Punkte
6. SIHOT PMS — 478 Punkte
7. WinhotelMX — 467 Punkte

Bestes Preis-/Leistungs-Verhältnis:

1. Hotline frontoffice
2. ResiGo Pro (IDV-Consulting)
3. HotMax (Touristik Team)
4. WinhotelMX (CD Soft)
5. Easy2Res (SoftTEc)

IT im Tourismus © Jaworski / Luppold / Behn-Künzel / Hörsch-Tadić
Folie 3.3 – 15

Im Jahr 2007 wurde eine Marktanalyse der Hotelprogramme in Deutschland durchgeführt. Insgesamt wurden damals 58 Programme berücksichtigt- genauer getestet wurden aber nur 22 Programme, über die umfassende Informationen vorlagen. Diese Analyse hat gezeigt, dass viele Programme sehr umfangreich und komplex sind, was bei den Hoteliers für immer mehr Verwirrung sorgt. Der einfache Hotelier, der auch meist ein EDV-Laie ist, tut sich schwer, viel Zeit und Wissen für die Programmsuche zu investieren. Die Markt-Studie hatte zum Ziel, dem Hotelier die Auswahl der passenden Software aus dem vielfältigen Angebot zu erleichtern.

Dabei wurden nicht nur die Funktionen der jeweiligen Programme untersucht, sondern auch die Zusatzdienstleistungen der Softwarehäuser und vor allem das Preis-Leistungs-Verhältnis. Man stellte fest, dass in Deutschland ein sehr gutes Angebot an sehr guten, ausgereiften Programmen für die Hotellerie vorhanden ist. Man stellte aber auch fest, dass die Kosten für die Anschaffung der Software und dann die Folgekosten überproportional schneller wachsen als der Mehrwert der Programme. So ist der Nutzen bei den kleineren Programmen im Vergleich zu den Kosten viel höher als dies bei den großen, stark ausgebauten Programmen der Fall ist.

Die passende Hotel-Software

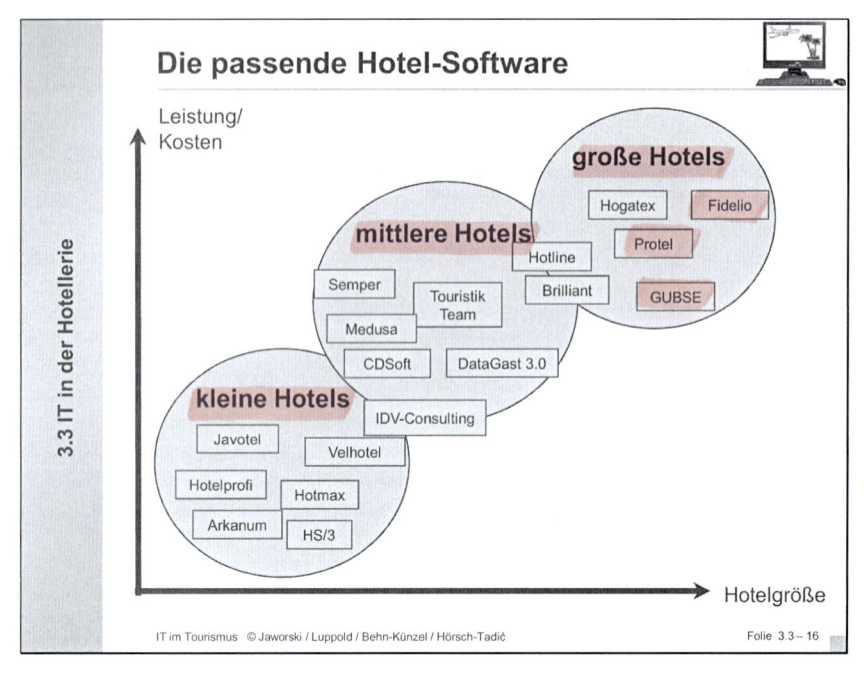

Leistung/Kosten (y-axis)

3.3 IT in der Hotellerie (y-axis label)

große Hotels: Hogatex, Fidelio, Protel, GUBSE

mittlere Hotels: Hotline, Semper, Brilliant, Touristik Team, Medusa, CDSoft, DataGast 3.0

kleine Hotels: Javotel, IDV-Consulting, Velhotel, Hotelprofi, Hotmax, Arkanum, HS/3

Hotelgröße (x-axis)

IT im Tourismus © Jaworski / Luppold / Behn-Künzel / Hörsch-Tadić   Folie 3.3 – 16

Im Rahmen der Marktanalyse 2007 wurden für die jeweiligen Hoteltypen Empfehlungen ausgesprochen, welche Programme dort verstärkt berücksichtigt werden sollen. Es gibt mit Sicherheit auch spezielle Hotels, die zwar über nicht allzu viele Zimmer verfügen, aber dafür ein stark ausgebautes Konferenz- und Bankettprogramm haben. Außerdem gibt es relativ große Hotels, die aber im Low Budget Bereich tätig sind und nicht zu viele Programmfunktionen im Alltag benötigen. Aus diesem Grund soll die Darstellung auf der Folie nur eine grobe Orientierungshilfe für die Hotelunternehmer liefern.

3.3 IT in der Hotellerie

Hotelsoftware: VELHotel

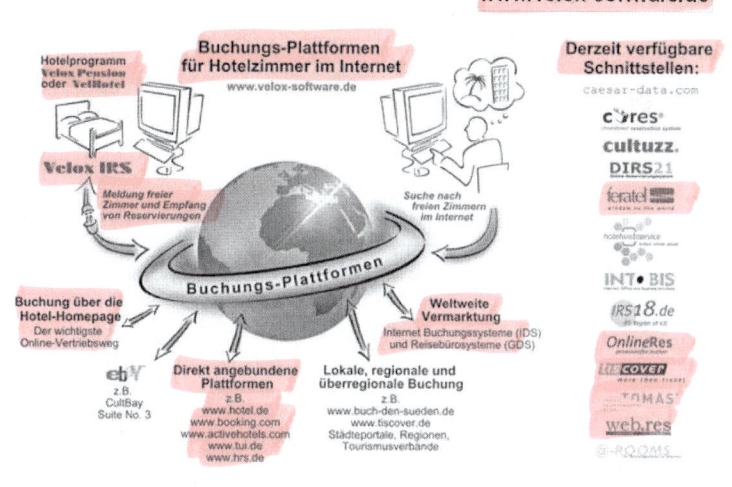

www.velox-software.de

Hotelprogramm: Velox Pension oder VelHotel
Buchungs-Plattformen für Hotelzimmer im Internet
www.velox-software.de

Derzeit verfügbare Schnittstellen:
caesar-data.com
cyres
cultuzz
DIRS21
feratel
INT•BIS
IRS18.de
OnlineRes
DISCOVER
TOMAS
web.res
@-ROOMS

Velox IRS — Meldung freier Zimmer und Empfang von Reservierungen
Suche nach freien Zimmern im Internet
Buchung über die Hotel-Homepage — Der wichtigste Online-Vertriebsweg
Buchungs-Plattformen
Weltweite Vermarktung — Internet Buchungssysteme (IDS) und Reisebürosysteme (GDS)
Direkt angebundene Plattformen z.B. www.hotel.de, www.booking.com, www.activehotels.com, www.tui.de, www.hrs.de
Lokale, regionale und überregionale Buchung z.B. www.buch-den-sueden.de, www.tiscover.de, Städteportale, Regionen, Tourismusverbände
ebY z.B. CultBay Suite No. 3

IT im Tourismus © Jaworski / Luppold / Behn-Künzel / Hörsch-Tadić — Folie 3.3 – 17

In der Vergangenheit nutzten die Hotelgäste meistens klassische Reservierungsmedien wie das Telefon oder Telefax. In der heutigen Zeit werden die Hotelzimmer immer öfter über das Internet gebucht. Oft wird den Gästen eine solche Möglichkeit auf der hoteleigenen Internetseite angeboten, öfter aber geschieht die Reservierung über bekannte Unternehmen, die sich auf den Onlinevertrieb der Hotelzimmer spezialisiert haben. Zu den bekanntesten gehören Portale wie www.hrs.de, www.worldrs.com, www.all-hotel.com oder www.hotel.de.

Die verschiedenen Internetreservierungssysteme, aber auch die Globalen Distributionssysteme (GDS) können direkt an das Front Office System des Hotels angebunden werden. Alle Verfügbarkeiten und Reservierungsdaten können dabei automatisch ausgetauscht werden. Der Hotelier bekommt somit weitere Distributionskanäle, die aber oft Kosten verursachen und leider wenige Buchungen bringen.

Der Hotelier hat bei der Wahl der richtigen Online-Distributoren eine schwere Wahl. Es ist sehr schwer zu bestimmen, welche Internetbuchungsplattformen für die jeweiligen Hotels die Besten sind. Sind es lokale, regionale oder doch internationale Buchungssysteme und Reiseportale? Die Vielfalt der Portale ist unüberschaubar und die Bedienung der Portale auch. Viele der Buchungssysteme setzen voraus, dass die Kontingentpflege manuell (vom Hotelier selbst) unternommen wird, andere Anbieter übernehmen dies, stellen aber diese Pflege dann in Rechnung.

Immer öfter werden auch die so genannten Multichannel Distributionssysteme angeboten, die in der Lage sind, ein und dasselbe Hotelzimmerkontingent mehreren Internet-Buchungs-Portalen zur Verfügung zu stellen (siehe Folie).

3.4 IT im Incoming

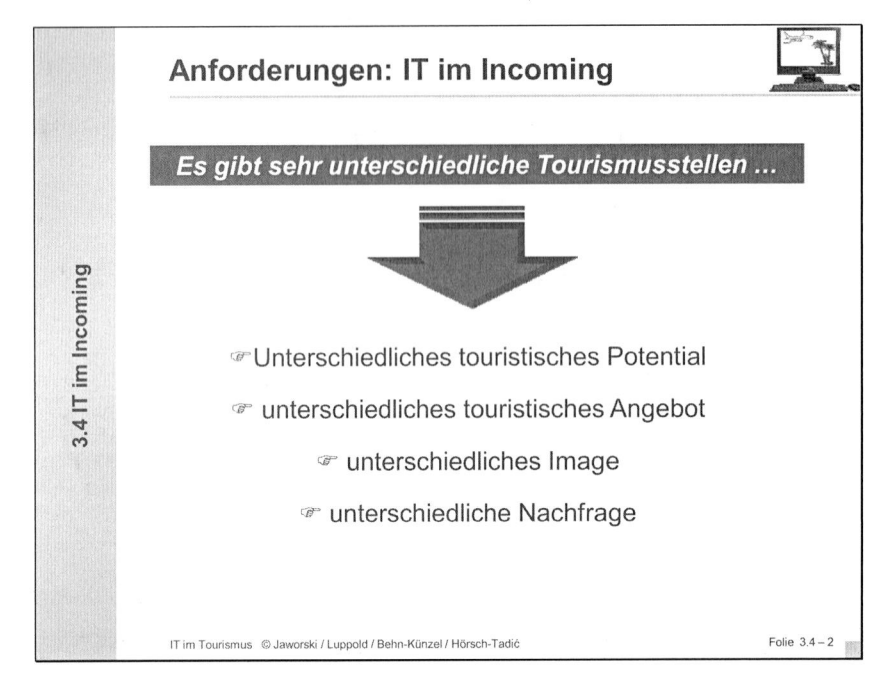

Anforderungen: IT im Incoming

Es gibt sehr unterschiedliche Tourismusstellen ...

☞ Unterschiedliches touristisches Potential

☞ unterschiedliches touristisches Angebot

☞ unterschiedliches Image

☞ unterschiedliche Nachfrage

IT im Tourismus © Jaworski / Luppold / Behn-Künzel / Hörsch-Tadić   Folie 3.4 – 2

In Deutschland gibt es insgesamt 12.262 Städte und Orte, die die Aufgabe wahrnehmen, die dorthin reisenden Gäste zu bedienen. Insgesamt 4.000 Orte sind in Tourismusverbänden organisiert, darunter sind 310 Heilbäder und Kurorte. Zur touristischen Infrastruktur gehören in Deutschland weitere Einrichtungen wie 100 Naturparks, 180 Touristische Themenstrassen, 60.000 km Radfernwege und über 200.000 km markierte Wanderwege. Alle diese Einrichtungen müssen verwaltet werden. dafür braucht man passende Softwarelösungen.

Das Problem liegt in der Vielfalt der Einrichtungen und somit auch in der Vielfalt der Aufgaben, die wahrgenommen werden müssen. Eine gemeinsam entwickelte und überall einsetzbare IT-Lösung im Incomingtourismus ist deshalb kaum realisierbar. Aus diesem Grund gibt es auf dem Markt unterschiedliche IT-Lösungen für die Incomingstellen, die unterschiedliche Schwerpunkte in der Funktionalität besitzen.

Tätigkeitsfelder im Incoming

Werbung: Ort bekannt machen, Angebote herausstellen
- Information: Anfragen von Interessenten beantworten
- Koordination: Entwicklung eines Tourismuskonzeptes mit den Leistungsträgern und Ansprechpartnern (z.B. Verbände, Vereine) vor Ort, Abstimmung der Angebote mit den einzelnen Leistungsträgern
- Buchung: Vermittlung von Unterkünften und Tagungsräumen
- Pauschalen: Zusammenstellung von Pauschalangeboten
- Gästebetreuung: Organisation von Unterhaltungsprogrammen, Gäste-, Stadtführungen, Rahmenprogramme z.B. für Tagungen, Ausflüge etc.
- Akquisition: aktiver Verkauf von z.B. Tagungen und Kongressen, Zusammenarbeit mit Reiseveranstaltern
- Veranstaltungen: Kreation und Durchführung besonderer Veranstaltungen
- Betrieb von Infrastruktureinrichtungen
- Merchandising

Die Tätigkeitsfelder einer Tourismusstelle sind komplex. Eine Standardisierung ist kaum möglich. Und trotzdem kann man Aufgabengruppen so definieren, wie auf der Folie dargestellt wird. Auf der nächsten Folie werden die Aufgaben am Beispiel der Stadt Heidelberg vorgestellt. Sie geben einen Überblick darüber, welche Funktionen in einem IT-Programm vorhanden sein müssen, damit eine solche Incomingstelle IT-unterstützt arbeiten kann.

Aufgaben einer Touristinformation

Beispiel Heidelberg

- Persönliche und telefonische Beratung
- Veranstaltungsinformation, Programmvorschläge für den HD-Besuch
- Online-Kartenvorverkauf
- Verkauf von HD-Souvenirs, der HeidelbergCard
- Verkauf von Fahrkarten, Kurkarten
- Zimmervermittlung, Reservierung von Hotelzimmern
- Online-Reservierungssystem
- Vermittlung von Pauschalarrangements
- Gästeführungen z.B. für Reisegruppen
- Organisation von Fachseminaren

IT im Tourismus © Jaworski / Luppold / Behn-Künzel / Hörsch-Tadić   Folie 3.4 – 4

Kartenvorverkauf: In einem Touristeninformationszentrum werden häufig Karten für verschiedene Veranstaltungen (auch solche, die nicht von der Stadt organisiert werden) verkauft. Mancherorts sind die Informationszentren von den Kartenvorverkaufsstellen getrennt. Um Hard-Tickets zu verkaufen, werden zunächst die Sitzplätze auf dem jeweiligen Sitzplan, der für die Veranstaltung existiert, ausgesucht. Anschließend wird der Preis der Karten über die Kasse des Büros abgerechnet (entweder bar, über Gutscheine oder per EC-/Kreditkarte) und dem Kunden direkt mitgegeben. Hard-Tickets können auch für kurze Zeit auf Option reserviert werden. Dazu werden die Karten mit Namen des Kunden in ein alphabetisches Register einsortiert. Hard-Tickets werden meist für kleinere, lokale/regionale Veranstaltungen verkauft und werden u.a. von der Abteilung für Kultur einer Stadt, Vereinen oder externen Veranstaltern geliefert. Auch Kurverwaltungen und Reiseunternehmen (Ausflugsfahrten) bieten ihre Hard-Tickets über das Touristeninformationszentrum an. Die Abrechnung von Hard-Tickets erfolgt pro Veranstaltung, indem Mitarbeiter eine Liste mit erhaltenen und zurück gegebenen Karten erstellen. Die Differenz stellt die Anzahl der verkauften Karten dar. Der Gesamtpreis der Eintrittskarten wird an den Veranstalter abgegeben; die Vorverkaufsgebühr als Provision einbehalten. Zusätzlich zu Hard-Tickets existiert die Möglichkeit in einem Touristeninformationszentrum Karten (über)regionaler Veranstaltungen zu kaufen. Dafür sind Vorverkaufssyteme, wie CTS Eventim oder Easy Ticket, sowie für diese Systeme ein spezieller Drucker für Eintrittskarten, notwendig. Manche Vorverkaufssysteme (z.B. ProTicket) erfordern keinen speziellen Drucker, sondern drucken die Karten über einen Standarddrucker auf spezielles Papier. Die Auswahl der Sitzplätze, die Reservierung und der Druck der Karten erfolgt über das System. Der zu zahlende Betrag wird am Monitor ausgewiesen und über die Kasse abgerechnet. Die Kasse kann optional mit dem PC verbunden sein. Die Abrechnung erfolgt ebenfalls über das System, Beträge werden vom Konto eingezogen und die Anbieter der Vorverkaufssysteme schicken Tages- sowie Monatsabrechnungen. Zusätzlich dazu werden Tagesabrechnungen ausgedruckt, um sie abends mit dem Kassenbericht abgleichen zu können. Die Monatsabrechnungen (teilweise auch die Tagesabrechnungen) werden in ausgedruckter Form oder per Fax an die Buchhaltungsabteilung weitergegeben. Somit sind Abbuchungen vom Konto den Kartenverkäufen zuordenbar und eine Vorkontierung kann vorgenommen werden. Die finale Buchung wird anschließend extern durchgeführt.

IT im Incoming

Ist das Informationsbüro ein Amt der Gemeinde, wird die Abrechnung ausgedruckt an die Stadtkasse weitergegeben, da diese, wie in dem Punkt Abrechnung ausführlicher beschrieben wird, bei Gemeinden die Zahlungen veranlasst und kontrolliert. Die einzelnen Veranstaltungen müssen vor der Weitergabe der Abrechnung an die Stadtkasse Haushaltsstellen zugeordnet werden.

Informationen zu Veranstaltungen: Um über Veranstaltungen Auskünfte geben zu können, steht den Mitarbeitern ein Informationsordner zur Verfügung. Der Ordner enthält Informationen über Datum, Preise/Ermäßigungen, Orte der Veranstaltungen und ist nach Datum sortiert. Zusätzlich können der Veranstaltungs-Kalender, das Internet sowie Spielpläne und Prospekte zur Information herangezogen werden.

Fahrkartenverkauf: Um Fahrkarten für die Verkehrsbetriebe verkaufen zu können, benutzt das Informationszentrum ein spezielles Fahrkartenverkaufssystem mit integriertem Drucker. Mit diesem wird am Ende des Tages eine Tagesabrechnung ausgedruckt, die mit dem Posten Fahrkarten auf der Kassenabrechnung übereinstimmen muss. Außerdem wird eine Monatsabrechnung erstellt, aufgrund derer die Provision abgerechnet wird. Die Abrechnung wird im Back Office durchgeführt.

Kurkarten: Normalerweise übernimmt das Ausstellen von Kurkarten die Kurverwaltung, aber außerhalb der Öffnungszeiten kann auch im Fremdenverkehrsbüro eine Kurkarte ausgestellt werden. Die Kurkarte ist aus Papier (keine Chip-Karte) und wird neben einem Beleg für die Leistungsträger und die Kurverwaltung als Durchschlag angefertigt. Zudem werden die Daten des Gastes in den PC eingegeben.
Ab drei Nächten müssen Gäste eine Kurtaxe bezahlen, die über die Kurverwaltung abgewickelt wird. Die Meldung an das Statistische Landesamt übernehmen die Leistungsträger und das Statistische Landesamt übermittelt die Daten an die Stadtverwaltung und somit wieder an das Touristeninformationsbüro.

Zimmervermittlung: Besteht die Möglichkeit, dass Hotel- und Pensionszimmer online reserviert werden können, ist es möglich diese über die Website des Touristeninformationsbüros, per Telefon oder direkt in dem Informationsbüro zu buchen. Die Buchung vor Ort sowie per Telefon führen Mitarbeiter über die Website aus. Als Online-Reservierungssystem dient hierzu z.B. DIRS21. Bei diesem Buchungssystem kann das Touristeninformationsbüro seine eigenen Buchungen aufrufen und Vermieter können ihre Daten und Vakanzen selbst pflegen. (Optionsbuchungen können nicht vorgenommen werden.) Die Abrechnung erfolgt teilweise über den Anbieter (TourOnline), der eine Auflistung aller getätigten Buchungen schickt. Das Touristeninformationsbüro versendet daraufhin Rechnungen an die Hotels, um die Provisionszahlungen zu erhalten. Die Rechnungsstellung an den Kunden entfällt, da der Kunde seine Rechnung direkt im Hotel bezahlt. Wird die Zimmervermittlung nicht über ein Online-Reservierungssystem abgewickelt kann ein Fremdenverkehrsbüro folgende Varianten anwenden:
Die Leistungsträger melden über das Telefon (durch eine spezielle Nummer) Zimmer als frei oder belegt und dies wird im Touristeninformationsbüro und außen an einer Informationstafel durch ein Lämpchen dargestellt. Möchte der Kunde in dem Informationsbüro eine Unterkunft buchen, fragt der Mitarbeiter nochmals telefonisch beim Vermieter nach, kündigt den Gast an und schickt ihn zur Unterkunft.
Das Informationsbüro versendet das Gastgeberverzeichnis auf Anfrage und der Kunde muss Kontakt mit den Leistungsträgern aufnehmen.

Back Office: erstellt Pauschalen, organisiert Gruppenreisen auf Anfrage, bucht Stadtführungen und erstellt Dienst- und Urlaubspläne. Zudem ist das Back Office für die Abrechnung und organisatorischen Belange zuständig.

Pauschalen: Beinhalten Pauschalen neben Leistungen aus einer Datenbank (z.B. Hotel) speziellere Leistungen wie eine Stadtführung oder den Besuch eines bestimmten Restaurants, sind diese nur schwer in einer Datenbank zu führen, da nicht jeder Leistungsträger seine offenen Kapazitäten aktuell halten kann. Um Pauschalen anbieten zu können, muss der zuständige Mitarbeiter nach der Idee für eine Pauschale zuerst die verschiedenen Leistungsträger kontaktieren. Das Fremdenverkehrsbüro kann auch Pauschalen der Leistungsträger vertreiben, die diese selbst erstellen und erhält dafür eine Provision.

Gruppenreisen: werden in einem Touristeninformationsbüro meist von Reiseveranstaltern, Busgruppen oder als Begleitprogramm bei Tagungen nachgefragt.

Stadt- und Sonderführungen: Die Abrechnung erfolgt zum Teil bar bei den Stadtführern, wobei das Büro Rechnungen an die Stadtführer über den zu zahlenden Betrag sendet. Erfolgt die Zahlung per Rechnung, stellt das Büro dem Kunden die Rechnung aus und erhält Rechnungen von den Stadtführern.

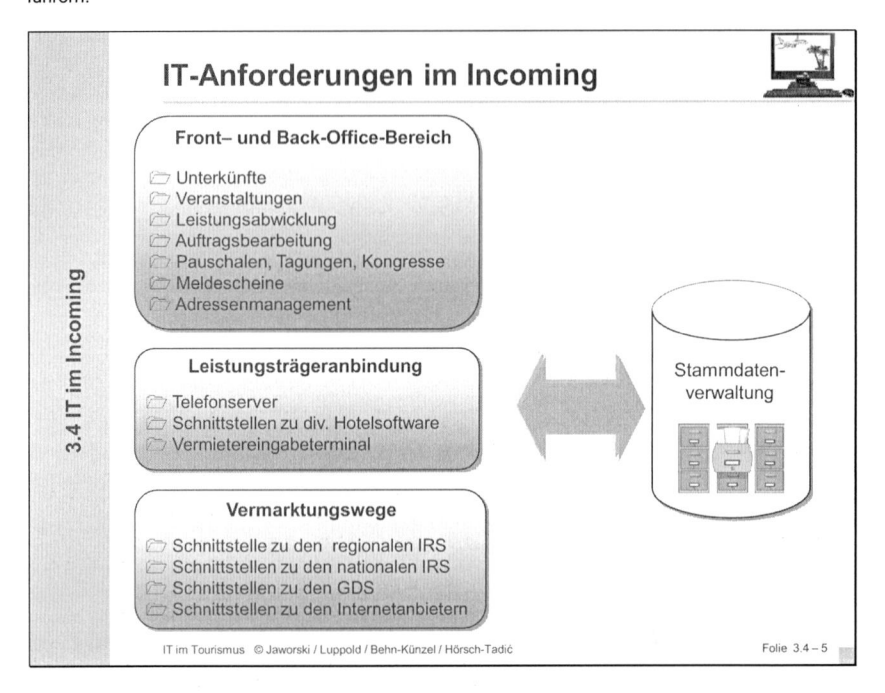

IT-Anforderungen im Incoming

Front- und Back-Office-Bereich
- Unterkünfte
- Veranstaltungen
- Leistungsabwicklung
- Auftragsbearbeitung
- Pauschalen, Tagungen, Kongresse
- Meldescheine
- Adressenmanagement

Leistungsträgeranbindung
- Telefonserver
- Schnittstellen zu div. Hotelsoftware
- Vermietereingabeterminal

Vermarktungswege
- Schnittstelle zu den regionalen IRS
- Schnittstellen zu den nationalen IRS
- Schnittstellen zu den GDS
- Schnittstellen zu den Internetanbietern

Stammdatenverwaltung

3.4 IT im Incoming

IT im Tourismus © Jaworski / Luppold / Behn-Künzel / Hörsch-Tadić — Folie 3.4 – 5

Die Anforderungen kann man wie auf der Folie teilen, die Elemente können bei einer Software die Gestalt einzelner Module einnehmen.

Der **Front- und Backoffice-Bereich** ist ein Zentralbereich im alltäglichen Leben einer Fremdenverkehrsstelle. Die Module sollen für alle gängigen Arbeiten und Verfahren, die in einer Fremdenverkehrsorganisation anfallen, eine jeweils passende EDV-Lösung bieten.

Grundsätzlich sollen Stammdaten verwaltet, Informationen abgerufen sowie Reservierungen vorgenommen und sonstige Leistungen abgewickelt werden. Die entsprechende Ausgabe der Daten in jeweils notwendiger Form (Voucher, Liste, Rechnung usw.) soll sich auf jeder Ebene des Systems realisieren lassen.

IT im Incoming

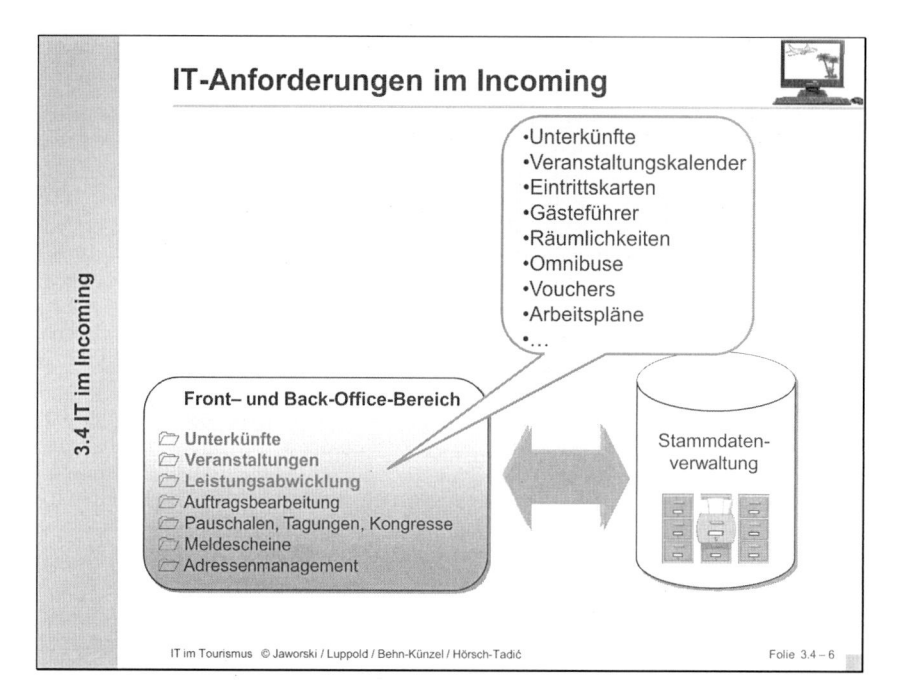

IT-Anforderungen im Incoming

- Unterkünfte
- Veranstaltungskalender
- Eintrittskarten
- Gästeführer
- Räumlichkeiten
- Omnibuse
- Vouchers
- Arbeitspläne
- ...

Front- und Back-Office-Bereich
- Unterkünfte
- Veranstaltungen
- Leistungsabwicklung
- Auftragsbearbeitung
- Pauschalen, Tagungen, Kongresse
- Meldescheine
- Adressenmanagement

Stammdatenverwaltung

IT im Tourismus © Jaworski / Luppold / Behn-Künzel / Hörsch-Tadić — Folie 3.4 – 6

Das Segment **Unterkünfte** soll in erster Linie die Unterkunftsverwaltung ermöglichen. Die Unterkünfte sollen entsprechend den Vorgaben der **TIN** (Touristische Informations-Norm) erfasst, gepflegt und dargestellt werden können. Eine weitere Funktionalität ist hier der Zimmer- und Ferienwohnungsnachweis, wo sich Vakanzen der Unterkünfte nach diversen Selektionskriterien pflegen und abrufen lassen. Die Reservierungen sollen sich zum einen im Auftrag der Vermieter und zum anderen auch im Rahmen eigener Veranstaltertätigkeit durchführen lassen, so dass auch eigene Margen und unterschiedliche Einkaufs- und Verkaufspreise definiert werden können. Individuell gestaltbare Statistiken ermöglichen dabei einen Überblick über die Belegungsauslastung und erlauben somit das Reagieren auf verändertes Gästeverhalten.

Für den Bereich **Veranstaltungen** soll dem Benutzer ein Veranstaltungskalender zur Verfügung stehen, wo sowohl eigene als auch fremde (und externe) Veranstaltungen erfasst und verwaltet werden können. Eine solche Funktion hilft bei der Überwachung sämtlicher Termine sowie bei der mündlichen und schriftlichen Auskunftserteilung gegenüber anfragenden Gästen. Über dieses Modul soll auch die verbindliche Reservierung und der Verkauf von Eintrittskarten möglich sein. Übersichtlich gestaltete Saalpläne erweisen sich dabei als sehr hilfreich.

Mit Hilfe des Moduls **Leistungsabwicklung** lassen sich die unterschiedlichsten Leistungen und Leistungsträger wie Gästeführer, Räumlichkeiten, Omnibusse u.v.ä.m. in den Stammdaten erfassen und entsprechend verwalten. Diese Funktion ermöglicht exakte Auskünfte gegenüber anfragenden Gästen bezüglich der Preise und Vakanzen jeweiliger Leistungen, oft auch auf Minutenebene. Nach erfolgter Buchung sollen entsprechende Ausdrucke (Vouchers, Rechnungen, Einsatzlisten, Arbeitspläne) möglich sein, genauso wie diverse statistische Auswertungen.

IT-Anforderungen im Incoming

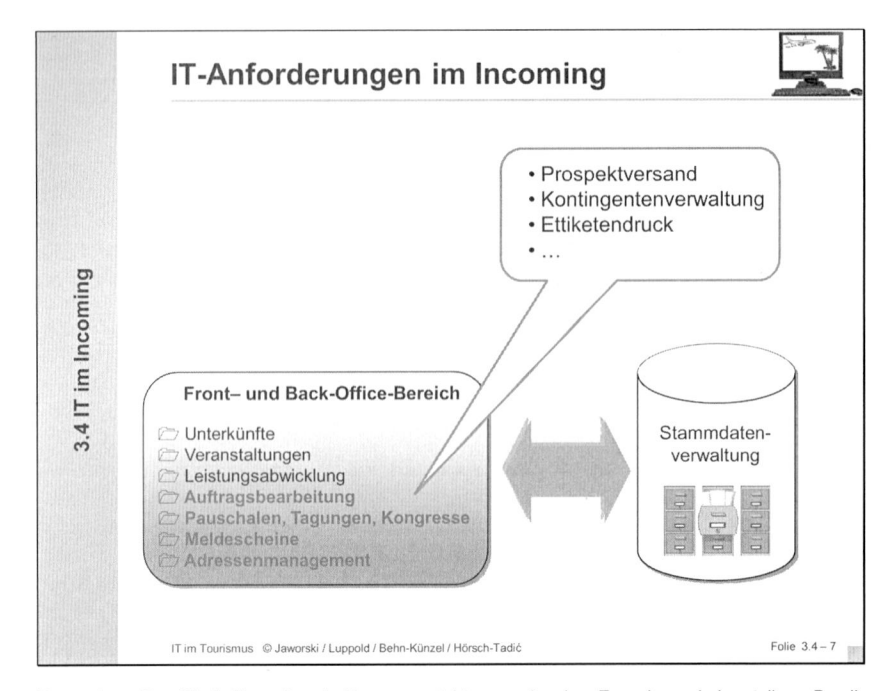

- Prospektversand
- Kontingentenverwaltung
- Ettiketendruck
- ...

Front– und Back-Office-Bereich
- Unterkünfte
- Veranstaltungen
- Leistungsabwicklung
- Auftragsbearbeitung
- Pauschalen, Tagungen, Kongresse
- Meldescheine
- Adressenmanagement

Stammdatenverwaltung

IT im Tourismus © Jaworski / Luppold / Behn-Künzel / Hörsch-Tadić — Folie 3.4 – 7

Unter dem Begriff **Auftragsbearbeitung** versteht man in der Fremdenverkehrsstelle z.B. die Prospekt-Anfragen-Abwicklung, sowie die Verwaltung diverser Artikel und Anfragen. Jederzeit sollen die entsprechenden Verfügbarkeiten und Lagerbestände abgerufen werden können. Der Prospekt- und Drucksachenbestand wird dabei ständig überwacht damit das System automatisch melden kann wenn Artikel nachbestellt werden müssen. Die Statistiken erlauben dann Erfolgskontrollrechnungen, die zum effizienteren Einsatz der verfügbaren Werbemittel führen können.

Die FV-Organisationen verwalten diverse eigene und fremde Leistungen wie **Pauschalen, Tagungen und Kongresse**. Die FV-Stelle kann z.B. mit Reservierungen von Begleitprogrammen, Pauschalen oder der Hotelkontingentverwaltung beauftragt werden und greift dabei auf die Stammdaten von Kunden und Leistungsträgern. Dabei werden wiederum Vouchers erstellt, das Geld kassiert und danach mit den Leistungsträgern abgerechnet.

Eine sinnvolle **Meldeschein-Verwaltung** ermöglicht das einfache und unkomplizierte Erfassen von Meldescheinen, das Berechnen von Kurtaxen oder Kurbeiträgen, Jahreskurtaxen, Fremdenverkehrsabgaben und der Bettensteuer sowie das Erstellen umfangreicher Statistiken und zahlreicher Dokumente.

Die **Gästeadressen**, die in Verbindung mit den Meldescheinen erfasst wurden, können zur späteren Verwendung gespeichert werden. Sie werden z.B. für Marketingzwecke (Serienbriefe), Etikettendrucke sowie für Vermieterlisten und Vereinsmitgliederlisten verwendet.

IT-Anforderungen im Incoming

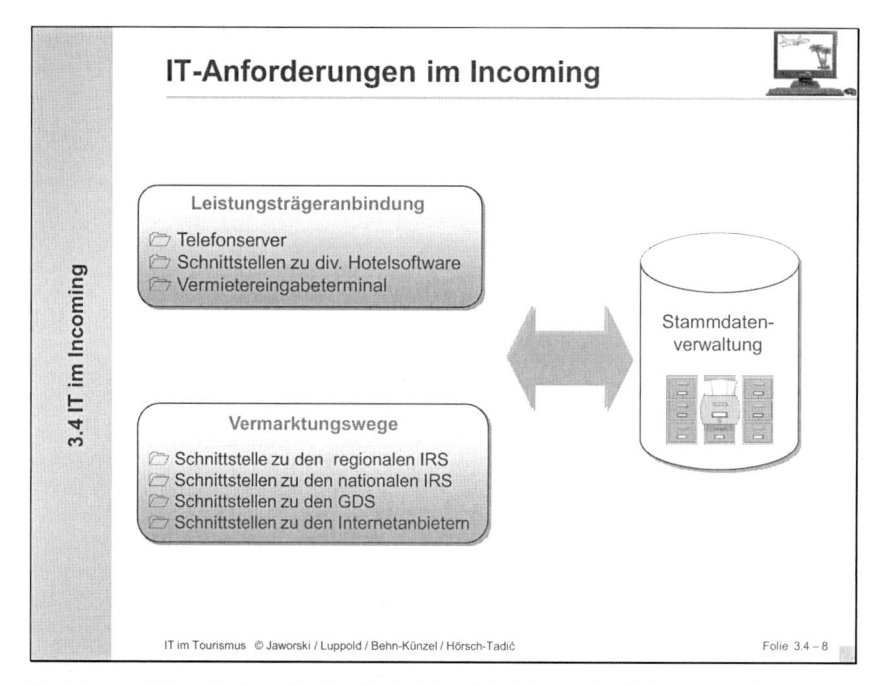

Leistungsträgeranbindung
- Telefonserver
- Schnittstellen zu div. Hotelsoftware
- Vermietereingabeterminal

Vermarktungswege
- Schnittstelle zu den regionalen IRS
- Schnittstellen zu den nationalen IRS
- Schnittstellen zu den GDS
- Schnittstellen zu den Internetanbietern

Stammdatenverwaltung

IT im Tourismus © Jaworski / Luppold / Behn-Künzel / Hörsch-Tadić — Folie 3.4 – 8

Die Leistungsträgeranbindung dient kontinuierlicher Aktualisierung der Vakanzen und Kontingente. Dabei sind zur Zeit folgende Lösungen möglich:

Der **Telefonserver**: nach Eingabe des Leistungscodes und der Geheimzahl kann der Leistungsträger die vom Reservierungscomputer in menschlicher Sprache gestellten Fragen per Telefontasten beantworten und auf diese Weise die bereitgestellten Kontingente aktualisieren.

Einige Anbieter der FV-Software arbeiten mit Anbietern der Hotelsoftware zusammen und bieten **Schnittstellen** zu den entsprechenden Hotelprogrammen. Dies passiert falls die FV-Stelle eine Ferienwohnung gerade buchen möchte. Es wird online die Vakanz geprüft, die Reservierung wird dann auf dem Hotelrechner in Echtzeit durchgeführt.

Denkbar ist auch die Anbindungsmöglichkeit an ein **Terminal**, das 24 Stunden, 7 Tage die Woche, eingeschaltet und frei zugänglich ist. Der Vermieter kann passwortgeschützt selbst eine Belegung (Storno) eingeben und somit seine Kontingente pflegen.

Weitere Vermarktungswege können durch die Verbindung zur übergeordneten Ebene realisiert werden.

Die örtlichen Reservierungsstellen einer Region sind oft zu Verbands- und Gebietsgemeinschaften zusammengeschlossen, wodurch die ortsübergreifende Buchung sämtlicher angeschlossener Unterkünfte ermöglicht wird. In einer Buchungszentrale wird ein so genannter Vakanzrechner zur Verfügung gestellt, von dem der Belegungsstand der gesamten Region abgerufen werden kann. Um zuverlässige Daten auf dem Vakanzrechner sicherstellen zu können, wird der dort befindliche Datenbestand täglich von den angeschlossenen örtlichen Reservierungsstellen aktualisiert.

Hat die regionale Stelle den Status eines Veranstalters mit AMADEUS-Anschluss, werden die Angebote des Ortes in der Region für den Reisebürovertrieb zur Verfügung gestellt. Die Kontingente der Unterkünfte und sonstiger Angebote werden in buchbarer Form nach TIN auf dem Veranstalterrechner hinterlegt und wie jede andere touristische Leistung in START buchbar. Das gleiche Prinzip gilt auch für die GDS.

Es existieren viele multimediale Marketing- und Vertriebsplattformen für den Deutschlandtourismus im Internet. Die technologischen Vorreiter sind dabei die Mitarbeiter der Firma TIS GmbH in Österreich (www.tiscover.at). Seit dem Jahr 2008 gehört dieses Unternehmen zu HRS (www.hrs.de).

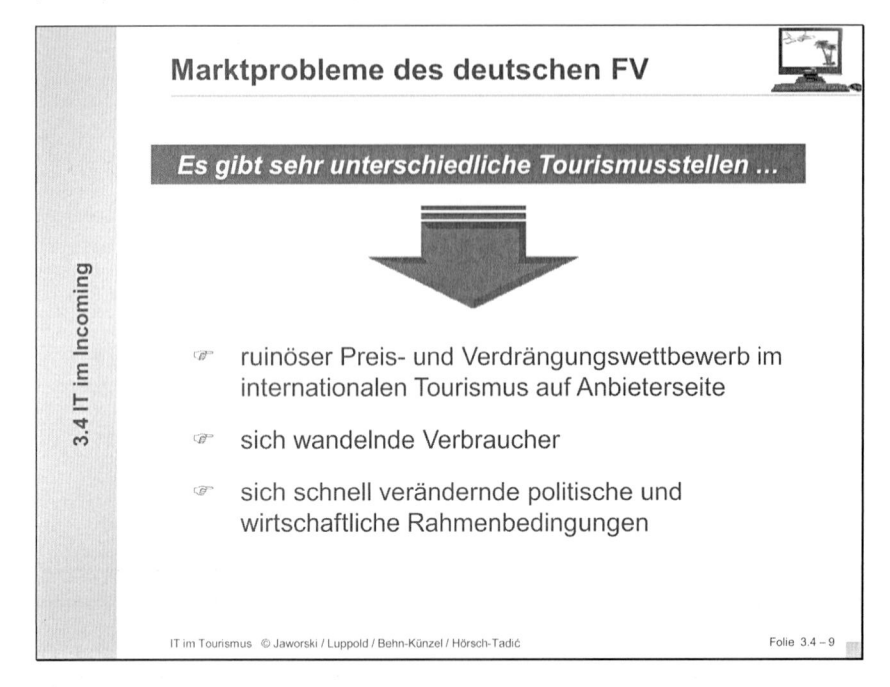

3.4 IT im Incoming

Marktprobleme des deutschen FV

Es gibt sehr unterschiedliche Tourismusstellen ...

- ruinöser Preis- und Verdrängungswettbewerb im internationalen Tourismus auf Anbieterseite
- sich wandelnde Verbraucher
- sich schnell verändernde politische und wirtschaftliche Rahmenbedingungen

IT im Tourismus © Jaworski / Luppold / Behn-Künzel / Hörsch-Tadić — Folie 3.4 – 9

Dazu kommen die in den letzten Jahren stark veränderten Bedingungen für die Deutschen Urlaubsanbieter. Diese lassen sich in drei Punkten zusammenfassen:

1) ruinöser Preis- und Verdrängungswettbewerb im internationalen Tourismus auf Anbieterseite:
Wie in keiner anderen Branche wurde in der Tourismusbranche der Erfolg von den Leistungsträgern in der Preispolitik gesucht. Jährlich wurde mit immer billigerem Fern-Urlaub geworben, wobei der Bereich Qualität meist völlig außer Acht gelassen wurde. Durch diesen Preisverfall der Reisen in internationale touristische Zielgebiete besteht zunehmend für das „Reiseland Deutschland" die Gefahr, aufgrund seines höheren Preisniveaus stetig unattraktiver zu werden.

2) sich wandelnde Verbraucher:
Der einstige undifferenzierte touristische Massenmarkt wurde in den letzten Jahren in viele kleine differenzierte Teilmärkte untergliedert. Hiervon ist in gleichem Maße der deutsche Fremdenverkehr betroffen, der auf die unterschiedlichen Kundenwünsche eingehen muss aber nicht immer eingeht.

3) sich schnell verändernde politische und wirtschaftliche Rahmenbedingungen:
Vor allem die Rahmenbedingungen im europäischen Binnenmarkt (z.B. Preistransparenz durch die Einführung des EUROs) hat den deutschen Fremdenverkehrsmarkt grundlegend verändert. Die touristischen Angebote im ganzen EURO-Gebiet sind jetzt transparent, die Grenzen zwischen den Ländern Europas sind zum großen Teil verschwunden, somit ist das Verreisen ins Ausland viel unkomplizierter geworden. Im Wettbewerb um den Gast müssen sich die Deutschen Urlaubsanbieter einem ganz anderen, vor allem aber schärferen Konkurrenzkampf stellen.

IT im Incoming

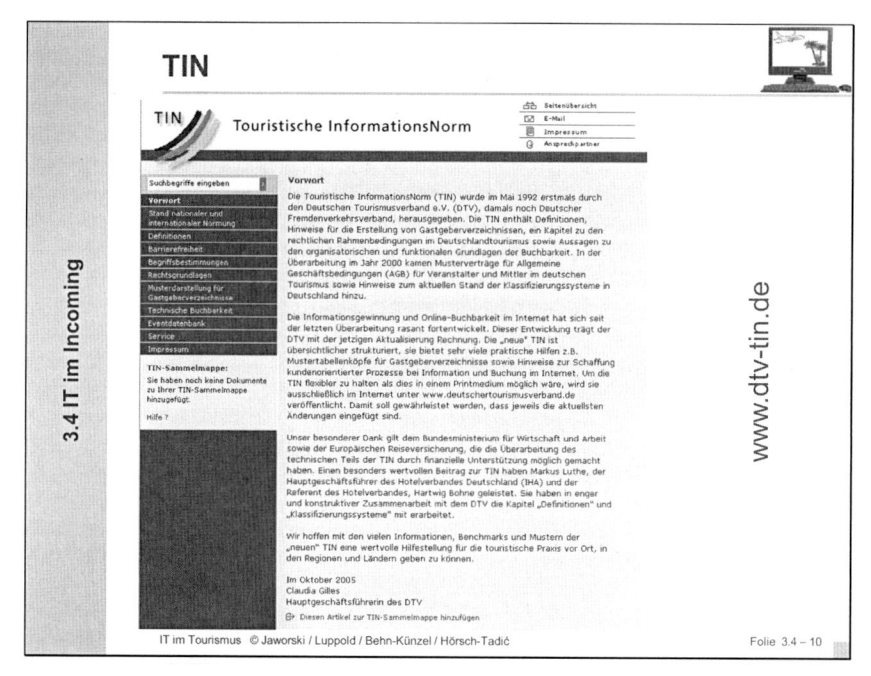

Der Deutsche Tourismusverband e.v. (DTV) hat im Jahr 1992 zum ersten Mal die Touristische InformationsNorm (**TIN**) herausgegeben. Die TIN enthält Definitionen und Hinweise für die Erstellung von Gastgeberverzeichnissen, ein Kapitel zu den rechtlichen Rahmenbedingungen im Deutschlandtourismus sowie Aussagen zu den organisatorischen und funktionalen Grundlagen der Buchbarkeit. In der Überarbeitung im Jahr 2000 kamen Musterverträge für Allgemeine Geschäftsbedingungen (AGB) für Veranstalter und Mittler im deutschen Tourismus sowie Hinweise zum aktuellen Stand der Klassifizierungssysteme in Deutschland hinzu.

Dank der TIN sind die touristischen Angebote in Deutschland vergleichbar. Aus der Sicht der Softwarehäuser leisten TIN´s die Basis für die EDV-Schnittstellen zwischen den verschiedenen EDV-Lösungen für die Incomingstellen in Deutschland. Nur dank der Schnittstellen lassen sich touristische Angebote aus verschiedenen Systemen gemeinsam darstellen und die Buchbarkeit in einem „fremden" System ist auch dank der Schnittstellen grundsätzlich möglich.

Hauptprobleme des FV bei IT

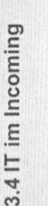

Mangelndes Bewusstsein:

- über die Notwendigkeit des Einsatzes von computerunterstützten Vertriebswegen,
- darüber, dass nur durch Kooperationen (auch im Technologiebereich) effiziente und wirtschaftliche Vertriebsstrukturen aufgebaut werden können.

Mangelnde Informationen über:

- die technischen Kommunikationsmöglichkeiten,
- das Leistungsspektrum der Informations- und Reservierungssysteme (IRS),
- die wirtschaftlichen Vorteile von IRS.

Die Tatsache, dass im Deutschlandtourismus verschiedene IT-Lösungen Einsatz finden, stellt ein großes Problem dar. Generell findet man für die IT-Ausstattung in deutschen Incomingstellen viel Verbesserungspotential, wenn man berücksichtigt, dass in vielen Incomingstellen nach wie vor nur allgemeine Programme wie MS Office -wenn überhaupt- angewendet werden und dass die Notwendigkeit des Einsatzes von branchenspezifischen Mid-, Back- und Frontofficesystemen den Mitarbeitern dort nicht bewusst ist.

Das Angebot branchenspezifischer Softwarehersteller ist groß genug und lässt erwarten, dass jede Fremdenverkehrsstelle eine zufriedenstellende, fertige Softwarelösung für die spezifischen Aufgaben finden kann. Eine komplette Softwarelösung sollte eine Zusammenstellung aneinander abgestimmter und sorgfältig ausgewählter Softwarepakete aus dem branchenübergreifenden Bereich (Office-Paket, Schedule, Adressverwaltung, Finanzbuchhaltung usw.) sowie aus dem branchenspezifischen Bereich sein.

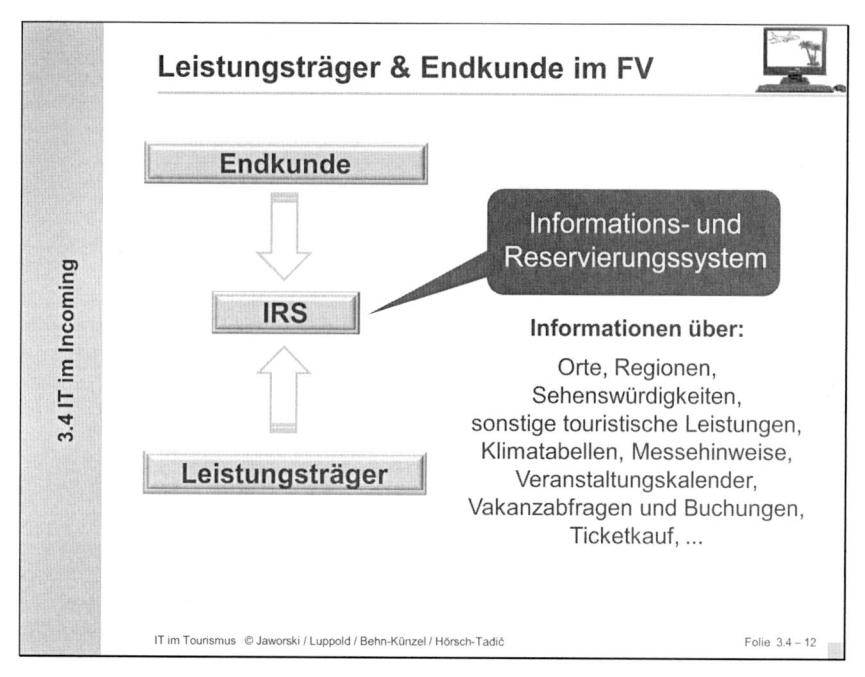

Leistungsträger & Endkunde im FV

Endkunde

⇩

IRS

⇧

Leistungsträger

Informations- und Reservierungssystem

Informationen über:

Orte, Regionen, Sehenswürdigkeiten, sonstige touristische Leistungen, Klimatabellen, Messehinweise, Veranstaltungskalender, Vakanzabfragen und Buchungen, Ticketkauf, ...

Immer öfter werden die Reisenden sich selbst über die Urlaubsangebote informieren und unter Umständen ohne Mittler (z.B. Reisebüro) die Reise auch reservieren. Dies setzt voraus, dass allgemein zugängliche Informations- und Reservierungssysteme (IRS) vorhanden sein müssen. Aufgabe dieser Systeme ist es, dem Endkunden, der in Deutschland Urlaub verbringen möchte, umfangreiche Informationen über Orte, Regionen, Sehenswürdigkeiten u.v.ä.m. zur Verfügung zu stellen. Außerdem sollten alle zur Reisebuchung notwendigen Aktionen ermöglicht werden wie z.B. Vakanzabfragen Reservierungsabwicklung samt Reservierungsbestätigung und automatische Zahlung.

In Deutschland befinden sich heutzutage diverse Informations- und Reservierungssysteme sowohl auf der Ortsebene, als auch auf regionaler Ebene. Es gibt auch IRS, die überregional touristische Angebote sammeln und verwalten.

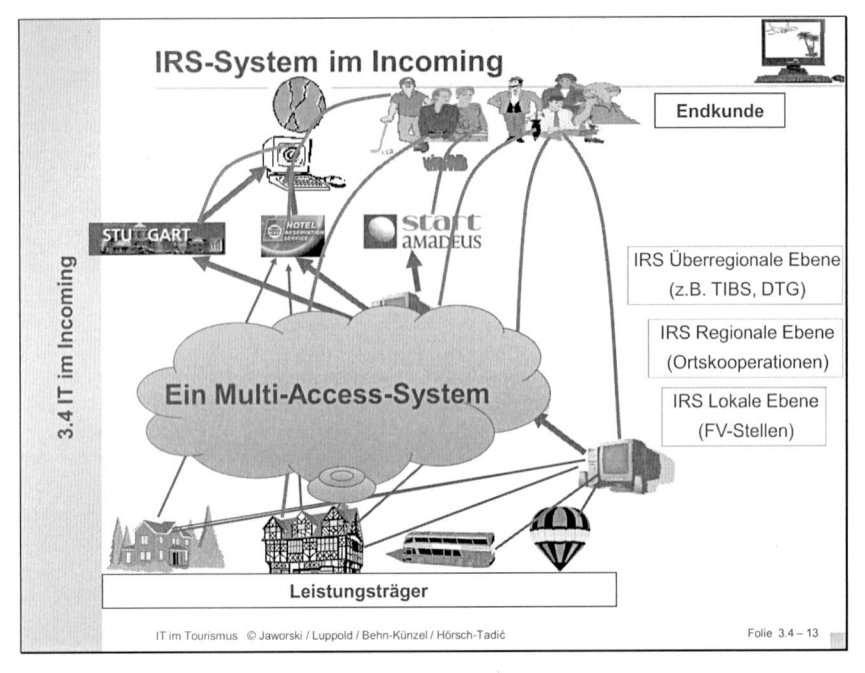

Informationstechnologie im Tourismus

IRS-System im Incoming

Endkunde

IRS Überregionale Ebene (z.B. TIBS, DTG)

IRS Regionale Ebene (Ortskooperationen)

IRS Lokale Ebene (FV-Stellen)

Ein Multi-Access-System

Leistungsträger

IT im Tourismus © Jaworski / Luppold / Behn-Künzel / Hörsch-Tadić   Folie 3.4 – 13

Durch den Einsatz von IRS auf lokaler Ebene kann die betreffende Fremdenverkehrsstelle örtliche Leistungen und Angebote der Leistungsträger an Gäste, die sich entweder telefonisch, schriftlich, per FAX oder persönlich an die Buchungsstelle wenden, weitervermitteln. Die Fremdenverkehrsstelle übernimmt hierbei die Funktion eines Reisemittlers, der über ein gewisses Kontingent sowie über sämtliche relevante Daten der Leistungsträger verfügt und für seine Vermittlungstätigkeit eine festgelegte Provision erhält. Relevante Unterlagen wie Bestätigungen, Voucher oder Rechnungen können über das Informations- und Reservierungssystem ausgedruckt und verwaltet werden.

Diese Variante erfordert eine reibungslose Kommunikation zwischen den Leistungsträgern und den Reservierungsstellen, so dass permanent aktuelle Daten für die Weitergabe an die Endkunden zur Verfügung stehen. Diese Kommunikation kann mittels einer Schnittstelle zwischen den Informations- und Reservierungssystemen (IRS) und hoteleigenen Reservierungssystemen, per Modem, per Fax, telefonisch oder per Brief realisiert werden und sollte ebenfalls außerhalb der üblichen Geschäftszeiten der Reservierungsstelle möglich sein.

Beim Einsatz von IRS auf regionaler Ebene werden Angebote und Kontingente der Leistungsträger mehrerer angeschlossener Orte auf einem zentralen, regionalen Rechner gebündelt, wodurch dem Kunden eine wesentlich größere Auswahl an Leistungsmöglichkeiten geboten werden kann.

Im Grunde genommen wird das Prinzip des lokalen Einsatzes auf der nächsthöheren Ebene unter Berücksichtigung einer gesamten Region fortgeführt. Auch die Kommunikation zwischen den Leistungsträgern und den regionalen Informations- und Reservierungssystemen (IRS) erfolgt wie auf der lokalen Ebene. Ein regionales IRS muss jedoch entsprechend umfassend organisiert sein, um das erhöhte Datenaufkommen optimal verarbeiten zu können. Zusätzlich besteht allerdings die Möglichkeit, IRS angeschlossener Orte per Schnittstelle einzubinden. Hier zeigt sich, dass sowohl der Einsatz einer zentralen als auch einer dezentralen Datenhaltung, sowie einer Mischform aus beiden Datenzugriffsmöglichkeiten realisiert werden kann.

IT im Incoming

Beim Einsatz von IRS auf überregionaler Ebene sollte das Ziel dieser meist landesweiten Verbindung letztendlich die langfristige und dauerhafte Erschließung des Vertriebsweges „Reisebüro" über die Anbindung dieser Systeme an das nationale Reservierungssystem (früher START, jetzt AMADEUS) sein.

Ebenfalls können hierdurch weitere Medien, wie das Internet einheitlich erreicht werden. Der große Vorteil für die Endkunden besteht vor allem darin, dass Buchungen für einen Urlaub in Deutschland ebenso einfach getätigt werden können wie Buchungen für Auslandsurlaubsreisen.

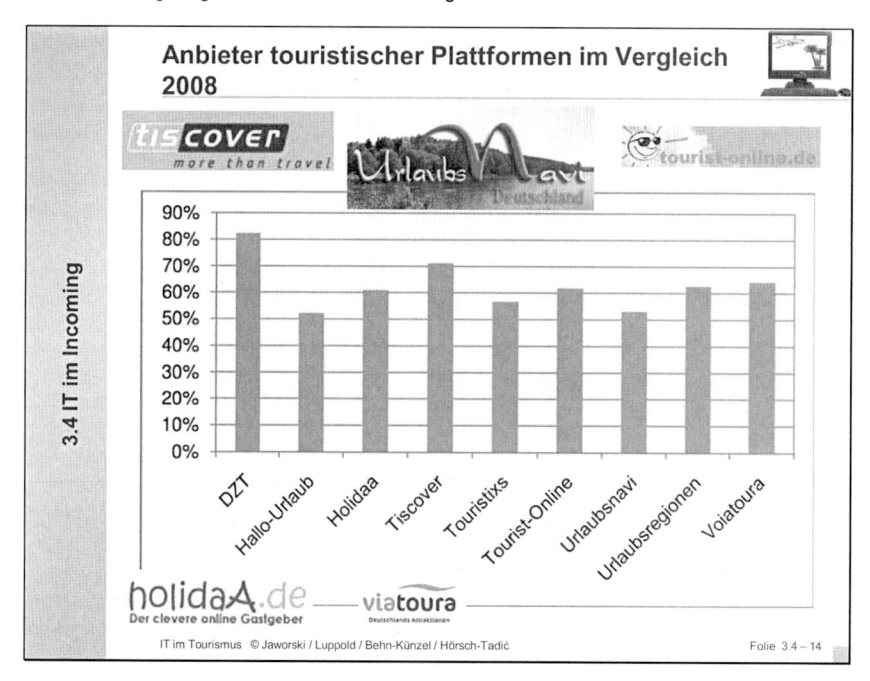

Anbieter touristischer Plattformen im Vergleich 2008

(Diagramm: Balkendiagramm mit Werten ca. 80%, 60%, 60%, 70%, 55%, 60%, 50%, 60% für DZT, Hallo-Urlaub, Holidaa, Tiscover, Touristixs, Tourist-Online, Urlaubsnavi, Urlaubsregionen, Voiatoura)

IT im Tourismus © Jaworski / Luppold / Behn-Künzel / Hörsch-Tadić — Folie 3.4 – 14

Informations- und Vertriebsplattformen im Internet sind virtuelle Marktplätze. Hier werden Angebot und Nachfrage nach Produkten, Dienstleistungen oder Informationen gebündelt. Im Vordergrund steht die Vermittlung dieser Leistungen.

Aus den Bedürfnissen der Endkunden heraus ergeben sich Anforderungen, die touristische Informations- und Vertriebsplattformen im Allgemeinen erfüllen müssen, um sich erfolgreich auf dem Markt zu präsentieren:

- Zielgerichtete, strategisch positionierte Inhalte
- Vollständige und verständliche Darstellung des gesamten touristischen Angebots
- Korrekte, genaue und unvoreingenommene Darstellung von Informationen und Preisangaben
- Garantierte Anerkennung getätigter Buchungen von Seiten der Leistungsträger
- Unterstützung der gelisteten Destinationen
- Sichere und ausreichende finanzielle Basis, realistisches Geschäftsmodell
- Schnittstellen zur möglichen Erweiterung des Systems
- Große Anzahl an zusätzlichen Serviceleistungen
- Ansprache von verschiedenen Marktsegmenten und Kundengruppen
- Benutzerfreundliche und sichere Buchungs- und Zahlungsmethoden
- Einfache, klare und anwenderfreundliche Benutzeroberflächen
- Der richtige Grad an Standardisierung.

In der Gesamtbetrachtung zeigt sich der Auftritt der DZT als eindeutig stärkster. An zweiter Stelle steht Tiscover, gefolgt von Viatoura, Urlaubsregionen und Holidaa. Diese Auftritte sind, bis auf einige Einschränkungen in manchen Bereichen, zur Informationssuche für einen Deutschlandurlaub gut zu gebrauchen. Neben dem Auftritt der DZT als beste Informationsplattform bietet vor allem Tiscover als Informations- und Buchungsplattform eine hohe Übersichtlichkeit und viele destinationsspezifische Informationen. Durch die fehlende Möglichkeit einer Online-Buchung fallen bis auf Tourist-Online alle weiteren Auftritte als empfehlenswerte Buchungsplattform weg. Da Tourist-Online sehr schwach im Bereich Inhalte ist, kommt dieser Auftritt auch nur dann in Frage, wenn man bereits weiß was man buchen möchte. Es zeigt sich also, dass das Angebot der Informations-und Buchungsplattformen für den Deutschlandtourismus zwar vielfältig ist, qualitativ jedoch nur eingeschränkt zu empfehlen ist. Der Auftritt der DZT bietet wertvolle Informationen über die einzelnen Regionen, beinhaltet jedoch keine leistungsträgerbezogenen Inhalte.

Was fehlt ist ein Auftritt, der dem Nutzer neben umfangreichen Informationen auch Möglichkeit zur Buchung gibt und eine Suche nach verschiedenen Kriterien ermöglicht.

IRS-Anbieter im Deutschlandtourismus
(Auszug)

Anbieter	Produkt
AMCS: www.amcs.at/flash/nav_left.swf	TOM +
ATON EDV-Redlin: www.redlin-software.de	ATON
BlueChip Software GmbH: www.incoming.bluechip.at	FoxIncome
BS Datensysteme GmbH: http://bsdatensysteme.de	inFREM , inKUR und inBON
feratel media technologies GmbH: www.feratel.de	Deskline, Eurosoft
GBS new vision - Gesellschaft für Büroautomation und Softwareentwicklung mbH: www.gbshh.de	DORIS und t.is
INTOBIS GmbH & Co. KG: http://intobis.de	IncomingSoft
my.IRS GmbH (Touristic Online Management System): http://my-irs.de/touristic/tourist-data/shop/star.html	TOMAS
netzpepper (GastInfoSystem) http://netzpepper.de	GIS
TIBOS GmbH: http://tibos.de/index.htm	TIBOS

Die auf der Folie dargestellten IRS-System-Anbieter stellen nur eine Seite des Marktes dar. Auf der anderen Seite gibt es ca. 350 regionale Tourismusorganisationen bzw. Fremdenverkehrsverbände. Daneben operieren ca. 4.000 kommunale Tourismuseinrichtungen. Diese richten sich überwiegend an politischen Abgrenzungen, d.h. Gemeinde-, Kreis-, Regierungsbezirk- und Landesgrenzen, aus. Damit orientieren sich die Tourismusorganisationen jedoch nicht an der Gäste-Wahrnehmung eines Standortes als Zielgebiet, die nicht vor einem Ortsschild halt macht.

Dadurch wird ein wirkungsvolles Destinationsmanagement behindert und die Wettbewerbsfähigkeit der Destinationen leidet darunter.

IRS-Anbieter im Deutschlandtourismus

Marktanalyse Stadttourismus-Software

Balkendiagramm (3.4 IT im Incoming): IncomingSoft 870, TIBOS 858, Deskline 837, DORIS/t.is 836, Eurosoft 829, Infrem 733, ATON 710, GIS 599, TOM+ 518.

IT im Tourismus © Jaworski / Luppold / Behn-Künzel / Hörsch-Tadić Folie 3.4 – 17

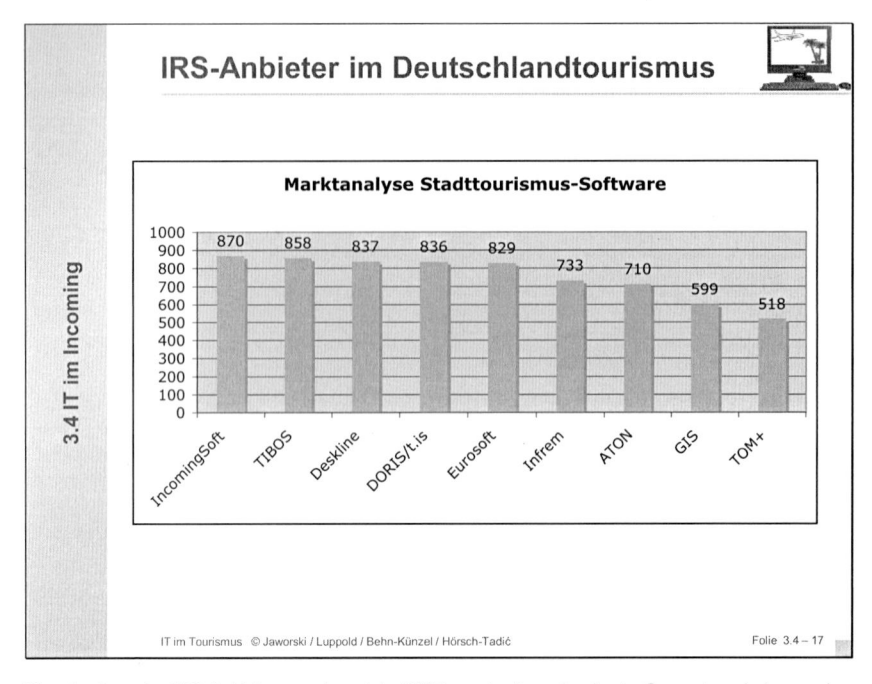

Eine Analyse der IRS-Anbieter aus dem Jahr 2007 ergab, dass das beste Gesamtergebnis aus dem Anforderungskatalog Stadttourismus das Programm *IncomingSoft* mit 870 von 1030 Punkten (84%) erzielt.

Das Resultat kommt zum einen durch die Vielseitigkeit des Programms zustande. Zum anderen erreicht die Software eine gute Punktzahl bei den allgemeinen Anforderungen und hier hauptsächlich durch die Kriterien Erweiterbarkeit, Multitasking und Kompatibilität sowie Datensicherheit. Auch bei den zusätzlichen Anforderungen bekommt *IncomingSoft* viele Punkte – vor allem bei Referenzen, Schulungen, Fernwartung, Organisationsberatung, Informationen und Anschaffungskosten.

In der Rubrik **Softwareergonomie** erreicht *TIBOS* die meisten Punkte – nämlich 88 von 100 Punkten. *IncomingSoft* und *ATON* schneiden mit jeweils 83 Punkten am zweitbesten ab. Am wenigsten Punkte erlangt *Eurosoft* – immerhin noch 69 Punkte.

In der Kategorie **Datensicherheit** erhalten fast alle Programme die volle Punktzahl. Nur *Deskline* und *Eurosoft* werden mit 83 bzw. 86,5 Punkten bewertet. Man kann aber davon ausgehen, dass die Datensicherheit auch bei diesen beiden Softwareprodukten voll gegeben ist.

IT im Incoming

IRS-Anbieter im Deutschlandtourismus

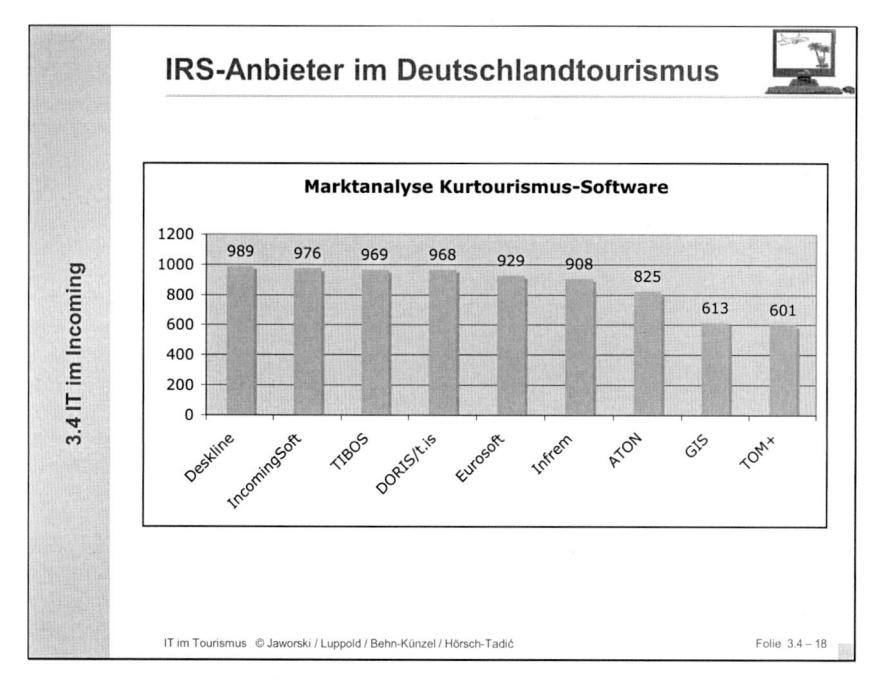

Marktanalyse Kurtourismus-Software

Anbieter	Punkte
Deskline	989
IncomingSoft	976
TIBOS	969
DORIS/t.is	968
Eurosoft	929
Infrem	908
ATON	825
GIS	613
TOM+	601

IT im Tourismus © Jaworski / Luppold / Behn-Künzel / Hörsch-Tadić   Folie 3.4 – 18

In dem Anforderungskatalog Kurtourismus geht der Sieg an *Deskline*, da das Programm 989 Punkte (von 1230) erreicht. Dies entspricht 80% der maximalen Gesamtpunktzahl.
Das Resultat erklärt sich anhand der guten Punktzahlen in den Kategorien PC-Kasse, Anfragen- sowie Lagerverwaltung. Bei den zusätzlichen Anforderungen punktet *Deskline* bei Referenzen, Markttätigkeit, Schulungen, Hotline, Fernwartung, Organisationsberatung und Kosten. Außerdem erhält das Programm viele Extrapunkte sowohl bei den branchenspezifischen als auch bei den zusätzlichen Anforderungen. Der kurspezifische Teil bringt der Software das zweitbeste Ergebnis – hauptsächlich durch die Möglichkeit die Klinikbettenverwaltung zu dem Programm dazu zu programmieren.

Anzeigetafeln ...

... Tourist-Information und Zimmernachweis

In vielen Orten und Regionen, besonders in ländlichen Regionen findet man nach wie vor große Anzeigetafeln mit touristischen Informationen und dem Zimmernachweis (siehe Folie). In der Vergangenheit waren es Tafeln, die relativ primitiv aussahen, aber eine sehr hohe Akzeptanz bei den Urlaubern genossen. Sehr viele solcher Tafeln waren mit der grün/rot-Schaltung bei jedem Haus auf der Ortskarte versehen (grün für Zimmer frei; rot: alle Zimmer belegt). Die Schaltung konnte manuell getätigt werden, später wurde dies automatisiert und von z.B. dem Verkehrsamt gesteuert.

Selbstbedienungsterminals ...

... für
→ Informationsauskunft vor Ort und
→ Zimmerbuchung

In der neusten Zeit werden immer öfter bedienerfreundliche webbasierende Informationssysteme (für den Außen- und Innenbereich) eingesetzt. Sie liefern Informationen aus den bereits vorhandenen Internetseiten des Ortes bzw. der Region. Diese Terminals sind eine Fortentwicklung alter Anzeigetafeln und vereinen deren wichtigsten Vorteil - die Gästeakzeptanz - mit den Vorteilen moderner Kommunikation und der Datenverarbeitung im Internetzeitalter. Solche Terminals werden mit einer Handy-ähnlichen Tastatur bedient. Die Urlauber können sich alle Informationen darstellen lassen, wie z.B.

- Übernachtungsmöglichkeiten & Gastronomieinformationen
- Veranstaltungskalender
- Sehenswertes
- Bildung & Kultur
- Sport- & Freizeitaktivitäten
- Stadt- und Regions-Informationen
- Wetter & Webcams und vieles mehr

Die am Terminal integrierte Telefonanlage kann für die Kommunikation mit dem Verkehrsamt oder direkt mit dem ausgesuchten Gastgeber genutzt werden.

IT im Incoming - Zukunft

Die Informationstechnik im Incoming steht wieder vor einem neuen Hoch ...

→ Zukunftweisend sind Programme, die:
- auf der Internet-Technologie aufbauen und
- die einzelnen Inselanwendungen im Tourismusbüro in ein in sich schlüssiges und komplexes System integrieren

→ Es entstehen Multi-Access Informations- und Reservierungssysteme, die:
- die einen heterogenen Zugang zu den Daten der Leistungsträger erlauben

Im Deutschlandtourismus sind seit einigen Jahren schon sehr moderne ASP-Systeme (Applications Services Provider Systeme) im Einsatz, die eine Art Rechenzentrumsaufgaben übernehmen und die einzelnen Orte/Regionen als Mandanten führen. Die Kunden (Orte/Regionen) haben nur leistungsbezogene Rechnungen zu bezahlen und keinen Server/kein Rechenzentrum zu unterhalten.

Die Daten sind im Multi-Access-System gehalten: das heißt, die Daten können von Gästen/Kunden abgerufen und gebucht werden, gleichzeitig aber können die Leistungsträger ihre Daten pflegen und u.U. sich selbst bebuchen, bzw. die kommunale Stelle kann die Daten auch pflegen und aktualisieren (Veranstaltungskalender).

3.5 IT in der MICE-Industrie und in Kultureinrichtungen

Agenda

✏ **Anwendungsbereiche für Software in der MICE-Industrie**
  ➢ Customer Relationship Management

✏ **Anforderungen von Veranstaltungsstätten**
  ➢ Struktur von Veranstaltungsstätten
  ➢ Workflow Venue Management

✏ Anforderungen von Messen und PCOs

✏ Anforderungen von Kultureinrichtungen
  ➢ Übertragbare Prozesse
  ➢ Besonderheiten

IT im Tourismus © Jaworski / Luppold / Behn-Künzel / Hörsch-Tadić   Folie 3.5 – 2

Die Anwendungsbereiche in der MICE-Industrie haben eine gemeinsame Schnittmenge – überall wird, mit unterschiedlicher Intensität und Bedeutung, aber ohne Einschränkung mit einer Verankerung in den Geschäftsprozessen mit Adressen, Adressdaten bzw. Personen- und Unternehmensinformationen gearbeitet.

Das IT-gestützte, „elektronische" Customer Relationship Management (CRM oder: Kundenbeziehungsmanagement) ist damit ein zentrales Tool und ein Anwendungsbereich, von dem ausgehend häufig Implementierungen eingeleitet werden.

Besondere Anforderungen ergeben sich – jeweils – aus den Anwendungsbereichen: Messen mit dem Fokus auf Besucher und Aussteller, Kongress-Organisatoren mit einer Orientierung an Teilnehmern und Referenten, Veranstaltungsstätten mit Buchungs- und Belegungsprozessen.

Die drei genannten Schwerpunktbereiche spiegeln sich teilweise in den Kultureinrichtungen wider, sodass ein Vergleich anhand übertragbarer Prozesse sinnvoll ist.

Unterstützung betrieblicher Funktionen

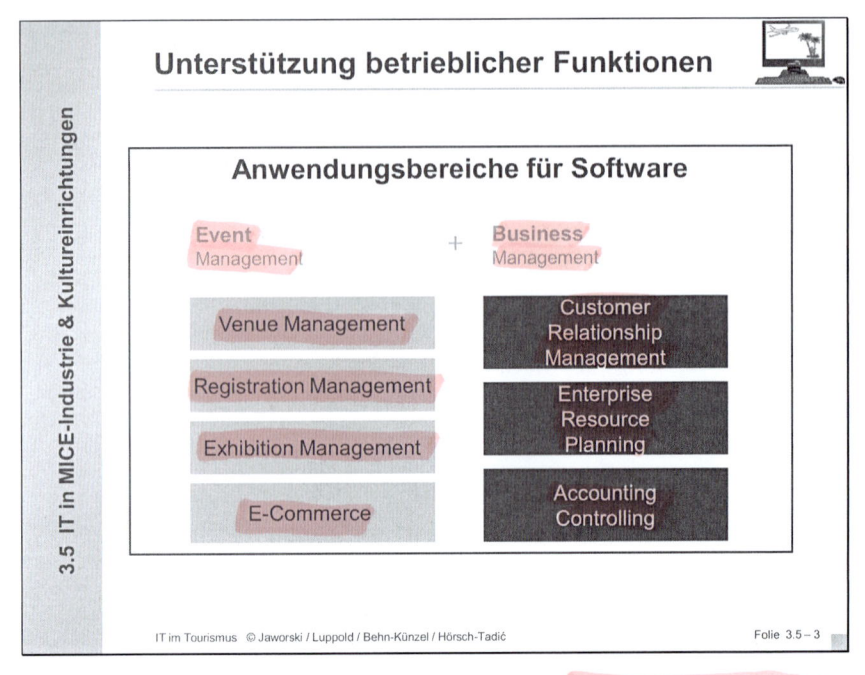

Anwendungsbereiche für Software

Event Management
- Venue Management
- Registration Management
- Exhibition Management
- E-Commerce

+

Business Management
- Customer Relationship Management
- Enterprise Resource Planning
- Accounting Controlling

3.5 IT in MICE-Industrie & Kultureinrichtungen

IT im Tourismus © Jaworski / Luppold / Behn-Künzel / Hörsch-Tadić — Folie 3.5 – 3

Die auf der rechten Seite abgebildeten Anwendungsbereiche im klassischen Business Management sind:
- Customer Relationship Management (Management von Adressen i.w.S.)
- Enterprise Resource Planning (Management der Auftragsabwicklung i.w.S.)
- Accounting und Controlling (Management der finanzwirtschaftlichen Aufgaben i.w.S.)

Dem stehen spezielle Aufgaben aus dem Event-Management gegenüber, die – jeweils auf die konkrete Situation bezogen – mit den drei Ebenen des Business Management verbunden oder dort integriert werden:
- Venue Management (Management von Veranstaltungsstätten i.w.S)
- Registration Management (Management von Teilnehmern i.w.S)
- Exhibition Management (Management von Ausstellern und Besuchern i.w.S.)
- E-Commerce (Management von Online-Komponenten in den Geschäftsprozessen)

Customer Relationship Management

- Kernelement ist eine Datenbank, in der alle relevanten Daten über Interessenten und Kunden systematisch zusammengefasst werden.
  - ✓ Demografische Daten
  - ✓ Kontakthistorie
  - ✓ Elektronische Hinterlegung von Korrespondenzen und Dokumenten
  - ✓ Umsatzdaten – ABC Analysen
  - ✓ Ergänzende Marktforschungsdaten
  - ✓ Daten zur Schätzung des künftigen Umsatzpotentials

Customer Relationship Management ist nicht eine Software, sondern ein Management-Konzept, das von der Unternehmensführung sehr genau definiert werden soll. Es beinhaltet die Verfahrensrichtlinien bei den Kontakten mit Kunden, aber auch Interessenten, Lieferanten und anderen Personen sowie Institutionen und Unternehmen. Zur Unterstützung des CRM wird in der Regel Software eingesetzt, die dann auch „CRM" genannt wird – oder aber, von der Orientierung und Schwerpunktsetzung ausgehend, „Adress-Management".

Den Kern dieses Moduls bildet die Adressdatenbank, in der nicht nur statische Angaben zu den Adressen gespeichert sind, sondern auch dynamische Daten wie Kundenhistorie, getätigte Buchungen, Umsätze, Stornierungen und Beziehungen zwischen den einzelnen Adressen, Personen und Institutionen, u.v.ä.m. Bei den Kunden, Lieferanten, usw. soll dabei automatisch die ABC-Klassifizierung vorgenommen werden. Sehr behilflich im Adressmanagement ist auch eine automatische Bereinigung des Datenbestandes von Adressdoubletten, die sogenannte „Vermeidung von Datenredundanzen".

CRM - Haupteinsatzbereiche

- Neukundenakquisition

- Account Management

  ✓ Up-Selling
  ✓ Cross-Selling
  ✓ Loyalitätspogramme
  ✓ Kundenzufriedenheit
  ✓ Kundenbindung

IT im Tourismus © Jaworski / Luppold / Behn-Künzel / Hörsch-Tadić

Die Akquisition neuer Kunden kann optimal durch ein CRM-System unterstützt werden – zentrale Informationshaltung, aktueller Stand, zentrale Steuerung von Kampagnen etc. sind einige Prozess-Schritte, die durch einen richtigen Software-Einsatz verbessert werden können. Symbolisch soll hier lediglich die "Selektion von Adressen für Weihnachtskarten per Knopfdruck" erwähnt werden.
Für das Management bestehender Kunden gilt die IT-Unterstützung ebenso. CRM als Kundenbindungs-Ansatz (CLV oder Customer Lifetime Value), aber auch das Erschließen von zusätzlichen Umsatzpotenzialen durch gezielten und wirksamen Einsatz von CRM ist für die MICE-Branche von Bedeutung.

Marketing & CRM

- Aktives Adressmanagement (CRM)
- Direkter E-Mailversand und Korrespondenzversand
- Integriertes Dokumenten-Management
  z.B. für E-Mails, Korrespondenz, Verträge, Pläne
- Integration mit MS-Office
- Integrierte Kontakthistorie zu allen Veranstaltungen
- Automatische Erinnerungsfunktionen
- Direkt-Marketing-Kampagnen

Marketing als „Ausrichtung des Unternehmens auf die Märkte und Kunden" erfordert einen aktiven Umgang, eine hohe Transparenz an Daten (oder besser: Informationen) über die Marktpartner.
Damit einher geht die Einbindung aktueller Kommunikationsmöglichkeiten wie beispielsweise Email als individualisierte, durch einen Anhang versehene Nachricht.
Aus Prozess-Sicht müssen Integrationen die notwendige Wirtschaftlichkeit generieren, so etwa die Einbindung in MS-Office oder die Vernetzung der Informationen mit anderen Bereichen der IT (Versand einer Email führt zum Eintrag in die Historie, generiert eine automatische Wiedervorlage etc.).
Ein CRM-System unterstützt auch Direktmarketing-Kampagnen in den jeweiligen Ausprägungen (mehrstufige Mailings mit Nachfass-Aktionen, Call-Center-Kampagne mit Anrufen bei allen A- und B-Kunden etc.).

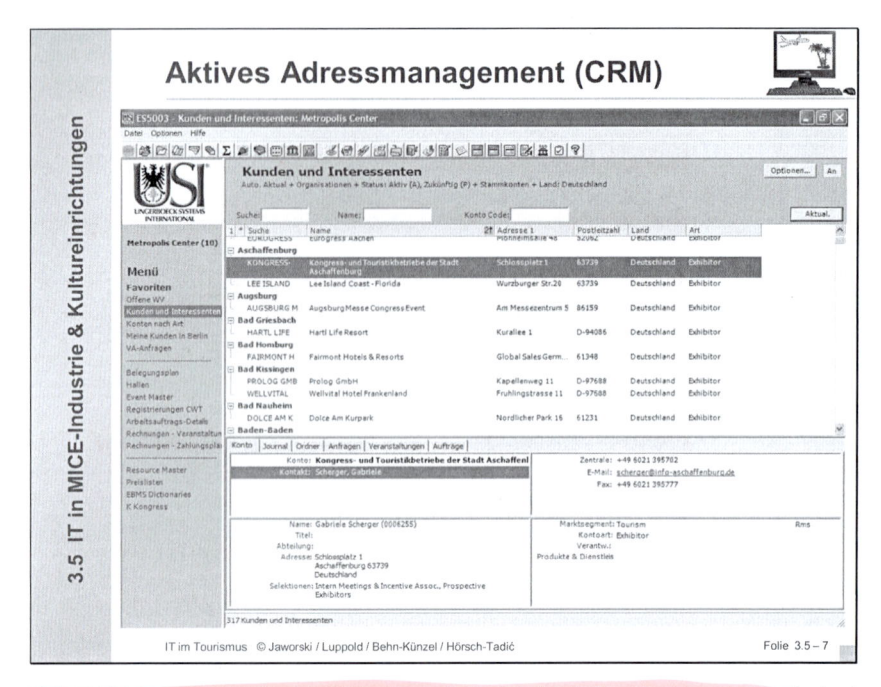

Aktives Adressmanagement (CRM)

[Screenshot einer Bildschirmmaske "ES5003 - Kunden und Interessenten: Metropolis Center" mit Kunden- und Interessentenliste (u.a. KONGRESS Kongress- und Touristikbetriebe der Stadt Aschaffenburg, LEE ISLAND Lee Island Coast - Florida, AUGSBURG M AugsburgMesse Congress Event, HARTL LIFE Hartl Life Resort, FAIRMONT H Fairmont Hotels & Resorts, PROLOG GMBH Prolog GmbH, WELLVITAL Wellvital Hotel Frankenland, DOLCE AM K Dolce Am Kurpark) und Detailansicht zu Kongress- und Touristikbetriebe der Stadt Aschaffenburg, Kontakt: Scherger, Gabriele.]

IT im Tourismus © Jaworski / Luppold / Behn-Künzel / Hörsch-Tadić Folie 3.5 – 7

Aktives Adressmanagement kann – wie in der gezeigten Beispiel-Maske erkennbar ist – bereits durch die richtige Anordnung von Informationen unterstützt werden:
Im oberen Teil finden sich Kunden und Interessenten in Listenform und mit voreingestellten Attributen angezeigt (Stadt, Name etc.).
Im unteren Teil sind die Kontakt-Details der jeweils ausgewählten Adresse einsehbar, darunter die postalische Anschrift und die Email-Adresse.
So kann in der übersichtlichen Liste einfach mit dem Cursor von Adresse zu Adresse gewechselt werden (schnelles Durch-Scrollen), während im Detailfenster jeweils weiterführende Infos hierzu angezeigt werden.
Die „Karteikarten-Reiter" im unteren Teil des Bildschirm-Fensters können zur Anzeige spezifischer Details angewählt werden, eine weitere „Individualisierung des Standards".
Im internationalen Sprachgebrauch wird diese Informations-Anzeige-Kombination auch „Dashboard" genannt, also Armaturenbrett.

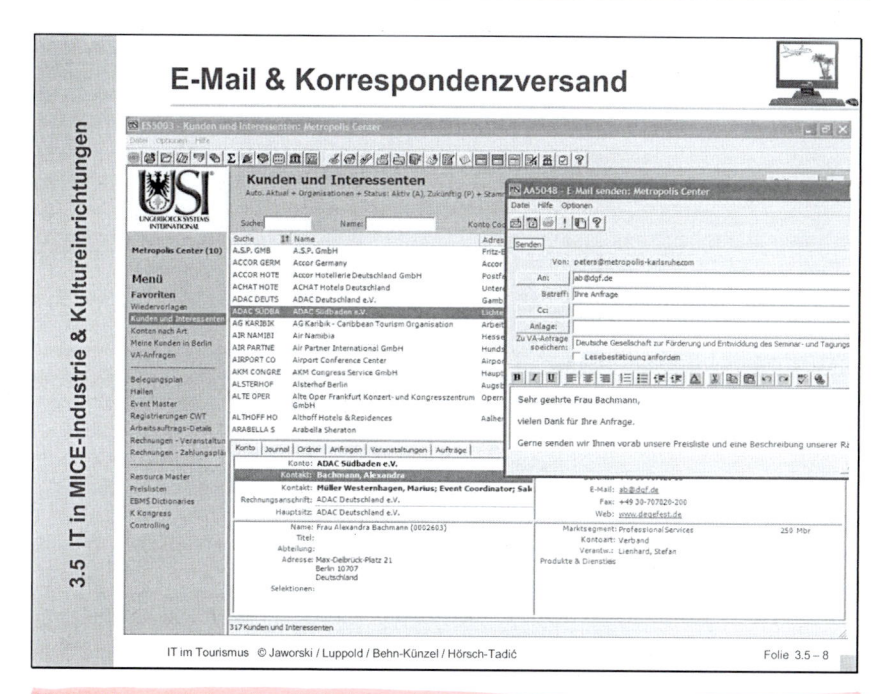

3.5 IT in der MICE-Industrie & Kultureinrichtungen

E-Mail & Korrespondenzversand

IT im Tourismus © Jaworski / Luppold / Behn-Künzel / Hörsch-Tadić — Folie 3.5 – 8

Wichtige Kommunikations-Form ist der Versand von Emails. Dies muss durch ein integriertes System unterstützt werden, das – neben dem klassischen Versand von Emails – auch die Verbindung zu den Prozessen und Arbeitsbereichen berücksichtigt. Hier einige Beispiele:

- Selektion von Adressen für eine Veranstaltungsankündigung anhand von hinterlegten Kriterien, Aussendung per Email mit individualisierter Anrede (automatisch generiert), jeweils als Einzel-Email (Umgehung von Spam-Filtern) und Erzeugung einer Wiedervorlage zur Steuerung des Nacharbeitens.

- Auswahl einer Adresse zur Aussendung eines Veranstaltungs-Angebots, automatische Umwandlung des Angebots aus Word in Pdf-Anhang.

Zusätzlich – Stichwort „ganzheitliche Information" – müssen auch eingehende Emails dort gespeichert werden können, wo sie relevant sind!

Integriertes Dokumentenmanagement

Bei den Prozessen in der MICE-Industrie werden – kommunikativ oder nur dokumentierend – Dokumente erzeugt:
- Angebote und Projektskizzen
- Bühnenanweisungen und Kalkulationen
- Mailing-Texte und Veranstaltungsankündigungen
- Etc.

Im Sinne einer vollständigen Information und gleichzeitig möglichst einfacher Zugänglichkeit sollten auch diese elektronischen oder papiergestützten Daten zu finden und einsehbar sein.
Ein integriertes Dokumentenmanagementsystem schafft an der Stelle eine Vielzahl von Vorteilen, die sich in Qualität und Wirtschaftlichkeit der Prozesse auswirken.

3.5 IT in MICE-Industrie & Kultureinrichtungen

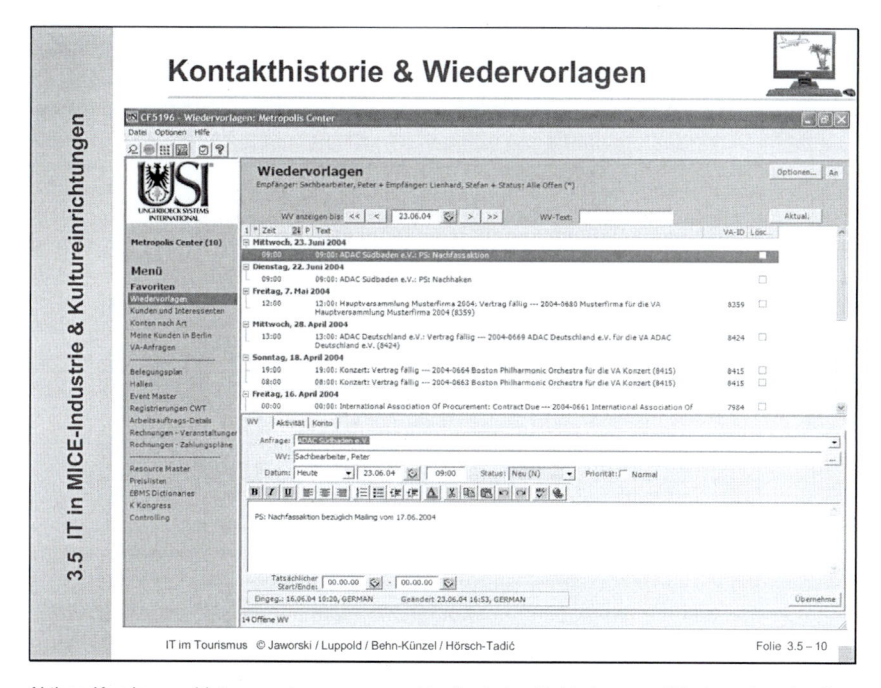

Aktives Kunden- und Interessentenmanagement bedingt eine Einbindung von Wiedervorlage-Logiken, jeweils bezogen auf den Prozess:

Individuelle Wiedervorlagen sind dort zu setzen, wo – etwa nach einer ersten Kontaktaufnahme mit einem potenziellen Kunden – ein weiteres Gespräch vereinbart wurde.

Automatisierte Wiedervorlagen werden vom System an allen Stellen generiert, wo ein Prozesselement („Versand Angebot") zu einem Weiteren führen muss („Überprüfung, ob das Angebot angenommen wurde").

Wiedervorlagen isoliert betrachtet sind wertlos; ihre Verknüpfung mit der Kontakthistorie ist daher zwingend. Diese Verbindung macht es zudem möglich, dass das Abarbeiten der Wiedervorlage durch Mitarbeiter erfolgen kann, die bislang mit dem Vorgang nicht beschäftigt waren – aber, dank der im System dokumentierten Historie, einen vollständigen Einblick haben!

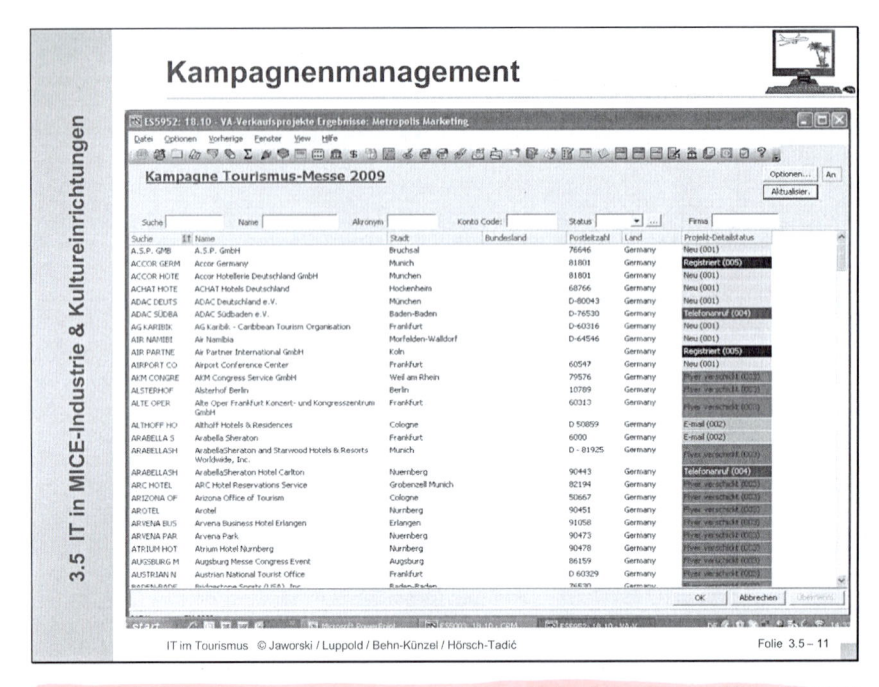

In der MICE-Industrie spielt Kampagnen-Management eine wichtige Rolle. Eine Anzahl von Kontakten wird mehrfach angesprochen und im Rahmen einer (Marketing-)Kampagne schrittweise weitergeführt. Beispiel Kongress-Einladung:
- Erstes Mailing mit der Vorankündigung (an vorab selektierte, der Kampagne zugewiesene Adressen aus dem Pool)
- Zweites Mailing mit dem Angebot, Buchungsunterlagen zusenden
- Drittes Mailing mit den Buchungsunterlagen
- Viertes Mailing mit der Anmeldebestätigung

Dazwischen weitere Mailings, beispielsweise an alle, die zwar Unterlagen angefordert, diese aber noch nicht zurück geschickt haben!

Übersichtlichkeit auf der einen Seite (Status des Kontakts – siehe farbige Markierung auf der rechten Seite) und Automatisierung auf der anderen Seite (Nachfass-Mailing an alle Kontakte, die noch nicht reagiert haben) sind Elemente eines CRM-integrierten Kampagnen-Managements.

Anforderungen Veranstaltungsstätten

- Customer Relationship Management
- Belegungsplan
- Angebots-/Optionverwaltung
- Veranstaltungsverwaltung
- Ressourcenplanung
- Grafische Planung (CAD)
- Teilnehmerregistrierung/Hotelzimmerreservierung
- Personaleinsatzplanung
- Facility Maintenance
- Buchhaltung & Controlling
- Online Services

IT im Tourismus © Jaworski / Luppold / Behn-Künzel / Hörsch-Tadić   Folie 3.5 – 12

Ein Blick auf die Anforderungen bei Veranstaltungsstätten zeigt, dass IT im Sinne von spezieller Anwendungs-Software die oben genannten Funktionsbereiche abdecken sollte. Integriert, wie bereits erläutert, modular und dennoch „aus einem Guss".
Der Belegungsplan – als Zugang zum wichtigen Produktions- und auch Engpass-Faktor „Räume" – ist ein Schlüssel-Element.
Ressourcen- und Personaleinsatzplanung sind verbunden mit der Veranstaltungsverwaltung (Produkt und Produktbestandteile), grafische Planung und Teilnehmerregistrierung Zusatzfunktionen für die Veranstaltungsstätten, die als „Full Service Provider" am Markt sind.
Buchhaltung und Controlling sind für die finanz- und erfolgswirtschaftliche Dimension zuständig und unter anderem auch die Unternehmens-Einheit, bei der die Ergebnisse aus Angebots- und Optionsverwaltung (wurde aus der Anfrage schließlich Umsatz generiert?) sichtbar werden.

Vielfalt von Veranstaltungsstätten

Quantitäten
- EVVC-Definition
- Zahl der Räume
- Zahl der maximalen Stühle
- qm Messestandfläche (brutto/netto)

Ordnungs-Kriterien
- privatwirtschaftlich/öffentlich-rechtlich
- Veranstaltungsart (eigen/fremd)
- Anteil am Vermietungsgeschäft
- Internationalität (lokal, regional, nat., …)
- Volldienstleister (PCO)

IT im Tourismus © Jaworski / Luppold / Behn-Künzel / Hörsch-Tadić Folie 3.5 – 13

Veranstaltungsstätten sind unterschiedlich und können anhand verschiedener Parameter systematisiert werden.
Der EVVC (Europäischer Verband der Veranstaltungs-Centren e.V.) hat eine eigene Ordnung entwickelt, die sich an der „Anzahl der Plätze in Reihenbestuhlung im größten Raum" orientiert.
Die Struktur von Veranstaltungsstätten hinsichtlich der quantitativen Eigenschaften determiniert den Einsatz von IT nur bedingt; sowohl bei kleinen als auch bei großen Kongresszentren, bei internationalen Veranstaltungsstätten und lokalen Special Event Locations, betrieblichen Seminarzentren und regionalen Conference Facilities – sind die Prozesse vergleichbar sind die Anforderungen daher in weiten Teilen deckungsgleich!
Eine weitere Ebene an Ordnungskriterien – mit einer mehr qualitativen Orientierung – macht den Bedarf an und die Intensität der Nutzung von spezieller Branchen-Software eher unterscheidbar:
Full-Service-Zentren bieten Teilnehmerverwaltung und Hotelvermittlung mit an, hierzu sind zusätzlichen IT-Funktionalitäten erforderlich!
International agierende Kongress- und Tagungsstätten sind mehr auf die Einbindung von elektronischer Kommunikation und E-Commerce-Komponenten angewiesen als die lokale Stadthalle!
Tagungsstätten von Unternehmen und Verbänden spüren hinsichtlich der Vermarktung ihrer Leistungen weit weniger „Vertriebs-Druck" und haben damit ein anderes Set an Erfolgs-Beurteilungs-Kriterien als eine privatwirtschaftlich geführte Special Event Location!

Workflow – Venue Management

- Marketing & Verkauf
- Termindisposition / Buchung
- Angebotsgestaltung / Vertragsgestaltung
- Veranstaltungsplanung / Koordination
- Veranstaltungsdurchführung
- Fakturierung / Auswertung - Nachbereitung

EDV-gestützte Projektsteuerung

Aufbau- und Ablauforganisation bestimmen die Strukturen von Unternehmen – bei Veranstaltungsstätten ergibt sich, mit Fokus auf die Prozessbetrachtung (Workflow), ein „typischer Projektablauf":

- Kontaktaufnahme durch Marketing
- Buchungsanfrage mit Termindisposition
- Konfiguration der Veranstaltung und Erstellung von Angebot oder Vertrag
- Detailplanung der Veranstaltung mit Leistungsdisposition
- Veranstaltungsdurchführung
- Nachbereitung der Veranstaltung mit Schlussrechnung und Auswertung

Entscheidend für den Nutzen (oder auch „ROI") einer Software-Lösung ist – auch als Ergebnis der Integration – eine IT-gestützte Projektsteuerung!

Termindisposition und Buchung

- Elektronischer Belegungsplan

- Mandantenfähigkeit
  Belegungspläne für verschiedene Häuser

- Automatische Überprüfung von Buchungskonflikten

- Online Veranstaltungskalender

Die für Veranstaltungsstätten wichtige Funktion „Belegungsplan" erfordert verschiedene Perspektiven, die über Einstellungen der Anzeige abgedeckt werden können. Dabei sollte eine Anpassung mit Bezug auf die konkrete Aufgabenstellung möglich sein – also an den Geschäftsführer mit Gesamtblick auf die Buchungssituation im nächsten Quartal und den Projektleiter mit Visualisierung relevanter Planungs-, Options- und Festbuchungs-Termine.

Selbst bei kleineren Organisationseinheiten kommt es zur Zentralisation der Buchungsfunktion für mehrere Häuser; man spricht – ähnlich wie im Finanz- und Rechnungswesen – von „Mandantenfähigkeit".

Die IT-Funktion „Automation" kann im Zusammenhang mit Termindisposition und Buchung hilfreich sein, wenn es um Konflikte geht; verschiedene Buchungs-Zustände (fest, optioniert, angefragt), Raumkombinationen, überlappende Auf- und Abbau-Zeiten können den Prozess fehleranfällig machen – es sei denn, die Software überprüft im Hintergrund anhand festgelegter Regeln die Buchbarkeit.

Ein Online-Veranstaltungskalender dient typischerweise der Publikation öffentlicher Veranstaltungstermine und ist in das Online-Portal einer Veranstaltungsstätte oder einer Region integriert.

IT in der MICE-Industrie und in Kultureinrichtungen

Elektronischer Belegungsplan

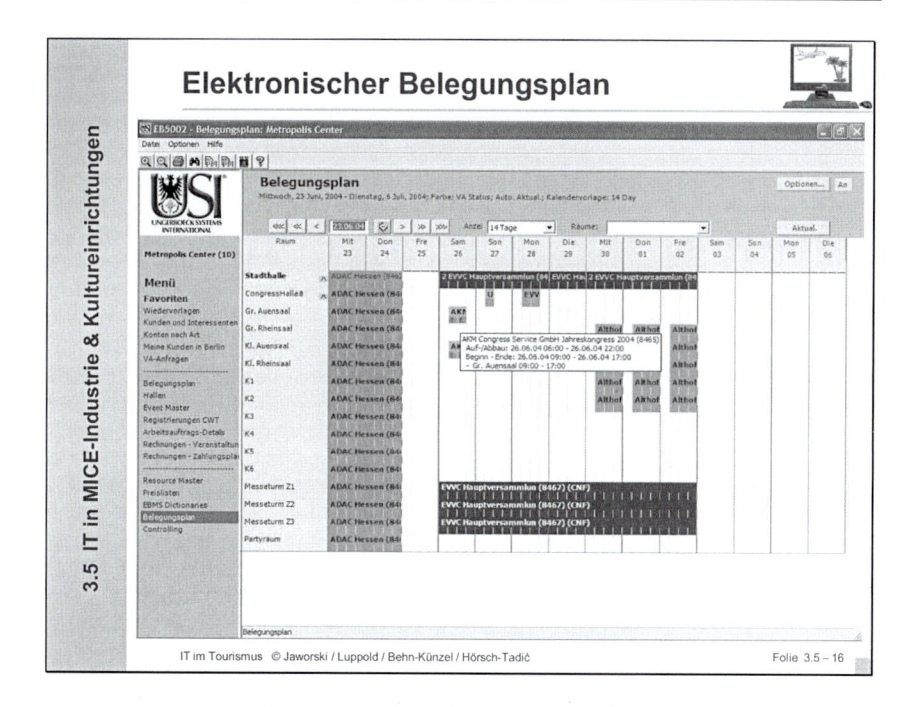

Folie 3.5 – 16

Am Beispiel dieser Bildschirmmaske ist zu erkennen, dass die beiden Dimensionen „Länge" und „Breite" zur Strukturierung von Zeit (in diesem Fall Tage) und Ressourcen (in diesem Fall Räume) genutzt werden. Da weitere Details notwendig sind, bedient man sich Farben – um, wieder am dargestellten Beispiel, den Status einer Veranstaltung kenntlich zu machen.
Flexible Systeme erlauben eine individuelle Konfiguration der Anzeige – auf einen Nutzer und dessen Aufgabenstellung bezogen.
Die Dimension „Tiefe" wird durch das Anklicken einer Kalender-Eintragung aktiviert; eine direkte Verzweigung zu den Veranstaltungsdetails erlaubt das punktuelle Betrachten einer tieferen Informationsebene.
Außerdem werden heute gebräuchliche „Mouse-over-Funktionen" eingebaut und können, wie im Beispiel auch angezeigt, kleine Info-Fenster generieren.

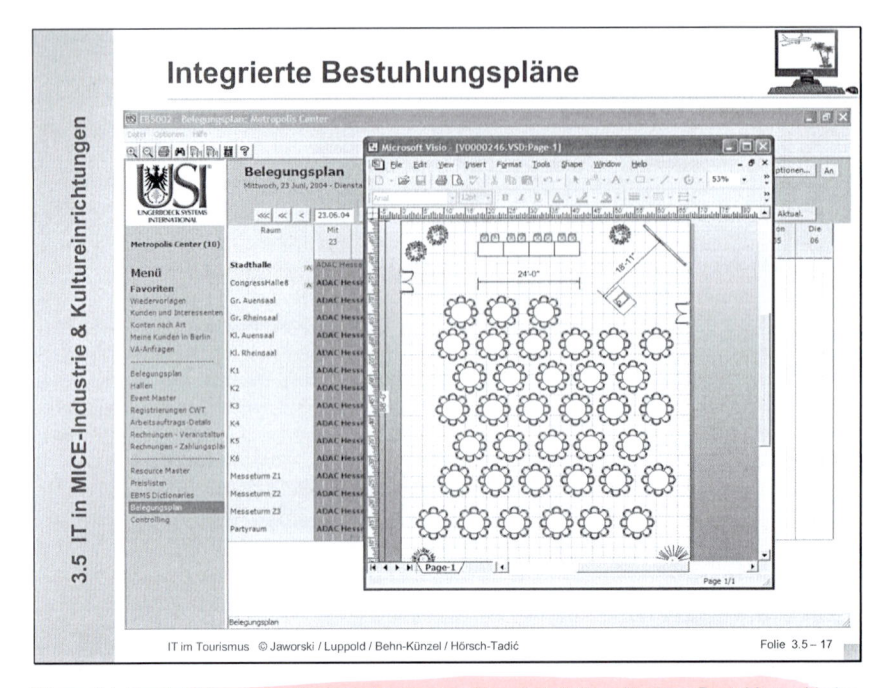

Integrierte Bestuhlungspläne

3.5 IT in MICE-Industrie & Kultureinrichtungen

IT im Tourismus © Jaworski / Luppold / Behn-Künzel / Hörsch-Tadić Folie 3.5 – 17

Wesentlich für die Nutzung der Engpass-Ressource „Raum" sind die zulässigen Bestuhlungs-Varianten. In der Regel an der Veranstaltungs-Form bzw. am Veranstaltungs-Ziel orientiert, können Räume in Reihenbestuhlung (mit und ohne Tische), mit runden Tischen (mit unterschiedlichen Durchmessern) oder weiteren Varianten vorbereitet werden.

Eine Hilfestellung für die Planer ist dabei die Visualisierung der Bestuhlungsmöglichkeiten; grafische Systeme (Computer Aided Design CAD) erlauben die Modifikation und projektbezogene Anpassung, ausgehend von einem hinterlegten Standard.

Die Integration von Bestuhlungsplänen bedeutet hier, dass innerhalb der Spezial-Software auch Pläne verwaltet (abgelegt, aufgerufen, verschickt etc.) werden können. Sowohl im Prozess der Vermarktung schafft dies Vorteile (Service-Level) als auch bei der Veranstaltungs-Organisation (Transparenz der Planung durch Visualisierung).

Veranstaltungsplanung & Koordination

- Planung der Veranstaltungsdetails
- Elektronische Buchung aller Serviceleistungen
- Automatische Überprüfung der Leistungsverfügbarkeit
- Automatische Erstellung von Angeboten, Optionen, Verträgen etc. ...
- Steuerung der Arbeitsabläufe Regie- und Ablaufpläne (Workflowmanagement)
- Automatische Veranstaltungsabrechnung

Die Planung und Koordination von Veranstaltungen ist mit vielfältigen Aufgabenstellungen verbunden. Durch selbst erbrachte oder aber extern zu beauftragende Leistungen, Bestandsengpässe durch gleichzeitig stattfindende Veranstaltungen sowie kurzfristige Anforderungsänderungen entsteht eine Komplexität, die durch ein geeignetes IT-System wesentlich besser als „von Hand" gesteuert werden kann.
Dabei kommen wieder die eingangs erläuterten Möglichkeiten zu
- Automation
- Dokumentation
- Information und
- Kommunikation

zur Geltung, helfen bei der Fehlervermeidung und sorgen für eine aktuelle, transparente und übersichtliche Darstellung der Planungssituation.

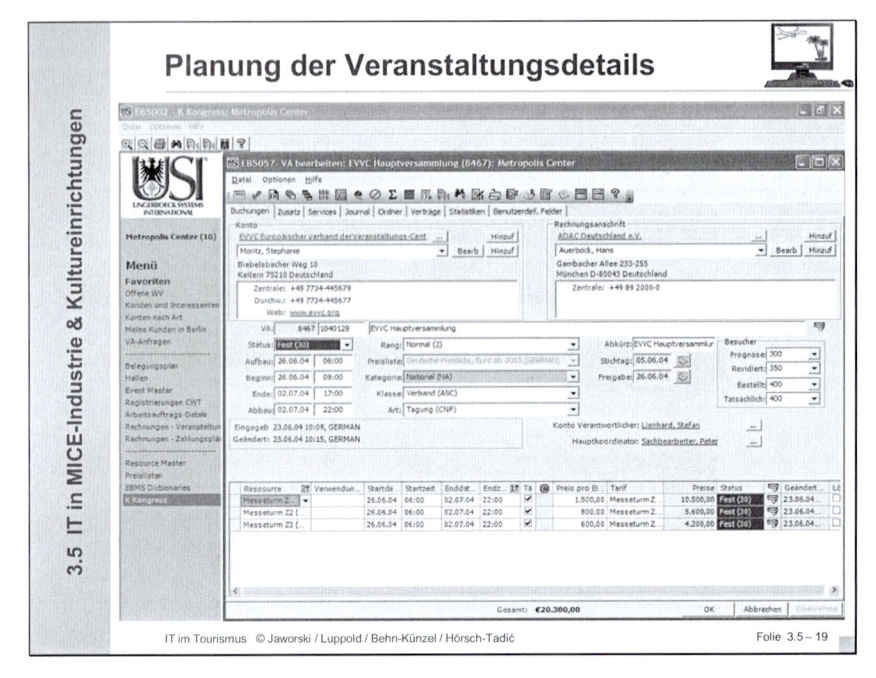

Den Planungsrahmen einer Veranstaltung gibt das Zeit- und Raumgerüst vor. Dabei kann es – je nach Komplexität der Veranstaltung – mehrere Gliederungsebenen geben:
- Dreitägiger Kongress mit
- Aufbauphase am Vortag des ersten Kongress-Tages und
- Technikaufbau am Nachmittag mit
- Audio-Check um 17.00 Uhr

Dieses Gerüst dient im weiteren Planungsverlauf der Aufnahme von Leistungen sowie der Zuordnung spezifischer Informationen.
Es gilt: Je früher der Planungsbeginn desto unschärfer die Details – was, mit Blick auf den IT-Einsatz, die Optionierung von Räumen mit gesondertem Status bedingen kann.

Ablauf und Serviceleistungen

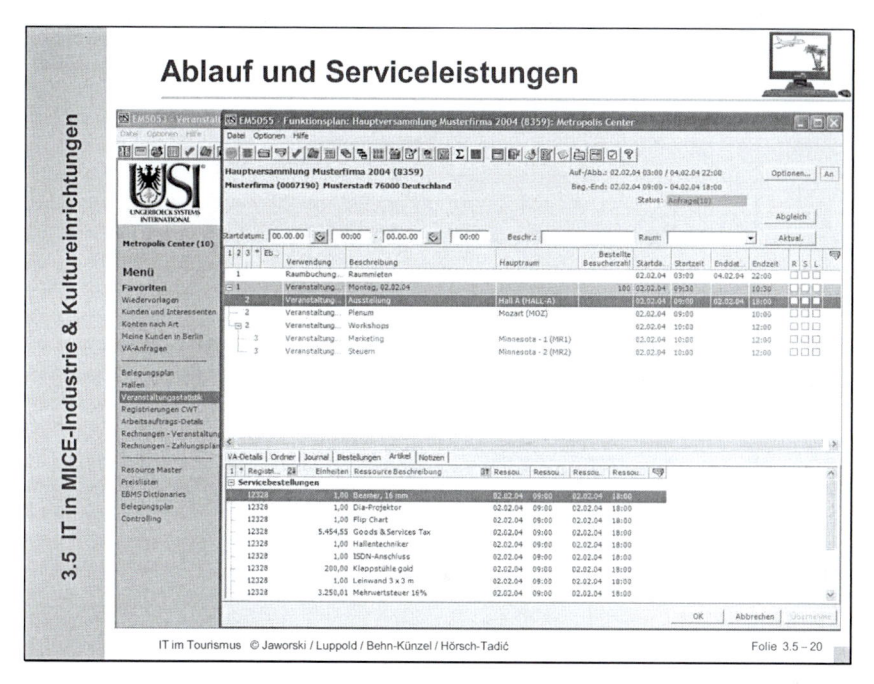

Das beschriebene Gerüst – mit mehreren, oft bis zu fünf Gliederungsebenen – nimmt im Planungs-Schritt „Buchung der Serviceleistungen" alle relevanten Leistungen aus den verschiedenen Leistungsgruppen (z.B. Catering, Technik, Ausstattung) auf.
Damit erfolgt eine Zuordnung in zeitlicher und räumlicher Dimension, da dies die Bestimmungsgrößen der Gliederungsebenen oder „Phasen" sind.
Für die spätere Durchführung – aber auch im Vorfeld für Reservierung, Vorbereitung oder externe Beschaffung – bedeutet dies eine exakte Bestimmung von Einsatzort und -zeit.
Dabei können Leistungen für eine ganz spezifische Detail-Phase – aber auch über die gesamte Veranstaltung hinweg – eingeplant werden.
Mit Blick auf die später noch beschriebene Abrechnung ist an dieser Stelle wichtig, dass sich eine finanzielle Bewertung auch aus der Einsatzzeit ergeben kann (Anzahl Mikrofone x Anzahl gebuchter Stunden x Einzelpreis je Stunde) – diese Zeiten sind wiederum Ergebnis der Veranstaltungs-Ablaufplanung (als Voreinstellung, allerdings fallspezifisch anpassbar).

Personaleinsatzplanung

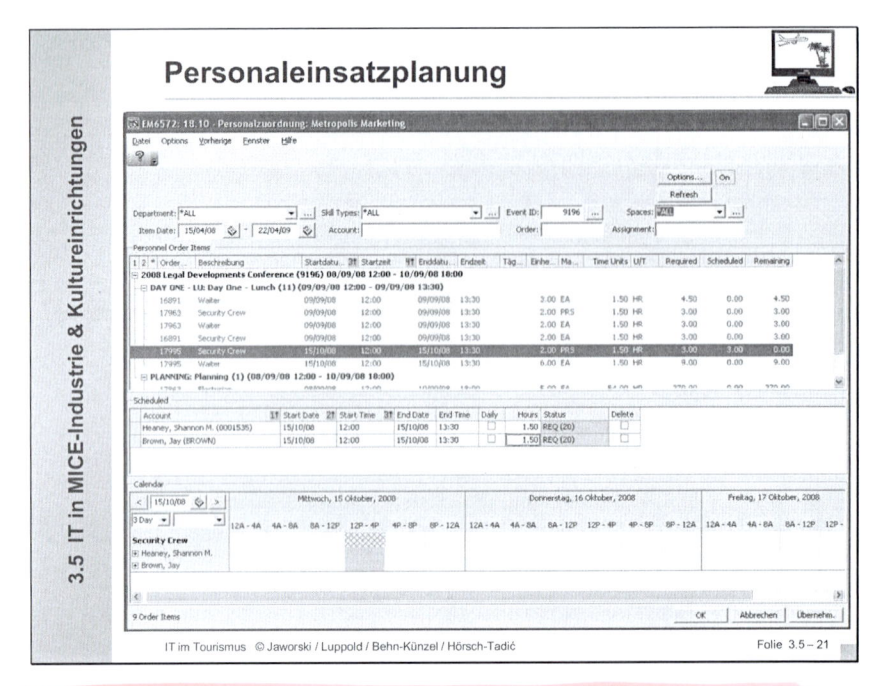

Folie 3.5 – 21

Vergleichbar mit der Buchung bzw. Planung von Serviceleistungen ist die Personaleinsatzplanung. Allerdings sind hier weitere Kriterien der Verfügbarkeit zu beachten, die von einem Software-gestützten Veranstaltungsmanagement-System mit verwaltet werden können:
Die Verfügbarkeit von Personal orientiert sich an vertraglichen Gegebenheiten (Vollzeit, Teilzeit), an urlaubs- oder krankheitsbedingter Abwesenheit sowie der Belegung durch andere Aufgaben oder Veranstaltungsprojekte.
Zusätzlich zu beachten sind rechtliche Rahmenbedingungen (maximale Arbeitszeit pro Tag, Pausenregelungen) – damit wird deutlich, dass IT ganz spezifische Hilfestellungen bei der Personaldisposition bieten kann.
Durch den zeitlichen Verlauf bei der Planung entsteht eine weitere Herausforderung:
Zunächst anonym definierte Personal-Ressourcen („ein Lichttechniker plus ein Tontechniker sowie zwei Aufbauhelfer") müssen zu einem definierten Zeitpunkt konkreten Personen zugewiesen werden!

3.5 IT in MICE-Industrie & Kultureinrichtungen

Veranstaltungsabrechnung

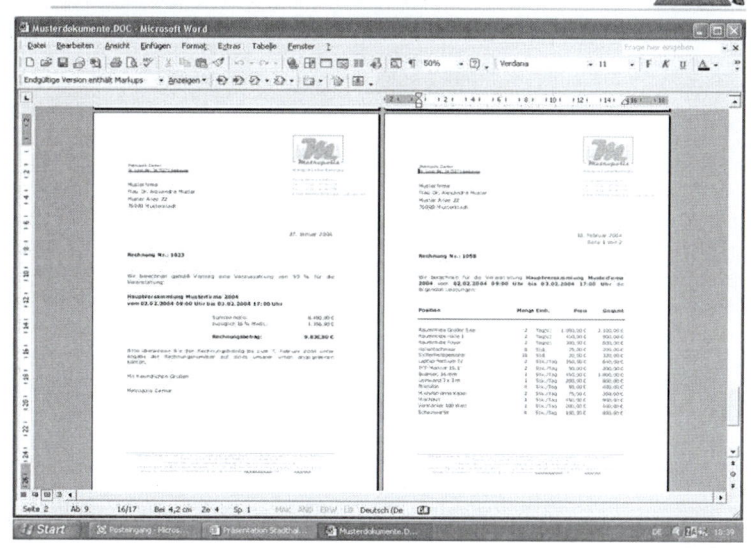

Die Veranstaltungsabrechnung als letztes Glied in der Prozess-Kette berücksichtigt alle Leistungen mit den Dimensionen
- Was wurde beauftragt?
- Was wurde konsumiert/verbraucht/eingesetzt?
- Was wurde berechnet?

Daneben sind Vorauszahlungen – verbreitet im Veranstaltungs-Geschäft – relevant und in der Schlussabrechnung mit zu integrieren.

Zudem kann es die Anforderung zum Rechnungs-Splitting geben: eine Rechnung wird, prozentual oder frei definiert, auf verschiedene Rechnungsempfänger verteilt.

Eine Abrechnung kann abschließend nur dann erfolgen, wenn alle Angaben über Verbräuche vorliegen – ein Grund mehr, um IT-gestützt Informationen zu sammeln und die Zeit zwischen Veranstaltungsende und Rechnungsstellung zu minimieren.

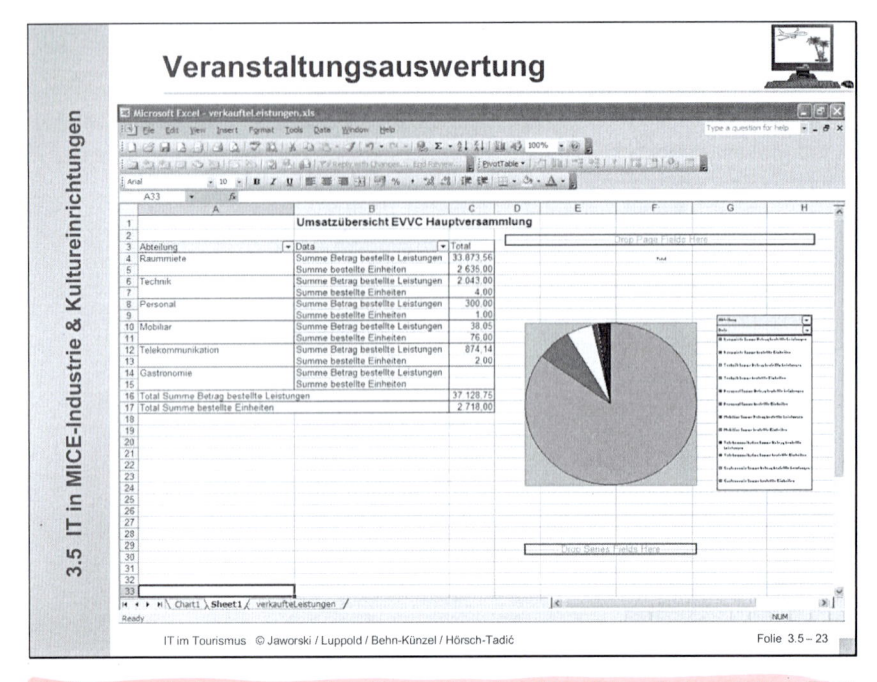

3.5 IT in MICE-Industrie & Kultureinrichtungen

Veranstaltungsauswertung

[Screenshot: Microsoft Excel - verkaufteLeistungen.xls – Umsatzübersicht EVVC Hauptversammlung]

	Abteilung	Data	Total
	Raummiete	Summe Betrag bestellte Leistungen	33.873,56
		Summe bestellte Einheiten	2.636,00
	Technik	Summe Betrag bestellte Leistungen	2.043,75
		Summe bestellte Einheiten	4,00
	Personal	Summe Betrag bestellte Leistungen	300,00
		Summe bestellte Einheiten	1,00
	Mobiliar	Summe Betrag bestellte Leistungen	38,05
		Summe bestellte Einheiten	76,00
	Telekommunikation	Summe Betrag bestellte Leistungen	874,14
		Summe bestellte Einheiten	2,00
	Gastronomie	Summe Betrag bestellte Leistungen	
		Summe bestellte Einheiten	
	Total Summe Betrag bestellte Leistungen		37.128,75
	Total Summe bestellte Einheiten		2.718,00

IT im Tourismus © Jaworski / Luppold / Behn-Künzel / Hörsch-Tadić Folie 3.5 – 23

Für die interne Analyse einer einzelnen Veranstaltung (möglicher Fokus: Deckungsbeitrags-Ermittlung/Nachkalkulation) oder eines Veranstaltungszeitraums (möglicher Fokus: Entwicklung der Umsatzanteile nach Leistungsgruppen) ist ein IT-basierendes System, das auf vorhandene Echt-Daten zugreift, optimal.

Da Standard-Software-Lösungen wie MS-Excel bereits über vielfältige Auswertungs- und Darstellungsmöglichkeiten verfügen (Pivot-Tabellen, Tortendiagramme) kann eine dynamische Datenschnittstelle eine ideale Kombination aus individueller Analyse und Standard-Instrumentarium darstellen. Dies gilt auch mit Blick auf die Weiternutzung von Analysen (bei externen Anwendern, die dennoch – da Standard – über Microsoft-Produkte verfügen!).

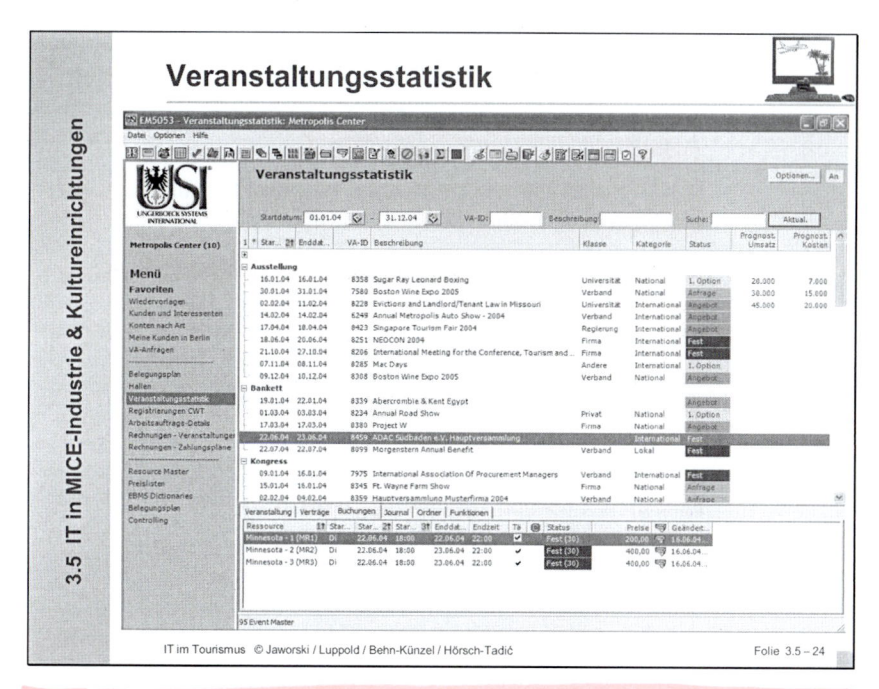

3.5 IT in MICE-Industrie & Kultureinrichtungen

Veranstaltungsstatistik

Screenshot: EMS053 - Veranstaltungsstatistik: Metropolis Center

IT im Tourismus © Jaworski / Luppold / Behn-Künzel / Hörsch-Tadić — Folie 3.5 – 24

Veranstaltungen sind Produkte einer Veranstaltungsstätte und zeigen rückblickend ein Profil, das – wenn man es im Zeitverlauf betrachtet – auch Entwicklungstendenzen transparent macht.
Auf Grund fehlender Kapazitäten abgesagte Buchungen sind Argumentationshilfe für Expansionspläne, eine Zunahme von Firmenevents Indiz für die Steigerung der Belegungssituation an Wochentagen etc.
Damit kombiniert werden kann der anteilige Umsatz, sodass eine Struktur mit den Parametern „Veranstaltungstyp", „Umsatzanteil pro Leistungsgruppe" und „Status der Veranstaltung" hilft, Klassifikationen für „Best Cases" zu finden.
Wichtig ist die Option, mit einer IT-Lösung auch eine Zukunftsprojektion zu erzeugen. Eine prospektive Statistik mit geplanten, tentativen Eintragungen, kann Grundlage für eine Auslastungs-, Umsatz- und Liquiditätsplanung sein. Damit steigt auch die Bedeutung für eine qualifizierte Handhabung der Informationen im System „von Anfang an"!

Anforderungen Messen/PCOs

3.5 IT in MICE-Industrie & Kultureinrichtungen

- Aussteller-/Teilnehmerdatenbank
- Veranstaltungsmanagement (Programmgestaltung und Ressourcenplanung)
- Teilnehmerregistrierung & Hotelzimmerreservierung
- Referenten- und Abstractmanagement
- Ausstellererfassung
- CAD-Modul
- Personaleinsatzplanung
- Lieferantenverwaltung /-koordination
- Buchhaltung & Controlling
- Online Services

IT im Tourismus © Jaworski / Luppold / Behn-Künzel / Hörsch-Tadić · Folie 3.5 – 25

Messen und Kongresse sind besondere Veranstaltungsformen, deren Leistungsportfolio ergänzende IT-Komponenten erforderlich macht. Nutzer in diesen Fällen sind sowohl Veranstaltungsstätten, die diese Leistungen anbieten (Messe-Gesellschaften und Kongresszentren) als auch Dienstleister ohne eigene Veranstaltungsstätten (Messe- oder Kongress-Organisatoren).
Neben der bereits dargestellten workfloworientierten Unterstützung von Veranstaltungsplanung und -durchführung sind hier erweiterte oder zusätzliche Aufgabenstellungen Bestandteil der Kernprozesse:

- CRM mit Fokus auf Aussteller, Besucher und Teilnehmer
- (Online-)Buchung von Ausstellern, Besuchern und Teilnehmern
- Aussteller-Handling mit Plazierungsvorschlägen, Katalogmanagement und CAD-Verknüpfung (Hallenpläne)
- Referenten-Handling mit Abstractmanagement zur Sammlung und Auswahl von potenziellen Referenten
- Koordination externer Dienstleister (insbesondere bei Messegesellschaften)
- Online-Services für Informationsabruf und Leistungsbuchung

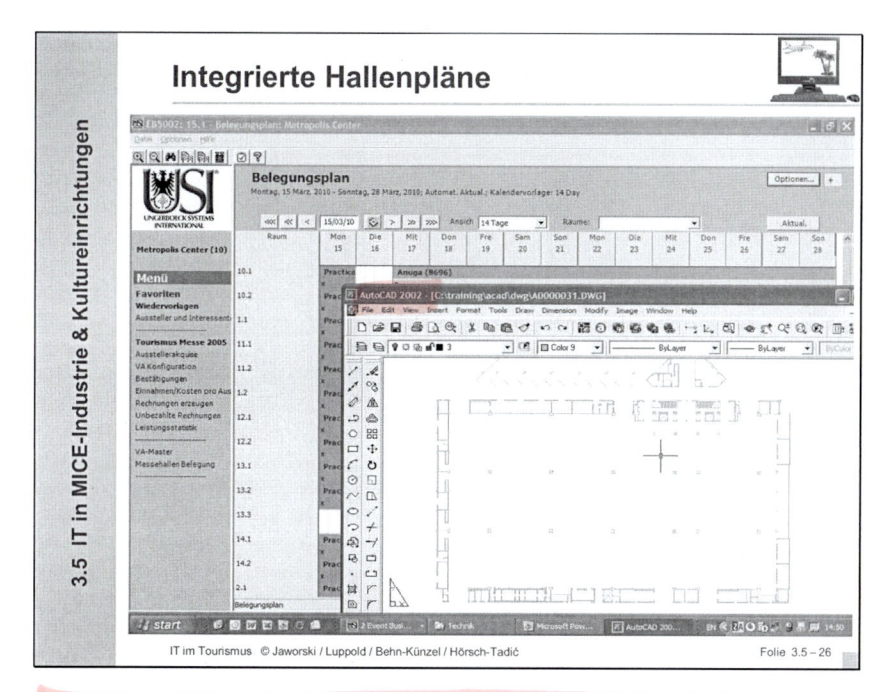

Integrierte Hallenpläne

Bildschirmabbildung: Belegungsplan Metropolis Center (USI Ungerboeck Systems International) mit AutoCAD 2002 Hallenplan

IT im Tourismus © Jaworski / Luppold / Behn-Künzel / Hörsch-Tadić   Folie 3.5 – 26

Was bei Kongresshäusern eher eine Servicefunktion darstellt, ist bei Messeveranstaltern entscheidendes Kriterium für die Effizienz eines IT-Systems: Grafische Grundpläne der Hallen müssen mit den Ständen der Aussteller versehen werden, ohne dass eine Doppelarbeit entsteht.
Dies bedeutet, dass entweder durch die grafische Aufplanung ein Datensatz in der Messe-Datenbank entstehen muss (Aussteller X hat den Stand Y mit Z Quadratmetern) – oder umgekehrt eine Buchung in der Datenbank automatisch zu einem Update im Hallenplan führt.
So können Planung und Durchführung von Messen von zwei Verwaltungsebenen systemtechnisch integriert erfolgen!
Diese Systematik ist ebenfalls bei Änderungen elementar – ein modifizierter Ausstellername wird im grafischen Plan aktualisiert, ein zeichnerisches Verkleinern des Standes reduziert die belegten und zu berechnenden Quadratmeter in der Datenbank.

3.5 IT in MICE-Industrie & Kultureinrichtungen

Messeaufplanung

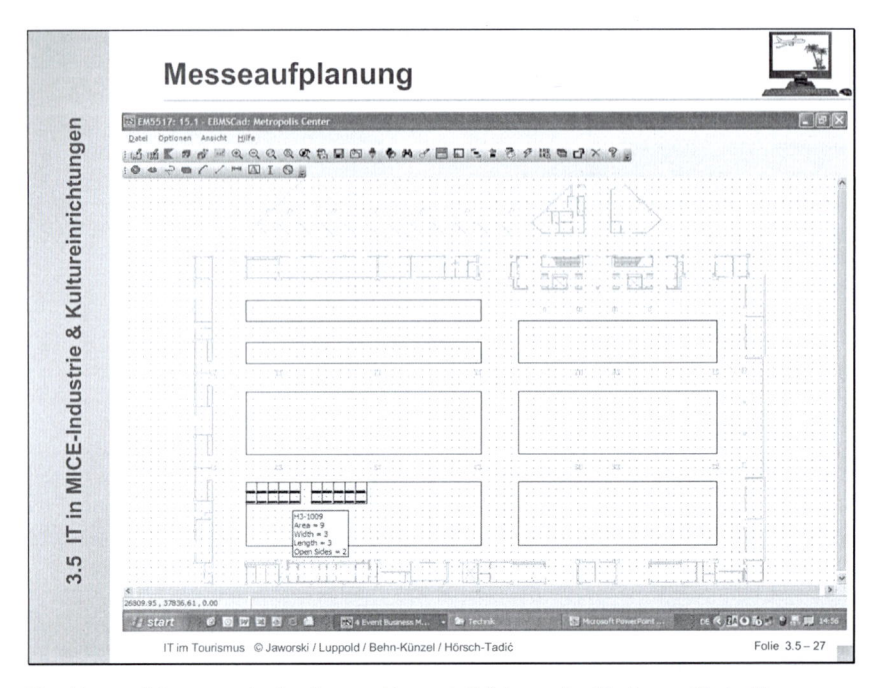

Eine Messeaufplanung – step-by-step – geht grundsätzlich von den für die spezifische Messeveranstaltung zur Verfügung stehenden Nettoflächen aus. Diese Segmente – in der Beispielmaske als große Rechtecke zu sehen – nehmen die individuell geplanten Stände auf. Größe und Typ (Reihen-, Eck-, Kopf-, Inselstand) werden mit dem Aussteller abgestimmt, eingeplant und mit Hinweisen (Name des Ausstellers, Standnummer etc.) versehen.

Die Basispläne – im Sinne von Grundrissen der Messehallen – werden von Standard-CAD-Systemen geliefert und in das Messe-Management-System importiert. Über zusätzliche Ebenen – sogenannte „Layer" – werden dann Netto-Planungsflächen und später die individuellen Stände eingeplant.

Auststelleranmeldung

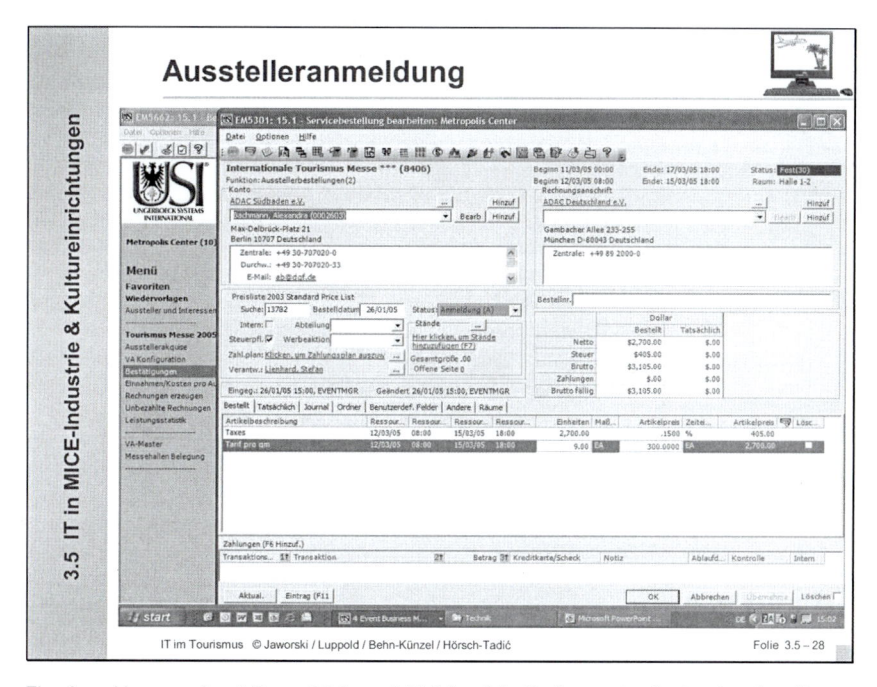

Eine Anmeldung von Ausstellern erfolgt grundsätzlich auf der Basis von abgefragten Angaben über
- Anzahl der gewünschten Ausstellungsfläche
- Gewünschte Platzierung
- Produktgruppen/Produktkategorien zur Einordnung in die Gesamt-Messe
- Basisdaten zum Unternehmen

Diese Angaben werden strukturiert IT-technisch erfasst und dienen als Grundlage für die sich anschließende Platzierung – und werden selbstverständlich, da systemintegriert behandelt, auch mit Blick auf sonstige relevante Informationen geprüft („Ist dieser Aussteller schon Kunde und hat er gegebenenfalls noch offene Rechnungen?").

Standzuweisung - Platzierung

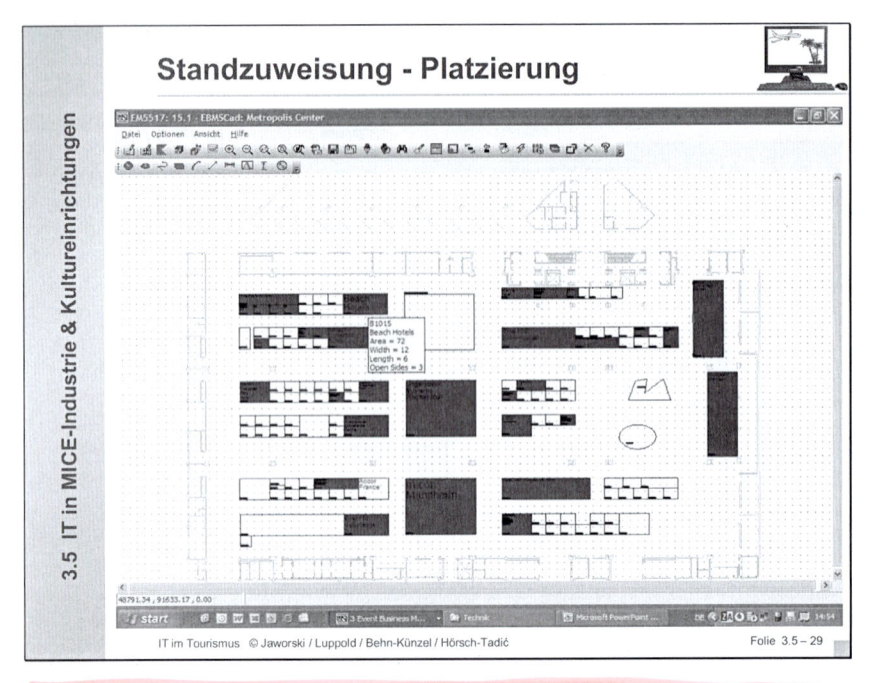

Folie 3.5 – 29

Eine Platzierung kann nach verschiedenen Gesichtspunkten erfolgen. In der Regel gibt es nicht nur ein vorgegebenes Flächenraster, sondern auch eine thematische Zuordnung innerhalb der Gesamtmesse („Anbieter von Spezialsoftware für das Veranstaltungsmanagement im vorderen Teil der Halle 3").

Die Zuweisung wird zunächst als Vorschlag – im Sinne eines Angebotes – an den Aussteller kommuniziert. Dabei sind budgetäre wie auch grafische Informationen kombiniert von Relevanz:

Aussteller erhalten ein schriftliches Angebot einschließlich eines Hallenplans (Ausschnitt und/oder Gesamtplan) mit dem eingezeichneten Messestand.

Durch optimal aufgestellte IT kann dieser langwierige Prozess (Eingang Anforderungen, Aussendung Vorschläge, Rückmeldung, gegebenenfalls Änderungswünsche) auch interaktiv und dialogorientiert erfolgen:

Der Messemitarbeiter sendet per Email einen automatisch generierten Platzierungsvorschlag mit verschiedenen Varianten oder Optionen an den Aussteller, klärt telefonisch den endgültigen Standplatz ab und kann sofort und verbindlich bestätigen!

Buchung von Serviceleistungen

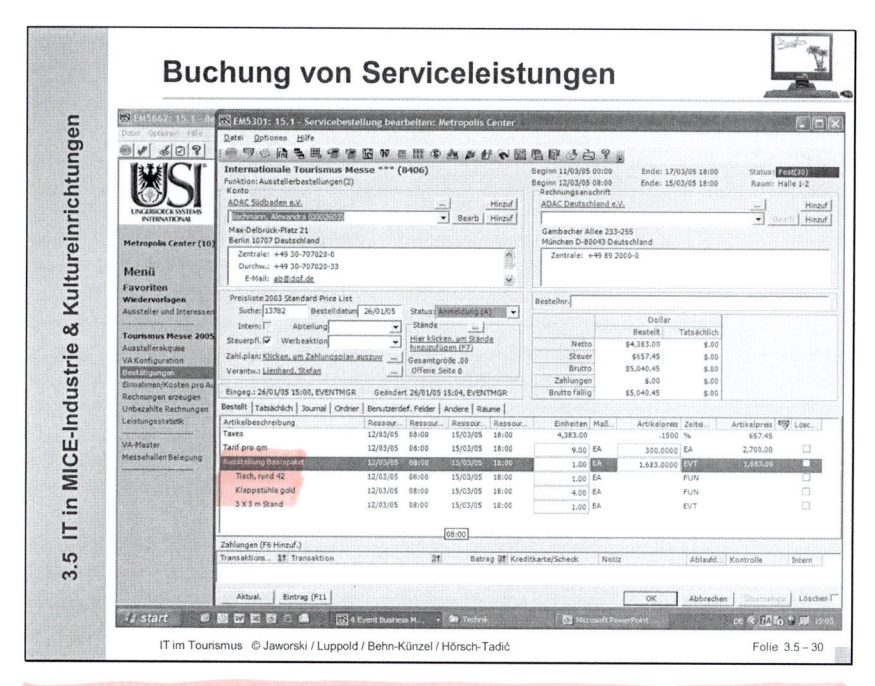

Vergleichbar mit dem Veranstaltungs- oder Phasengerüst im klassischen Veranstaltungsmanagement ist der Messestand Plattform für die Aufnahme weiterer Leistungen.
Auch wenn von der Messegesellschaft nicht selbst erbracht, so koordiniert sie in der Regel doch alle zusätzlichen Sach- und Personalleistungen, von der elektrischen Ausstattung bis hin zu der Möblierung.
Der individuelle Fokus (Aussteller-Perspektive) zeigt dann das Gesamt-Arrangement, der generelle Blick (Messe-Perspektive) gibt etwa Auskunft über die Zahl der insgesamt disponierten Barhocker und Prospektständer.
Online-Portale, eingangs kurz erwähnt, übernehmen mehr und mehr die Funktion von Bestell-Formularen für Messe-Leistungen; die Aussteller können dialoggestützt und ohne zeitliche Limits (mit Ausnahme einer Buchungs-Deadline) die benötigten Leistungen beauftragen, durch einen personalisierten Log-In den Status abfragen und selbständig Änderungen vornehmen.

Ausstellerverzeichnis

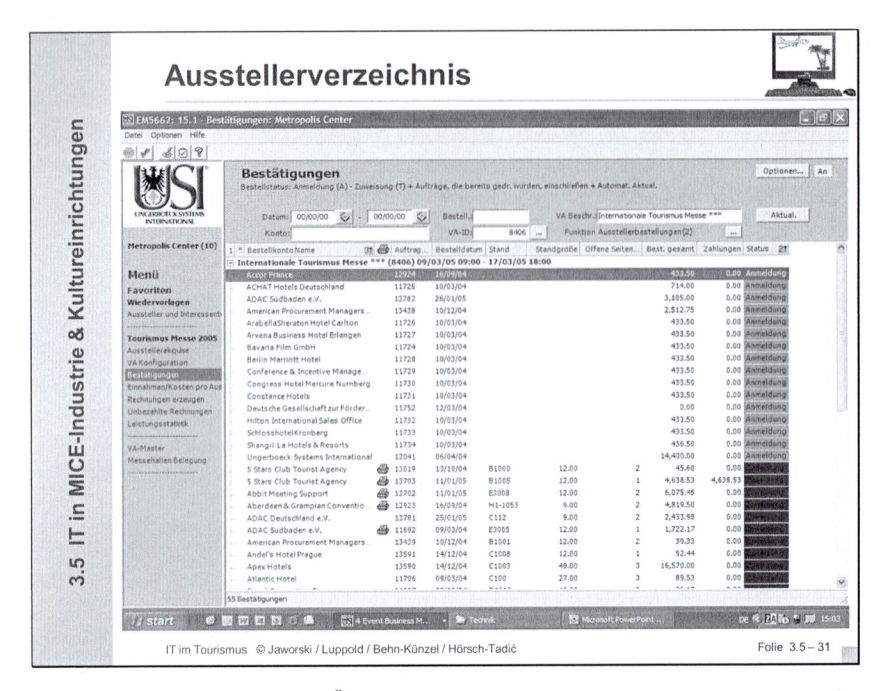

[Screenshot einer Bestätigungen-Maske mit Ausstellerliste für "Internationale Tourismus Messe"; Folie 3.5–31, IT im Tourismus © Jaworski / Luppold / Behn-Künzel / Hörsch-Tadić]

Die Möglichkeit am Bildschirm direkt Übersichtslisten zu erstellen, wird im Messemanagement zur Lösung verschiedener Aufgaben genutzt:
Bislang angefragte aber noch nicht endgültig bestätigte Aussteller können (vergleiche hierzu auch „Kampagnen-Management") statusorientiert geführt werden!
Platzierte Aussteller, die noch keine Leistungen disponiert haben, können pauschal oder dezidiert („Sie haben noch keine Standbeschriftung geordert!") angesprochen werden.
Der Zustand im Planungsprozess wird immer durch die in der Beispielmaske ganz links befindliche Anzeige – die individuell konfigurierbar ist – geführt.
Ein Ausstellerverzeichnis ist daneben auch für die Kommunikation mit den Besuchern notwendig; eine direkte Einbindung der Informationen über Aussteller, Stand-Nummer, Produktgruppe etc. in das Online-Portal der Messe erlaubt Recherchen vor dem Messebesuch, falls vorgesehen auch Kontaktaufnahme oder sogar Disposition von Besuchsterminen während der Messe (Scheduler-Funktion).

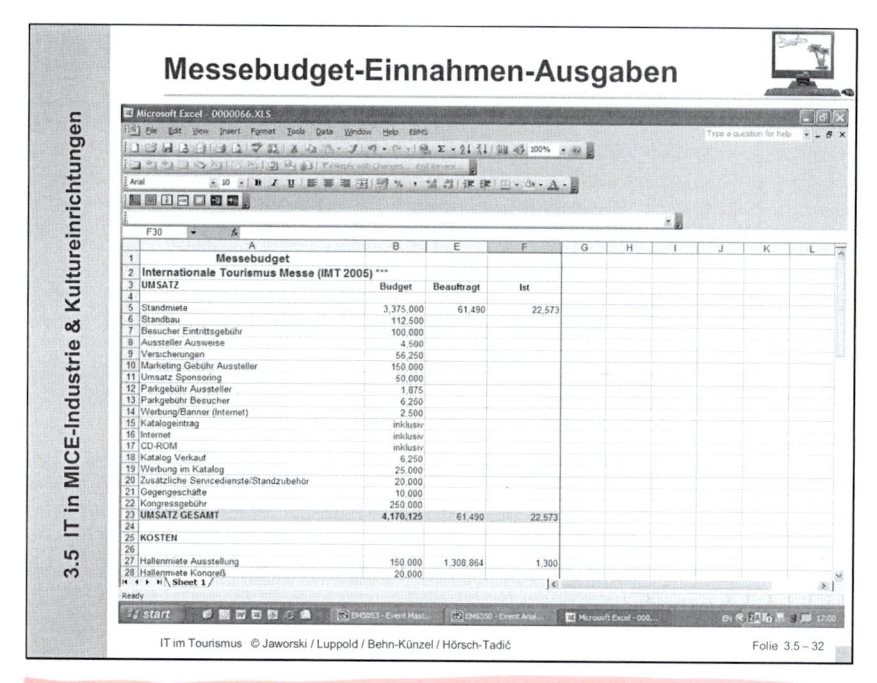

IT in der MICE-Industrie und in Kultureinrichtungen

Messebudget-Einnahmen-Ausgaben

	A	B	E	F
1	Messebudget			
2	Internationale Tourismus Messe (IMT 2005) ***			
3	UMSATZ	Budget	Beauftragt	Ist
4				
5	Standmiete	3.375.000	61.490	22.573
6	Standbau	112.500		
7	Besucher Eintrittsgebühr	100.000		
8	Aussteller Ausweise	4.500		
9	Versicherungen	56.250		
10	Marketing Gebühr Aussteller	150.000		
11	Umsatz Sponsoring	50.000		
12	Parkgebühr Aussteller	1.875		
13	Parkgebühr Besucher	6.250		
14	Werbung/Banner (Internet)	2.500		
15	Katalogeintrag	inklusiv		
16	Internet	inklusiv		
17	CD-ROM	inklusiv		
18	Katalog Verkauf	6.250		
19	Werbung im Katalog	25.000		
20	Zusätzliche Servicedienste/Standzubehör	20.000		
21	Gegengeschäfte	10.000		
22	Kongressgebühr	250.000		
23	UMSATZ GESAMT	4.170.125	61.490	22.573
24				
25	KOSTEN			
26				
27	Hallenmiete Ausstellung	150.000	1.308.864	1.300
28	Hallenmiete Kongreß	20.000		

IT im Tourismus © Jaworski / Luppold / Behn-Künzel / Hörsch-Tadić Folie 3.5 – 32

Eine Messeveranstaltung ist – durchaus nicht abweichend von anderen Veranstaltungsformen – finanz- und erfolgswirtschaftlich wie ein klassisches Projekt zu handhaben.
Budgets (Beispiel: Besucherwerbung) werden erstellt, Erlöse geplant (Beispiel: Umsatz aus der Vermietung von Barhockern) etc.
Ein dynamisches Messebudget-Raster mit Einnahmen und Ausgaben, das sich direkt aus den Ist-Zahlen des Buchungssystems speist, ist sowohl für den Planungsentwurf als auch die tagesaktuelle Steuerung ein ideales Instrument.
Szenarien (etwa die Frage, ob ein zusätzliches Budget für die Besucherwerbung durch zu erwartende Mehreinnahmen bei den Eintrittskarten kompensiert wird) lassen sich ebenso modellieren wie die grundsätzlichen Rahmengrößen für Best Case und Worst Case.

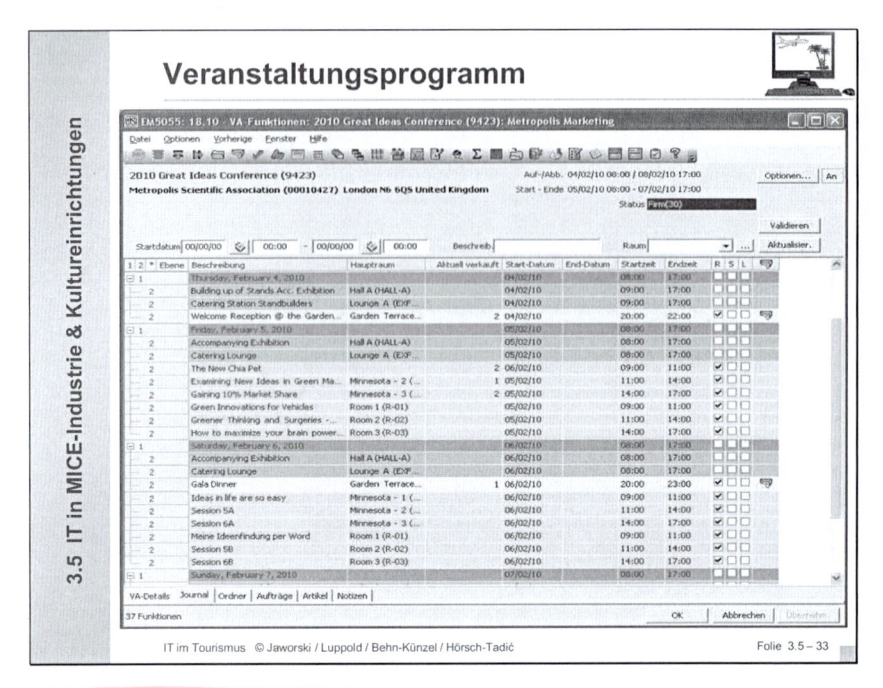

Messeveranstaltungen sind Multi-Event:
Innerhalb der Messezeit finden parallel Veranstaltungen statt, die alle mit Blick auf Raum-, Zeit- und sonstige Ressourcen konfliktfrei gemanagt werden müssen.
Sonderflächen werden durch ein Messebegleitprogramm mit Vorträgen oder Beiträgen der Aussteller bespielt, VIPS aus Politik, Wissenschaft und Wirtschaft treffen zu Empfängen und Messerundgängen ein, ausstellende Unternehmen treffen sich mit Repräsentanten in zusätzlich angemieteten Räumen etc.
Dieser Umfang an Buchungen innerhalb einer singulären Veranstaltung muss sowohl tabellarisch – als Ergebnis der jeweiligen Buchungsvorgänge in der Veranstaltungsdatenbank – als auch visuell präsentierbar sein.

Online-Registrierung

Sessions Tag 1

VA-Information
VA Konferenz der großen Ideen 2010
VA-Daten Freitag, 05.02.10 08:00 – Sonntag, 07.02.10 17:00

▶ **Order Information**
Grand Total: €500,00
View Order

Bitte wählen Sie Ihre Sessions für den ersten Tag:

▶ **Session 1**
  ○ Das neue Öko-Haustier Sa 2.6 09:00 – 11:00
  ○ Ökologische Innovationen im Fahrzeugbereich Fr 2.5 09:00 – 11:00

▶ **Session 2**
  ○ Neue Ideen für eine umweltfreundliche Produktion Fr 2.5 11:00 – 14:00
  ○ Eine gemeinsame Basis ökologischen Handelns Fr 2.5 11:00 – 14:00

▶ **Session 3**
  ○ Wie Sie 10% Marktanteil gewinnen können Fr 2.5 14:00 – 17:00
  ○ Wie maximiere ich meine Gehirnleistung? Fr 2.5 14:00 – 17:00

Bitte obengenannte Information prüfen und schicken Sie das Formular ab, bevor Sie fortfahren.

[Fortsetzen]

For assistance using our registration application please contact our customer service.

IT im Tourismus © Jaworski / Luppold / Behn-Künzel / Hörsch-Tadić   Folie 3.5 – 34

Die Anmeldung von Teilnehmern für Tagungen und Kongress erfolgte ursprünglich schriftlich, später per Fax und dann per Email.
Die optimale Variante ist eine systemintegrierte Online-Anmeldung, bei der der Teilnehmer alle relevanten Daten selbständig erfasst, damit direkt in die Datenbank schreibt – und gleichzeitig, was Rückfragen vermeidet, auch einen verbindlichen Status erhält!
Vergleichbar mit der Online-Bestellung von Büchern können Preise und Lieferbedingungen, Verfügbarkeiten und Eingabe-Erfordernisse, definiert und in einem Regelwerk festgehalten sowie sofort an den Anwender kommuniziert werden.
Im Dialog wird erfasst und – unabhängig von Zeit und Ort – können Anmeldungen 24 Stunden am Tag und sieben Tage in der Woche erfolgen.

Bestätigung und Namensschild

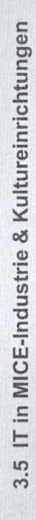

IT im Tourismus © Jaworski / Luppold / Behn-Künzel / Hörsch-Tadić Folie 3.5 – 35

Eine prozessintegrierte IT-Lösung wird die Option bieten, direkt nach der Registrierung automatisch eine Bestätigung zu generieren – sowohl für die typische Kongressbuchung als auch für das erweiterte Rahmenprogramm- oder für Hotelbuchungen.

Da im Verlauf der Registrierung Teilnehmerdaten erhoben werden verfügt das System über alle relevanten Angaben um Listen für die Referenten, Übersichten für Zahlungsvorgänge oder das Vorbereiten von Materialen für die Teilnehmer zu erzeugen.

Hierzu zählt auch der Druck von Namensschildern (Name Badges), je nach Anforderung des Veranstalters oder Typ der Veranstaltung, mit unterschiedlichen Inhalten.

Ein IT-System hat neben „Advanced"-Funktionen, zum Beispiel dem rückseitigen Eindruck des individualisierten Kongressprogramms mit Zeit- und Raumangaben, auch alle „Basic"-Features mit im Angebot:

Ein Neudruck des im Hotelzimmer vergessenen Namensschildes sollte ebenso möglich sein wie der Ausdruck einer nachträglich korrigierten Teilnehmer-Information.

Zukunft: Supply Chain Integration

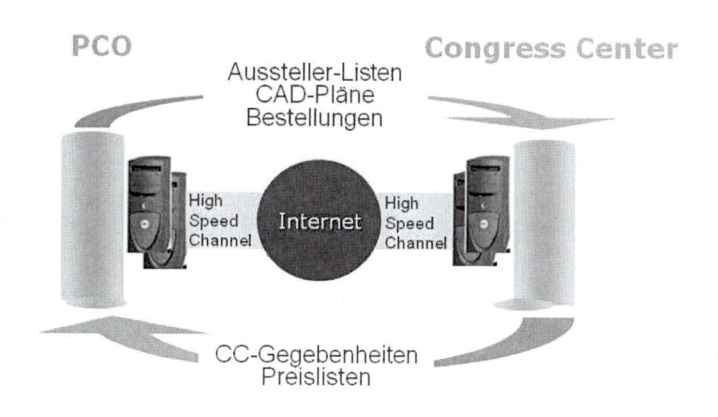

PCO → Aussteller-Listen / CAD-Pläne / Bestellungen → **Congress Center**

High Speed Channel — Internet — High Speed Channel

Congress Center → CC-Gegebenheiten / Preislisten → **PCO**

Ein Blick in die Zukunft:
Dienstleister in der MICE-Industrie arbeiten nicht isoliert an Veranstaltungsprojekten, sondern häufig Hand in Hand.
So betrachtet macht es Sinn, dass auf der Ebene eines Veranstaltungs-Management-Systems, das IT-gestützt ist, auch eine Integration erfolgt.
Im Rahmen eines standardisierten Formats können Daten ausgetauscht werden:
- Der Kongress-Organisator erhält vom Kongress-Haus Informationen über Räume und Leistungen, die er in seinem System als Grunddaten für die Veranstaltungsplanung nutzen kann
- Das Kongresshaus erhält dann Aussteller-Listen, grafische Pläne mit der Platzierung von Ausstellern sowie die Bestellungen für alle seitens des Kongresshauses angebotenen Sach- und Dienstleistungen.

Anforderungen von Kultureinrichtungen

- **Übertragbare Prozesse**
  - ✓ CRM und Veranstaltungsmanagement
  - ✓ Disposition, Finanzen und Controlling
  - ✓ Statistik und e-Commerce

- **Besonderheiten**
  - ✓ Werke
  - ✓ Künstler
  - ✓ Exponate

Mit Blick auf Kultureinrichtungen, die eine Nähe zum Veranstaltungsmanagement aufweisen, sind auch vergleichbare Prozesse erkennbar:
Theater, Festspiel- und Opernhäuser, Philharmonien und Musicaltheater sind Treffpunkt für Menschen, die im System „Zeit" und „Raum" zusammen kommen.
Insofern trifft die allgemeine Definition mit großem Projektmanagementbezug für Kultureinrichtungen ähnlich wie für Stadthallen und Kongresszentren zu.
CRM und Veranstaltungsmanagement mit Raumbuchung, Leistungsdisposition mit Finanzen und Controlling, Statistikfunktionen und e-Commerce für externe Information und Buchung sind auch hier gegeben.
Allerdings gibt es Spezifika, die in der Ausprägung so unterschiedlich oder spezieller gefasst sind, dass die Grundprozesse wie vorgestellt für diese Einrichtungen in den Hintergrund treten. Eine integrierte Werke-Verwaltung kann für ein Gewandhaus Leipzig Erfolgsfaktor für den IT-Einsatz sein, ebenso wie die Verwaltung von Künstlern (und deren Verträge) zentraler Funktionsbereich eines Festspielhauses sein kann. Museen – auf den ersten Blick Veranstaltungsstätten mit „Ausstellungsständen" und „Besuchern" – fokussieren gegebenenfalls auf eine zentrale und kunsthistorisch ausgerichtete Verwaltung ihrer Exponate und weniger auf das Management der Veranstaltung „an sich".
Dennoch: die Nähe bleibt und führt in der Praxis dazu, dass Kultureinrichtungen häufig klassische Veranstaltungs-Software einsetzen (können).

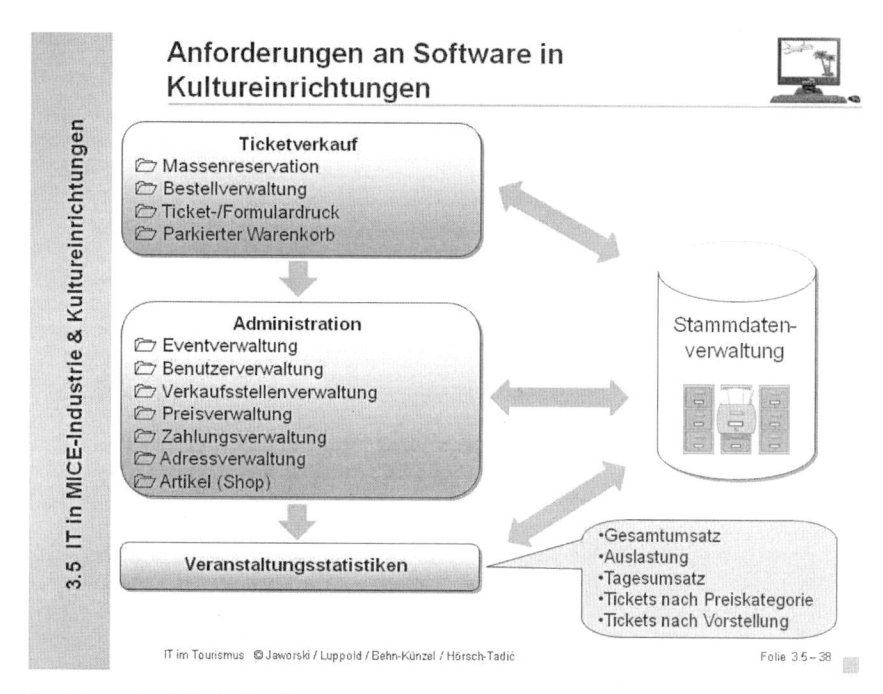

Anforderungen an Software in Kultureinrichtungen

Ticketverkauf
- Massenreservation
- Bestellverwaltung
- Ticket-/Formulardruck
- Parkierter Warenkorb

Administration
- Eventverwaltung
- Benutzerverwaltung
- Verkaufsstellenverwaltung
- Preisverwaltung
- Zahlungsverwaltung
- Adressverwaltung
- Artikel (Shop)

Stammdatenverwaltung

Veranstaltungsstatistiken
- Gesamtumsatz
- Auslastung
- Tagesumsatz
- Tickets nach Preiskategorie
- Tickets nach Vorstellung

IT im Tourismus © Jaworski / Luppold / Behn-Künzel / Hörsch-Tadić   Folie 3.5 – 38

Pro Jahr werden in Deutschland mehr als 100 Millionen Eintrittskarten für kulturelle, sportliche Freizeit- und Unterhaltungsangebote verkauft. In unserer zunehmend dienstleistungsorientierten Gesellschaft erwarten die Kunden aber, dass der Erwerb der Eintrittskarte immer einfacher gemacht wird. Schlangestehen, Parkplatzsuche oder unflexible Öffnungszeiten wirken sich zumeist negativ auf die Verkaufszahlen aus. Entscheidende Wettbewerbsvorteile lassen sich daher vor allem durch ein flächendeckendes Vertriebsnetz und gesteigerten Kundenservice erzielen.

Trotz der weiten Verbreitung von Web-Präsenzen auch im Kulturbereich, sind sich die Kulturinstitutionen der vielfältigen Nutzungsmöglichkeiten eines multifunktional ausgestalteten Internetauftritts häufig nicht bewusst. Aufgrund der weltweiten Verbreitung sowie der medienspezifischen Besonderheiten wie Interaktivität, Multimedialität und Verfügbarkeit spielt das Internet für das gesamte Marketing eine wichtige Rolle. Neben der Kommunikationspolitik bieten sich zahlreiche Möglichkeiten, das Internet im Rahmen der Produkt-, Distributions- und Preispolitik einzusetzen.

Im Zeitalter der neuen Medien dürfen auch kulturelle Einrichtungen sich diesem Trend nicht verschließen. Vielmehr muss verstärkt der neue Vertriebsweg Internet(insbesondere Online-Ticketing) genutzt werden, um vorhandene Ressourcen sinnvoller nutzen zu können.

Der Besucher bestellt unabhängig von Ort und Zeit seine Tickets sitzplatzgenau. Spezielle Funktionen
- Veranstaltungskalender
- Eventübersicht
- Tribünen / Sektoren
- Saalplan
- Warenkorb
- Preiskonfiguration

Nebst einzelnen Tickets pro Vorstellung können auch Dauerkarten bestellt werden.
Bestellungen können auf diverse Arten gesucht, bearbeitet oder storniert werden.
Mittels parkiertem Warenkorb können große Bestellmengen im Voraus reserviert werden.

Passend zum Event können Merchandising-Produkte angeboten und über das Ticketsystem bestellt werden.

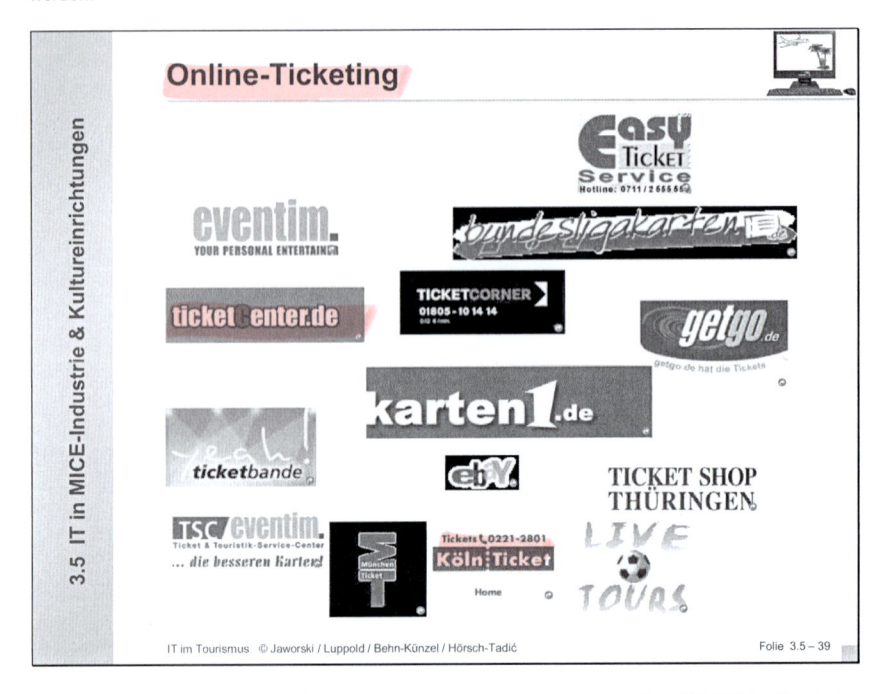

Unter dem Suchbegriff Online Ticketing erhält man in Google alleine weit über 200 000 Treffer. Jeder, auch der kleinste Anbieter, möchte gerne OnlineTickets verkaufen, die Art der Abwicklung (Kauf, Bezahlung, Zustellung) ist dabei sehr unterschiedlich.
Die Bestellsysteme der Anbieter sind sehr unterschiedlich und die Abwicklung funktioniert nicht immer reibungslos. Dazu kommen immer wieder ganz neue Entwicklungen wie Mobile Ticketing via MMS (Multimedia Messaging Service). Dabei werden die online bestellten Veranstaltungskarten per Bild auf das Handy des Käufers gesendet und dort codiert gespeichert. Das Abholen von Tickets oder Ausdrucken von Belegen soll damit in Zukunft überflüssig werden. Viele Anbieter sehen das Handy als Ticket-Lösung der Zukunft.
In der Liste der „Top Ten der online gekauften Produkte" im Jahr 2003, steht das Produkt der Eintrittskarten auf Platz 6. 22% der Online Shopper (das macht 3,9 Mio. Einkäufer aus) betätigten sich im letzten Jahr beim Kauf von Eintrittskarten.
Die Studie „E-Business in der Tourismusbranche" gab an, dass 4,1% des Online Gesamtumsatzes der Reisebranche auf Eintrittskarten und Eventtickets entfielen.

Online-Ticketing: 4 große Event-Vermarkter

eventim
YOUR PERSONAL ENTERTAINER

TICKETCORNER
01805 - 10 14 14

ticket online

KEITH PROWSE
Ihr TICKETSPEZIALIST
für großartige Veranstaltungen
im In- und Ausland!!

IT im Tourismus © Jaworski / Luppold / Behn-Künzel / Hörsch-Tadić   Folie 3.5 – 40

Zur Zeit existieren vier große Event-Vermarkter: CTS Eventim, Keith Prowse, Ticketcorner, Ticket online. Diese stehen in Kooperation mit Vertriebspartnern (Start Amadeus für Ticketcorner; Merlin-Event für CTS etc.) um ihre Tickets ebenfalls über das Reisebüro buchbar zu machen.

Für Theater bietet ein solcher Rechnernetzverbund über Eventvermarkter die Möglichkeit, ein Kontingent einzugeben, das dann von unterschiedlichen Vorverkaufsstellen abrufbar ist. Langfristig wird sich ein Theater oder Kulturbetrieb dem Anschluss an ein Ticketnetzwerk nicht entziehen können.

Hallen, Stadien oder Großveranstalter kooperieren häufig mit dem Marketing- und Managementsystem PASS des amerikanischen Softwareunternehmens Select Ticketing Systems GmbH (STS) und Easy-Ticket-Service.

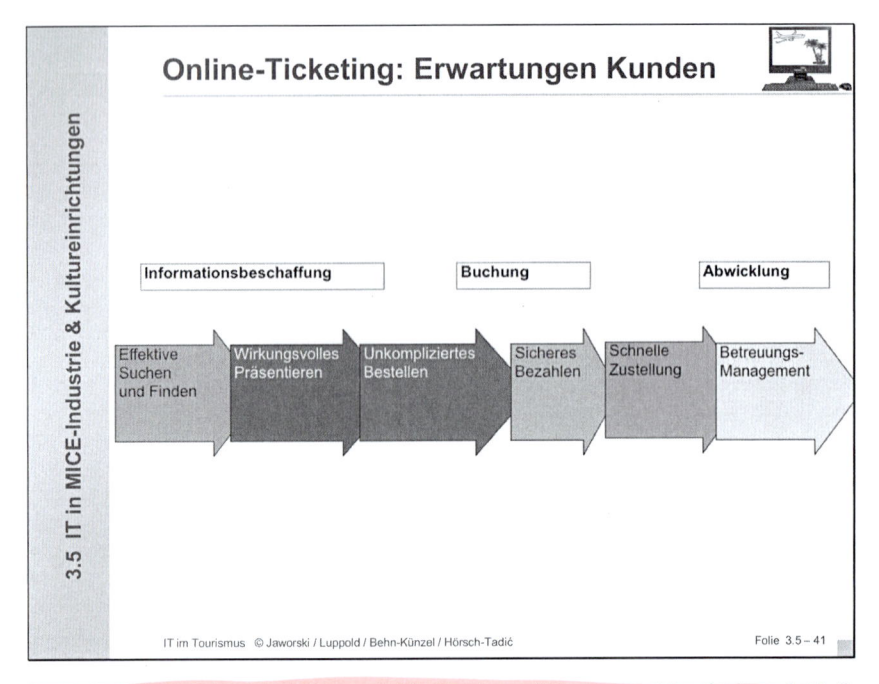

Online-Ticketing: Erwartungen Kunden

3.5 IT in MICE-Industrie & Kultureinrichtungen

Informationsbeschaffung → Buchung → Abwicklung

- Effektive Suchen und Finden
- Wirkungsvolles Präsentieren
- Unkompliziertes Bestellen
- Sicheres Bezahlen
- Schnelle Zustellung
- Betreuungs-Management

IT im Tourismus © Jaworski / Luppold / Behn-Künzel / Hörsch-Tadić Folie 3.5 – 41

Da der Kunde beim Online Kauf keine persönliche Beratung erhält, muss er sich auf seine selbständig gesuchten Informationen verlassen und entwickelt dadurch ein höheres Informationsbedürfnis. Er vergleicht den Online Kauf mit dem traditionellen Einkauf und möchte Nutzenvorteile aus dem Onlinekauf ziehen.

Nutzenvorteile bieten sich in drei Bereichen: Preis, Zeit und Qualität.

1. Im Bereich Preis entstehen geringere Transaktionskosten (niedrige Versandkosten, keine Fahrtkosten zur Vorverkaufsstelle).
2. Durch die schnellere Umsetzung des Kaufaktes bietet sich dem Kunden eine Zeitersparnis.
3. Die Qualität beim Online Ticketkauf wird seitens der Nachfrager an Hand von Produkt- und Leistungsqualität sowie Leistungszusammenstellung gemessen.

Online-Ticketing

Vorteile für den Veranstalter
- Entlastung eigener Mitarbeiter
- Reduzierung der Kosten
- Minimierung des Kreditrisiko
- Minimale Investition
- Diverse Statistiken…

Vorteile für den Kunden
- rund um die Uhr geöffnet
- bequem vom Zuhause
- keine Warteschlange
- komfortable Wahl der Sitze durch
- den Saalplan, Blick auf die Bühne
- Zusatzdienste…

Viele Veranstalter großer und kleiner Events entdecken die neuen Medien als weiteren Vertriebsweg. Ein Ticket ist ein hochgradig standardisiertes Produkt. Es kann zusätzlich ohne große Kosten per Post versandt oder sogar direkt am heimischen PC ausgedruckt werden, wenn die entsprechenden technischen Möglichkeiten am Einlass der Veranstaltung gegeben sind. Unzählige Vorverkaufsstellen brauchen nicht mehr eingerichtet zu werden und trotzdem erhält man jederzeit einen Gesamtüberblick über die Buchungen.

Zukunft des Online-Ticketings

3.5 IT in MICE-Industrie & Kultureinrichtungen

- Infrastruktur für den Spontanankauf
- der Kunde bestimmt den Vertriebsweg
  - klassische Verkaufsstellen
  - e-Commerce, m-Commerce
  - Call Center
  - Automaten
- omnipräsente Vertriebsnetze
- der Kunde verliert die Anonymität
- Einlass-Kontrollsysteme
- das elektronische Ticket → Fifa 2006/2010; UEFA2008

Sprechblase:
- Verschiedene Vertriebskanäle
- Kurzfristiger Rücklauf von Kontingenten
- Flexible Anpassung an die Ergebnisse der Vorrunden
- Eindämmung von Ticketfälschungen
- Austrocknung des Schwarzmarktes
- Verschärfte Sicherheitslagen...

IT im Tourismus © Jaworski / Luppold / Behn-Künzel / Hörsch-Tadić   Folie 3.5 – 43

Der differenzierte Kunde will alle Kanäle nach Möglichkeit zur Verfügung haben und sich von Fall zu Fall für diverse Buchungswege entscheiden. Durch die neuen Entwicklungen im Ticketverkauf wird der Zuschauer / der Besucher des Kulturhauses seine Anonymität verlieren was allerdings dem Kulturhaus nur zugute kommt. Das Kulturhaus wird über seine Kunden immer mehr Informationen sammeln und auswerten können und kann dadurch gezielt die Kunden über die bevorstehenden Veranstaltungen informieren und ihnen unter Umständen weitere Dienste anbieten.

4. Das Projekt: IT-Einführung in einem touristischen Unternehmen

In diesem Kapitel wird die Komplexität des Projektes „IT-Einführung" am Beispiel der Reisebüros und Reiseveranstalter vorgestellt. Bei den anderen Segmenten des Tourismus (Hotellerie, FV-Amt) verlaufen solche Projekte im Prinzip ähnlich. Aus diesem Grunde werden diese hier nicht näher besprochen.

Die Software für Touristikunternehmen aller Größenordnungen in der Reisewirtschaft kann folgendermaßen unterteilt werden: Software für die Reiseveranstalter bzw. Leistungsträger und Software für die Reisemittler. Hier sind meistens die Reisebüros gemeint. Beide Arten der Software sind meistens so angedacht, dass sie miteinander kommunizieren. Die Programme bei den Reiseveranstaltern verwalten Daten über die Reisen. Diese Daten werden dann über die Computerreservierungssysteme von den Reisebüros abgerufen und unter Umständen auch für die Buchung der Reise benutzt. Fazit: beide Programmgruppen (der Reiseveranstalter und der Reisemittler) verwalten dieselben Daten und wiesen somit viele gemeinsame Funktionen und Datenbereiche auf.

In diesem Kapitel werden zuerst Anforderungen, die eine Reisemittlersoftware erfüllen soll vorgestellt und dann die Anforderungen, die eine Reiseveranstaltersoftware innehaben soll.

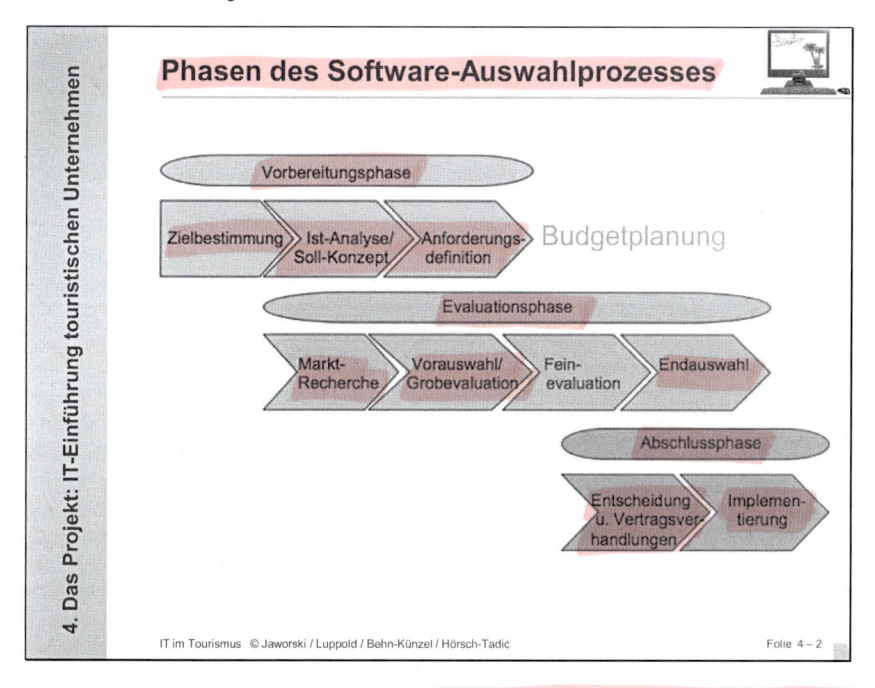

Phasen des Software-Auswahlprozesses

Vorbereitungsphase
Zielbestimmung » Ist-Analyse/Soll-Konzept » Anforderungsdefinition » Budgetplanung

Evaluationsphase
Markt-Recherche » Vorauswahl/Grobevaluation » Feinevaluation » Endauswahl

Abschlussphase
Entscheidung u. Vertragsverhandlungen » Implementierung

IT im Tourismus © Jaworski / Luppold / Behn-Künzel / Hörsch-Tadić — Folie 4 – 2

Generell lässt sich zwischen einem methodisch gestützten, strukturierten Vorgehen und alternativen Vorgehensweisen unterscheiden.
Alternative Vorgehensweisen = unstrukturierte Methoden, wie z.B. Kauf per Zufall, Suche per Internet, Besuch von Messen oder Kauf auf Empfehlung von Dritten.. Diese Methoden können nur als Einstieg zur Softwareauswahl dienlich sein – nicht aber als die grundlegende Vorgehensweise.

Eine Auswahl Strukturierter Vorgehensweisen ist hier in der Folie zu sehen. Die Methoden sind hier nach den drei Phasen des Auswahlprozesses farblich geordnet:
Vorbereitungsphase – rotbraun
Evaluationsphase – hellbraun
Abschlussphase – dunkelbraun

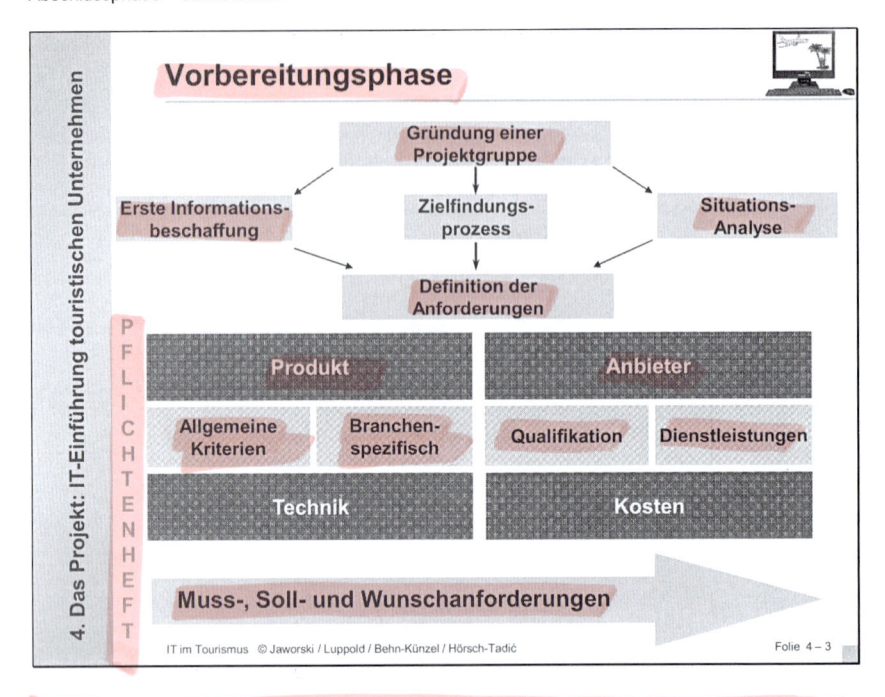

Vorbereitungsphase

4. Das Projekt: IT-Einführung touristischen Unternehmen

- Gründung einer Projektgruppe
- Erste Informationsbeschaffung
- Zielfindungsprozess
- Situations-Analyse
- Definition der Anforderungen

PFLICHTENHEFT

- Produkt
  - Allgemeine Kriterien
  - Branchenspezifisch
- Anbieter
  - Qualifikation
  - Dienstleistungen
- Technik
- Kosten

Muss-, Soll- und Wunschanforderungen

IT im Tourismus © Jaworski / Luppold / Behn-Künzel / Hörsch-Tadić   Folie 4 – 3

Parallel zum Zielfindungsprozess und zur Situationsanalyse kann der Softwaremarkt erkundet werden um einen möglichst großen Überblick über die aktuellen Angebote zu erhalten.
In der Vorbereitungsphase sollte die Definition der Anforderungen erfolgen und diese in einem Pflichtenheft zusammengefasst werden. Es wird zwischen den folgenden Anforderungsgruppen unterschieden:

- Produktbezogene Anforderungen: Die Software muss bestimmte Aufgaben erledigen können. Diese Aufgaben werden als Funktionen bezeichnet, z.B. Kundenerfassung, Buchung, Voucherdruck, Statistik. Die benötigten Verfahren für jede Funktion müssen festgelegt werden, z.B. manuelle Kundendatenerfassung, aber Datenübernahme vom CRS. Branchen- und unternehmensspezifische Anforderungen sind ebenfalls festzulegen, z.B. bestimmte Selektionsmöglichkeiten von Adressen oder Besteuerung nach §25e.

Anbieterbezogene Anforderungen: Hier wird zwischen Anforderungen, die die Qualifikation des Anbieters und die Dienstleistungen betreffen unterschieden. Details siehe Punkt 1 Einführung.

- Technische Anforderungen: Bedeutsam dabei ist die Umgebung, in welche die gesuchte Software eingebettet werden soll und dort harmonieren muss. Hardware und ihre Auslegung, Betriebssystem, Netzwerkkonfiguration Benutzeroberfläche, Schnittstellen zu anderen Programmen sind zu berücksichtigen.

- Wirtschaftliche Anforderungen: die wirtschaftlichen Anforderungen betreffen nicht nur den Preis, sondern eine Reihe weiterer Anforderungen: Gesamtkosten, Antwortzeiten, Haftung für Rechtsmängel, Softwarewartungskosten, Umfang der Mitarbeiterschulung, Zahlungsbedingungen. Dafür kann man die Muss-, Soll- und Wunschziele anwenden. Die Mussziele sind sogenannte KO-Kriterien.

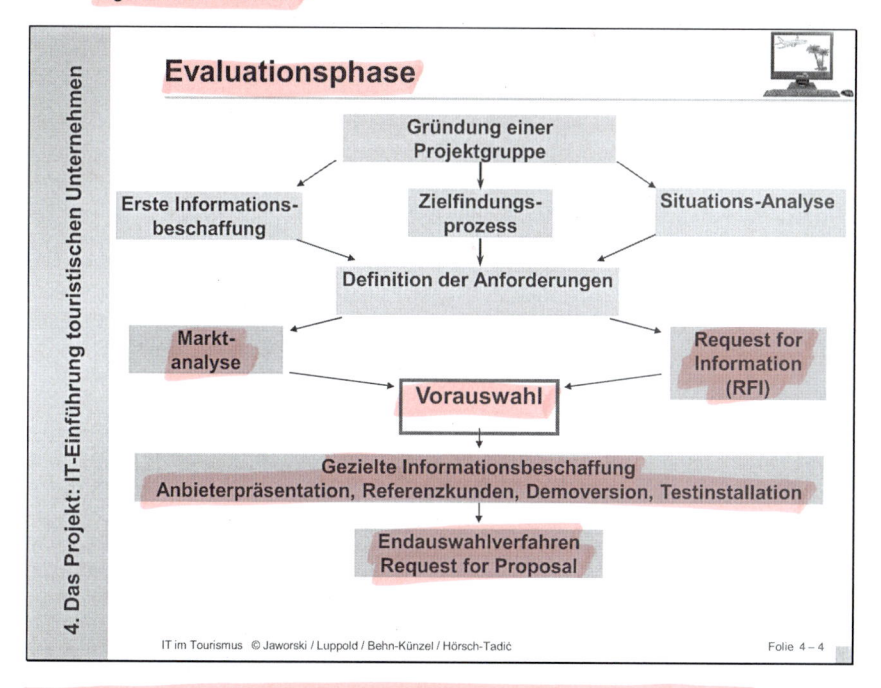

Evaluationsphase

- Gründung einer Projektgruppe
- Erste Informationsbeschaffung
- Zielfindungsprozess
- Situations-Analyse

→ Definition der Anforderungen

- Marktanalyse
- Request for Information (RFI)

→ **Vorauswahl**

↓ Gezielte Informationsbeschaffung
Anbieterpräsentation, Referenzkunden, Demoversion, Testinstallation

↓ Endauswahlverfahren
Request for Proposal

IT im Tourismus © Jaworski / Luppold / Behn-Künzel / Hörsch-Tadić — Folie 4 – 4

Da in Deutschland das Softwareangebot für Touristikunternehmen sehr umfangreich ist (10, 20, 40 Angebote), ist es erforderlich, eine Vorauswahl zu treffen, um nicht alle Angebote in ihren Einzelheiten prüfen zu müssen.

Die **Vorauswahl** soll etwa 3 bis 5 Softwarelösungen zur Endauswahl übrig lassen, alle anderen sollen auf dieser Etappe herausselektiert werden. Die so ausgewählten Softwaresysteme, können nun ausführlich geprüft und getestet werden, insbesondere auf Funktionalität und Benutzerfreundlichkeit.
Es bieten sich folgende Maßnahmen an:
- Anbieterpräsentationen
- Referenzkundenbefragung
- Analyse der Demoversionen
- Testinstallationen.

Bei dem Endauswahlverfahren setzt man üblicherweise nicht nur ein einziges Kriterium, sondern eine Gruppe davon, die unterschiedlich gewichtet werden können.

Request for Proposal

- **Kosten**
  - ✓ Projektkosten
  - ✓ Programmkosten (Kauf/Miete)
  - ✓ Einführungskosten (Implementierung/Schulung)
  - ✓ Prozesskosten
  - ✓ Wartungskosten
- **Anforderungsabdeckung**
- Projektdauer

Folgende Kriterien sind bei einem RFP zu berücksichtigen:

Kosten: einmalige Kosten (Projektkosten, Programmkosten, Einführungskosten) und Dauerkosten (Prozesskosten, Wartungskosten).
Projektkosten: Für ein Projekt entstehen vornehmlich Personalkosten für die Projektmitarbeiter. Sachmittel- und Materialkosten sind üblicherweise eher marginal.
Programmkosten: Der Preis für den Erwerb eines Programmsystems (einer Lizenz) muss meistens aktiviert und abgeschrieben werden. Folglich müssen Abschreibungen und Zinsen berücksichtigt werden.
Einführungskosten: Es werden dabei teilweise erhebliche Kosten verursacht: Mitarbeiterschulung, Datenerfassung/-übernahme, Hardwareimplementierung usw.
Prozesskosten: Die eingesetzte Software bestimmt sehr stark den Arbeitsverlauf, verändert den Prozess im Unternehmen. Es ändert sich z.B. die Zahl der benötigten (nicht mehr benötigten?) Mitarbeiter. Es können dadurch Kosten entstehen, die berücksichtigt werden müssen.
Wartungskosten: Kosten für die Fehlerbereinigung, die Aktualisierung/Erweiterung/Anpassung der Programme werden normalerweise durch Wartungsverträge abgedeckt.

Anforderungsabdeckung: Hier müssen alle Muss-Kriterien erfüllt werden und nach Möglichkeit auch die Soll-Kriterien (beide im Anforderungskatalog definiert).

Projektdauer: Die Tourismusunternehmen, besonders in der Reisewirtschaft, unterliegen großen Schwankungen im Bezug auf die saisonalen Tätigkeiten. Bei der Einführung von neuen IT-Lösungen möchte man zu einem bestimmten Zeitpunkt im Wirtschaftsjahr das Projekt abgeschlossen haben. Die Terminierung des Projektes ist also ein wichtiges Kriterium bei der Auswahl des neuen Programms / des neuen IT-Lieferanten.

Abschlussphase

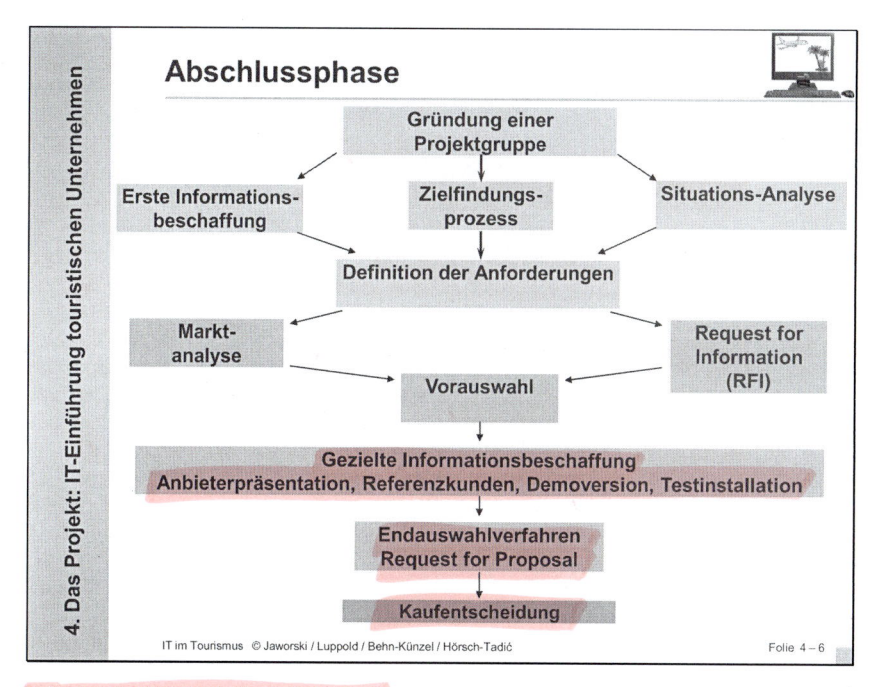

```
                    Gründung einer
                     Projektgruppe
                           │
   Erste Informations-  Zielfindungs-   Situations-Analyse
      beschaffung         prozess
           │                │                │
           └──── Definition der Anforderungen ────┘
                           │
        ┌──────────────────┼──────────────────┐
      Markt-                                Request for
      analyse                               Information
         │                                    (RFI)
         └──────────→ Vorauswahl ←──────────────┘
                           │
         Gezielte Informationsbeschaffung
  Anbieterpräsentation, Referenzkunden, Demoversion, Testinstallation
                           │
                  Endauswahlverfahren
                  Request for Proposal
                           │
                     Kaufentscheidung
```

Im letzten Schritt folgt die Kaufentscheidung:

Neben einer letzten Evaluation der eingegangenen Angebote (Request for Proposal) durch eine detaillierte Nutzwertanalyse (beispielsweise durch Punktwertverfahren) zählt die vertragliche Ausgestaltung zum Inhalt dieser Projektphase.

So lange kein Vertrag geschlossen ist, besteht zumindest theoretisch noch die Möglichkeit, sich für einen anderen Partner zu entscheiden. Daher wird eine definitive Absage erst dann ausgesprochen, wenn die juristische Klärung und Fixierung erfolgt ist.

Die Kaufentscheidung leitet über in die Implementierung – deren grober Ablauf konzeptionell oder strukturell jedoch bereits feststehen sollte, wenn dies, wie üblich, zum Gegenstand des Auswahl- und Vertragsverhandlungsprozesses gemacht wurde.

IT Vertragstypen und Vertragsgestaltung

Hostingverträge – SaaS-Verträge
IT Outsourcing – Kosten pro Transaktion

Wartungs- und Serviceverträge
Wartung und Weiterentwicklung (technologisch & funktionell) der Software
Support – Telefonhotline und Helpdesk

Dienstleistungsverträge
Implementierung, Customizing, Schulung, Programmierung

Lizenzverträge
Regeln das Urheberrecht und Nutzungsrecht der Software – Lizenzkosten

<small>IT im Tourismus © Jaworski / Luppold / Behn-Künzel / Hörsch-Tadić — Folie 4–7</small>

Ein Kriterium, das schon während des Auswahlverfahrens berücksichtigt werden sollte, das aber erst nach der Kaufentscheidung relevant wird, ist die Gestaltung des Vertrages mit dem Anbieter.

Es kann zwischen folgenden Vertragstypen unterschieden werden:

- Lizenzverträge
  Überlassung von Software zur Nutzung gegen Erstattung einer Lizenzgebühr.

- Dienstleistungsverträge
  Erbringung von Dienstleistungen in definiertem Umfang, insbesondere für die Einrichtung (Customizing, Datenübernahme) und Inbetriebnahme der Software (Anwenderschulung) – bedingt auch für zusätzliche Programmierung (z.B. Schnittstellen zu anderen Programmen).

- Wartungs- und Serviceverträge
  Bereitschaftsleistungen für Notfälle, Telefon-Hotline für Anwenderfragen und die Weiterentwicklung der Software.

- Hostingverträge/SaaS-Verträge
  Erbringung weiterer Leistungen, etwa die Bereitstellung der Software über das Internet mit Monatspauschalen und/oder Gebühren pro Transaktion.

Kaufentscheidung - Nutzwertanalyse

(Beispiel: 5=sehr gut, 1=schlecht)

Entscheidungs-Kriterien:	Gewichtung	Software A Beurt.	Software A Wert.	Software B Beurt.	Software B Wert	Software C Beurt.	Software C Beurt.
Gesamtkosten	3	3	9	1	3	2	6
Anf.-Abdeckung	3	2	6	2	6	3	9
Projektdauer	2	1	2	2	4	3	6
Mitarbeiterausw.	1	2	2	2	2	3	3
Bed.-Freundlichkeit	1	3	3	1	1	2	2
Punktewertsumme:			22		16		26
Rangfolge:			2		3		1

IT im Tourismus © Jaworski / Luppold / Behn-Künzel / Hörsch-Tadić Folie 4 – 8

Um die Kaufentscheidung zu vereinfachen, bietet es sich an eine Nutzwertanalyse durchzuführen: Die Nutzwertanalyse ist eine Methode zur Auswahl von Projektalternativen in Abhängigkeit mehrerer festgelegter Kriterien.

Bei einer Nutzwertanalyse wird in folgenden Schritten vorgegangen:

1. Kriterienfestlegung: Zunächst ist zu bestimmen, mit welchen Kriterien die Softwareauswahl getroffen werden soll.
2. Kriteriengewichtung: Da nicht alle Kriterien die gleiche Bedeutung haben, werden die Kriterien gewichtet, so beispielsweise mit Gesamtpunktezahl 10 (bzw. 100).
3. Beurteilung der Softwarealternativen mit Punkten wie folgt: 5 – sehr gute Lösung; 4 – gute Lösung; 3 – zufriedenstellende Lösung; 2 – mangelhafte Lösung; 1 – schlechte/kaum akzeptable Lösung.
4. Ergebnisermittlung: Durch die Multiplikation von Gewichtung und Beurteilung ergibt sich für jedes Kriterium ein Wert. Die Summe aller Werte für die jeweilige Software ergibt das Gesamturteil.

Die Entscheidung in diesem Beispiel würde folglich für die Software C fallen müssen.

Zu beachten bei der Auswahl

- Preis-/Leistungsverhältnis
- Alle Anforderungen abgedeckt? (80/20 Regel)
- Alle angebotenen Leistungen benötigt?
- Software auf Betriebsart und Betriebsgröße zugeschnitten?
- Zusätzliche Investition für Schulung
- Höhe der laufenden Kosten
- Orientierung des Anbieters (Zielgruppen)
- Größe, Struktur und Firmenphilosophie des Softwareanbieters in Relation zum Käufer

Wichtig bei der Auswahl der Software ist nicht nur die Erfüllung der Anforderungen, sondern auch ob die Software auf die Größe und Betriebsart des Unternehmens zugeschnitten ist bzw. ob der Softwareanbieter in Größe, Struktur und Firmenphilosophie zum Unternehmen passt.

Ein weiteres wichtiges Kriterium ist die Orientierung des Anbieters. Um zielgruppenspezifische Anforderungen beim Softwareanbieter programmieren zu lassen, ist es vorteilhaft, wenn weitere Kunden ähnliche Anforderungen haben.

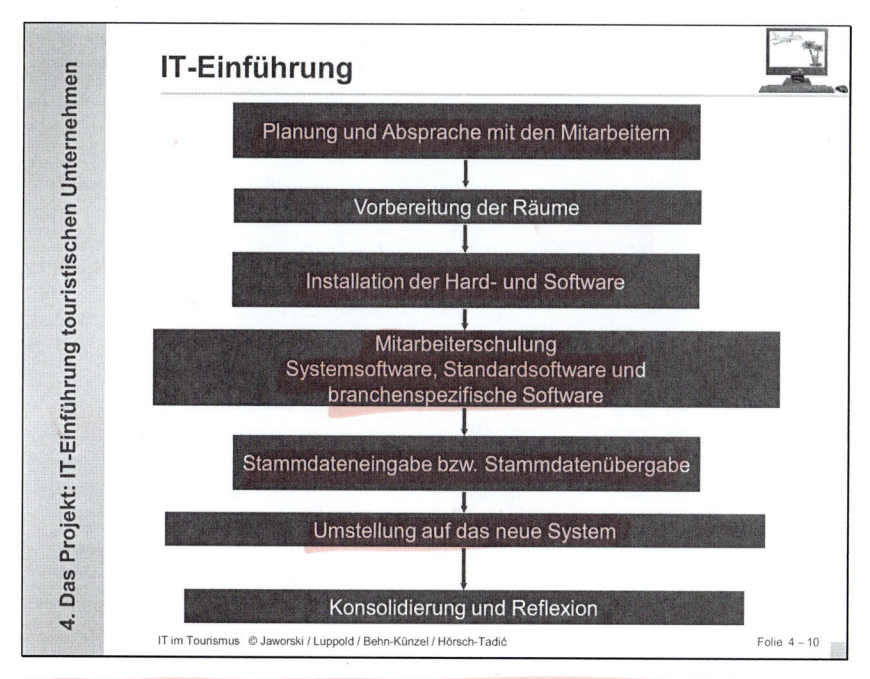

IT-Einführung

- Planung und Absprache mit den Mitarbeitern
- Vorbereitung der Räume
- Installation der Hard- und Software
- Mitarbeiterschulung Systemsoftware, Standardsoftware und branchenspezifische Software
- Stammdateneingabe bzw. Stammdatenübergabe
- Umstellung auf das neue System
- Konsolidierung und Reflexion

IT im Tourismus © Jaworski / Luppold / Behn-Künzel / Hörsch-Tadić — Folie 4 – 10

Bei der Umstellung auf ein neues IT-System ist vor allem auch auf die Absprache mit den Mitarbeitern zu achten. Im besten Fall werden die Mitarbeiter in den Entscheidungsprozess miteinbezogen. Das erspart dem Geschäftsführer oder dem Projektleiter später das System intern „verkaufen" zu müssen. Die Implementierung und Schulung sollte losgelöst vom Arbeitsalltag in einem Trainings-/Konferenzraum stattfinden.

Allerdings ist ein solcher „Bottom-Up"-Ansatz oft zeitaufwändig und im Ergebnis komplexer als notwendig (Motto: „Jedem seine gewünschten Funktionalitäten schaffen"). Daher sollte eine „bedingte Beteiligung" eingeplant werden – gegebenenfalls über hierfür geschaffene Gremien (Projekt-Team) und mit geringer Distanz zur Unternehmensführung.

Eine Verzahnung mit den Mitarbeitern ist nicht nur unter Motivations-Aspekten vorzusehen; die Erfassung von Stammdaten und die Optimierung von Prozessen im Rahmen der Umstellung auf ein neues System erfordern das Erfahrungs-Wissen ganz explizit!

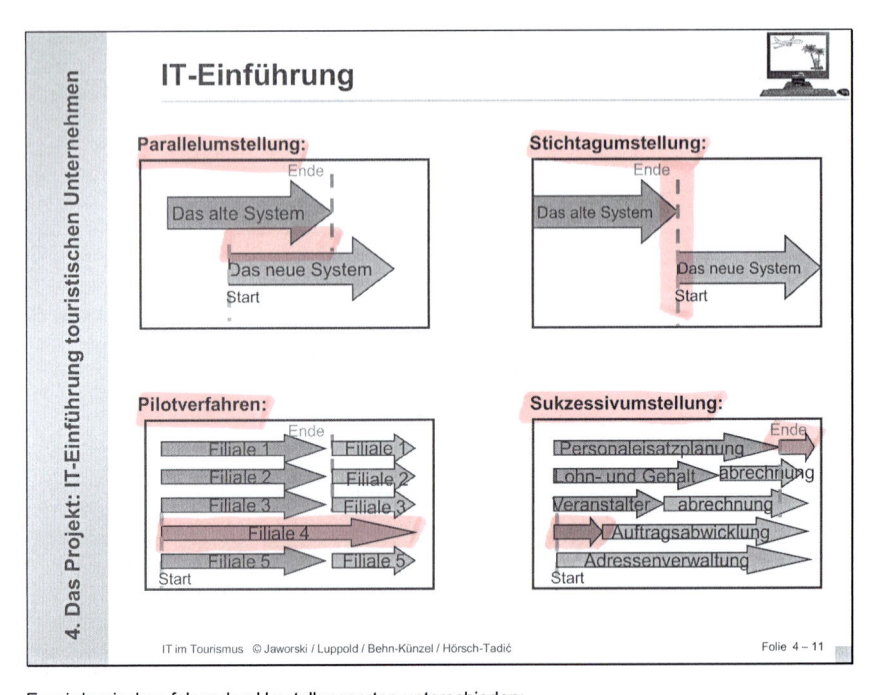

IT-Einführung

Parallelumstellung:
- Das alte System
- Das neue System

Stichtagumstellung:
- Das alte System
- Das neue System

Pilotverfahren:
- Filiale 1
- Filiale 2
- Filiale 3
- Filiale 4
- Filiale 5

Sukzessivumstellung:
- Personaleinsatzplanung
- Lohn- und Gehaltsabrechnung
- Veranstalterabrechnung
- Auftragsabwicklung
- Adressenverwaltung

Es wird zwischen folgenden Umstellungsarten unterschieden:

- **Parallelumstellung**
  Das alte und das neue System laufen über eine bestimmte zeitliche Strecke parallel – was eine eigene Komplexität generiert, aber andererseits auch Sicherheit der Verfügbarkeit schafft!

- **Stichtagumstellung – big bang**
  Die Nutzung des neuen Systems wird vorbereitet, und zu einem definierten Stichtag wird das alte abgeschaltet, das neue in Betrieb genommen. Klare Abgrenzung, aber auch definierter Zeitdruck und das Risiko, dass das neue System nicht reibungslos läuft.

- **Pilotverfahren**
  Ein ausgewählter Bereich stellt um und optimiert das neue System über einen bestimmten Zeitraum; die anderen Bereiche (oder Filialen, Niederlassungen etc.) folgen dann zeitversetzt!

- **Sukzessivumstellung**
  Einzelne Funktionsbereiche des alten Systems werden sukzessive durch die des neuen Systems ersetzt – bis dann, am Ende der Umstellungsperiode, alle Funktionsbereiche vollständig in der neuen Systemumgebung angesiedelt sind!

IT-Einführung – ein Projekt

Stetige Weiterentwicklung der Informationstechnologie

In regelmäßigen Abständen:
- Überprüfung von IT-Lösungen
- Einführung neuer IT-Konzepte

<small>IT im Tourismus © Jaworski / Luppold / Behn-Künzel / Hörsch-Tadić</small>

In jedem Unternehmen findet in kleinem bzw. großem Ausmaß Datenverarbeitung statt. Da sich die Informationstechnologie ständig weiterentwickelt müssen IT-Lösungen in regelmäßigen Abständen überdacht bzw. neu konzipiert werden.

Dabei sind die Treiber einerseits

- Technologie-Innovationen
Neue Möglichkeiten durch verbesserte Hard- und Softwarefunktionalitäten schaffen Verbesserungspotenzial!

und andererseits

- Prozess-Innovationen
Die Arbeitsprozesse (Workflow, Ablauforganisation) sind einem kontinuierlichen Verbesserungsprozess unterworfen und schaffen neue Möglichkeiten zur Unterstützung durch IT-Werkzeuge – oder schaffen den Bedarf zur Implementierung von weiteren/besseren Software-Funktionalitäten!

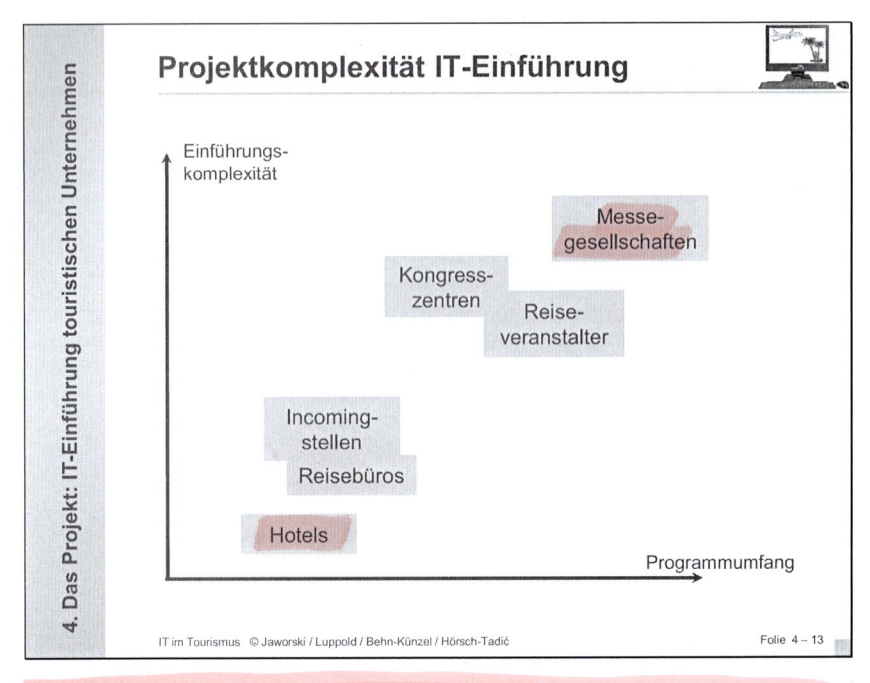

Projektkomplexität IT-Einführung

Einführungskomplexität

- Messegesellschaften
- Kongresszentren
- Reiseveranstalter
- Incomingstellen
- Reisebüros
- Hotels

Programmumfang

IT im Tourismus © Jaworski / Luppold / Behn-Künzel / Hörsch-Tadić — Folie 4 – 13

Die IT-Einführung kann unterschiedlich lang dauern. Dies hängt vor allem von der Unternehmensart ab. Bei einigen Unternehmen z.B. Hotels kann man zu jeder Zeit das neue Programm einführen. Kongresshäuser und Reiseveranstalter zeichnen sich dadurch aus, dass die Dauer einer Geschäftsbeziehung deutlich länger ist als z.B. im Hotel.
Die Kongresshäuser buchen oft auf mehrere Jahre hinaus verbindlich Termine und Kongressprogramme.
Bei den Reiseveranstaltern muss der EDV-Einsatz mit dem Buchungsgeschehen und dem Arbeitsaufkommen und der Arbeitsintensität abgestimmt werden.
Daher kann festgehalten werden, dass die IT-Einführung in

- Hotelbetrieben
- Fremdenverkehrsbüros
- Reisebüros

eher unproblematisch ist, in

- Kongresszentren
- Messegesellschaften sowie bei
- Reiseveranstaltern

eher komplex!

Projekt nach DIN 69900

- Die Einmaligkeit der Bedingungen in ihrer Gesamtheit
- Eine Zielvorgabe
- Eine projektspezifische Organisation
- Abgrenzungen gegenüber anderen Vorhaben
- Begrenzungen zeitlicher, finanzieller, personeller anderer Art

→ **Projekt**

IT im Tourismus © Jaworski / Luppold / Behn-Künzel / Hörsch-Tadić Folie 4 – 14

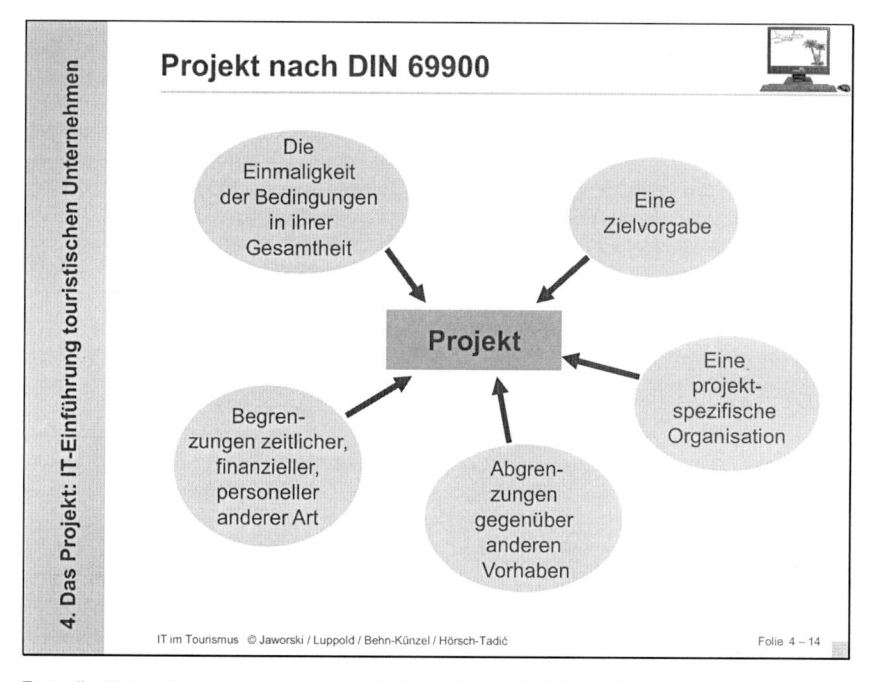

Fast alle Unternehmen sind so strukturiert, dass die gewöhnlich anfallenden Geschäftsaktivitäten erfolgreich bewerkstelligt werden können. Das heißt mit dem geringsten Verbrauch der Ressourcen. Kommt eine außergewöhnliche Tätigkeit dazu (zum Beispiel der EDV-Einsatz, bzw. die EDV-Umstellung) wird sie nur schlecht mit den vorhandenen Mitteln realisiert werden können.

Auf die allermeisten Projekte werden Eigenschaften wie

- die Einmaligkeit der Aufgabe,
- ein Umfang, der das Aufteilen in Teilaufgaben erforderlich macht,
- Unsicherheit
- die Knappheit der zu verwendenden Ressourcen,
- Kosten, die sich im Vorfeld nur schätzen lassen,

zutreffen.

Die DIN Norm hat die Wesensmerkmale von Projekten, wie auf der Folie grafisch dargestellt, charakterisiert.

Informationstechnologie im Tourismus

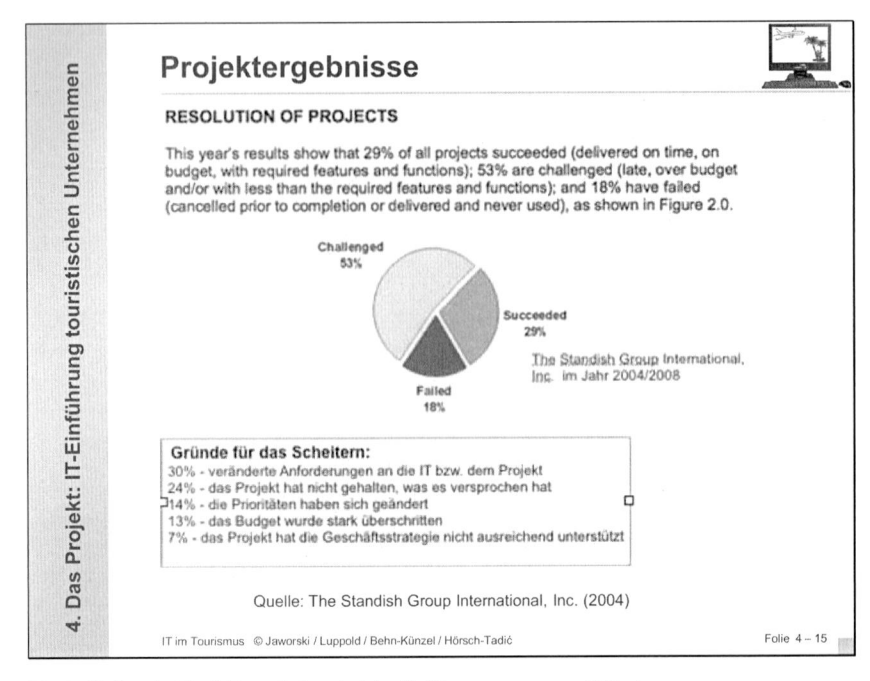

> **Projektergebnisse**
>
> **RESOLUTION OF PROJECTS**
>
> This year's results show that 29% of all projects succeeded (delivered on time, on budget, with required features and functions); 53% are challenged (late, over budget and/or with less than the required features and functions); and 18% have failed (cancelled prior to completion or delivered and never used), as shown in Figure 2.0.
>
> Challenged 53%
> Succeeded 29%
> Failed 18%
>
> The Standish Group International, Inc. im Jahr 2004/2008
>
> **Gründe für das Scheitern:**
> 30% - veränderte Anforderungen an die IT bzw. dem Projekt
> 24% - das Projekt hat nicht gehalten, was es versprochen hat
> 14% - die Prioritäten haben sich geändert
> 13% - das Budget wurde stark überschritten
> 7% - das Projekt hat die Geschäftsstrategie nicht ausreichend unterstützt
>
> Quelle: The Standish Group International, Inc. (2004)
>
> IT im Tourismus © Jaworski / Luppold / Behn-Künzel / Hörsch-Tadić   Folie 4 – 15

Die Grafik illustriert Projektergebnisse bei der Einführung von neuen IT-Systemen.
Ganz offensichtlich verlaufen weniger als ein Drittel der Projekte erfolgreich, alle anderen scheitern oder werden in ihrem Ergebnis stark negativ beeinflusst.

Der größte Anteil an den gescheiterten Projekten weist die „Veränderung von Anforderungen an die IT bzw. an das Projekt" auf. Hier kommt zum Ausdruck, dass laufende Projekte hinsichtlich ihrer Realisierbarkeit NICHT re-definiert werden dürfen bzw. in einer frühen Phase absolute Klarheit darüber bestehen muss, was die Ziele im Kontext von Anforderungen an die neue IT sind!

Handlungsspielraum besteht auch bei den Beeinträchtigungen – mit rund 50% ein großes Aktionsfeld! Professionelles Projektmanagement sichert in der Regel einen erfolgreichen Umgang mit den Ressourcen „Zeit" und „Geld".

Projektmanagement

Ziel des Projektmanagements ist die erfolgreiche Durchführung eines Projektes.

Hauptaufgabe: kontinuierliche Planung, Überwachung und Steuerung des Projektes.

Dabei werden: Leistung, Zeit und Ressourcen verwaltet,

deshalb spricht man oft über:

- Leistungsmanagement
- Zeitmanagement
- Kostenmanagement
- Risikomanagement

IT im Tourismus © Jaworski / Luppold / Behn-Künzel / Hörsch-Tadić Folie 4 – 16

Um die erfolgreiche Einführung von neuen IT-Lösungen zu gewährleisten, sollte ein Projektmanagement-Team mit der Durchführung des Projektes beauftragt werden. Wird dabei nicht auf einen externen Consultant zugegriffen, sollte man beachten, dass je nach Komplexität des Projektes Mitarbeiter – zum Teil oder ganz – für einen gewissen Zeitraum von den eigentlichen Tätigkeiten entbunden werden sollten.

Durch die Fortdauer des Projekts auch nach der abgeschlossenen Implementierung – Updates und Upgrades, Mitarbeiterwechsel mit Schulungsbedarf, Erweiterung der Nutzung hinsichtlich Funktionstiefe, Mitarbeit in Vertretergremien des Lieferanten (User Group) – müssen personelle (und auch finanzielle) Ressourcen andauernd eingeplant werden!

Projektteam - Beispiel

Project Team Client	Role
Project Sponsor	Project budget, resources, timeline, escalation point
Project Manager	Project scope, Priorities, tasklist
Application Administrator	Training materials, training to key users, configuration, example data
System Administrator	System administration, installation, upgrades, support, security
Key Users	Processes, Acceptance Tests, Training End Users/New users

Project Team Software Provider	Role
Project Director	Project budget, resources, timeline, escalation point
Project Coordinator	Project preparation and documentation
Project Manager	Follow up project, resources coordination on USI side, escalation point
Senior Consultant (optional)	Complex questions
Technical Consultant (optional)	Technical questions, interfaces, data conversion, report development
Consultant	Main contact, Application Administrator /Key users training

In einem Projektteam können die in der Folie dargestellten Rollen definiert werden. Bei den Rollen, die das Kundenunternehmen betreffen, kann je nach Umfang der Implementierung eine Person mehrere Rollen belegen.

Die Rollen vereinfachen die Kommunikation untereinander und ermöglichen es, parallel an unterschiedlichen Aufgaben zu arbeiten (z. B. Schnittstellendefinition und Schulung der Anwender finden gleichzeitig statt).

Ein entscheidender Erfolgsfaktor ist die enge Verzahnung der Projekt-Teams; unabhängig davon, dass es sich einerseits um die Mitarbeiter eines Lieferanten, andererseits um die eigenen handelt, müssen die für das Projekt definierten Rollen partnerschaftlich und mit hoher Synergie ausgefüllt und gelebt werden.

Wichtig ist auch die vertikale Kommunikation in den Projekt-Teams; die Rollenverteilung bedeutet nicht, dass über das Ergebnis oder den Status der Arbeit nicht mit anderen Team-Mitgliedern kommuniziert wird. Ein Basis-Wissen über den jeweiligen Gesamt-Zustand des Projekts ist für alle Beteiligten essentiell!

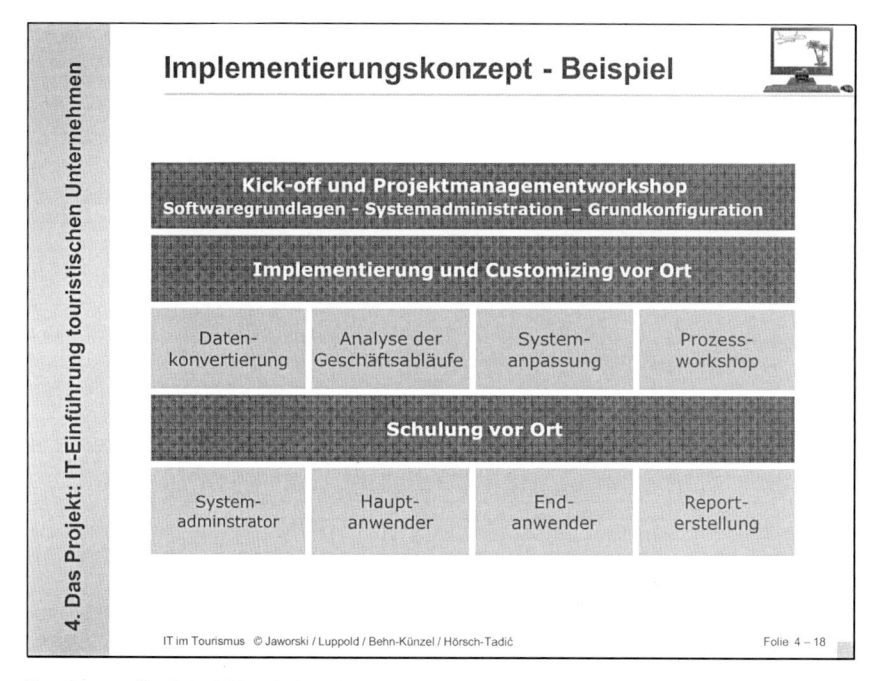

Implementierungskonzept - Beispiel

Kick-off und Projektmanagementworkshop
Softwaregrundlagen - Systemadministration – Grundkonfiguration

Implementierung und Customizing vor Ort

| Daten-konvertierung | Analyse der Geschäftsabläufe | System-anpassung | Prozess-workshop |

Schulung vor Ort

| System-adminstrator | Haupt-anwender | End-anwender | Report-erstellung |

IT im Tourismus © Jaworski / Luppold / Behn-Künzel / Hörsch-Tadić   Folie 4 – 18

Das dargestellte Beispiel für ein Implementierungskonzept zeigt die einzelnen möglichen Schritte bei der Implementierung einer neuen Software auf.

Dabei sind die drei großen Bereiche zeitlich aneinanderhängend gegliedert:
Nach einem Projekt-Start durch eine Kick-off-Veranstaltung startet die Implementierung vor Ort, gefolgt durch die Anwender- und Administratoren-Schulung.

Die beiden letzten Phasen können sich teilweise überlappen (z.B. bereichsweise Implementierung und Inbetriebnahme).

Einzelne Phasenelemente können auch vorgezogen werden. So ist es unter Umständen für die qualitative Vorbereitung einer Grundkonfiguration notwendig, Geschäftsabläufe grob analysiert oder exemplarisch einen Hauptanwender geschult zu haben.

Die erwähnte Reporterstellung zieht sich gegebenenfalls über einen längeren Zeitraum; Ausgaben (Listen, Auswertungen) sind unter Umständen in bestimmter Form erst nach Monaten erforderlich (Jahres-Abschluss-Statistik) und müssen nicht in einer ohnehin dicht gefüllten Phase des Projekts realisiert werden.

Zeitmanagement

Gantt-Chart (Balkendiagramm, Gantt-Diagramm)

✥ Hilfsmittel zur Erstellung der Laufzeit und der zeitlichen Anordnung von Vorgängen in einem Projekt.

Vorgang

A
B
C
D

→ Zeitachse

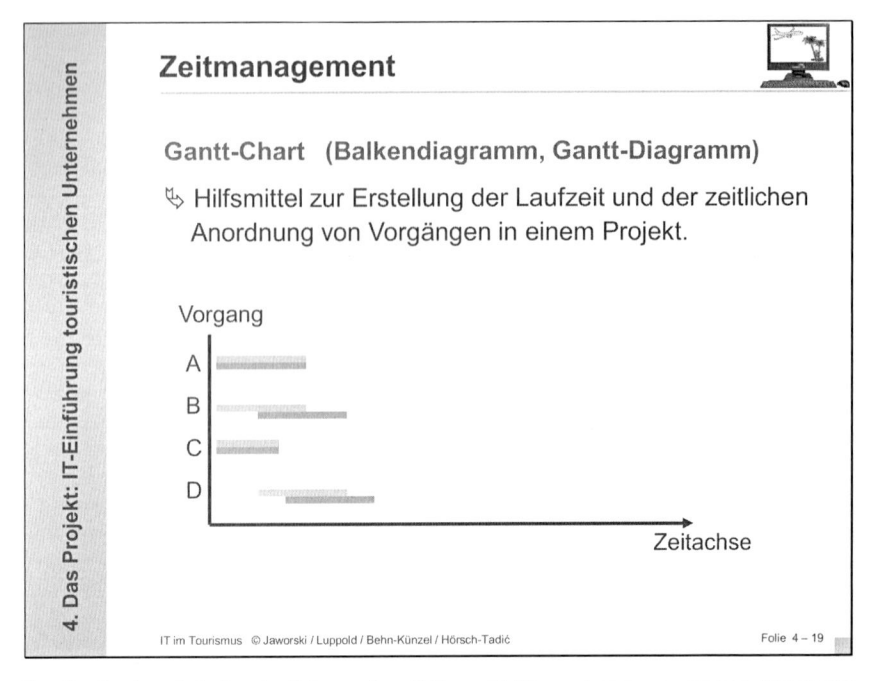

IT im Tourismus © Jaworski / Luppold / Behn-Künzel / Hörsch-Tadić   Folie 4 – 19

Um die einzelnen Aufgaben im Rahmen einer Software-Einführung besser verwalten zu können und auch grafisch darzustellen, wird häufig auf ein sogenanntes Gantt-Chart zurückgegriffen. Die Grafik ermöglicht eine Übersicht über die Vorgänge auf einer Zeitachse.

Ein Gantt-Chart stellt Vorgänge oder Aufgaben, die Bestandteil eines Projekts sind, im grafischen Ablauf dar (Beginn- und Endzeitpunkt); gleichzeitig kann ergänzt werden, wer für die Erledigung dieser Aufgabe verantwortlich ist.

Durch zusätzliche grafische Anmerkungen sind zudem Abhängigkeiten aufzeigbar – insbesondere bei Aufgaben, die erst dann beginnen können, wenn andere (vorbereitende, hinführende) abgeschlossen sind.

Eine Fortschreibung des Gantt-Chart zählt zu den Aufgaben der Projektleitung!

Zeitmanagement

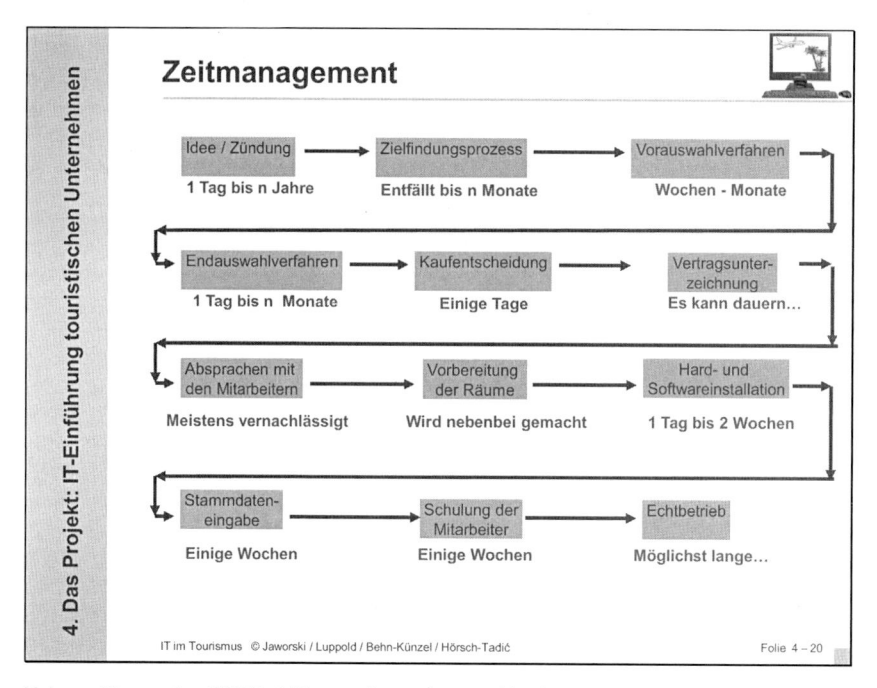

Idee / Zündung	Zielfindungsprozess	Vorauswahlverfahren
1 Tag bis n Jahre	Entfällt bis n Monate	Wochen - Monate
Endauswahlverfahren	Kaufentscheidung	Vertragsunterzeichnung
1 Tag bis n Monate	Einige Tage	Es kann dauern...
Absprachen mit den Mitarbeitern	Vorbereitung der Räume	Hard- und Softwareinstallation
Meistens vernachlässigt	Wird nebenbei gemacht	1 Tag bis 2 Wochen
Stammdateneingabe	Schulung der Mitarbeiter	Echtbetrieb
Einige Wochen	Einige Wochen	Möglichst lange...

IT im Tourismus © Jaworski / Luppold / Behn-Künzel / Hörsch-Tadić   Folie 4 – 20

Mehrere Phasen des EDV-Projektes werden evtl. vernachlässigt oder finden unbewusst statt, z. B. Vorauswahlverfahren: man hört hier und da Meinungen über diverse Programme, registriert dies aber ungeordnet.

Wichtig, sowohl für die gezielte Sammlung, die bewusste Bewertung und Beurteilung dieser Informationen, als auch für die Einordnung in den zeitlichen Ablauf einer Gesamtplanung ist die definitive Aufnahme in den Katalog der Aufgaben oder Projekt-Schritte des Gesamtvorhabens.

Damit verbunden ist die Zuordnung eines Zeitraums (wann?) und die Beschreibung von Verantwortlichkeiten (wer?) sowie die Definition von Inhalten und erwarteten Ergebnissen (was?).

Projektplan Messe Implementierung-Schulung

Beispiel

Implementierungs-Plan
Messe und Kongresszentrum

Phase	Time Line (Monate) 1–24	Bemerkungen
Phase 1: Kernfunktionalitäten Messemanagement & CRM		
Pilot-Phase		2-3 Pilot-Objekte
Rollout		Rollout für weitere Obj
Phase 2: Messemanagement – zusätzliche Funktionen		
Pilot-Phase		Zusätzliche Funktionen (nicht implementiert in P
Rollout		Rollout für weitere Obj
Phase 3: Kernfunktionalitäten Belegungs- und Veranstaltungs-Management		
Pilot-Phase		Kongress-Zentrum
Rollout		Andere Flächen
Phase 4: Besucher, VIP, Presse		
Pilot-Phase		2-3 Pilot-Objekte
Rollout		Andere Objekte
Phase 5: Bestellwesen, Inventur, Operations-Management		
Pilot-Phase		20-30 Unte
Rollout		Andere Unte
Phase 6: Finanzen		Keine Pilot-Phase, Debitorenbuchhaltung, Kreditore

IT im Tourismus © Jaworski / Luppold / Behn-Künzel / Hörsch-Tadić Folie 4 – 21

Die Implementierung einer Softwarelösung in einem Kongresszentrum wird in diesem Beispiel in Phasen aufgeteilt. Pro Phase gibt es eine Pilot-Phase und den Rollout der Software in der jeweiligen Abteilung. Der gesamte Implementierungsprozess inklusive Finanzen dauert in diesem Beispiel 24 Monate.

Ein Steuerungsinstrument – auch zur Reduzierung von potenzieller Komplexität durch zu viele parallele Aktivitäten und Aufgaben – ist eine klare Definition von Phasenabschlüssen:
Phase III beginnt erst dann, wenn Phase I vollständig abgeschlossen ist; ist dies nicht der Fall, dann verschieben sich Phase III und alle nachfolgenden Phasen zwangsläufig.

Wie bereits im Zusammenhang mit dem Gantt-Chart erwähnt: Diese Visualisierung muss fortgeschrieben werden und in der Projektdokumentation in der jeweils aktuellen Form einsehbar sein!

Projektplan Reiseveranstalter

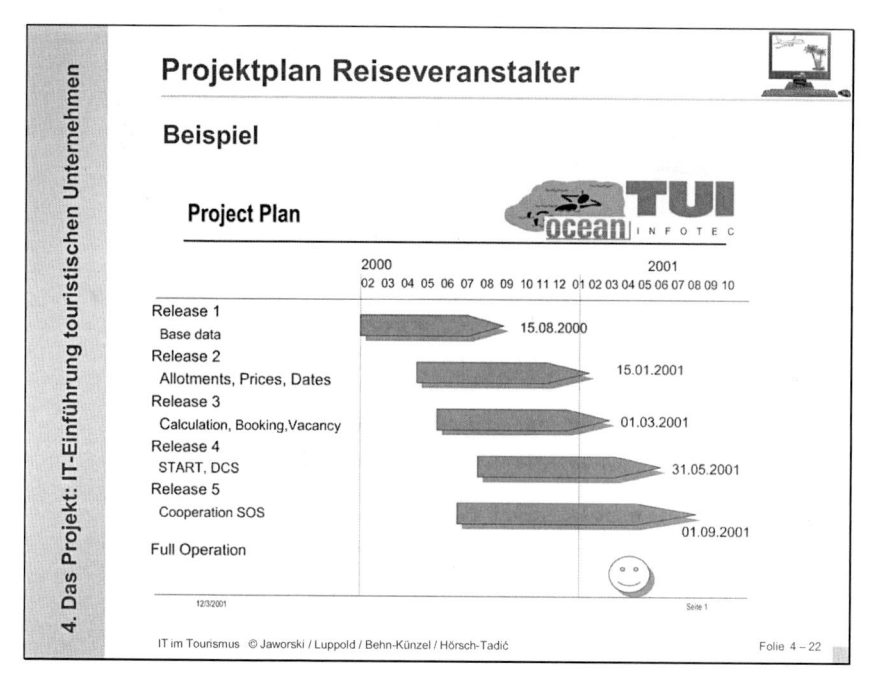

Beispiel

Project Plan

Release 1	Base data	15.08.2000
Release 2	Allotments, Prices, Dates	15.01.2001
Release 3	Calculation, Booking, Vacancy	01.03.2001
Release 4	START, DCS	31.05.2001
Release 5	Cooperation SOS	01.09.2001
Full Operation		

IT im Tourismus © Jaworski / Luppold / Behn-Künzel / Hörsch-Tadić — Folie 4 – 22

Diese Folie zeigt den Projektplan der Einführung der Reiseveranstaltersoftware Ocean von ISOTRAVEL aus Nürnberg.

Klar erkennbar sind wieder die einzelnen Phasen, die das Projekt in überschaubare und inhaltlich bzw. organisatorisch sinnvolle Schritte oder Elemente gliedern.

Die Länge der einzelnen Projektphasen ist nicht immer nur durch Ressourcen determiniert (finanzielle oder personelle Ressourcen); es gibt externe und interne Bestimmungsfaktoren, die ebenfalls Einfluss nehmen (Start Markteintritt, Ende Laufzeit bisheriger Softwarelösung, Übernahme eines Mitbewerbers etc.).

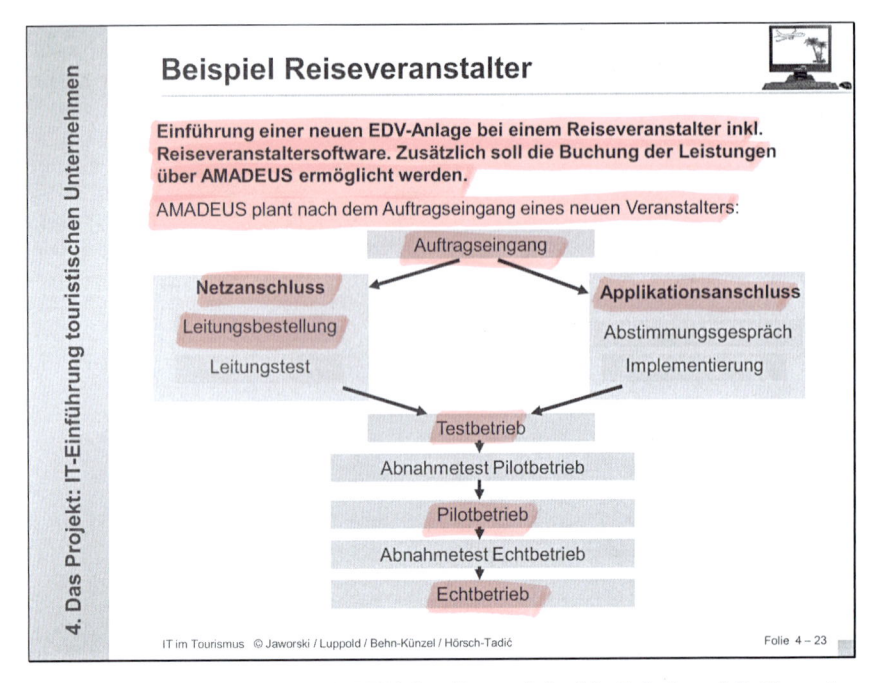

Beispiel Reiseveranstalter

Einführung einer neuen EDV-Anlage bei einem Reiseveranstalter inkl. Reiseveranstaltersoftware. Zusätzlich soll die Buchung der Leistungen über AMADEUS ermöglicht werden.

AMADEUS plant nach dem Auftragseingang eines neuen Veranstalters:

- Auftragseingang
- Netzanschluss
  - Leitungsbestellung
  - Leitungstest
- Applikationsanschluss
  - Abstimmungsgespräch
  - Implementierung
- Testbetrieb
- Abnahmetest Pilotbetrieb
- Pilotbetrieb
- Abnahmetest Echtbetrieb
- Echtbetrieb

IT im Tourismus © Jaworski / Luppold / Behn-Künzel / Hörsch-Tadić — Folie 4 – 23

Die einzelnen Arbeitsschritte eines AMADEUS-Anschlusses sind auf der Folie dargestellt. Sie ergeben sich aus der Kommunikationskopplung der Hardware des Veranstalters und des AMADEUS-Rechners und aus dem Anschluss der Software.

Der gesamte Veranstalteranschluss hat in der Regel eine Dauer von mindestens 4 Monaten und variiert stark in Abhängigkeit von Umfang und Art der anzulegenden Stammdaten, von der Qualität der eingesetzten Schnittstellensoftware und von der Terminabsprache zwischen der Firma AMADEUS Germany und dem Veranstalter.

Je nach dem welche Leitung (Stand- oder Wählleitung) bestellt wird, muss bis zu 8 Wochen gewartet werden (Standleitung). Parallel zur Leitungsbestellung und den Leitungstests wird der Veranstalter im AMADEUS-System softwaretechnisch integriert. Zu dem so genannten Applikationsanschluss gehören das Abstimmungsgespräch und die Implementierung. Das Abstimmungsgespräch klärt die Fragen zum Abgleich der Applikationen des AMADEUS-Systems und des Veranstalters und stellt die Terminplanung auf. Der Umfang der durch AMADEUS angebotenen Aktionen und Anforderungen wird mit der Hilfe des TOMA-Fragebogens ermittelt. Nach Erfassung dieser Informationen erfolgt die Implementierung im AMADEUS-System.

Beispiel Reiseveranstalter

To do`s

Veranstalter
- Veranstaltersoftware auswählen und installieren
- Stammdaten einpflegen
- Funktion gewährleisten
- Routerkonfiguration (VPN)
- Beantragung Veranstalterkürzel
- Anbietervertrag unterschrieben an Amadeus senden
- Werk&Dienstvertrag senden
- Leitungsbestellung aufgeben
- Amadeus Tour Market Fragebogen ausfüllen und an Amadeus senden

Amadeus
- Einrichtung im Amadeus System
- Leitungsanbindung / Leitungstest durchführen
- Anschluss koordinieren (1-2 Amadeus Mitarbeiter als persönl. Ansprechpartner)
- Abnahme Pilot-/Echtbetrieb
- Marketingunterstützung im Echtbetrieb

aMaDEUS
Your technology partner

Diese Zusammenstellung zeigt die Aufgaben seitens des Veranstalters (Kunden) und AMADEUS. Erkennbar dabei ist – wieder – der Zusammenhang der einzelnen Aufgaben und damit die notwendige zeitliche Abfolge:
Ein System kann erst dann eingerichtet werden, wenn es ausgewählt und installiert wurde!

Auch dann, wenn der externe Partner (Lieferant) das komplette Projekt-Management anbietet ist Kompetenz und zeitliche Verfügbarkeit im eigenen Haus ein Muss – und Schlüssel zur Optimierung der Ergebnisqualität!

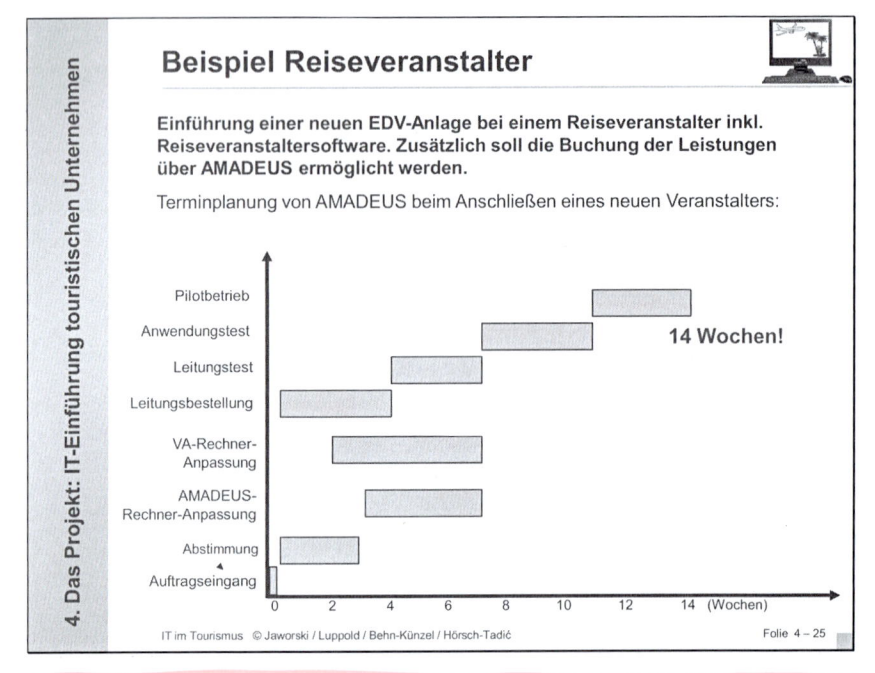

Beispiel Reiseveranstalter

Einführung einer neuen EDV-Anlage bei einem Reiseveranstalter inkl. Reiseveranstaltersoftware. Zusätzlich soll die Buchung der Leistungen über AMADEUS ermöglicht werden.

Terminplanung von AMADEUS beim Anschließen eines neuen Veranstalters:

Phase	Zeitraum (Wochen)
Pilotbetrieb	ca. 10–14
Anwendungstest	ca. 6–10
Leitungstest	ca. 5–7
Leitungsbestellung	ca. 1–5
VA-Rechner-Anpassung	ca. 3–7
AMADEUS-Rechner-Anpassung	ca. 3–7
Abstimmung	ca. 1–3
Auftragseingang	0

14 Wochen!

4. Das Projekt: IT-Einführung touristischen Unternehmen

IT im Tourismus © Jaworski / Luppold / Behn-Künzel / Hörsch-Tadić   Folie 4 – 25

Sobald die Leitungen und die Software des Veranstalters funktionsbereit sind und der Veranstalter im AMADEUS-System implementiert ist, können Applikationstests durchgeführt werden. Diese Phase wird Testbetrieb genannt. Die Testbetrieb-Dauer ist von der Qualität der Veranstaltersoftware abhängig.
Der nachfolgende Pilotbetrieb dauert mindestens 1 Woche und ist auf maximal 3 Monate begrenzt.

Diese Terminplanung wird den sich für einen Anschluss interessierten Veranstaltern von AMADEUS vorgegeben. Das Projekt IT-Einführung bei einem Veranstalter ist aber doch umfangreicher. Eine dritte Partei neben AMADEUS und Veranstalter wird hierbei involviert: der Anbieter der Veranstaltersoftware.

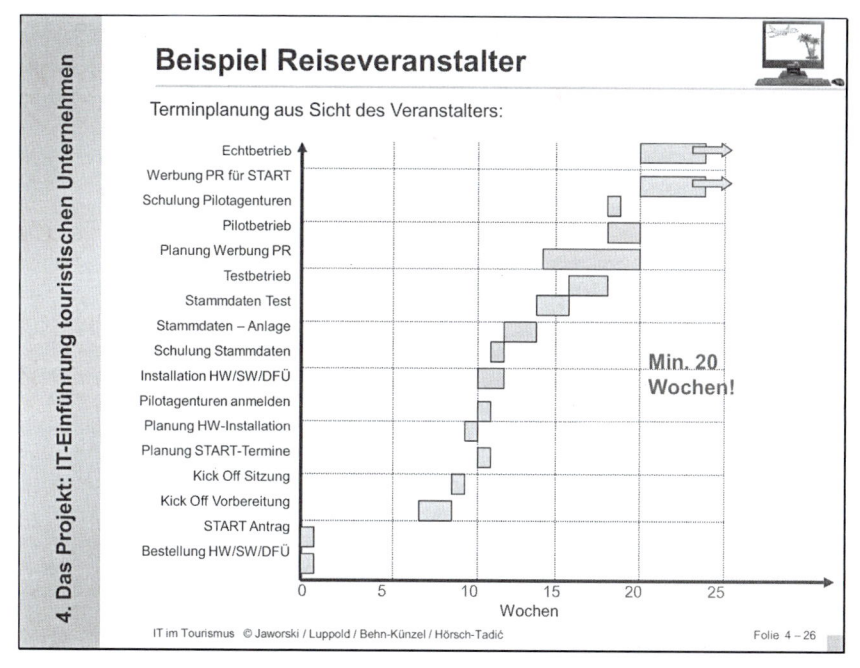

Das Projekt: IT-Einführung in einem touristischen Unternehmen

Beispiel Reiseveranstalter

Terminplanung aus Sicht des Veranstalters:

Aktion	
Echtbetrieb	
Werbung PR für START	
Schulung Pilotagenturen	
Pilotbetrieb	
Planung Werbung PR	
Testbetrieb	
Stammdaten Test	
Stammdaten – Anlage	
Schulung Stammdaten	
Installation HW/SW/DFÜ	
Pilotagenturen anmelden	Min. 20 Wochen!
Planung HW-Installation	
Planung START-Termine	
Kick Off Sitzung	
Kick Off Vorbereitung	
START Antrag	
Bestellung HW/SW/DFÜ	

Wochen: 0, 5, 10, 15, 20, 25

IT im Tourismus © Jaworski / Luppold / Behn-Künzel / Hörsch-Tadić — Folie 4 – 26

Auf dieser Folie werden die geplanten Aktionen aus Sicht des Reiseveranstalters dargestellt. Es fehlen hier weitere Informationen, die bei jeder Aktion geplant, festgehalten und kontrolliert werden müssen:
- wer ist dafür zuständig (von beiden Seiten),
- Anzahl der benötigten Personen,
- Ort der Ausführung,
- Zeitspanne von bis,
- Status.

Der Terminplan wird in Zusammenarbeit der zwei Projektleiter:

1. von dem Veranstalterunternehmen
2. von der Softwarefirma (Veranstaltersoftware)

ausgearbeitet.

Die erste Phase nach der Entscheidung für das AMADEUS-System und eine Veranstaltersoftware ist die Einkaufsphase. Hier sollen von dem Veranstalter die Hardware- und Systemsoftwareangebote gesichtet und bestellt werden. Das gleiche gilt für die Angebote für die DFÜ-Verbindung. Es muss auch formell der Antrag auf den AMADEUS-Anschluss bei der Firma AMADEUS GERMANY gestellt werden.
Die personellen Zuständigkeiten in der Firma des Veranstalters und des Softwarehauses sollen festgelegt werden (Aufwertung der beiden Projektleiter).
Im nächsten Schritt sollen die Projektdetails zwischen den zwei Projektleitern ausgearbeitet und geklärt werden. Es handelt sich hier um die Planung und genauere Spezifikation der benötigten Standardsoftware, der Peripheriegeräte sowie die Anzahl und Platzierung der Computerarbeitsplätze. Darüber hinaus sollte klargestellt werden, welche Formulare benötigt werden (Rechnungen, Voucher, Bestätigungen, etc.) und in welcher Form diese vom System bearbeitet werden sollen. Ein Katalog-

muster (Preistabellen, Darstellung der Codierung) muss auch gemeinsam von den Veranstaltermitarbeitern und den Mitarbeitern des Softwarehauses ausgearbeitet werden.
Die Bestellung der Hardware, Software und der DFÜ-Leitung soll etwa 8 Wochen vor der sogenannten „Kick Off" Besprechung stattfinden.
„Kick Off" ist der eigentliche Start des Projektes. Inzwischen müssen die bestellten Hardware, die Software und die DFÜ-Leitung vor Ort vorhanden sein. Katalog- und Formularmuster liegen auch vor.

Es müssen jetzt:
- die Hardwareinstallation geplant werden und dazu parallel:
- die Abnahmetermine bei AMADEUS geplant werden (Vollzug der technischen Einrichtung, Einrichtungstests, Abnahmetests und Freischaltung in den Testbetrieb),
- die Pilotagenturen bei AMADEUS angemeldet werden.

Etwa zwei Wochen nach der „Kick Off"-Sitzung werden die Standardprogramme und die Veranstaltersoftware für die AMADEUS-Anwendung installiert. Danach findet die Schulung der Mitarbeiter des Veranstalters zur Veranstalter-Software und die Eingabe der Stammdaten statt. Dabei werden die veranstalterspezifischen Stammdaten wie Agenturstammdaten, Vakanzen, Preistabellen etc. angelegt. Hier brauchen die Veranstalter i.d.R. eine Sonderunterstützung, um geeignete Marketingmaßnahmen zu treffen, z.B.:
- Schalten von Anzeigen,
- Trainingsmaßnahmen für Pilotbüros und Echtbüros,
- Katalogvorstellung,
- Pressenotizen, etc.

Die eingegebenen Stammdaten müssen danach auf Vollständigkeit und Fehlerfreiheit geprüft werden. Anschließend werden die DFÜ-Leitungen getestet und AMADEUS führt seine Tests durch. Erst jetzt werden die ersten Testbuchungen über AMADEUS durchgeführt. Laufen sie fehlerfrei, wird von AMADEUS ein Testbetrieb frei geschaltet (4 Monate nach dem Projekt-Start).
Erst etwa 5 Monaten nach Projektstart und 3 Monate nach der „Kick Off"- Sitzung schaltet AMADEUS den Veranstalter an alle von ihm bundesweit ausgewählten Reisebüros zur Buchung im AMADEUS-System frei.

Softwareentwicklungsmodelle

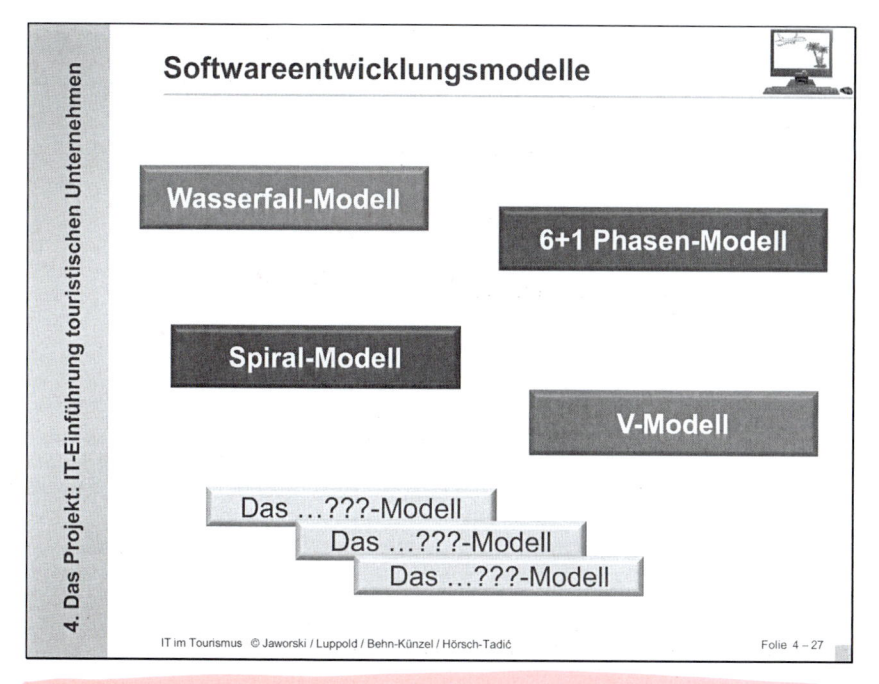

- Wasserfall-Modell
- 6+1 Phasen-Modell
- Spiral-Modell
- V-Modell
- Das ...???-Modell
- Das ...???-Modell
- Das ...???-Modell

IT im Tourismus © Jaworski / Luppold / Behn-Künzel / Hörsch-Tadić   Folie 4 – 27

Auch wenn die Software gekauft wird, muss sie oft angepasst werden. Zusätzliche Module müssen evtl. programmiert werden. Die folgenden Folien geben eine Übersicht über die Projektarbeit bei der Neu-/Umprogrammierung einer Software.

Es gibt verschiedene Varianten des Projektmanagements, die sich nach der Art des Projektes richten. Das Projektmanagement bei der Softwareentwicklung hat besondere Aufmerksamkeit verdient, da die Planung eines solchen Projektes sehr genau und detailliert erfolgen muss. Dies resultiert aus der nur ungefähr möglichen Aufwandsabschätzung, die die Ursache für eine lange Planungsphase und eine hohe Intensität der Steuerungs- und Kontrollphase ist.

Wasserfall-Modell

Qualitätsmanagement

- Anforderungen — Anforderungs Analyse (Lastenheft / Pflichtenheft)
- Design — Design Spezifikation / Test Spezifikation
- Realisierung/Test — Produkt Release / Technische Dokumentation / Handbuch
- Auslieferung
- Wartung

Interner Test / Externer Test

Projektmanagement

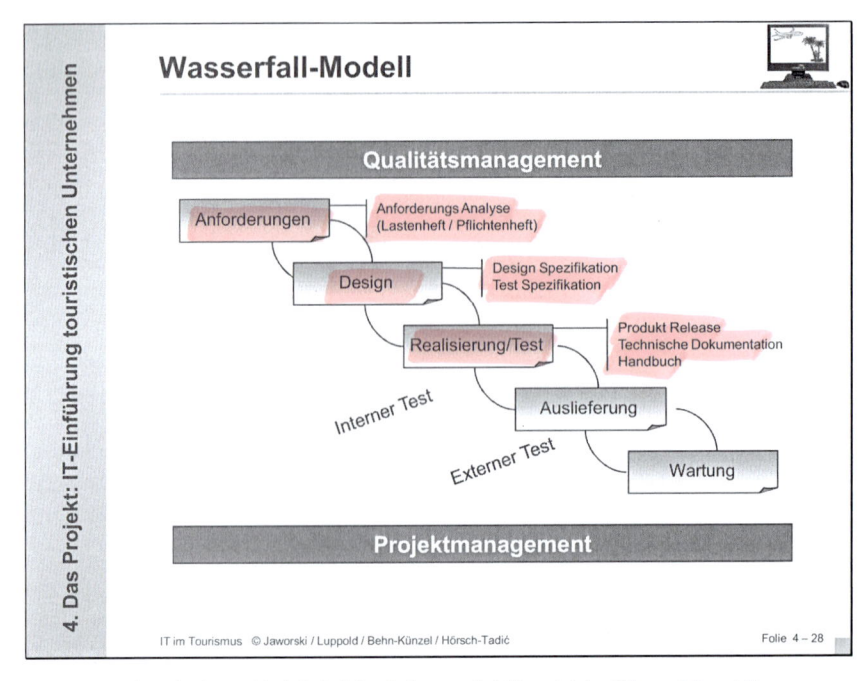

Eines der stark verbreiteten Modelle bei der Softwareentwicklung ist das Wasserfallmodell.

1. Die Entwurfsphase ist im Wasserfallmodell in Grob- und Feinentwurf aufgeteilt. Des Weiteren wird zusätzlich eine Phase Installation eingeschoben.
2. Bei jeder Phase sind Rückkoppelungen zur vorhergehenden Phase möglich. Da Iterationen über mehrere Phasen hohe Nacharbeitskosten verursachen, beziehen sich die Rückkoppelungen immer auf unmittelbar aufeinander folgende Phasen.
3. Jede Projektphase endet mit einem Validierungsprozess. Die Validierung sollte möglichst experimentell erfolgen. Zum Beispiel kann bereits bei der Systemspezifikation ein Prototyp gebaut werden, an dem die grundsätzliche Funktionalität des Informationssystems gezeigt werden kann.

Das Wasserfallmodell geht von strikt sequenziellen Projektphasen aus. Der Rücksprung zur vorherigen Phase ist nur dann erlaubt, wenn sich deren Ergebnisse als fehlerhaft erweisen und zu korrigieren sind.

6+1 Phasen-Modell

1. **Orientierung**
2. Untersuchung
3. Funktionsbeschreibung
4. Design
5. Entwicklung
6. Einführung
7. Aufarbeitung von Erfahrungen

Worum geht es?
Was soll gemacht werden?
Wer will es haben?
Wie ist die aktuelle Situation?

Die Orientierungsphase ist dazu da, sich mit der Aufgabenstellung, der vorhandenen Situation und dem Umfeld bekannt zu machen. Es sollen folgende Fragestellungen ermittelt werden:
Worum geht es? Was soll gemacht werden? Wer will es haben? Wie ist die aktuelle Situation?
Die Phase ist zur Einarbeitung in die Materie gedacht, welche auf drei Ebenen stattfindet. Auf der fachlichen Ebene wird versucht, sich in die entsprechenden Abläufe oder Prozesse hineinzuversetzen und diese zu verstehen.
Danach findet die Einarbeitung auf der technischen Ebene statt. Die heute verwendeten Programmiermethoden unterteilen sich in die herkömmliche, prozedurale Programmierung und die moderne, objektorientierte Programmierung.
Für beide Methoden existieren viele Programmiersprachen, die sich zum Teil in ihrer Funktionalität erheblich unterscheiden. Aus diesem Grund findet in der technischen Orientierungsphase eine Annäherung an die Entwicklungssprache der Applikation statt.
Die dritte Ebene stellt die organisatorische Ebene dar. Sie hat im Projektmanagement den höchsten Stellenwert, weil dort der zeitliche Ablauf des Projektes geregelt wird. Sitzungen mit Mitarbeitern, Treffen mit Kunden und andere Termine müssen vereinbart und koordiniert werden. Weitere Aufgaben sind zum Beispiel die Einsatzplanung des Personals oder die Beschaffung des Equipments.
Die Orientierungsphase ermittelt also lediglich die Ausgangssituation, sie soll nicht den Weg zum Ziel erarbeiten.
Beispielsweise werden in dieser Phase folgende Ergebnisse abgeleitet:
- Beschreibung der Ausgangssituation
- Ergebnisse der kurzen IST – Analyse
- Einschätzung der Machbarkeit
- Definition des Zielkataloges
- Schätzungen des zeitlichen Projektablaufs
- Verträge, die zum Projekt führen.

6+1 Phasen-Modell

1. Orientierung
2. **Untersuchung**
3. Funktionsbeschreibung
4. Design
5. Entwicklung
6. Einführung
7. Aufarbeitung von Erfahrungen

- die Lösungsempfehlung
- nachvollziehbare Alternativen
- das Kosten – Nutzen Verhältnis
- die Auswirkungen der Lösung

An die Orientierung schließt sich lückenlos die Untersuchungsphase an, die sich mit der Verbesserung der IST – Situation beschäftigt. Die Lösung mit dem größten Nutzen und dem minimalsten Aufwand existiert in den meisten Fällen nicht, sollte jedoch annähernd gefunden werden. Durch lange Diskussionen, Kostenabschätzungen, Kosten – Nutzen – Kalkulationen und Rückfragen beim Kunden entsteht die Lösung nach und nach. Was hier genau bedacht werden muss, ist die Auswirkung der Neuentwicklung auf vorhandene Systeme oder Module im Bereich der Schnittstellen. Gerade bei Upgrades einer Software sind Schnittstellen in Bezug zu bisherigen Applikationen aufs Genaueste zu analysieren. Auch bei Updates müssen sie in gewissen Bereichen berücksichtigt werden. Eine Abschätzung der Zukunft spielt im Bereich der Technologiewahl gerade bei Internet-Anwendungen eine entscheidende Rolle. Das Aufbauen auf veralteten Technologien birgt große Risiken, da die Unterstützung von neuen Schnittstellen und neuen Technologien meistens von den Herstellern der Systeme nicht mehr gewährt wird.

In der Situationsanalyse sollen bestimmte Ergebnisse dokumentiert werden. Einige Ergebnisse hieraus sind:
- die Lösungsempfehlung
- nachvollziehbare Alternativen
- das Kosten – Nutzen Verhältnis der Lösungsempfehlung
- die Auswirkungen der Lösung
- Aussagen zur Realisierung hinsichtlich Kosten, Nutzen, Zeit, Ressourcen, Bedingungen
- die Projektdefinition in ihrer zeitlich geplanten Abfolge mit genaueren Zeitvorgaben als in der Orientierungsphase.

6+1 Phasen-Modell

1. Orientierung
2. Untersuchung
3. **Funktionsbeschreibung**
4. Design
5. Entwicklung
6. Einführung
7. Aufarbeitung von Erfahrungen

- das Fachkonzept (eine vollständige Beschreibung des Produktes)
- der Dummy oder Prototyp (vom Design)
- das Datenbankkonzept

IT im Tourismus © Jaworski / Luppold / Behn-Künzel / Hörsch-Tadić

Nachdem in der Untersuchung das richtige Produkt als Lösung gefunden wurde, ist es an der Zeit, eine lückenlose Beschreibung und Dokumentation zu verfassen. Alle Bildschirmansichten werden beschrieben und dokumentiert. Es finden Diskussionen mit den Benutzern statt, die ihre Wünsche und Vorstellungen äußern können. Nach den Diskussionen und Anmerkungen oder Wünschen der Benutzer werden das endgültige Aussehen und die Funktionalität, die das Produkt später haben soll, festgelegt. Eine Dokumentation dieser Aspekte ist unbedingt erforderlich, da im weiteren Verlauf des Projektes oft Einwände und Probleme aufkommen, die die Eigenschaften der Applikation in Frage stellen oder Veränderungen erforderlich machen. Um diesen Eingriffen entgegenzuwirken, wird an dieser Stelle ein Dokument erstellt, dem alle zustimmen müssen. Anhand dieses Dokumentes, welches so detailliert wie möglich sein sollte, ist es später ein Leichtes, weiteren Änderungswünschen entgegenzuwirken.

Ist dieses Dokument nicht vorhanden, so wird die Diskussion jedes Mal erneut entfacht werden, was das Projekt folglich hinauszögert. Spätere Veränderungen des Programms, die aus solchen Gründen resultieren, kosten sehr viel Geld und bringen viele Projekte zum Scheitern. Dieses Dokument wird auch als Fachkonzept bezeichnet, das aber auch ein Pflichtenheft in Verbindung mit einem Dummy sein kann.

Gerade deshalb ist es auch wichtig, dass Benutzer und Entwickler sich in den Gesprächen verstehen. An fachlichen Ausdrücken und Abkürzungen sollte deshalb gespart werden, falls diese aber dennoch verwendet werden, muss es ein Nachschlagewerk der entsprechenden Fachbegriffe für die Benutzer geben. Bei zu vielen Fachausdrücken besteht die Gefahr, dass die Benutzer diese nicht nachschlagen werden. Die Gründe dafür liegen auf der Hand: Es fehlt ihnen entweder die Zeit in ihrem Alltagsgeschäft, oder sie fühlen sich dadurch in ihrer Rolle und ihrem Ansehen herabgesetzt. Deshalb ist hier auf eine verständliche Sprache ohne unnötige Fachausdrücke zu achten.

Ein weiteres Problem in dieser Phase ist das Verstehen bzw. die Klärung von Missverständnissen. Wenn es Differenzen zwischen Benutzern, Projektmanagement und Entwicklern gibt, so sind diese auf jeden Fall zu klären. Findet keine Klärung statt, so kann dieses Problem im Projekt später erneut auftreten und erhebliche Kosten verursachen.

Oft werden in dieser Phase den Benutzern und Kunden „Dummys" vorgestellt. Dummys sind Bildschirmmasken, hinter denen keine Funktionalität steckt und die ausschließlich dazu dienen, einen gewissen realitätsnahen Eindruck über das Aussehen der neuen Applikation zu vermitteln. Die Vorstellungen der Benutzer und Kunden werden dadurch schon an die Lösung angenähert. Ein weiterer Vorteil ist es, dass den Benutzern trotz fehlender Funktionalität viel besser erläutert werden kann, welche Funktionalität sich später hinter den einzelnen Masken in dem Endprodukt verbirgt.

An das Fachkonzept schließt sich die neue oder veränderte Datenbankstruktur an. Diese ist enorm wichtig und muss genau bedacht werden. Gerade an dieser Stelle entstehen oft Probleme mit vorhandenen Datenbankkonzepten, oder mit Schnittstellen oder Umgestaltungen der Datenbankstruktur.

Anhand der Datenbankstruktur steht und fällt ein großer Bestandteil der Funktionalität, denn wenn die Datenbank oder die Struktur, die vom Programm erwarteten Aufgaben nicht erfüllen kann, so ist dies in fast allen Fällen ein K.O.-Kriterium für das Projekt und nicht für die Datenbank. Der Datenbankverantwortliche sollte deshalb schon frühzeitig involviert werden.

Ergebnisse dieser Phase sind: das Fachkonzept, eine vollständige Beschreibung des Produktes; der Dummy oder Prototyp (vom Design); das Datenbankkonzept; das Testkonzept; Überarbeitete Schätzungen über Kosten, Ressourcen.

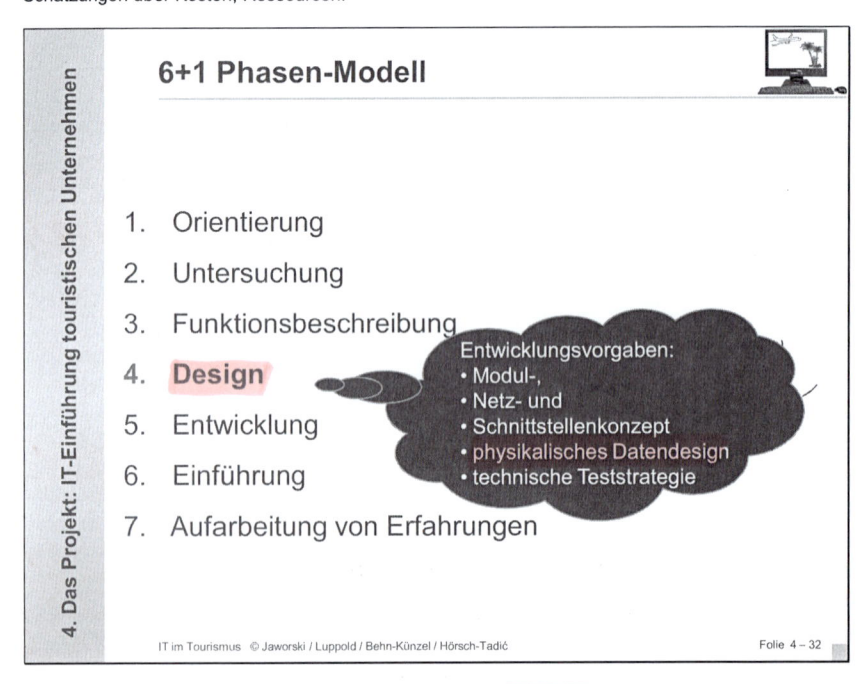

6+1 Phasen-Modell

4. Das Projekt: IT-Einführung touristischen Unternehmen

1. Orientierung
2. Untersuchung
3. Funktionsbeschreibung
4. **Design**
5. Entwicklung
6. Einführung
7. Aufarbeitung von Erfahrungen

Entwicklungsvorgaben:
- Modul-,
- Netz- und Schnittstellenkonzept
- physikalisches Datendesign
- technische Teststrategie

IT im Tourismus © Jaworski / Luppold / Behn-Künzel / Hörsch-Tadić   Folie 4 – 32

Das Erstellen des Prototyplayouts ist eine der Aufgaben der Designphase. Falls ein Dummy existiert, kann dieser herangezogen und verändert werden, so dass hieraus der Prototyp der Anwendung entsteht. Diese Phase ist die Vorbereitung der Entwicklung, die nahtlos an diese anschließt. Für eine Applikation ist die Struktur der Module zu beschreiben. Einzelne auszulagernde Funktionen müssen klar dokumentiert werden und die Module werden ihrerseits wieder in ihre Prozeduren und Funktionen zerlegt. Die Strukturen der Datenbank werden vom Datenmodell abgeleitet und festgelegt.

Des Weiteren werden Konzepte erstellt, die Updates, Versionskontrollen, sowie Verfahren für ein Backup oder ein Recovery festlegen. Die letzten Vorbereitungen für die nachfolgende Entwicklung werden getroffen. Das bedeutet, die Hardware Ausstattung für das Programmieren festzulegen und Schulungen, wenn notwendig, für die Entwickler anzusetzen. Ferner findet die organisatorische Aufgabe der Arbeitsverteilung unter den Entwicklern statt, sowie sämtliche weitere Aufgaben, die als Vorbereitung für die Realisierung in Betracht kommen. Je genauer das Design konzipiert wird, desto einfacher ist es später in der Realisierung. Erst denken, dann handeln bzw. programmieren, ist die Arbeitsschrittfolge.

Auch am Ende dieser Phase sind folgende Ergebnisse zu untersuchen und schriftlich festzuhalten:
- Entwicklungsvorgaben und Standards mit Modul-, Netz- und Schnittstellenkonzept
- physikalisches Datendesign
- Vorabversion des Systemhandbuchs
- technische Teststrategie (Module, Komponenten, System, Schnittstellen)
- Verträge und Vereinbarungen im Hinblick auf Aus- und Einwirkungen (Hersteller, Rechenzeiten, externe Berater etc.)
- überarbeitete Schätzungen der Kosten und des Aufwandes für die Entwicklung und Übergabe
- überarbeitete Gesamtprojektpläne und Detailpläne für den 5. Schritt, die Entwicklung
- überarbeitete Konzepte für:
  - die Qualitätssicherung
  - das Risikomanagement
  - Datenschutz und Datensicherheit
  - Vorbereitung der Benutzer und Betreuer (Support)
  - Sicherung der Produktakzeptanz.

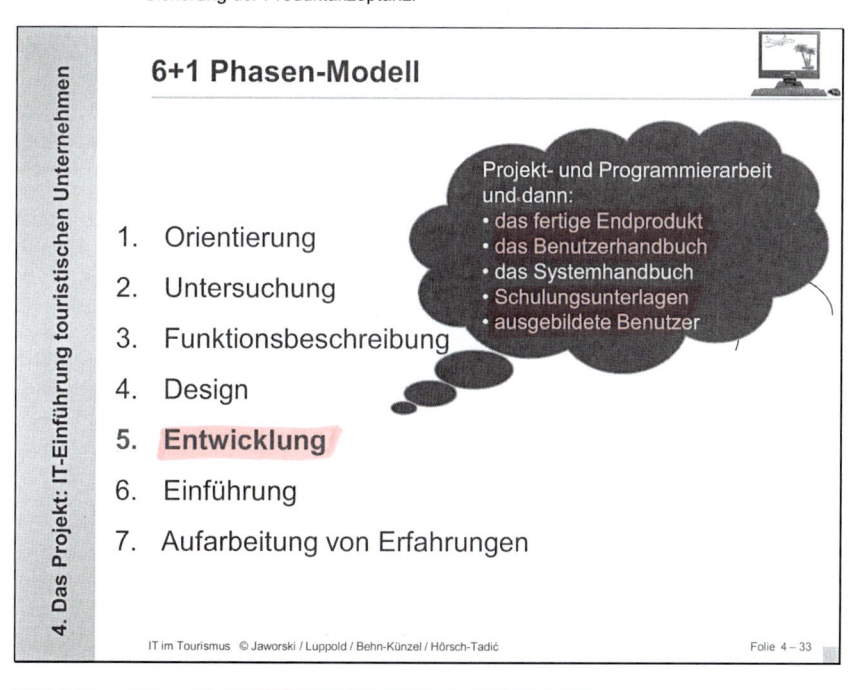

6+1 Phasen-Modell

1. Orientierung
2. Untersuchung
3. Funktionsbeschreibung
4. Design
5. Entwicklung
6. Einführung
7. Aufarbeitung von Erfahrungen

Projekt- und Programmierarbeit und dann:
- das fertige Endprodukt
- das Benutzerhandbuch
- das Systemhandbuch
- Schulungsunterlagen
- ausgebildete Benutzer

IT im Tourismus © Jaworski / Luppold / Behn-Künzel / Hörsch-Tadić   Folie 4 – 33

In der Entwicklungsphase oder auch Realisationsphase findet der eigentliche operative Prozess statt. Die Entwicklung einer Software besteht aus der Gliederung der Anwendung in Teilbereiche. Damit ist gemeint, dass die Programmierung in Module zerlegt wird. Die Module wiederum haben gewisse Funktionen und Prozeduren, die entweder nur innerhalb eines Moduls benötigt werden, oder global, also allen Modulen zur Verfügung stehen müssen. Das Programmieren geschieht unter Beobachtung des Projektmanagements. Oft wird vom Auftraggeber oder den Projektmitgliedern der Inhalt der Funktionsbeschreibungen nochmals geändert. Das kann bei Kleinigkeiten ohne Probleme funktionieren, bei größeren Änderungen muss darauf hingewiesen werden, dass das Projekt neu beschrieben und neu programmiert werden muss, oder, dass diese Änderungen nun nicht mehr stattfinden können. Die Überarbeitungen des Designs oder sogar der Funktionsbeschreibungen, sind sehr kostenintensiv, da die Programmierung zu stoppen ist. Die Programmierer müssen dann für andere Aufgaben eingeteilt werden, die Kosten der beiden Phasen entstehen erneut und es ist nicht damit zu rechnen, dass die bisher programmierten Prozeduren noch einsetzbar sind.

Die Entwicklungs- bzw. Realisationsphase steht nicht nur für die Programmierung, sondern auch für die Dokumentation der Programmierung, sowie die Erstellung eines Handbuches zur Software. Allerdings ist es angebracht, zwei Handbücher zu erstellen, das Systemhandbuch und das Benutzerhandbuch, welches am Besten in enger Zusammenarbeit mit der Marketing- und der Schulungsabteilung verfasst werden sollte. Dies ist deshalb sinnvoll, da das Benutzerhandbuch für Schulungen als Grundlage dient.

Die Realisation soll am Ende folgende Dokumente und Ergebnisse hervorbringen:
das fertige Endprodukt; das endgültige Benutzerhandbuch; das endgültige Systemhandbuch; Schulungsunterlagen für die Benutzer; ausgebildete Benutzer; Detailpläne über die Einführung bzw. Umstellung; Anweisungen für Auslieferung und Verteilung; Wartung und Versionspflege; Datenschutz und Datensicherheit; Datenaktualisierung und Sicherheit der Integrität; Nachweise über den Projekterfolg; vollständige und korrekte Funktionalität; nachgewiesene Qualitätsmerkmale; erreichte Termine; Eingehaltenes Budget.

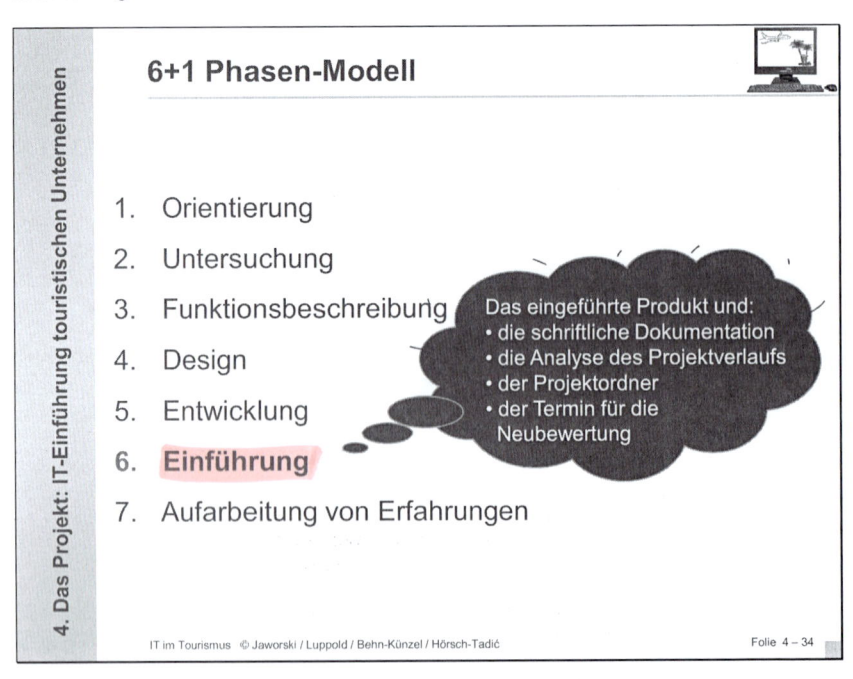

6+1 Phasen-Modell

1. Orientierung
2. Untersuchung
3. Funktionsbeschreibung
4. Design
5. Entwicklung
6. **Einführung**
7. Aufarbeitung von Erfahrungen

Das eingeführte Produkt und:
- die schriftliche Dokumentation
- die Analyse des Projektverlaufs
- der Projektordner
- der Termin für die Neubewertung

4. Das Projekt: IT-Einführung touristischen Unternehmen

IT im Tourismus © Jaworski / Luppold / Behn-Künzel / Hörsch-Tadić   Folie 4 – 34

Die Einführung ist der letzte Schritt, um ein neues System bei einem Kunden "zum Laufen" zu bringen. Sie beginnt mit der Abstimmung der Hardware des Kunden auf die im Systemhandbuch beschriebenen Anforderungen. Als zweiter Schritt wird die Installation des Systems durchgeführt. Im dritten Schritt wird das System auf die Anforderungen des Kunden konfiguriert, und damit auch in die Systemlandschaft des Kunden eingegliedert. Am Ende erfolgt die Übergabe an den Kunden, die sich in zwei Bereiche gliedert, einmal die Systemadministration, die an das RZ des Kunden übergeben wird, zum anderen die Übergabe an die Benutzer des Systems, die durch Schulungen und das Benutzerhandbuch mit der Software vertraut gemacht werden sollen. Bei einer ersten Installation werden Kunden mit engem Bezug zur Software-Firma gesucht. Sie erhalten das Produkt zu einem Vorzugspreis, um im Gegenzug die Fehler des Produktes bei der Arbeit zu erkennen und aufzudecken. In einer solchen Phase ist der enge Kontakt von Mitarbeitern zueinander sehr wichtig.

Nachstehende Ergebnisse werden in dieser Phase erwartet:
- das in die Zielumgebung eingeführte Produkt und seine Anwendung
- die schriftliche Dokumentation über den Nachweis des Projekterfolges
- die dokumentierte Analyse des Projektverlaufs mit Empfehlungen
- der abgeschlossene, verständliche und rekonstruierbar geführte Projektordner
- der Plan und der Termin für die Neubewertung.

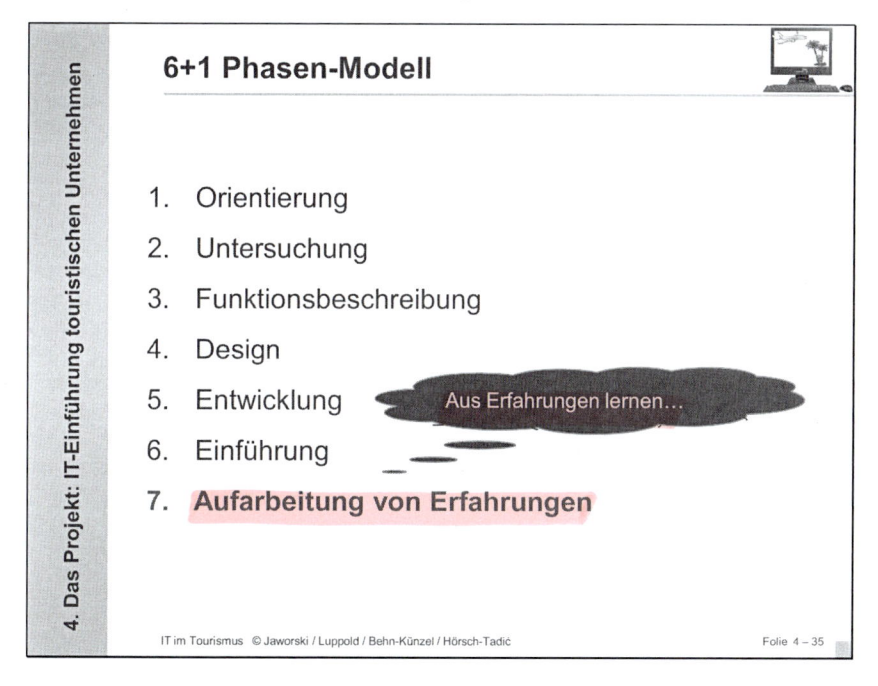

6+1 Phasen-Modell

1. Orientierung
2. Untersuchung
3. Funktionsbeschreibung
4. Design
5. Entwicklung   *Aus Erfahrungen lernen…*
6. Einführung
7. **Aufarbeitung von Erfahrungen**

IT im Tourismus © Jaworski / Luppold / Behn-Künzel / Hörsch-Tadić   Folie 4 – 35

Als letzter Schritt wird die Lernphase angegliedert, die wiederum für kommende Projekte von großer Bedeutung ist. Anhand der Projektdokumente wird das Projekt in seinen einzelnen Stufen wiederaufgearbeitet und Fehler, die gemacht wurden, werden herausgestellt. Hierbei geht es nicht darum, Schuldige für diese Fehler zu entdecken, oder sie anderen zuzuschieben. Ziel ist es, aus den Fehlern im Team zu lernen.
In einer Teambesprechung können die Fehler aufgezeigt und gelöst werden, die man als Einzelner vielleicht erst viel später oder gar nicht entdeckt hätte.
Bei einem erneuten Projekt wird auf dieses Wissen zurückgegriffen, um die früheren Fehler zu vermeiden. Somit werden nicht nur Zeit, sondern auch Kosten gespart.

Die Aufwandsabschätzung eines Projektes

Das größte Problem eines neu aufgesetzten IT Projektes ist die Aufwandsabschätzung. Diese bildet die Grundlage für alle Entscheidungen, die das Projekt betreffen. Da der Informationsgehalt über das neu zu entwickelnde Produkt in dieser Phase niedrig ist, ist es umso schwieriger, eine genaue Aufwandsabschätzung durchzuführen. Natürlich sind die Kostensätze für Programmierer, Projektmanagement und weitere Aufwandsposten bekannt. Das Problem besteht aber in der Erkennung der Mengen der Stundenzahlen, die für die einzelnen Phasen benötigt werden. Die beschriebenen Phasen enthalten deshalb jeweils am Ende eine Entscheidung über das Projekt. Ist das SOLL der Planung erreicht, so gibt es keine Änderungen. Was aber, wenn das Budget überschritten wird? Dies kann aus mehreren Ursachen resultieren, zum einen wurde mit falschen Mengen geplant, zum anderen ist das Budget aus Zeitverzögerungen überschritten worden. Das Projektmanagement bemerkt diese annähernde Überschreitung des Budgets im Voraus, und ist dann in der Pflicht herauszufinden, was die Ursache dafür ist. Ist diese ermittelt, gilt es mit den Beteiligten über einen Projektstopp, einen Projektabschluss oder eine Projektfortführung mit Budget Aufstockung zu diskutieren. Es ist unabdingbar, die Aufwandsabschätzung sorgfältig mit allen Beteiligten zu klären, weil sie sich während des Projektverlaufs verändern kann.

Schlusswort

Das Verfassen eines Lehrbuches über die Informationstechnologie im Tourismus ist ein sehr undankbares Unterfangen. Bis zur Fertigstellung des Buches mussten einige Kapitel neu geschrieben, viele Kapitel ergänzt und ständig aktualisiert werden. Auch in der Zeit, in der Sie das Buch studiert haben, hat sich die IT-Landschaft im Tourismus mit Sicherheit weiter entwickelt.

Das Buch hat in der Phase des Schreibens und der redaktionellen Arbeit von den Autoren viel Durchhaltevermögen abverlangt. Die Autoren mussten zudem viel Mut zeigen, ein Buch zu einem Wissensbereich zu veröffentlichen, der sehr kurzlebig ist und ständigen Veränderungen unterliegt.

Dennoch finden es die Autoren richtig, vor diesem Hintergrund ein solches Buch zu veröffentlichen, da es an Lehrbüchern zu diesem Wissensbereich in Deutschland noch immer sehr mangelt.

Wie schon im Vorwort erwähnt, freuen sich die Autoren über jegliche Vorschläge, Korrekturen und ergänzende Anregungen zu dieser Publikation.

Bitte wenden Sie sich diesbezüglich an: Jaworski@hs-heilbronn.de

Heilbronn, im April 2010

Jerzy Jaworski
Stefan Luppold
Ines Behn-Künzel
Silke Hörsch-Tadic

Literaturempfehlungen

- Echtermeyer, M. (1998): Elektronisches Tourismus-Marketing. Globale CRS-Netze und neue Informationstechnologien, Berlin und New York.
- Haase, F./Mäcken, W. (2005): Handbuch Event-Management, 2. Aufl., München: Kopäd Verlag.
- Jaworski, J./Nossek, M. (2001): EDV-Programme für die professionelle Kongressorganisation im Vergleich, DeGefest-Schriftenreihe, München: Verlag Neuer Merkur.
- Kirstges, T. (2007): IT-Nutzung in Reisebüros : Ergebnisse einer empirischen Studie zur Nutzung von Computerreservierungssystemen (CRS) und weiterer Informationstechnologie (IT) in Reisebüros, Wilhelmshaven.
- Sterzenbach, R./Conrady, R. (2008): Luftverkehr, 4. Aufl., München und Wien.
- Fachzeitschriften (z.B. CIM, TW, FVW, Events)
- www.reiselinks.de/touristik-it-anbieter.htm
- www.opents.de
- www.corbinball.com/bookmarks
- www.meetingtechonline.com/
- www.softguide.de/software/reisebueros-reiseveranstalter.htm
- www.softguide.de/software/seminare-kongresse.htm
- Webseiten der Software-Anbieter bzw. Unternehmen

Die Autoren

Ines Behn-Künzel, Prof. Dr. rer. soc. oec. (Jg. 1974) lehrt seit 2009 an der Jade Hochschule Wilhelmshaven/Oldenburg/Elsfleth die Fachgebiete Freizeit- & Gesundheitstourismus sowie Allgemeine Betriebswirtschaftslehre im Tourismus. Sie studierte Tourismusbetriebswirtschaft an der Hochschule Heilbronn und promovierte an der Universität Innsbruck über Qualität und Zufriedenheit in der Kongresswirtschaft am Beispiel von Wissenschaftskongressen in der Medizin. Ihr beruflicher Werdegang begann zunächst im Gesundheitswesen mit einer Ausbildung im medizinischen Bereich. Nach ihrem Studium war sie als wissenschaftliche Mitarbeiterin an der Hochschule Heilbronn sowie im Bereich Qualitätssicherung für die Deutsche Diabetes-Gesellschaft tätig. Weitere berufliche Stationen führten sie in verschiedene Unternehmen der Tourismuswirtschaft, u.a. zum Tourismusverband Schleswig-Holstein, zur LTU-Zielgebietsagentur in die USA und zum Internationalen Verband der Kongresszentren, für den sie länderübergreifende Benchmarking-Studien durchführte. Darüber hinaus lehrte Dr. Behn-Künzel betriebswirtschaftliche und tourismusspezifische Fächer, u.a. Informations- und Kommunikationstechnologie im Tourismus sowie Wirtschaftsinformatik-Praxis, an der Hochschule Heilbronn, der Karlshochschule, der International School of Management und der Katholischen Universität Eichstätt.

Professor **Stefan Luppold** lehrt seit 2006 an der Karlshochschule International University. Er leitet dort den Studiengang „Meeting, Event, Exposition and Event Management" und führt in unmittelbarer Nähe zur Hochschule das Institut für Messe-, Kongress- und Eventmanagement IMKEM.

Zuvor war Professor Luppold als Executive Director of Marketing, Europe des Global Players Ungerboeck Systems tätig; in seinen Zuständigkeitsbereich fielen die Betreuung und Beratung nationaler und internationale Kunden aus dem gesamten Bereich der Veranstaltungswirtschaft.

Daneben ist Professor Luppold seit über 15 Jahren Dozent an Akademien und Hochschulen in Deutschland, unter anderem in den Fachrichtungen „Veranstaltungs- und Produktionstechnik" sowie „Veranstaltungsmanagement". Als Mitglied von Branchenverbänden engagiert er sich unter anderem bei MPI und dem EVVC.

Er ist außerdem Mitglied im wissenschaftlichen Beirat der DeGefest (Deutsche Gesellschaft zur Förderung und Entwicklung des Seminar- und Tagungswesens e.V.), Mitglied im Tutoren-Team des Welt-Messe-Verbandes UFI für den internationalen Kurs EMD Exhibition Management Degree und seit 2007 Visiting Professor an Hochschulen in China.

Zu seinen Veröffentlichungen zählen Bücher und Beiträge in Fachzeitschriften, unter anderem: „Dienstleistungsmarketing am Beispiel einer Tagungskonzeption", „Die Kommunikationspolitik von Kongreßstätten", „Marketing für den Kongress" sowie „Die Frage nach dem optimalen Pitch und die Analogie zur Ehe…". Eine neue Fachbuchreihe, die Professor Luppold als Herausgeber begleitet, erscheint im Verlag „Wissenschaft & Praxis".

Die Autoren

Professor Dr. **Jerzy Jaworski** lehrt seit 1990 an der Hochschule Heilbronn im Studiengang Tourismusmanagement und ist dort für die Bereiche Informationstechnologie im Tourismus und die MICE-Industrie zuständig. Regelmäßig gibt er auch Gastvorlesungen an den Partnerhochschulen in Polen und in der Russischen Föderation.

Seine wissenschaftlichen Schwerpunkte liegen im Bereich der Zukunftstrends im Tourismus, insbesondere in der MICE-Industrie.

Zuvor war Professor Jaworski in Kassel als Rechenzentrumsleiter in einer Landesbehörde (Großrechner, Mittlere Datentechnik, Netzwerke) und früher an den Universitäten in Göttingen und in Szczecin (Polen) tätig.

Er ist Mitglied im wissenschaftlichen Beirat der DeGefest (Deutsche Gesellschaft zur Förderung und Entwicklung des Seminar- und Tagungswesens e.V.).

Silke Hörsch-Tadic ist Diplom-Betriebswirtin, MBA und machte ihre ersten Erfahrungen im Bereich Tourismus und Geschäftsreisen bei einem großen Reiseveranstalter und bei verschiedenen Agenturen. Danach war sie als Software-Beraterin bei einem Anbieter für Software im Bereich Veranstaltungs- und Destinationsmanagement tätig. Weitere umfangreiche Erfahrung als Beraterin sammelte Silke Hörsch-Tadic seit 2003 bei Ungerboeck Systems, einem der weltweit führenden IT-Unternehmen für Veranstaltungsmanagement- und Destinationsmarketingsoftware. Seit 2007 ist sie dort Abteilungsleitrin im Bereich Marketing und Presales für die EMEA-Region (Europa, Mittler Osten, Afrika). Zusätzlich unterrichtet Silke Hörsch-Tadic an diversen Hochschulen im Fach Informationstechnologie im Tourismus und in der Veranstaltungsbranche.

uni-edition

Heilbronner Reihe Tourismuswirtschaft
Herausgegeben von Prof. Dr. Ralf Bochert

RALF BOCHERT
Tourismuspolitik
Ordnungspolitik der Tourismusmärkte
Berlin 2007, 236 Seiten, Paperback
ISBN 978-3-937151-65-6

ALINE SOMMER & MARCO SAVIANO
Spiritueller Tourismus
Religiöse Reisen in Deutschland
Berlin 2008, 211 Seiten, Paperback
ISBN 978-3-937151-70-0

SONJA WANIELIK
Incentive-Reisen
Effektives Anreiztool oder Kostenfalle?
Berlin 2008, 259 Seiten, Paperback
ISBN 978-3-937151-72-4

ELLEN FECHNER & CHRISTIAN BUER
Die touristische Wertschöpfung
Analyse des deutschen Reisemarktes im Jahre 2006
Berlin 2008, 188 Seiten, Paperback
ISBN 978-3-937151-77-9

SUSANNE SCHLAG
Gestaltung von Tourist-Informationen
Chancen der Service- und Verkaufsorientierung für Destinationen
Berlin 2009, 162 Seiten, Paperback
ISBN 978-3-937151-82-3

MEIKE LEHMANN & ANNIKA HEINEMANN
Touristische Leitbilder
Der strategische Planungsprozess von Destinationen
Berlin 2009, 170 Seiten, Paperback
ISBN 978-3-937151-88-5

FRAUKE THIEL
Veranstaltungen in Destinationen
Handlungsmöglichkeiten für den Incoming-Tourismus
Berlin 2009, 180 Seiten, Paperback
ISBN 978-3-937151-93-9

CLAUDIA BRÖZEL & ANNKATHRIN WAGNER
Tourismus und Internet
Reisen und Reisevorbereitung in der neuen Informationswelt
Berlin 2010, 246 Seiten, Paperback
ISBN 978-3-937151-98-4

MARTINA LÄNGLE
Barrierefreier Tourismus
Herausforderung und Chance
Berlin 2010, 194 Seiten, Paperback
ISBN 978-3-937151-99-1

RALF BOCHERT
Politik der Destination
Ordnungspolitik im Incomingtourismus
Berlin 2010, 192 Seiten, Paperback
ISBN 978-3-942171-08-3

Jeder Band 24,90 Euro

Jetzt online bestellen unter **www.uni-edition.de** oder bei Ihrem Buchhändler!